Resting Bitch Face Lover

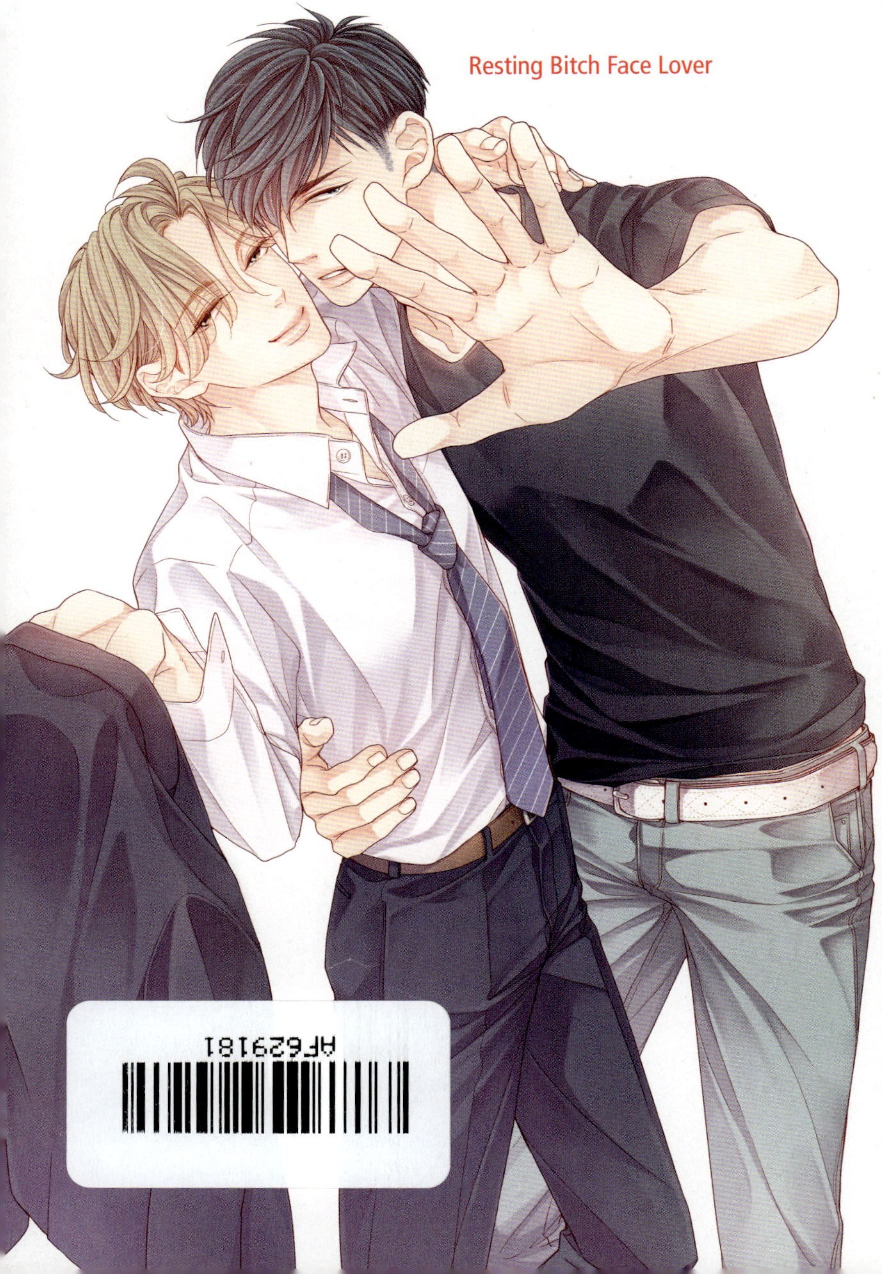

Inhalt

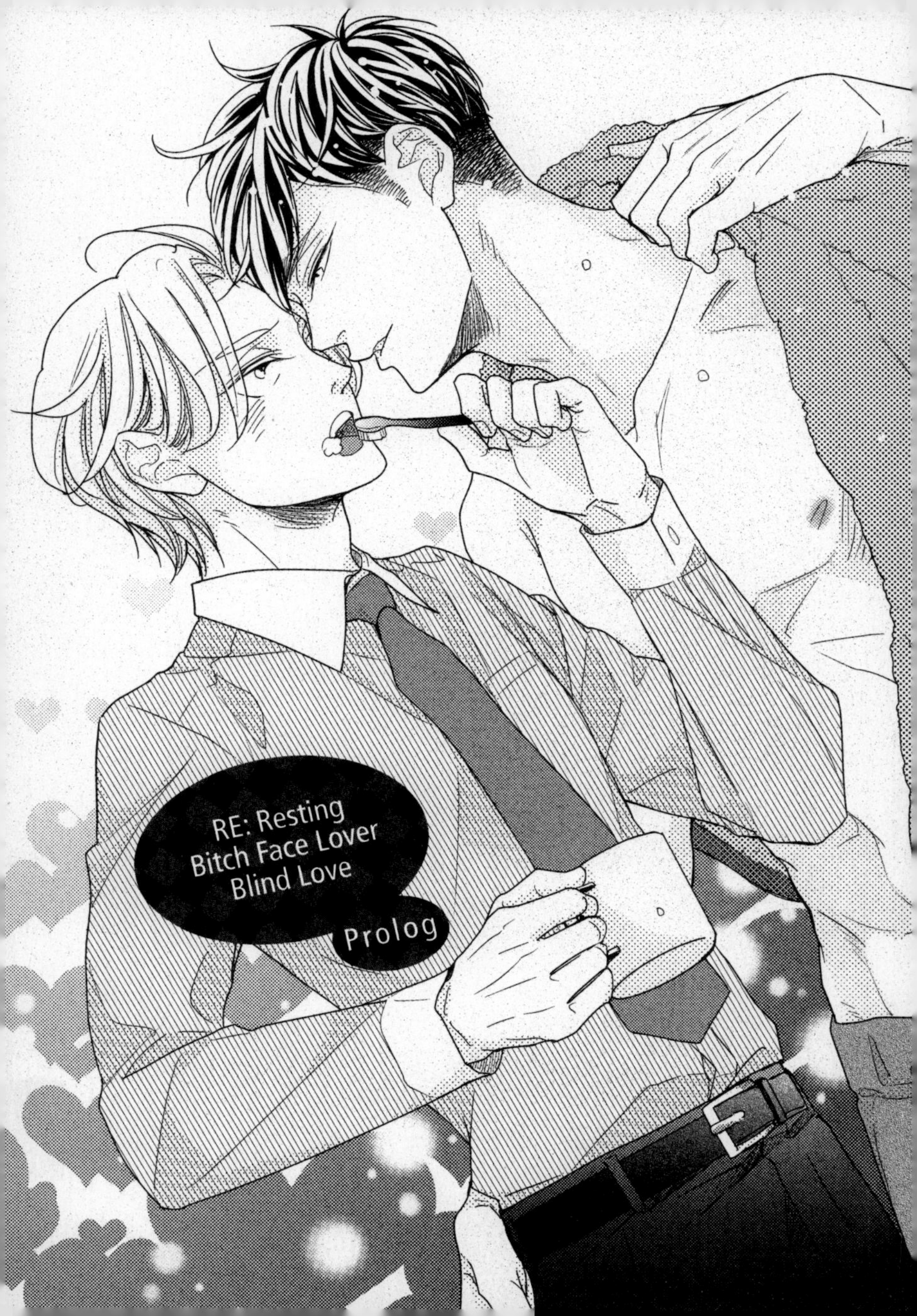
RE: Resting
Bitch Face Lover
Blind Love
Prolog

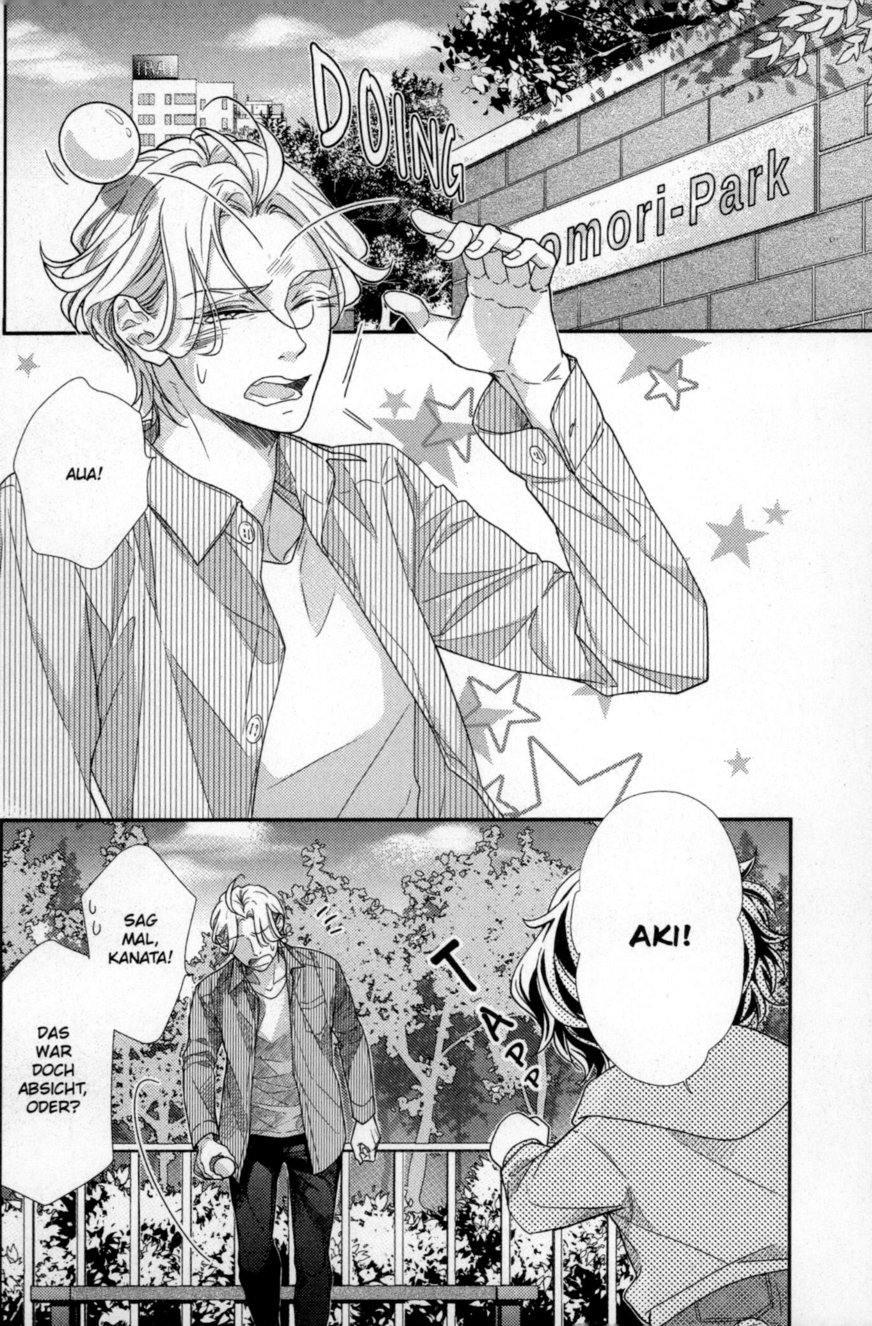
DOING
omori-Park
AUA!
AKI!
TAPP
SAG MAL, KANATA!
DAS WAR DOCH ABSICHT, ODER?

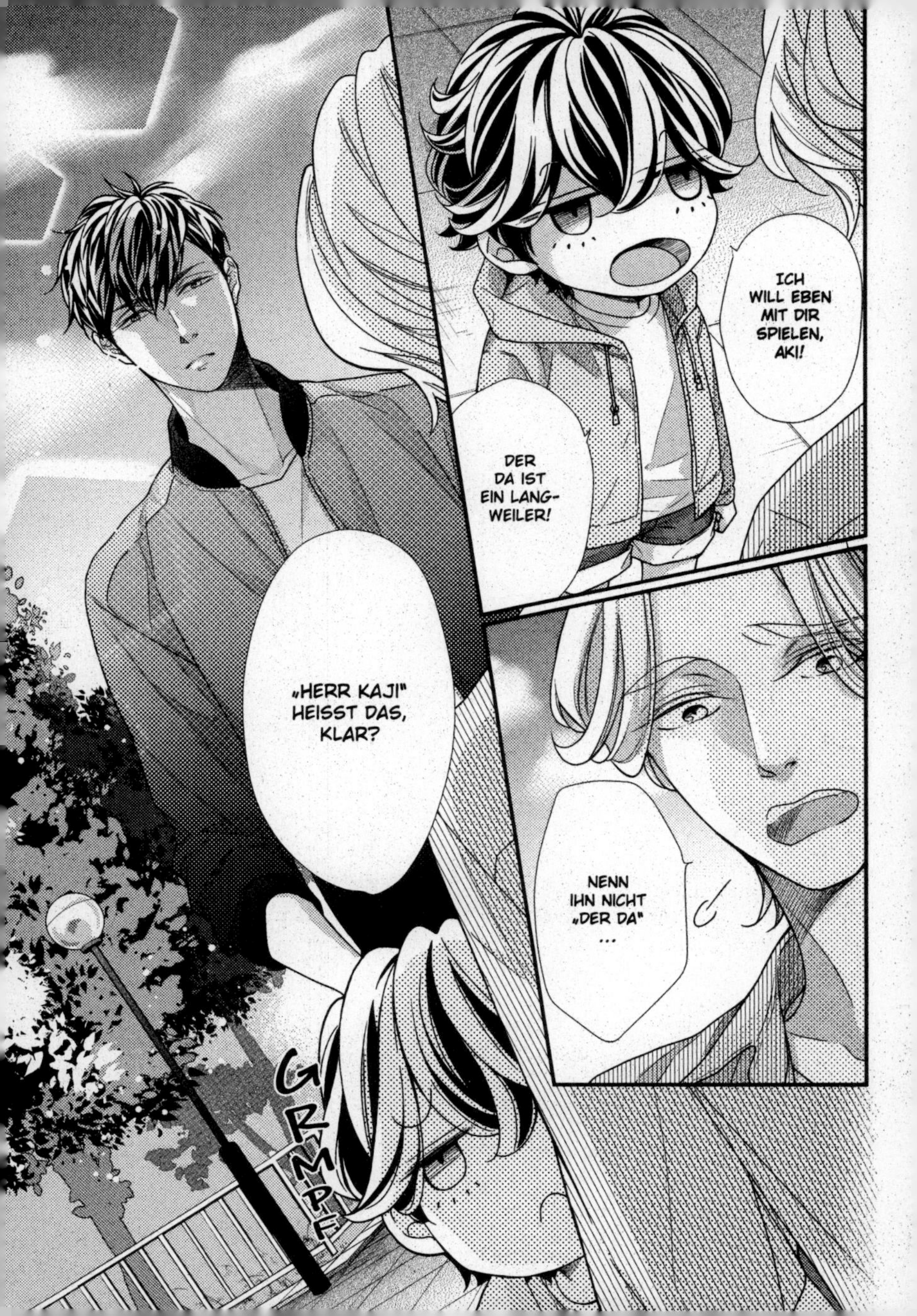
ICH WILL EBEN MIT DIR SPIELEN, AKI!
DER DA IST EIN LANG-WEILER!
NENN IHN NICHT „DER DA" ...
„HERR KAJI" HEISST DAS, KLAR?
GRMPF

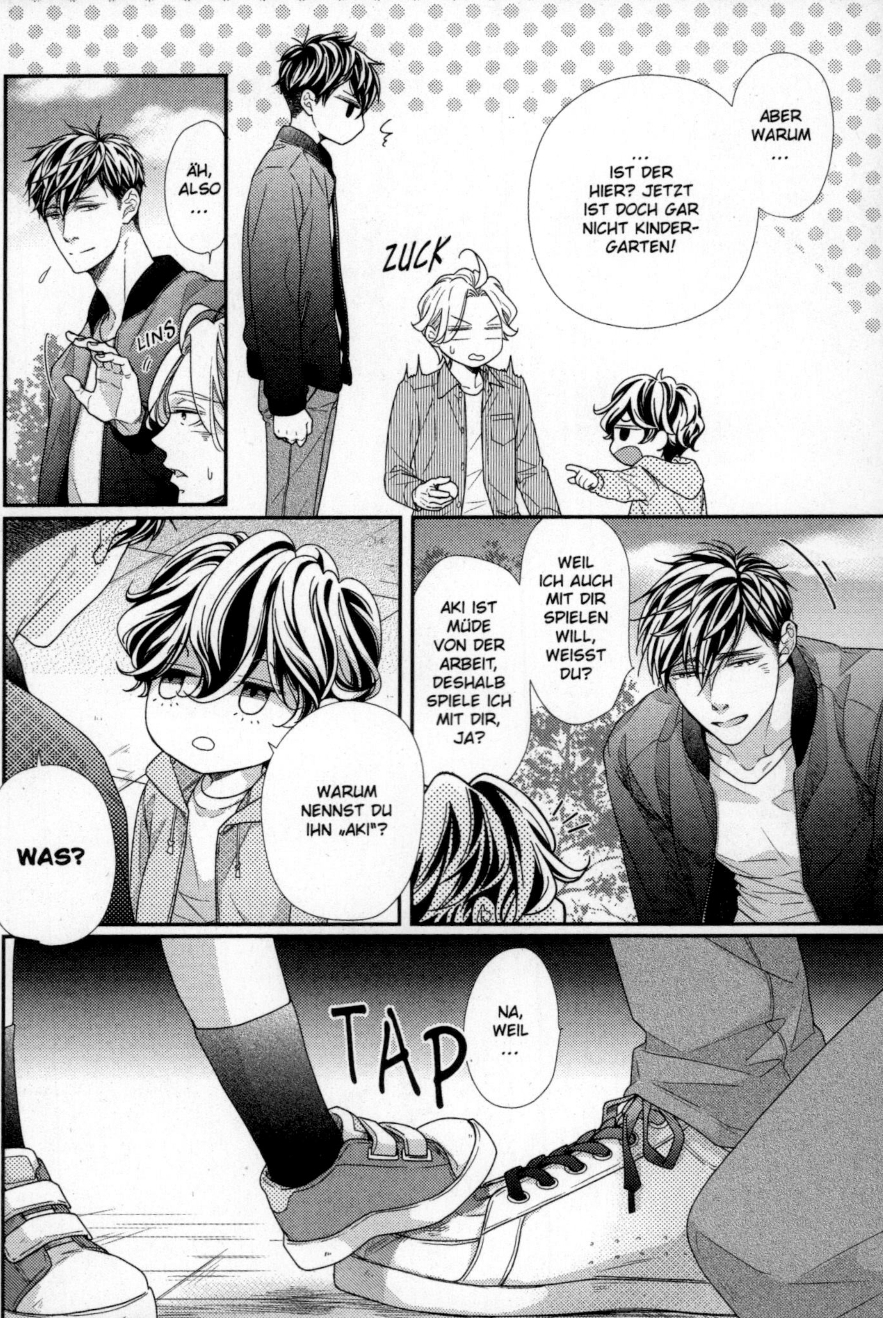
ABER WARUM ... ... IST DER HIER? JETZT IST DOCH GAR NICHT KINDERGARTEN!
ZUCK
ÄH, ALSO ...
LINS
WEIL ICH AUCH MIT DIR SPIELEN WILL, WEISST DU?
AKI IST MÜDE VON DER ARBEIT, DESHALB SPIELE ICH MIT DIR, JA?
WARUM NENNST DU IHN „AKI"?
WAS?
NA, WEIL ...
TAP

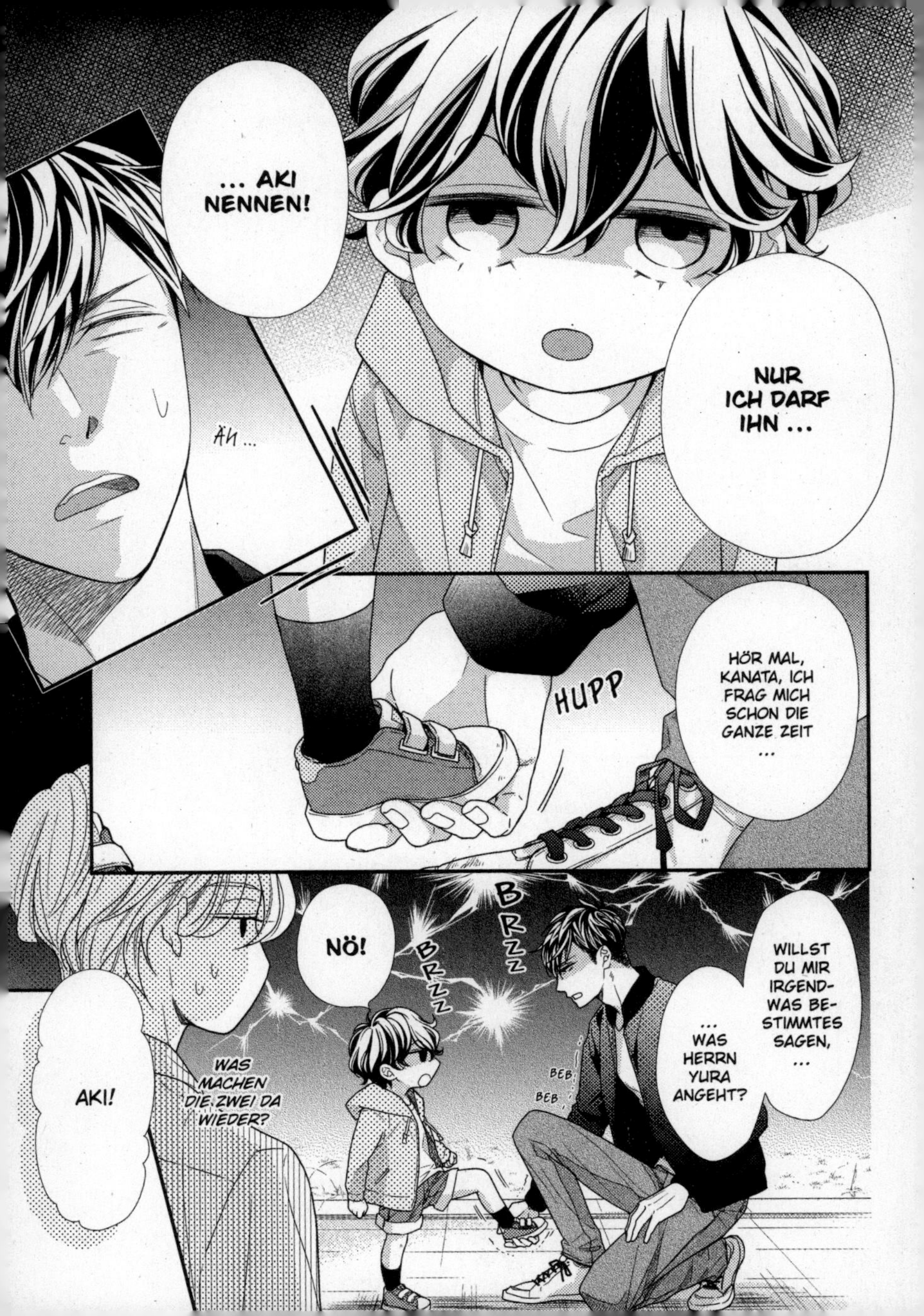
NUR ICH DARF IHN ...
... AKI NENNEN!
ÄH ...
HÖR MAL, KANATA, ICH FRAG MICH SCHON DIE GANZE ZEIT ...
HUPP
WILLST DU MIR IRGENDWAS BESTIMMTES SAGEN, ...
... WAS HERRN YURA ANGEHT?
BRZZ
NÖ!
BRZZ
BEB
BEB
WAS MACHEN DIE ZWEI DA WIEDER?
AKI!

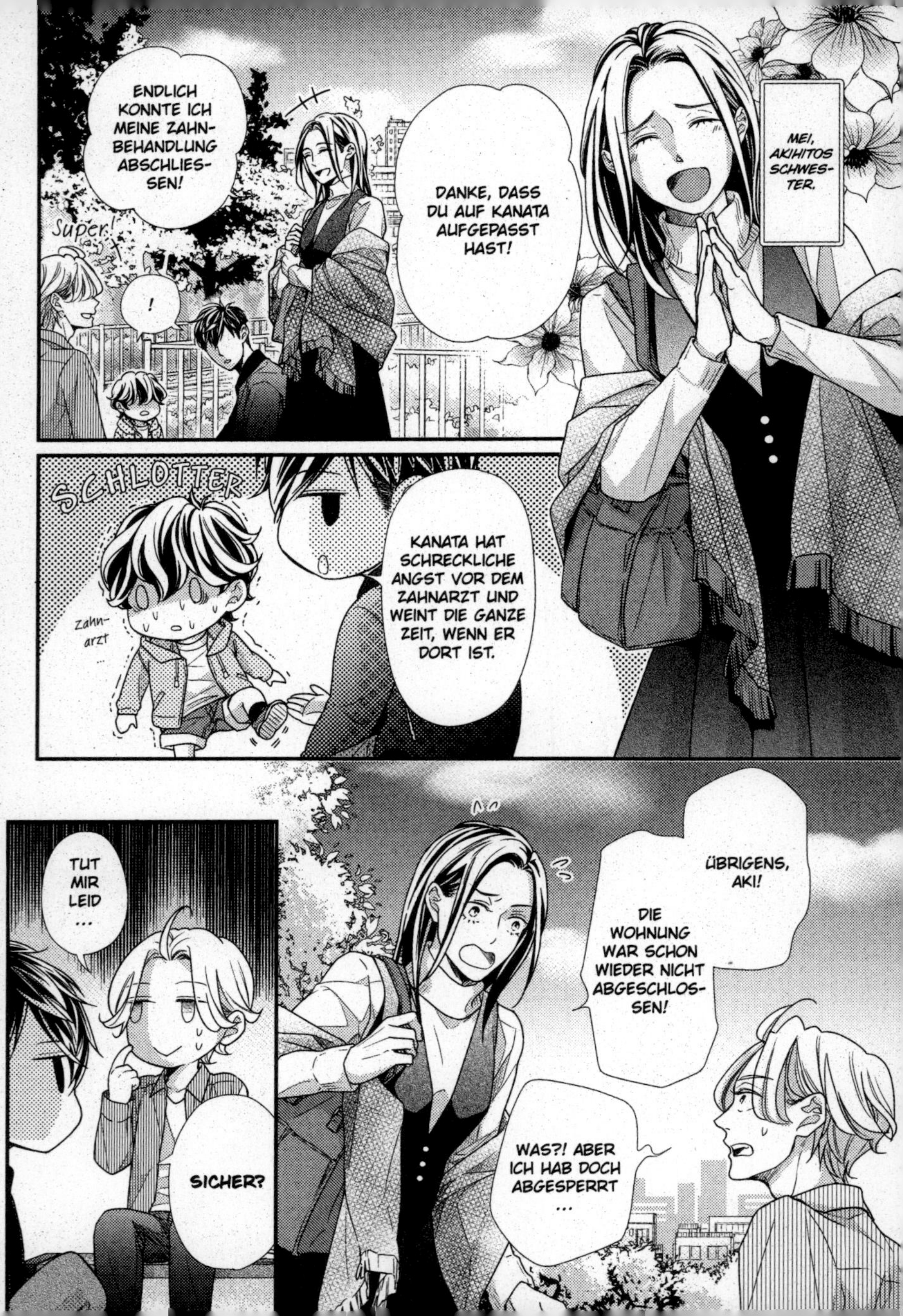
MEI, AKIHITOS SCHWESTER.
DANKE, DASS DU AUF KANATA AUFGEPASST HAST!
ENDLICH KONNTE ICH MEINE ZAHNBEHANDLUNG ABSCHLIESSEN!
Super!
!
KANATA HAT SCHRECKLICHE ANGST VOR DEM ZAHNARZT UND WEINT DIE GANZE ZEIT, WENN ER DORT IST.
SCHLOTTER
Zahnarzt ...
ÜBRIGENS, AKI!
DIE WOHNUNG WAR SCHON WIEDER NICHT ABGESCHLOSSEN!
WAS?! ABER ICH HAB DOCH ABGESPERRT ...
SICHER?
TUT MIR LEID ...

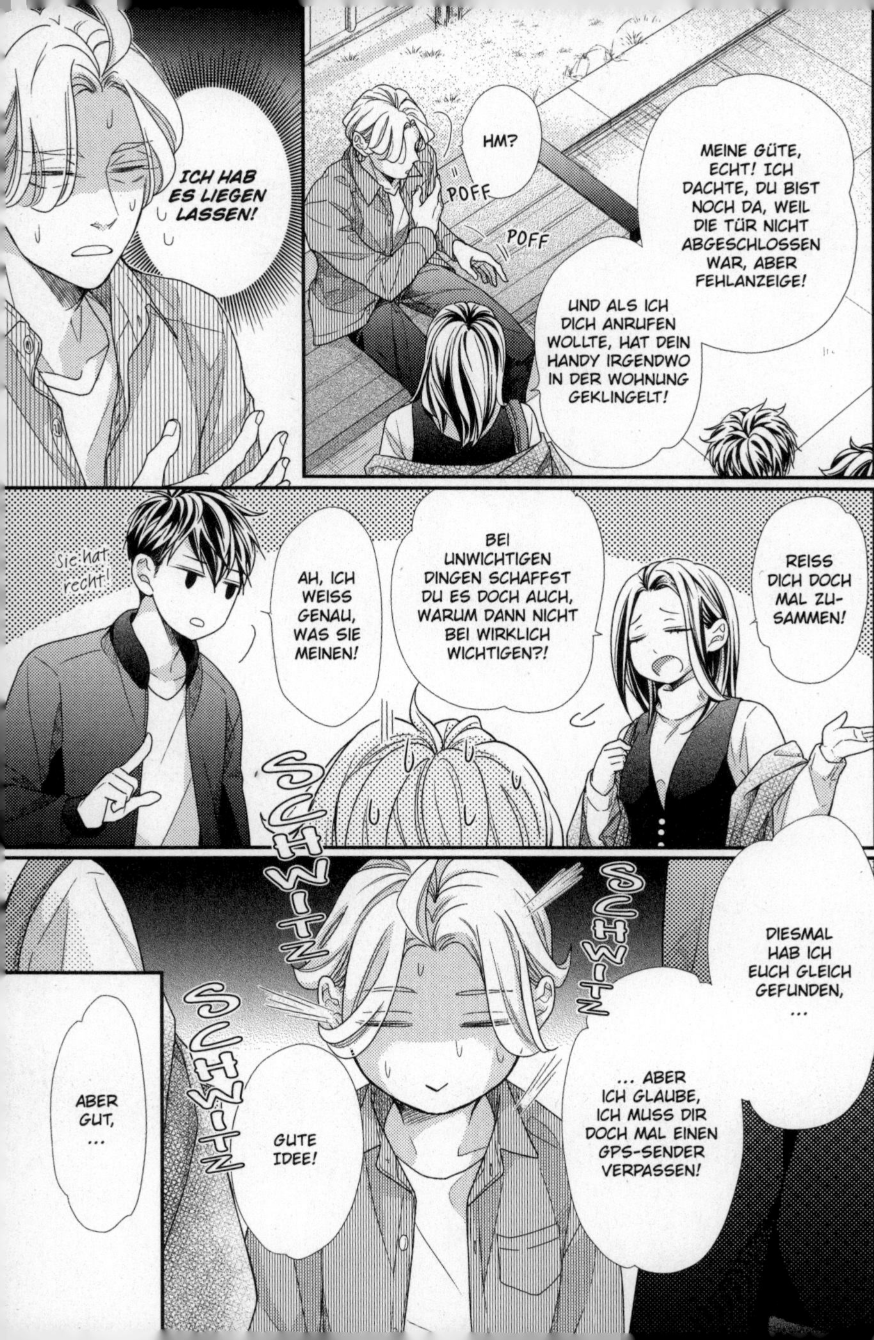
MEINE GÜTE, ECHT! ICH DACHTE, DU BIST NOCH DA, WEIL DIE TÜR NICHT ABGESCHLOSSEN WAR, ABER FEHLANZEIGE!
UND ALS ICH DICH ANRUFEN WOLLTE, HAT DEIN HANDY IRGENDWO IN DER WOHNUNG GEKLINGELT!
HM?
POFF
POFF
ICH HAB ES LIEGEN LASSEN!
REISS DICH DOCH MAL ZUSAMMEN!
BEI UNWICHTIGEN DINGEN SCHAFFST DU ES DOCH AUCH, WARUM DANN NICHT BEI WIRKLICH WICHTIGEN?!
AH, ICH WEISS GENAU, WAS SIE MEINEN!
Sie hat recht!
SCHWITZ
SCHWITZ
SCHWITZ
DIESMAL HAB ICH EUCH GLEICH GEFUNDEN, …
… ABER ICH GLAUBE, ICH MUSS DIR DOCH MAL EINEN GPS-SENDER VERPASSEN!
GUTE IDEE!
ABER GUT, …

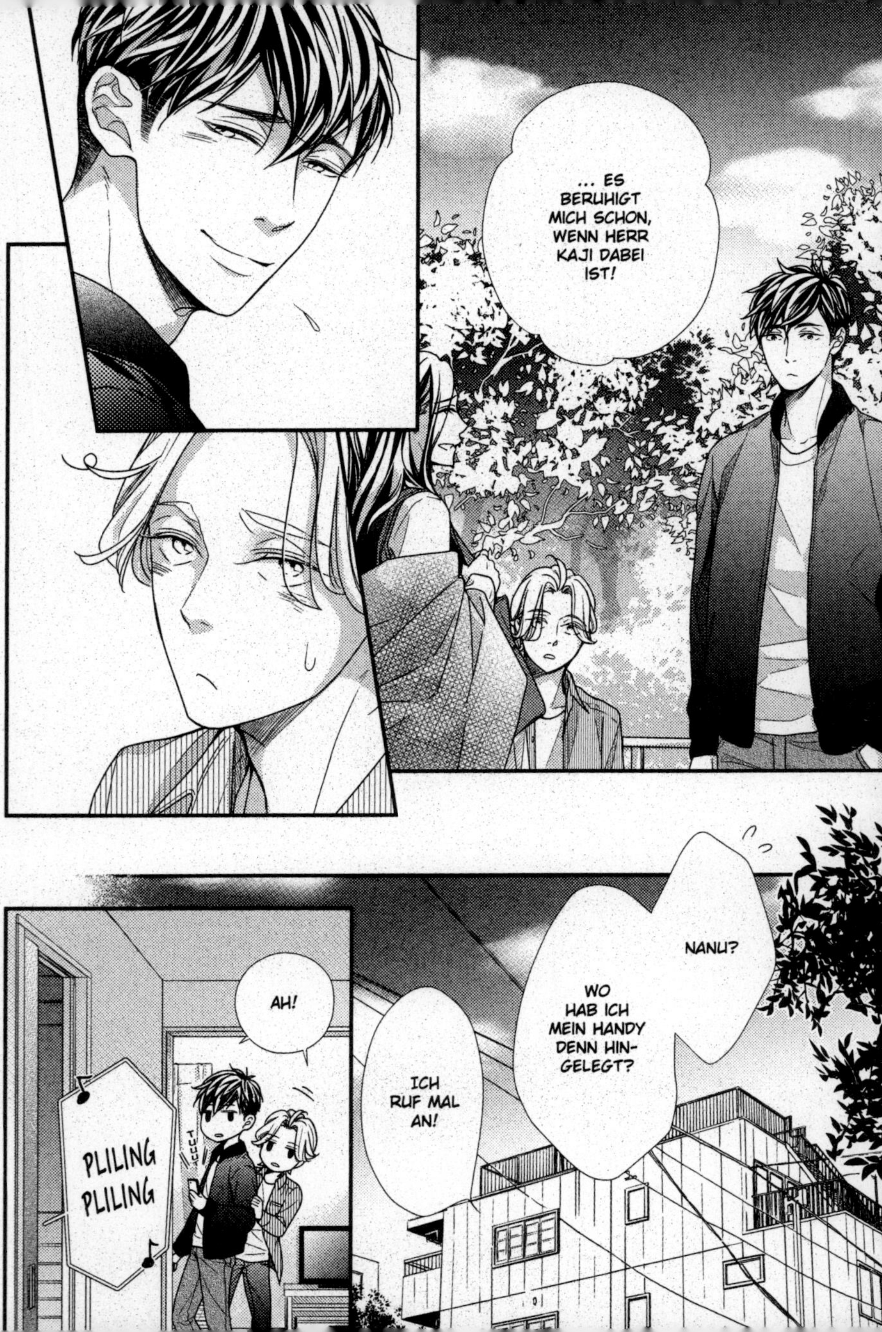
... ES BERUHIGT MICH SCHON, WENN HERR KAJI DABEI IST!
NANU?
WO HAB ICH MEIN HANDY DENN HINGELEGT?
ICH RUF MAL AN!
AH!
TUUU
PLILING PLILING

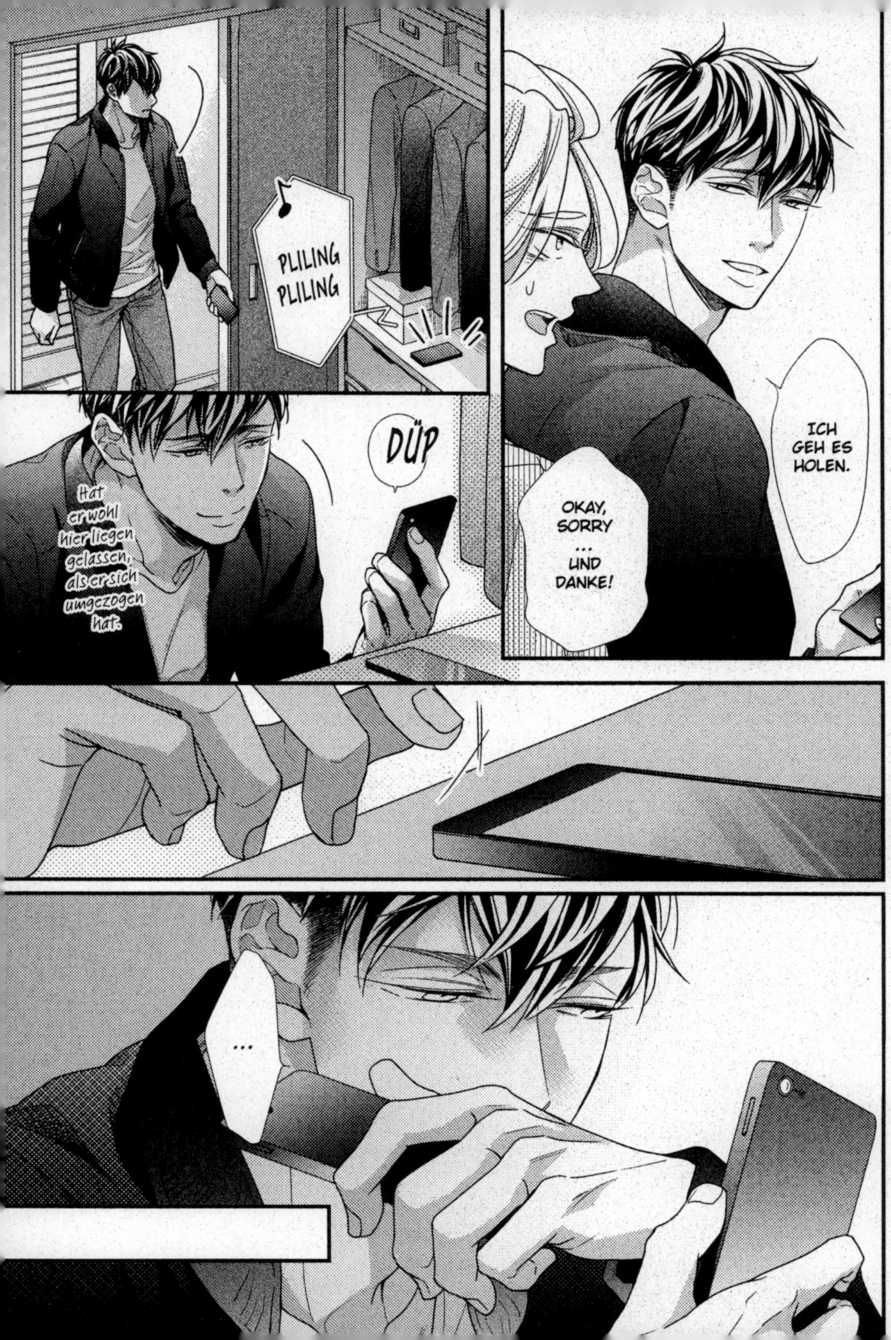

ICH GEH ES HOLEN.
OKAY, SORRY ... UND DANKE!
PLILING PLILING
DÜP
Hat er wohl hier liegen gelassen, als er sich umgezogen hat.
...

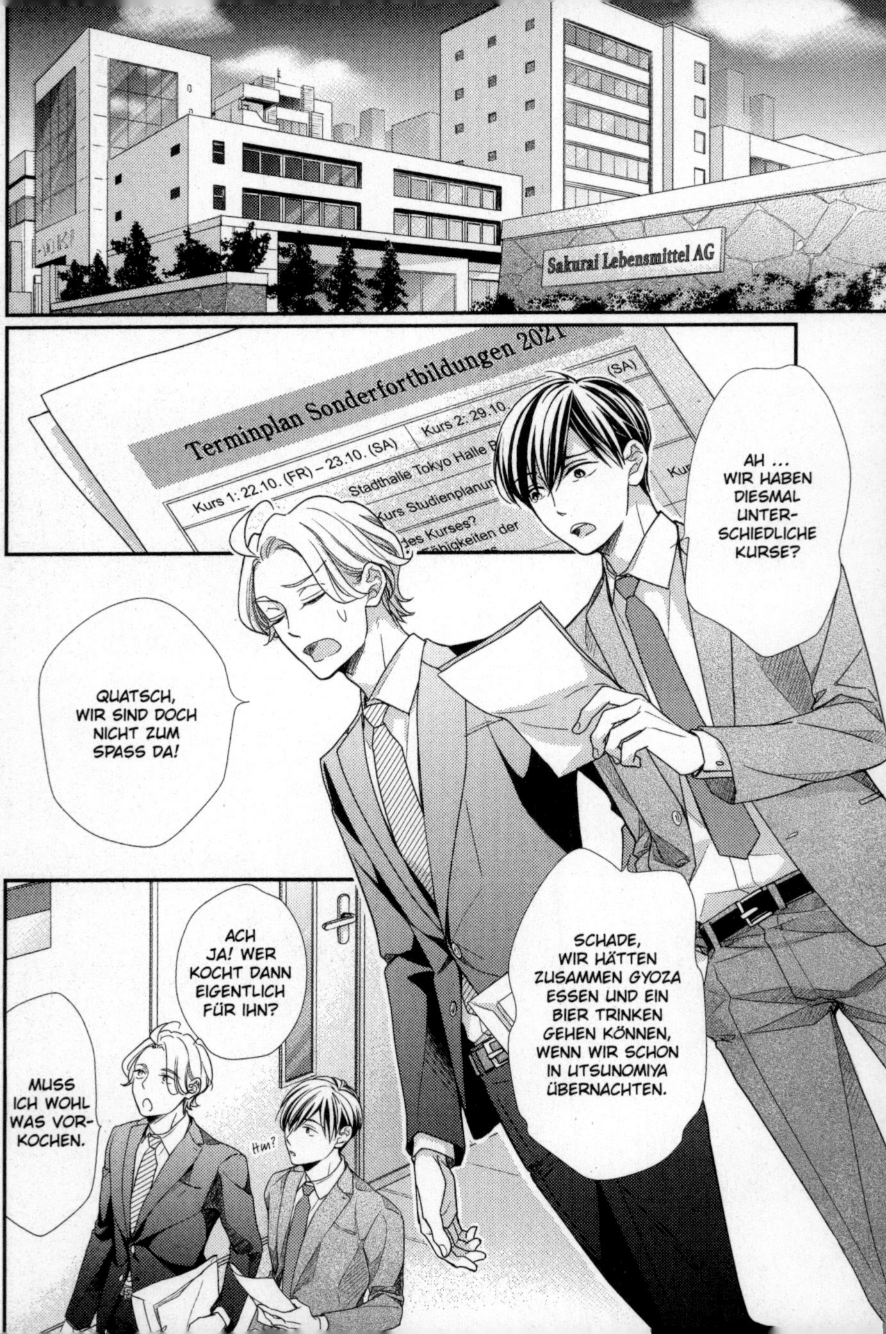
Sakurai Lebensmittel AG
Terminplan Sonderfortbildungen 2021
Kurs 1: 22.10. (FR) – 23.10. (SA)
AH ... WIR HABEN DIESMAL UNTERSCHIEDLICHE KURSE?
QUATSCH, WIR SIND DOCH NICHT ZUM SPASS DA!
SCHADE, WIR HÄTTEN ZUSAMMEN GYOZA ESSEN UND EIN BIER TRINKEN GEHEN KÖNNEN, WENN WIR SCHON IN UTSUNOMIYA ÜBERNACHTEN.
ACH JA! WER KOCHT DANN EIGENTLICH FÜR IHN?
Hm?
MUSS ICH WOHL WAS VORKOCHEN.

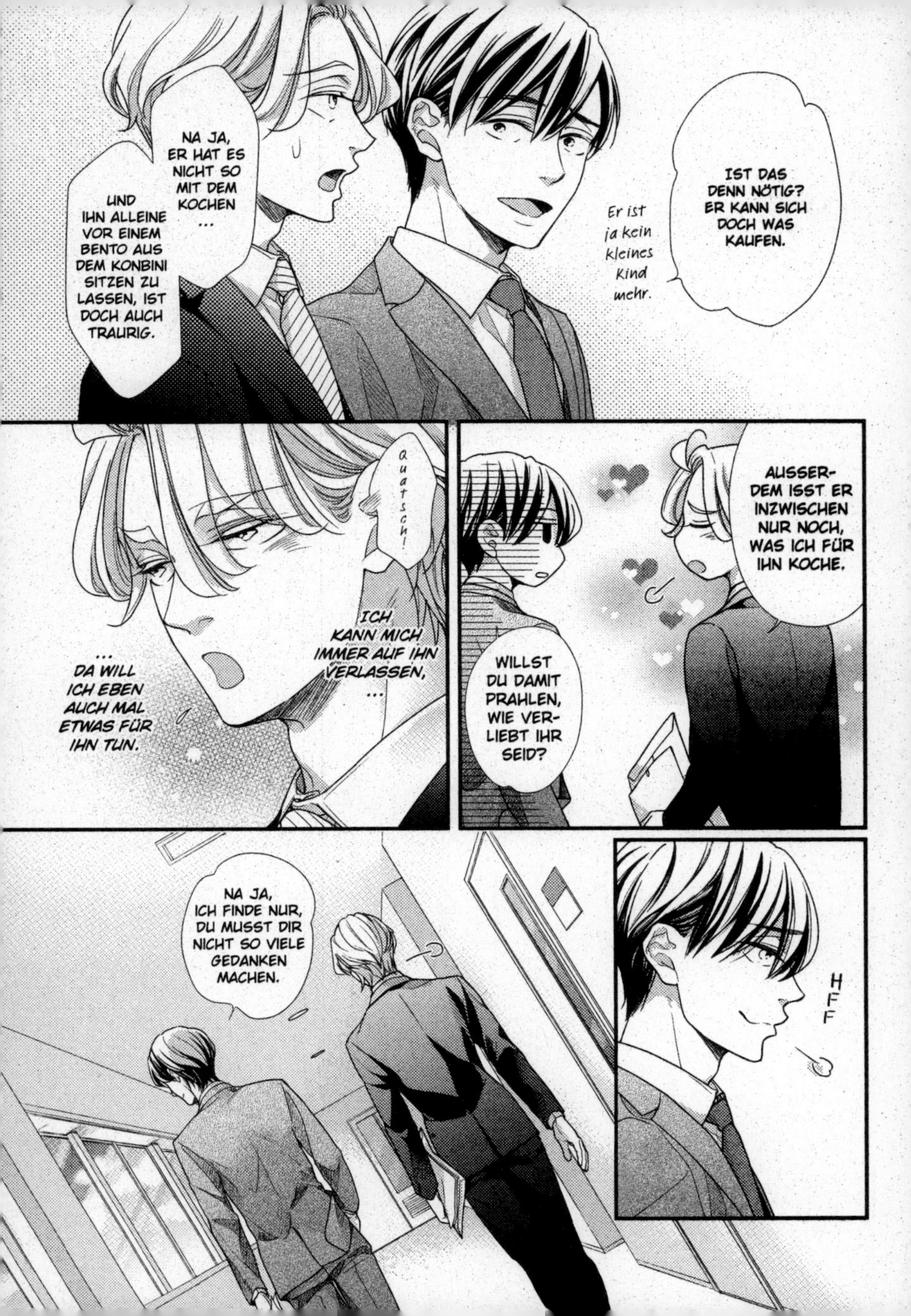
IST DAS DENN NÖTIG? ER KANN SICH DOCH WAS KAUFEN.
Er ist ja kein kleines Kind mehr.
NA JA, ER HAT ES NICHT SO MIT DEM KOCHEN ...
UND IHN ALLEINE VOR EINEM BENTO AUS DEM KONBINI SITZEN ZU LASSEN, IST DOCH AUCH TRAURIG.
AUSSER-DEM ISST ER INZWISCHEN NUR NOCH, WAS ICH FÜR IHN KOCHE.
WILLST DU DAMIT PRAHLEN, WIE VER-LIEBT IHR SEID?
Quatsch!
ICH KANN MICH IMMER AUF IHN VERLASSEN, ...
... DA WILL ICH EBEN AUCH MAL ETWAS FÜR IHN TUN.
HFF
NA JA, ICH FINDE NUR, DU MUSST DIR NICHT SO VIELE GEDANKEN MACHEN.

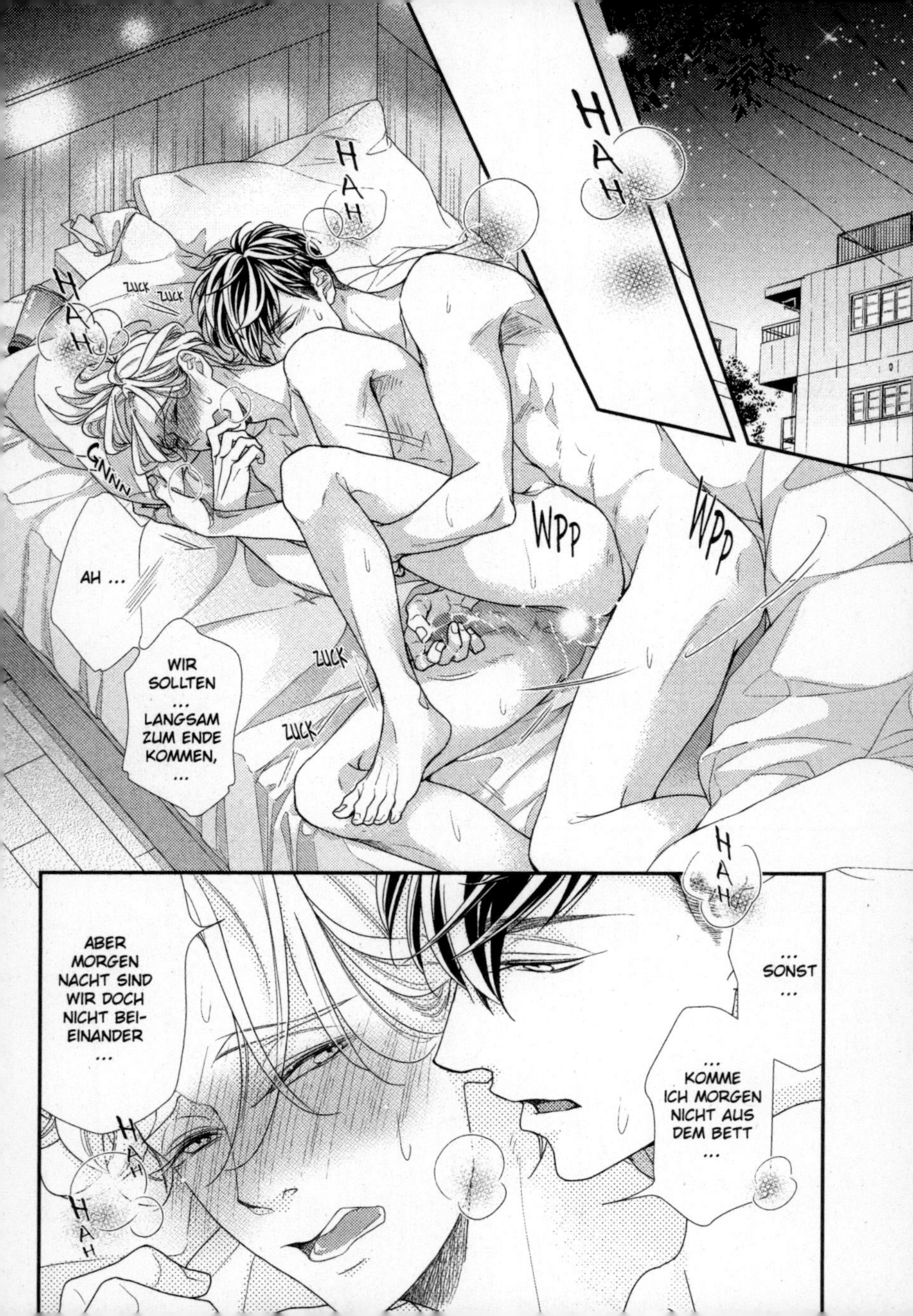
HAH
HAH
HAH
ZUCK ZUCK
GNNN
WPP
WPP
AH …
WIR SOLLTEN … LANGSAM ZUM ENDE KOMMEN, …
ZUCK
ZUCK
HAH
… SONST …
… KOMME ICH MORGEN NICHT AUS DEM BETT …
ABER MORGEN NACHT SIND WIR DOCH NICHT BEI-EINANDER …
HAH
HAH

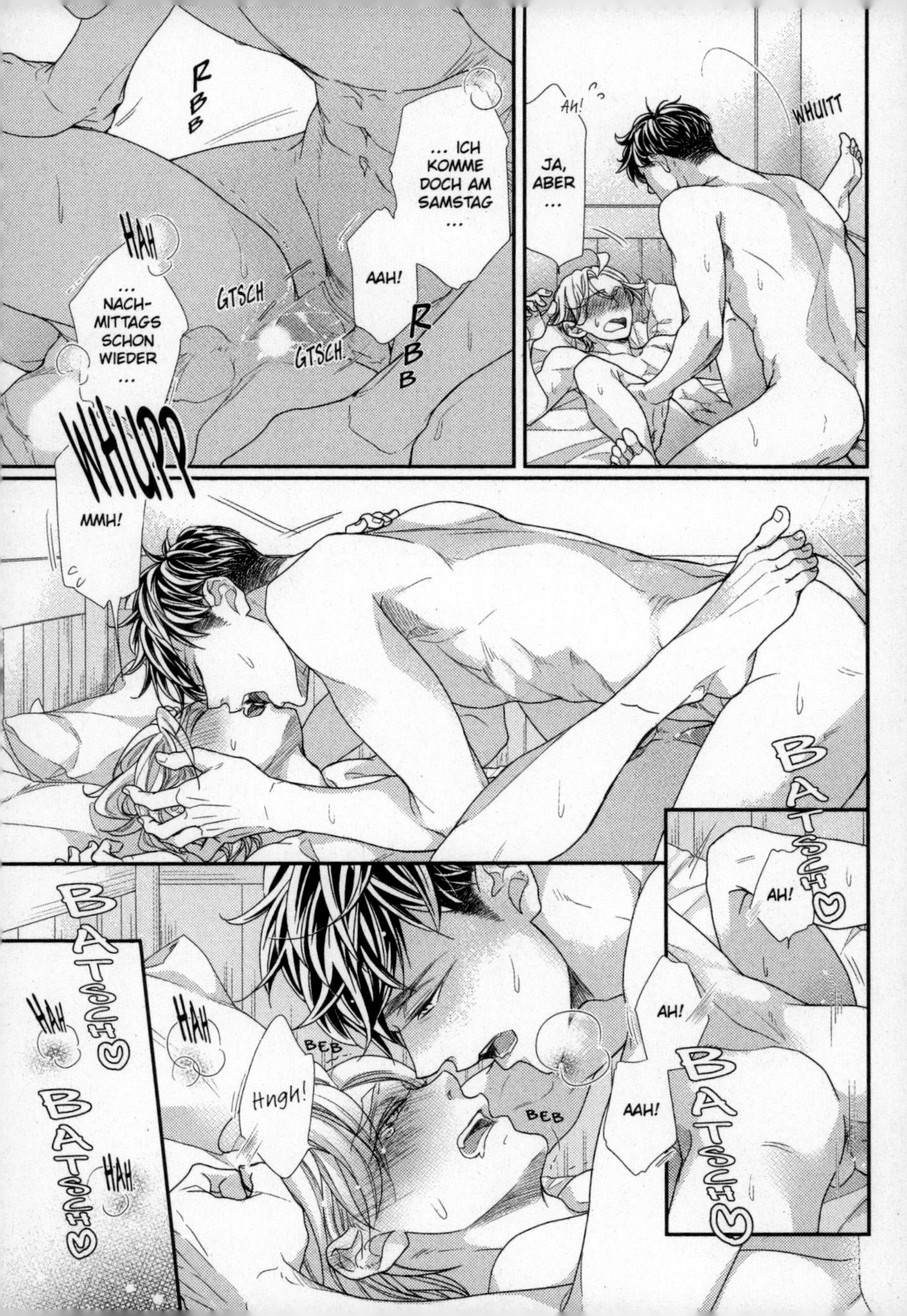
WHUITT
AH!
JA, ABER …
… ICH KOMME DOCH AM SAMSTAG …
RBB
AAH!
HAH
… NACH-MITTAGS SCHON WIEDER …
GTSCH
GTSCH
RBB
WHUPP
MMH!
BATSCH♡
AH!
AH!
BATSCH♡
AAH!
BEB
BEB
HAH
Hngh!
BATSCH♡
HAH
BATSCH♡
HAH

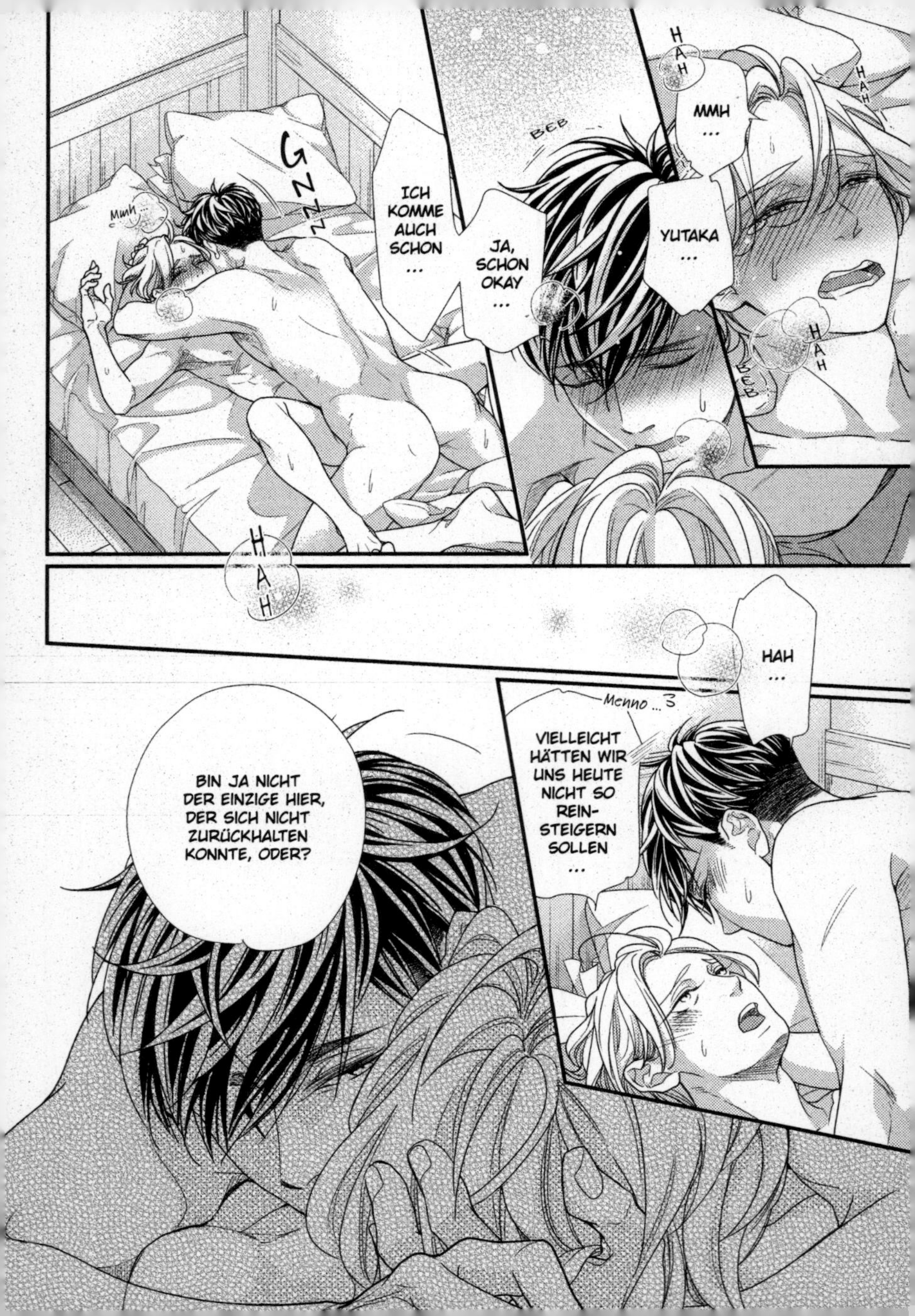
HAH HAH
MMH ...
YUTAKA ...
HAH
HAH HAH
BEB
BEB
JA, SCHON OKAY ...
ICH KOMME AUCH SCHON ...
GNZZZ
Mmh ...
HAH HAH
HAH ...
Menno ...
VIELLEICHT HÄTTEN WIR UNS HEUTE NICHT SO REIN-STEIGERN SOLLEN ...
BIN JA NICHT DER EINZIGE HIER, DER SICH NICHT ZURÜCKHALTEN KONNTE, ODER?

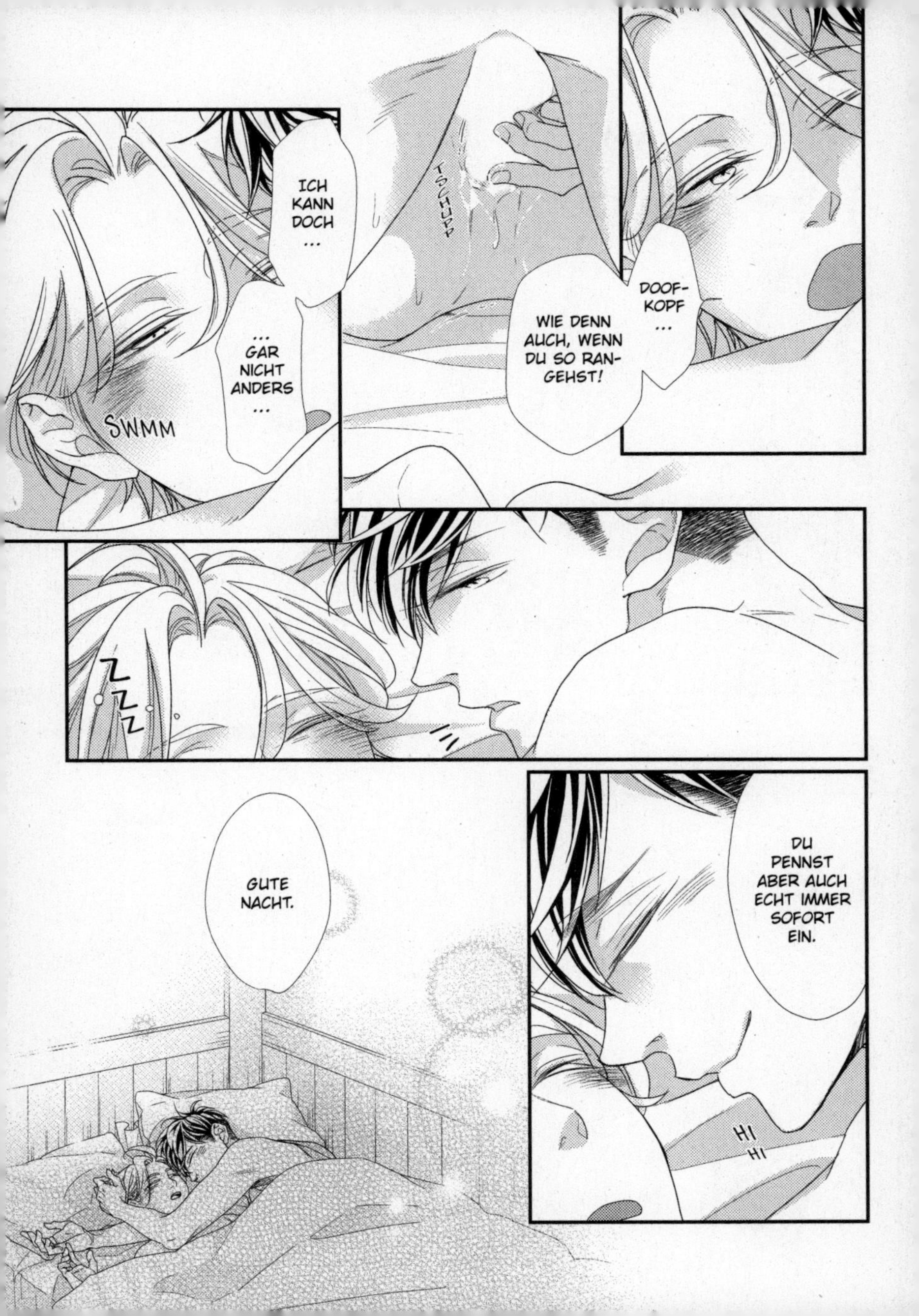
DOOF-KOPF ...
WIE DENN AUCH, WENN DU SO RAN-GEHST!
TSCHUPP
ICH KANN DOCH ...
... GAR NICHT ANDERS ...
SWMM
ZZZ
DU PENNST ABER AUCH ECHT IMMER SOFORT EIN.
HI HI
GUTE NACHT.

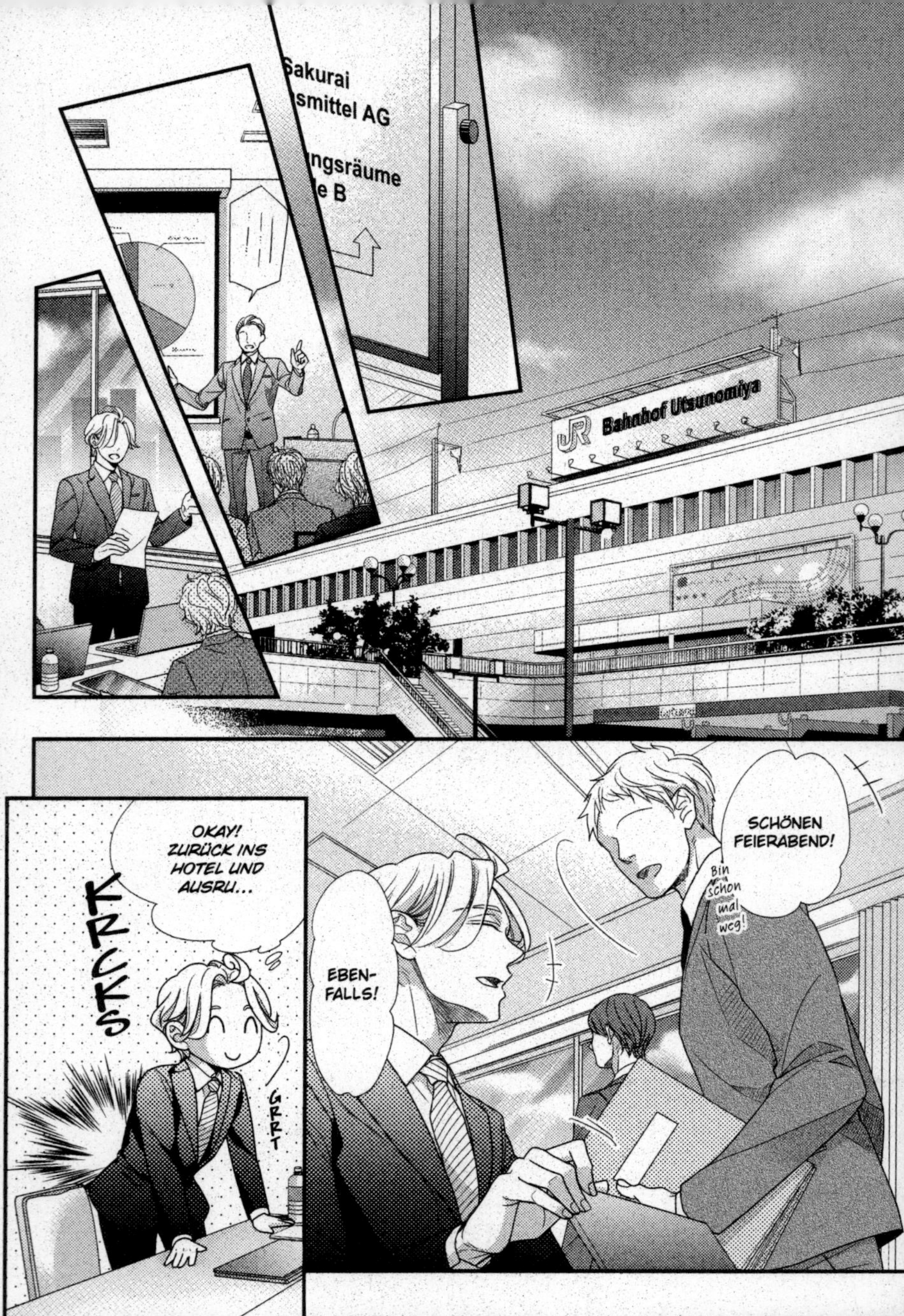
Sakurai
smittel AG
ngsräume
e B
!!
Bahnhof Utsunomiya
SCHÖNEN FEIERABEND!
Bin schon mal weg!
EBEN-FALLS!
OKAY! ZURÜCK INS HOTEL UND AUSRU...
KRCKS
GRRT

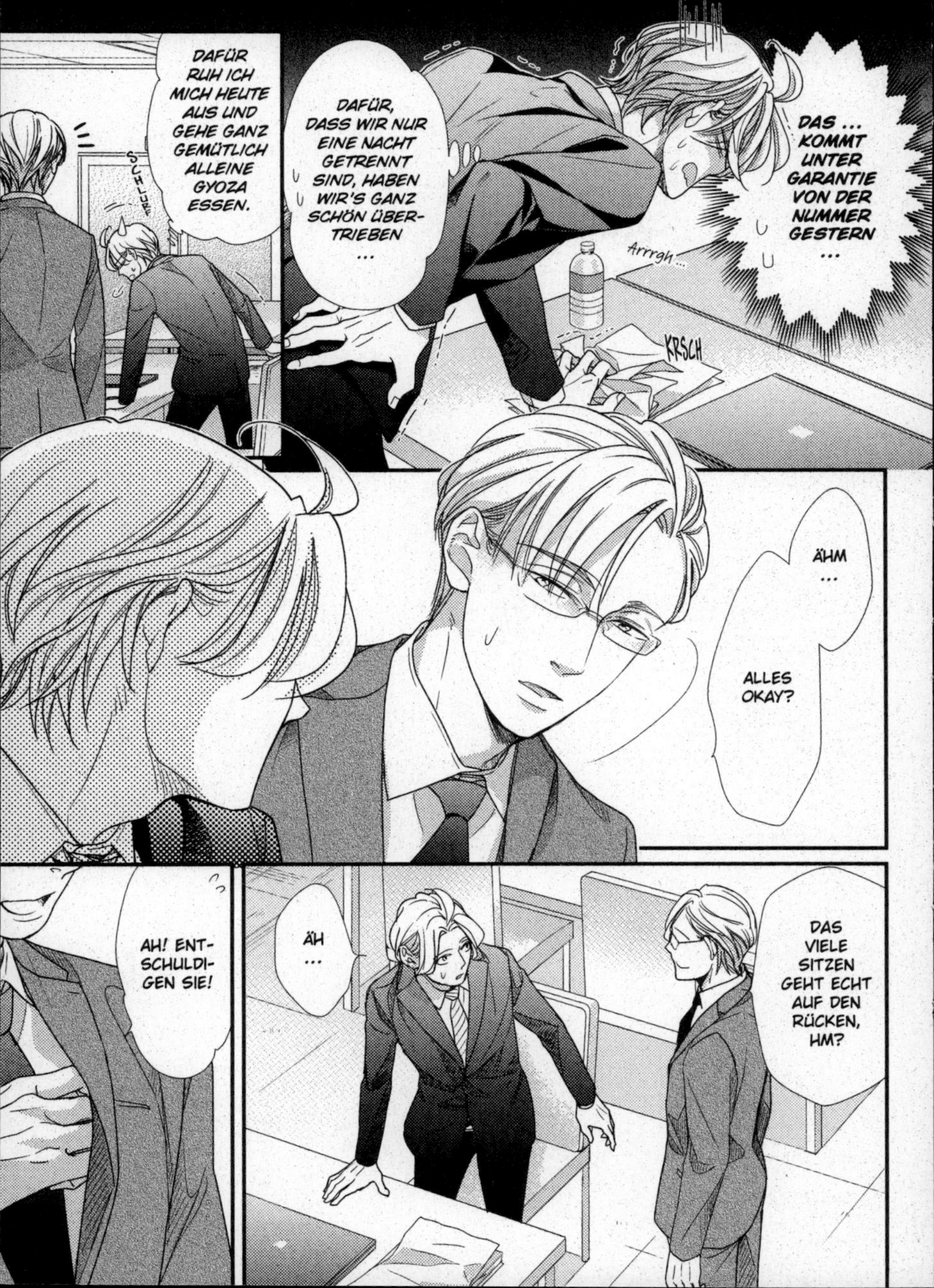
DAS ... KOMMT UNTER GARANTIE VON DER NUMMER GESTERN ...
Arrrgh ...
KRSCH
DAFÜR, DASS WIR NUR EINE NACHT GETRENNT SIND, HABEN WIR'S GANZ SCHÖN ÜBER-TRIEBEN ...
DAFÜR RUH ICH MICH HEUTE AUS UND GEHE GANZ GEMÜTLICH ALLEINE GYOZA ESSEN.
SCHLUFF
ÄHM ...
ALLES OKAY?
DAS VIELE SITZEN GEHT ECHT AUF DEN RÜCKEN, HM?
ÄH ...
AH! ENT-SCHULDI-GEN SIE!

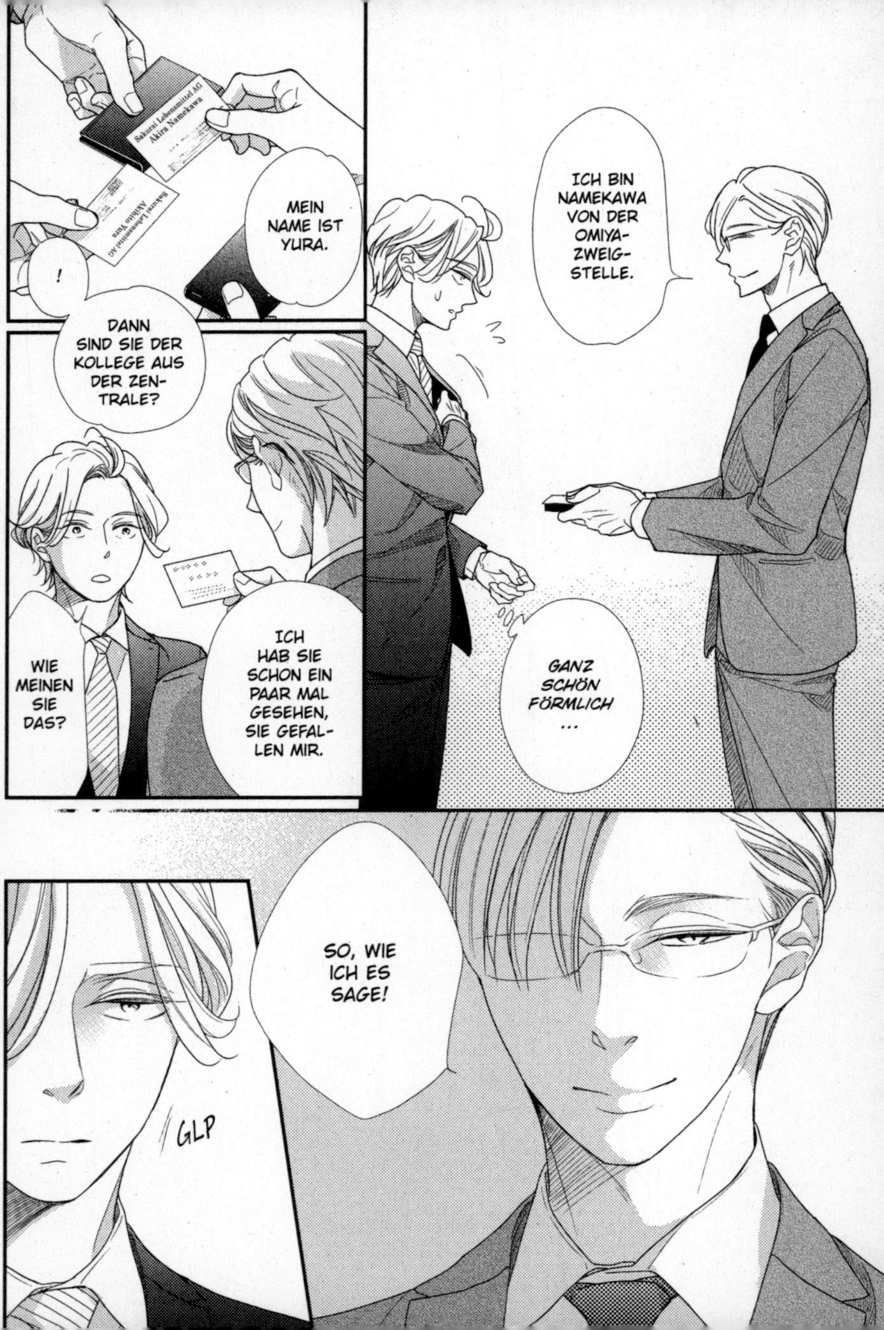
ICH BIN NAMEKAWA VON DER OMIYA-ZWEIG-STELLE.
GANZ SCHÖN FÖRMLICH ...
Sakurai Lebensmittel AG Akira Namekawa
Sakurai Lebensmittel AG Akihito Yura
MEIN NAME IST YURA.
!
DANN SIND SIE DER KOLLEGE AUS DER ZEN-TRALE?
ICH HAB SIE SCHON EIN PAAR MAL GESEHEN, SIE GEFAL-LEN MIR.
WIE MEINEN SIE DAS?
SO, WIE ICH ES SAGE!
GLP

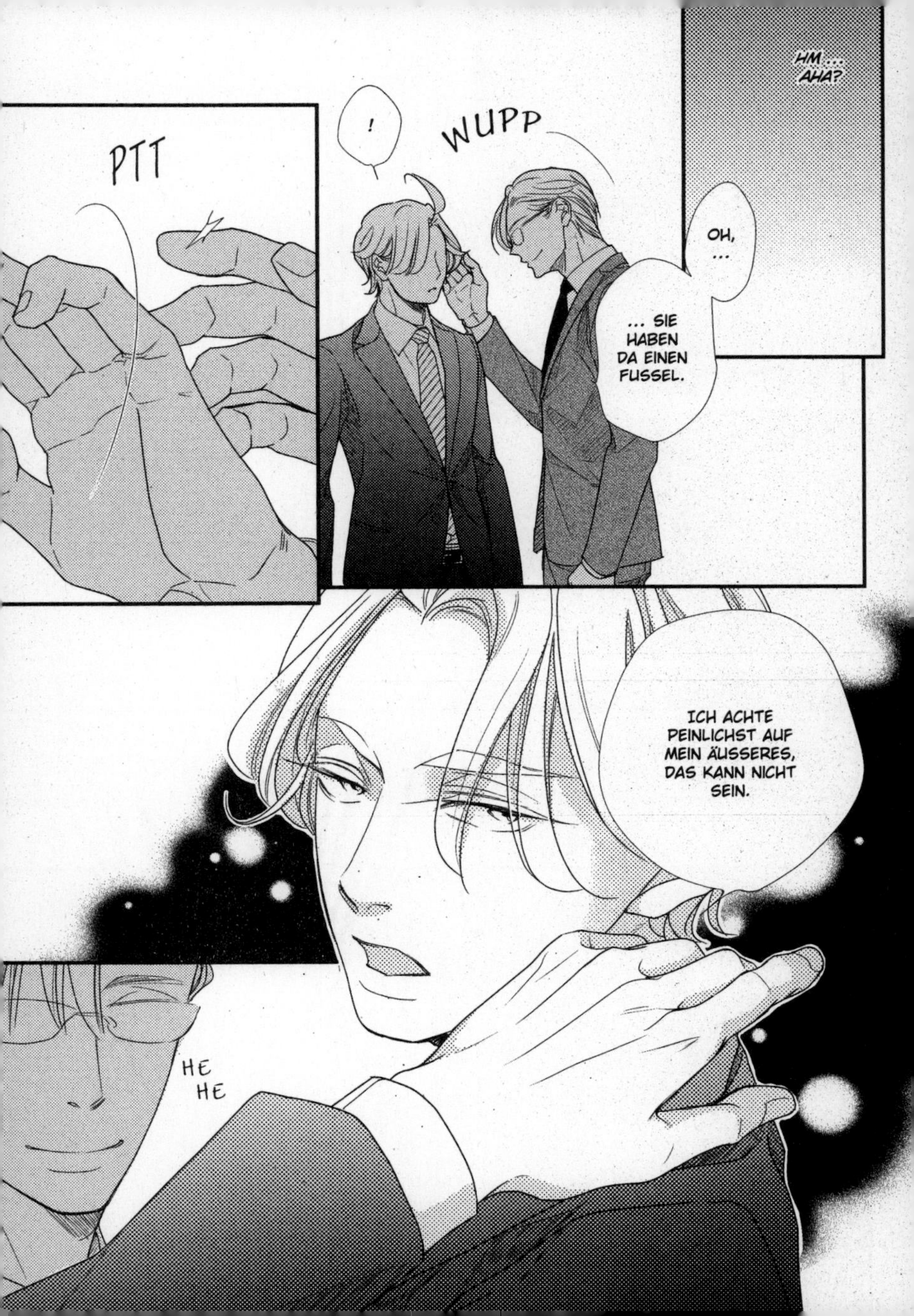
HM ... AHA?
OH, ...
... SIE HABEN DA EINEN FUSSEL.
WUPP
!
PTT
ICH ACHTE PEINLICHST AUF MEIN ÄUSSERES, DAS KANN NICHT SEIN.
HE HE

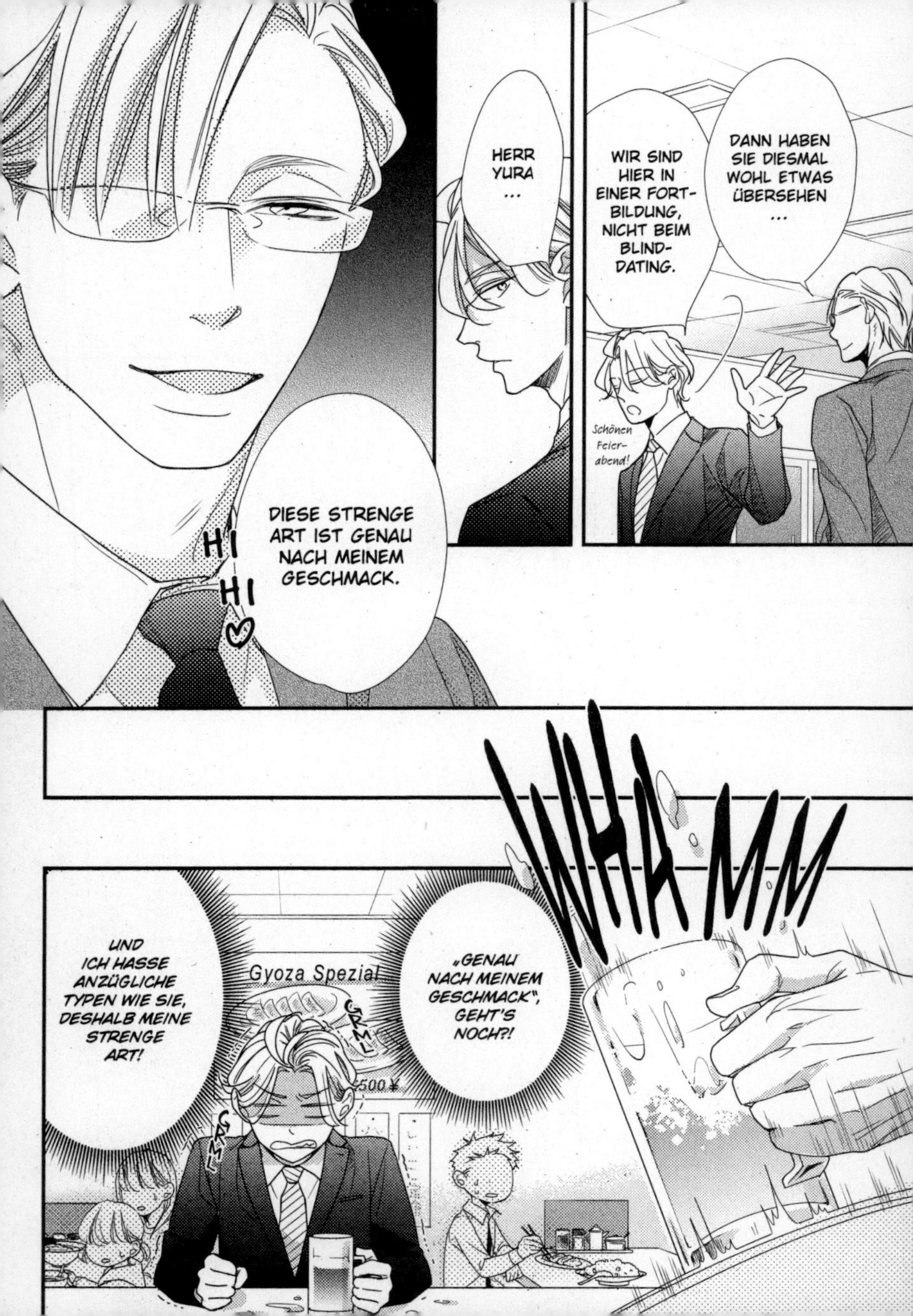
DANN HABEN SIE DIESMAL WOHL ETWAS ÜBERSEHEN ...
WIR SIND HIER IN EINER FORT-BILDUNG, NICHT BEIM BLIND-DATING.
Schönen Feier-abend!
HERR YURA ...
DIESE STRENGE ART IST GENAU NACH MEINEM GESCHMACK.
HI HI
WHAMM
„GENAU NACH MEINEM GESCHMACK", GEHT'S NOCH?!
Gyoza Spezial
500 ¥
GRML
GRML
UND ICH HASSE ANZÜGLICHE TYPEN WIE SIE, DESHALB MEINE STRENGE ART!

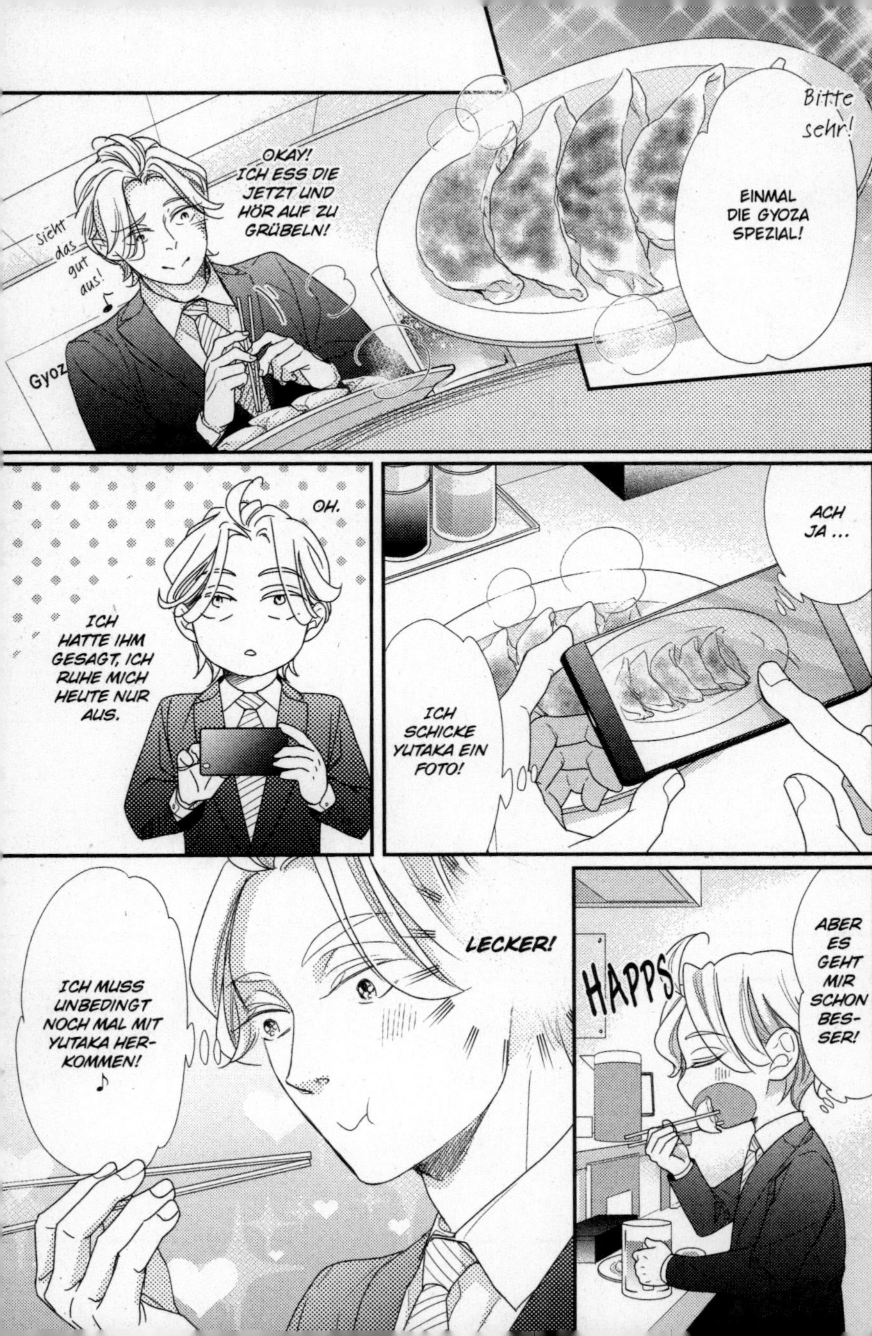
Bitte sehr!
EINMAL DIE GYOZA SPEZIAL!
OKAY! ICH ESS DIE JETZT UND HÖR AUF ZU GRÜBELN!
Sieht das gut aus! ♪
ACH JA …
ICH SCHICKE YUTAKA EIN FOTO!
OH.
ICH HATTE IHM GESAGT, ICH RUHE MICH HEUTE NUR AUS.
ABER ES GEHT MIR SCHON BES-SER!
HAPPS
LECKER!
ICH MUSS UNBEDINGT NOCH MAL MIT YUTAKA HER-KOMMEN! ♪

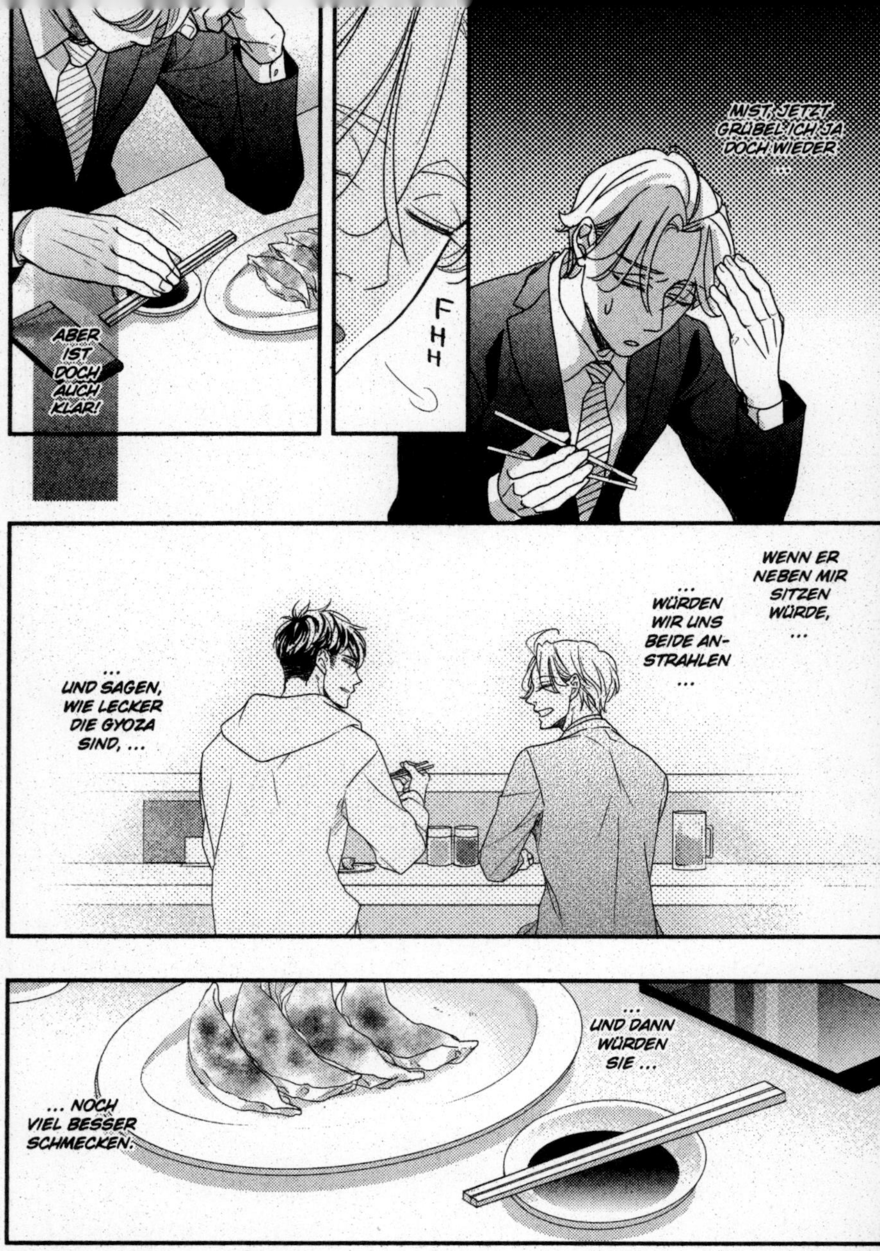
MIST, JETZT GRÜBEL ICH JA DOCH WIEDER …
FHH
ABER IST DOCH AUCH KLAR!
WENN ER NEBEN MIR SITZEN WÜRDE, …
… WÜRDEN WIR UNS BEIDE AN-STRAHLEN …
… UND SAGEN, WIE LECKER DIE GYOZA SIND, …
… UND DANN WÜRDEN SIE …
… NOCH VIEL BESSER SCHMECKEN.

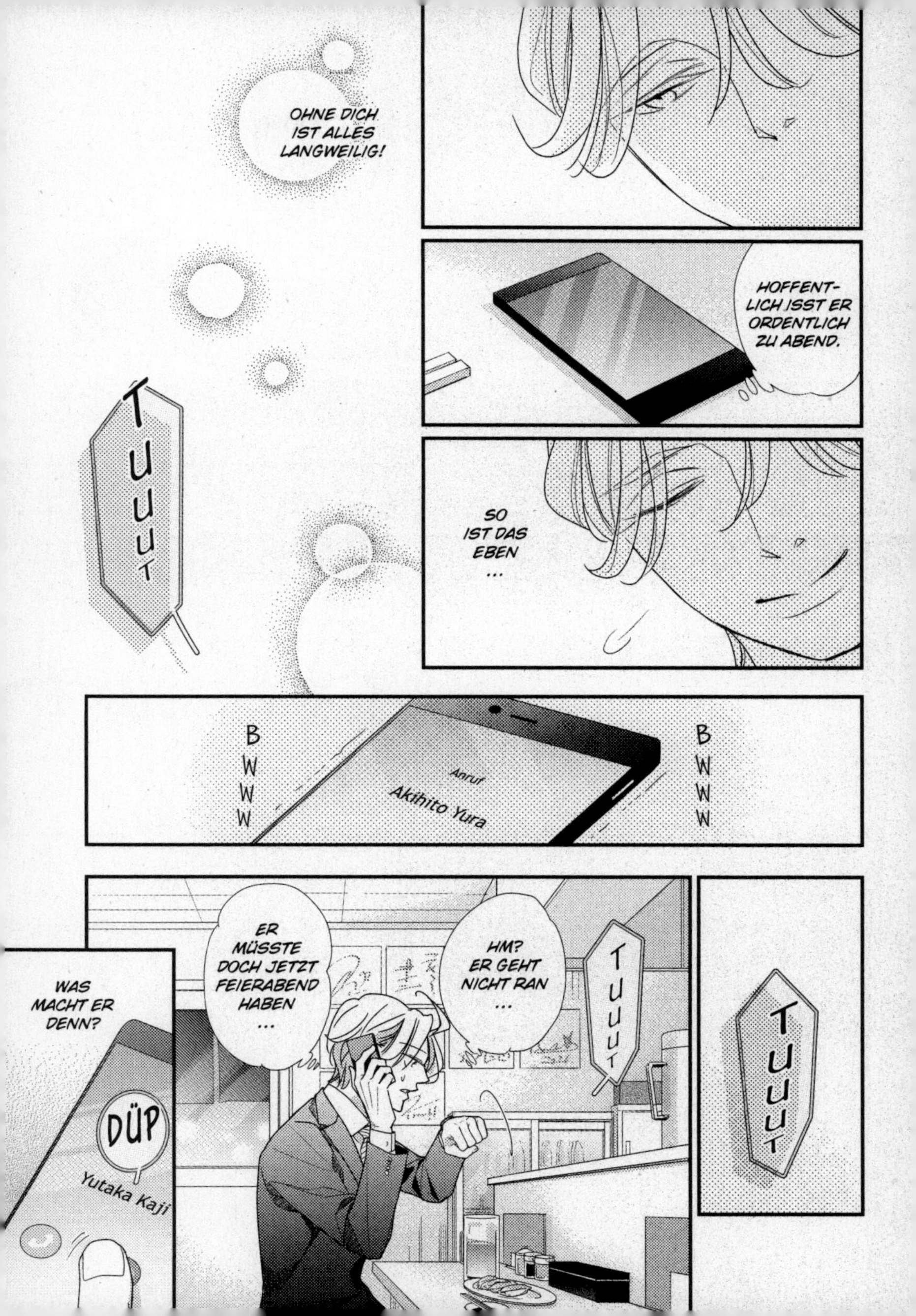
OHNE DICH IST ALLES LANGWEILIG!
HOFFENT-LICH ISST ER ORDENTLICH ZU ABEND.
SO IST DAS EBEN ...
TUUUT
BWWW
Anruf
Akihito Yura
BWWW
TUUUT
HM? ER GEHT NICHT RAN ...
TUUUT
ER MÜSSTE DOCH JETZT FEIERABEND HABEN ...
WAS MACHT ER DENN?
DÜP
Yutaka Kaji

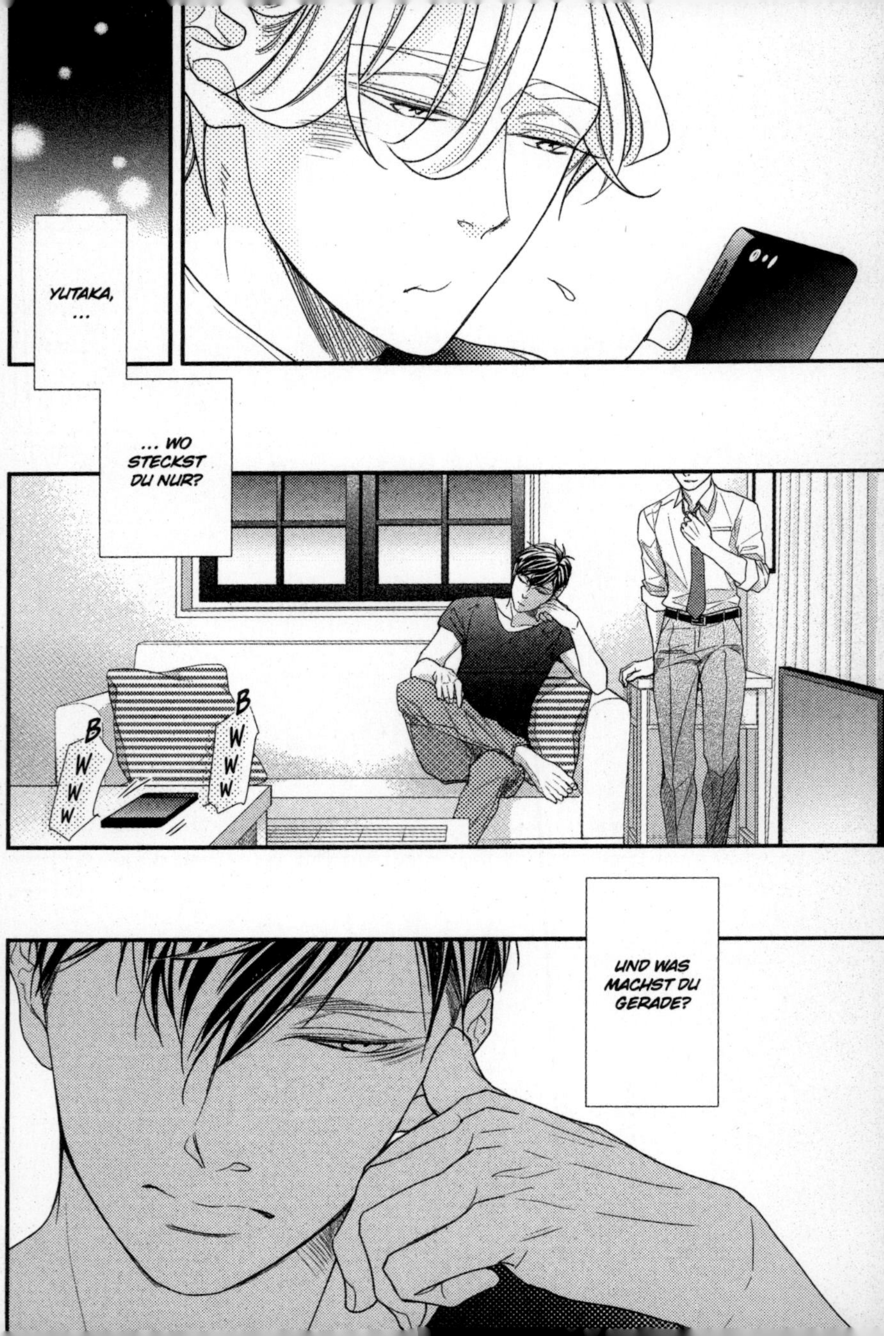
YUTAKA, …
… WO STECKST DU NUR?
BWWWW
BWWWW
UND WAS MACHST DU GERADE?

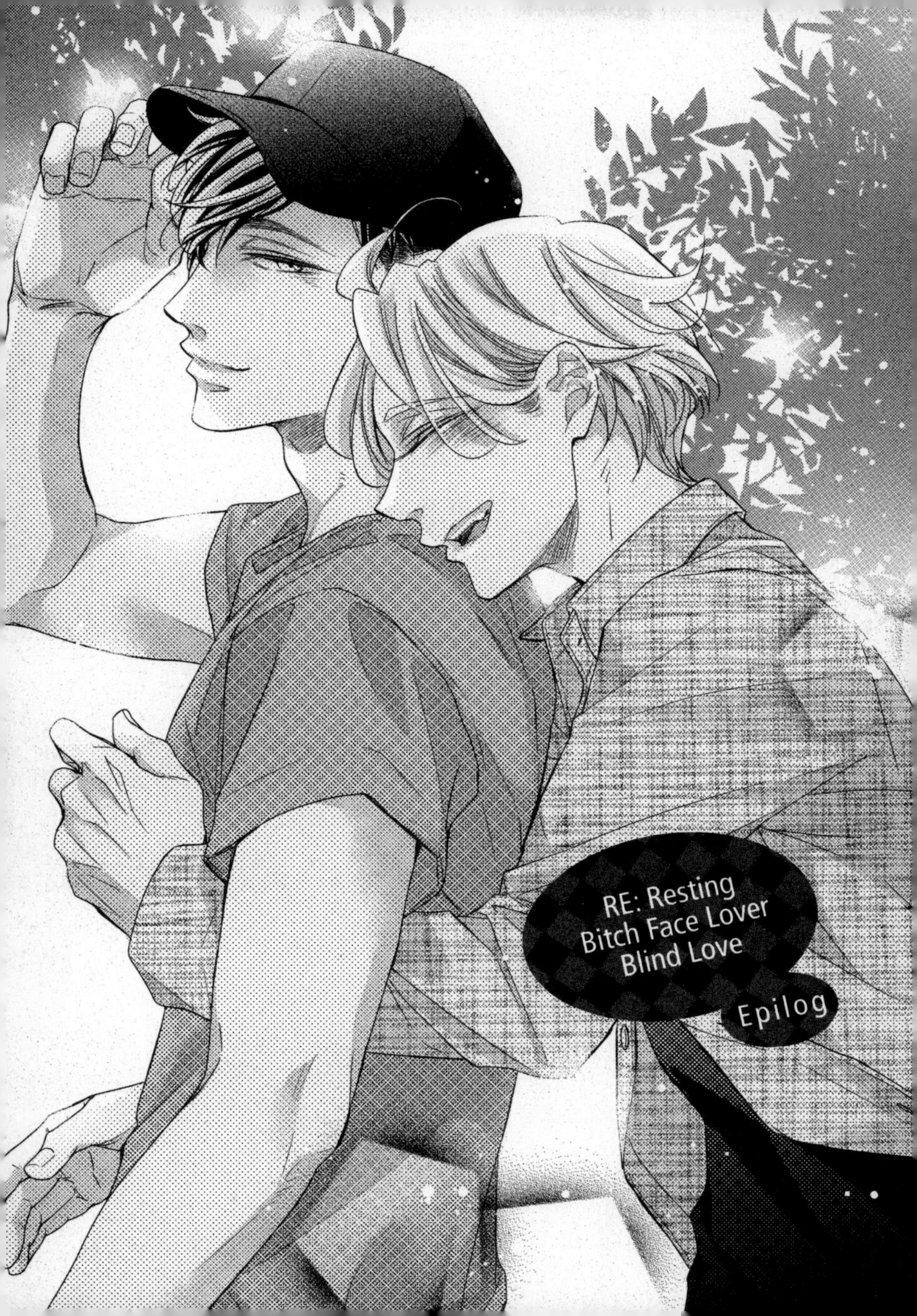
RE: Resting
Bitch Face Lover
Blind Love
Epilog

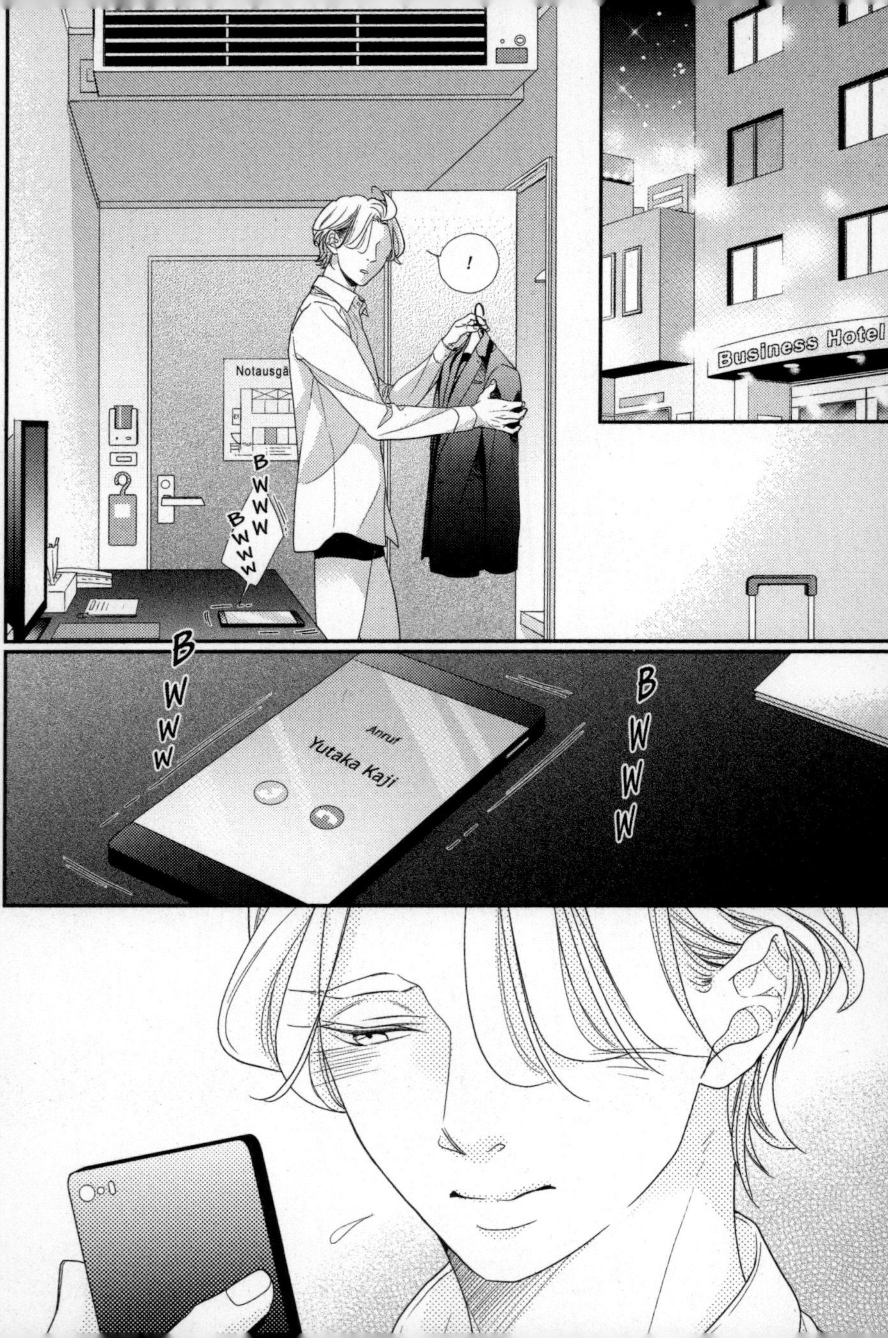

Business Hotel
!
Notausgä
BWWW
BWWW
BWWW
BWWW
Anruf
Yutaka Kaji

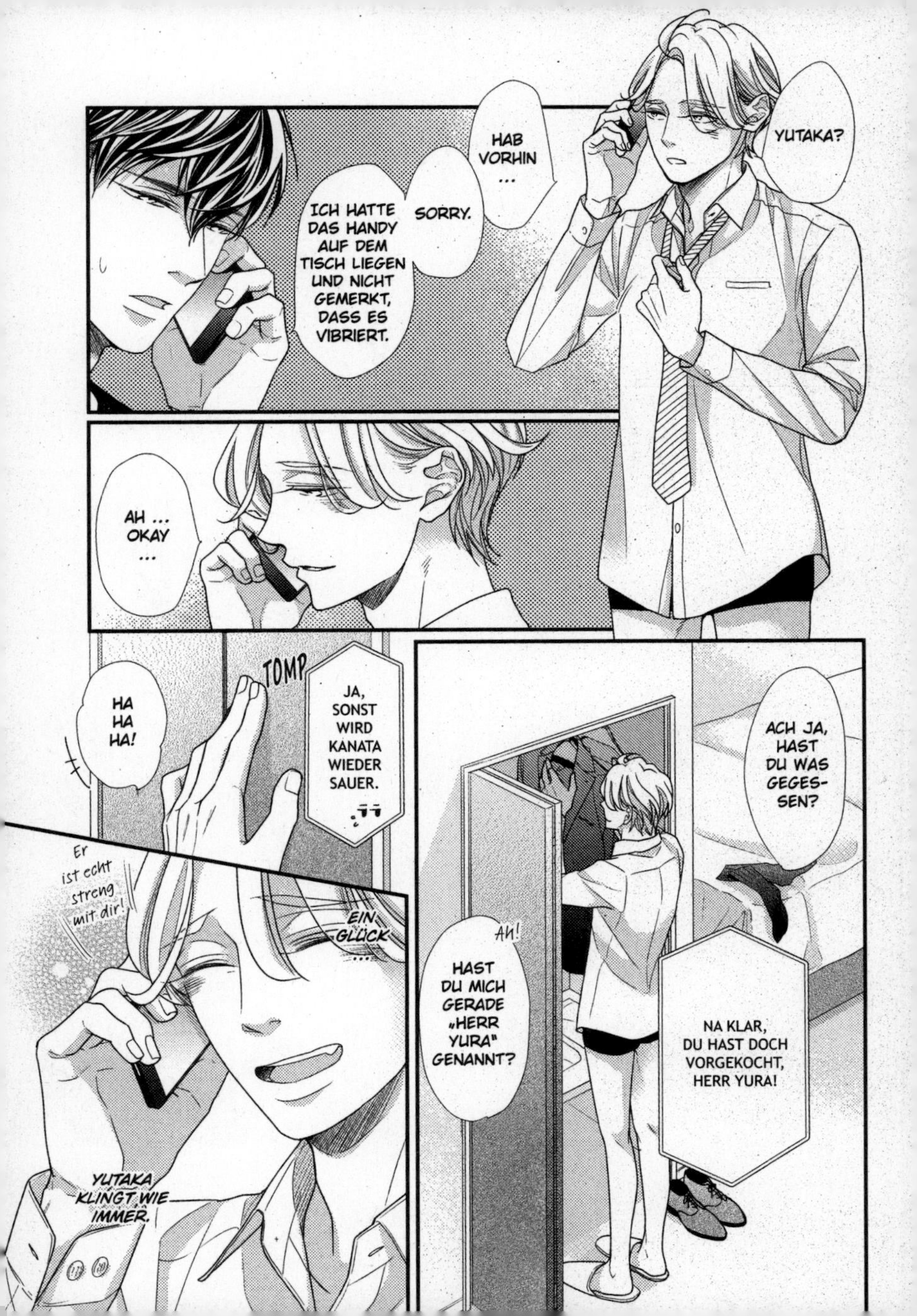

YUTAKA?
HAB VORHIN ...
SORRY.
ICH HATTE DAS HANDY AUF DEM TISCH LIEGEN UND NICHT GEMERKT, DASS ES VIBRIERT.
AH ... OKAY ...
ACH JA, HAST DU WAS GEGESSEN?
NA KLAR, DU HAST DOCH VORGEKOCHT, HERR YURA!
Ah!
HAST DU MICH GERADE „HERR YURA" GENANNT?
TOMP
JA, SONST WIRD KANATA WIEDER SAUER.
HA HA HA!
Er ist echt streng mit dir!
EIN GLÜCK ...
YUTAKA KLINGT WIE IMMER.

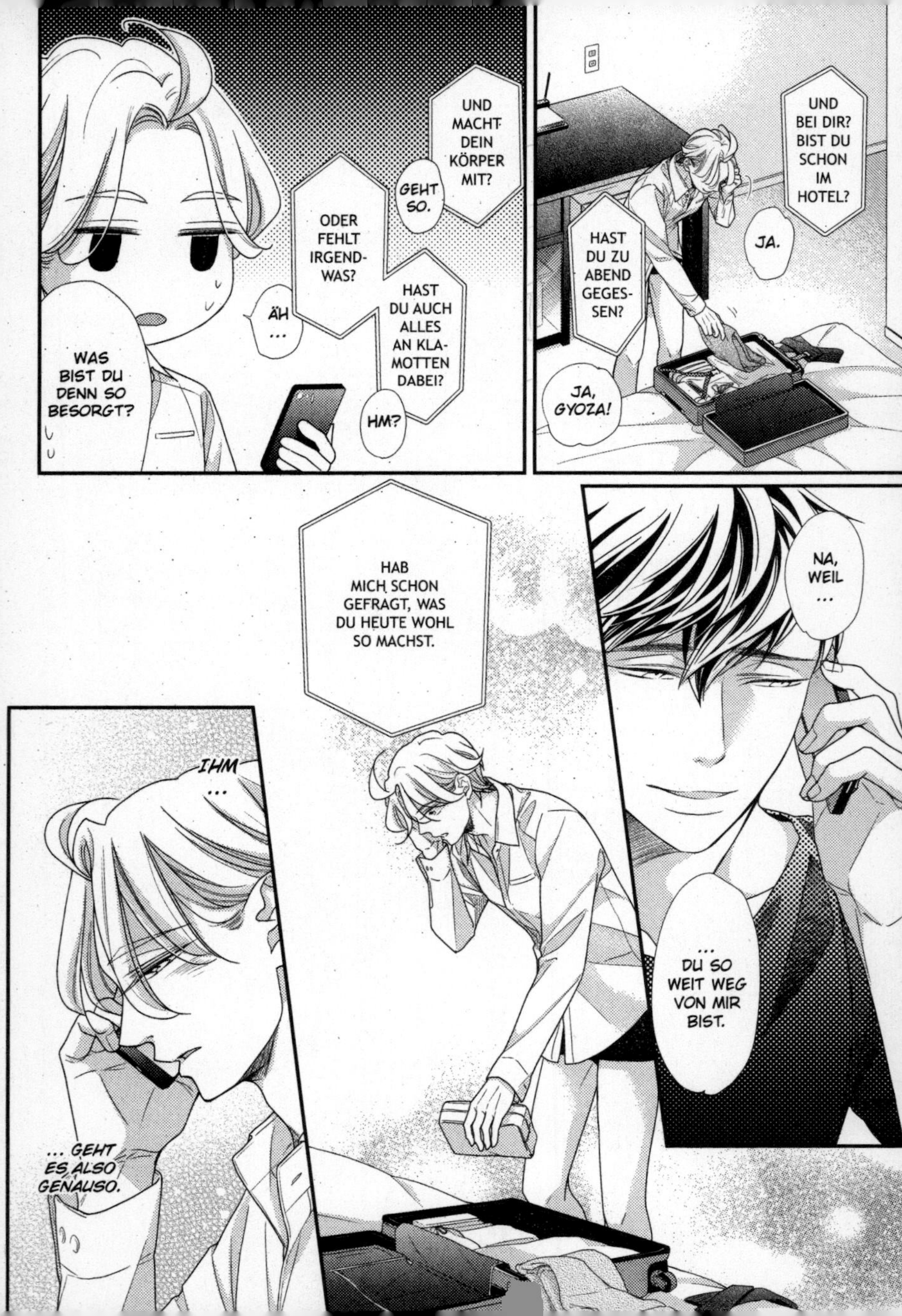
UND BEI DIR? BIST DU SCHON IM HOTEL?
JA.
HAST DU ZU ABEND GEGESSEN?
JA, GYOZA!
UND MACHT DEIN KÖRPER MIT?
GEHT SO.
ODER FEHLT IRGEND-WAS?
HAST DU AUCH ALLES AN KLA-MOTTEN DABEI?
HM?
ÄH ...
WAS BIST DU DENN SO BESORGT?
NA, WEIL ...
... DU SO WEIT WEG VON MIR BIST.
HAB MICH SCHON GEFRAGT, WAS DU HEUTE WOHL SO MACHST.
IHM ...
... GEHT ES ALSO GENAUSO.

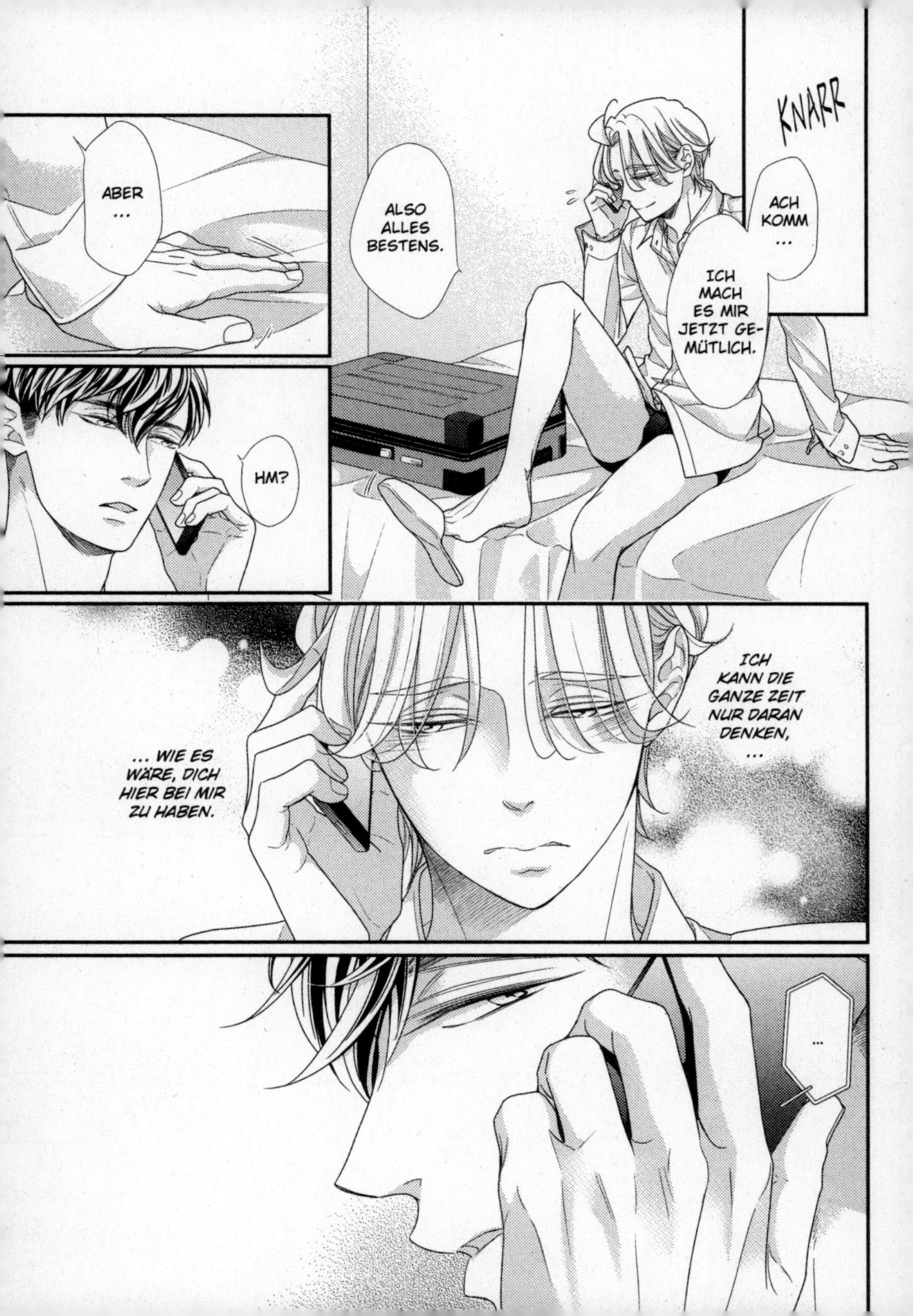
KNARR
ACH KOMM …
ICH MACH ES MIR JETZT GE-MÜTLICH.
ALSO ALLES BESTENS.
ABER …
HM?
ICH KANN DIE GANZE ZEIT NUR DARAN DENKEN, …
… WIE ES WÄRE, DICH HIER BEI MIR ZU HABEN.
…

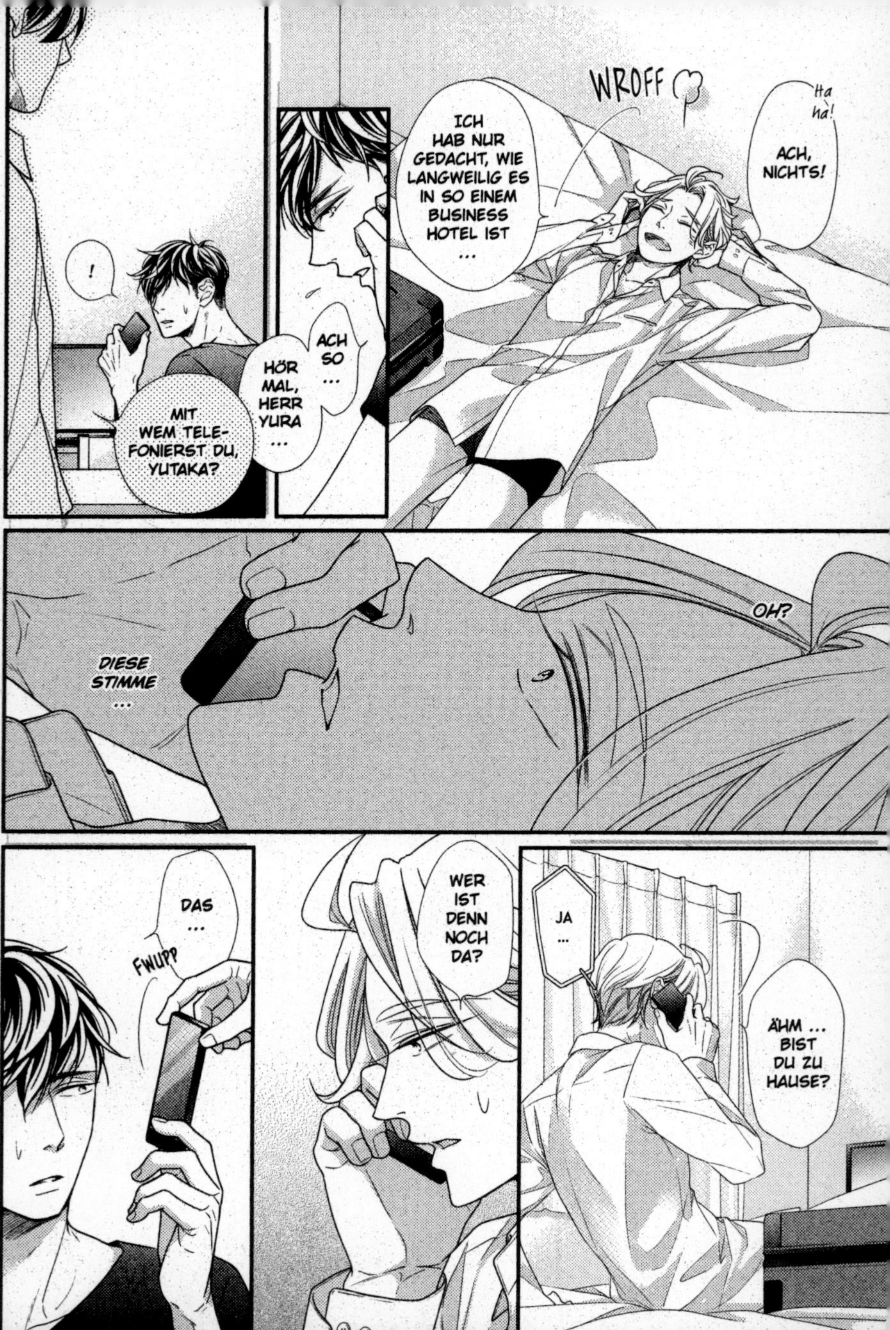

Ha ha!
ACH, NICHTS!
WROFF
ICH HAB NUR GEDACHT, WIE LANGWEILIG ES IN SO EINEM BUSINESS HOTEL IST …
ACH SO …
HÖR MAL, HERR YURA …
!
MIT WEM TELEFONIERST DU, YUTAKA?
OH?
DIESE STIMME …
JA …
ÄHM … BIST DU ZU HAUSE?
WER IST DENN NOCH DA?
DAS …
FWUPP

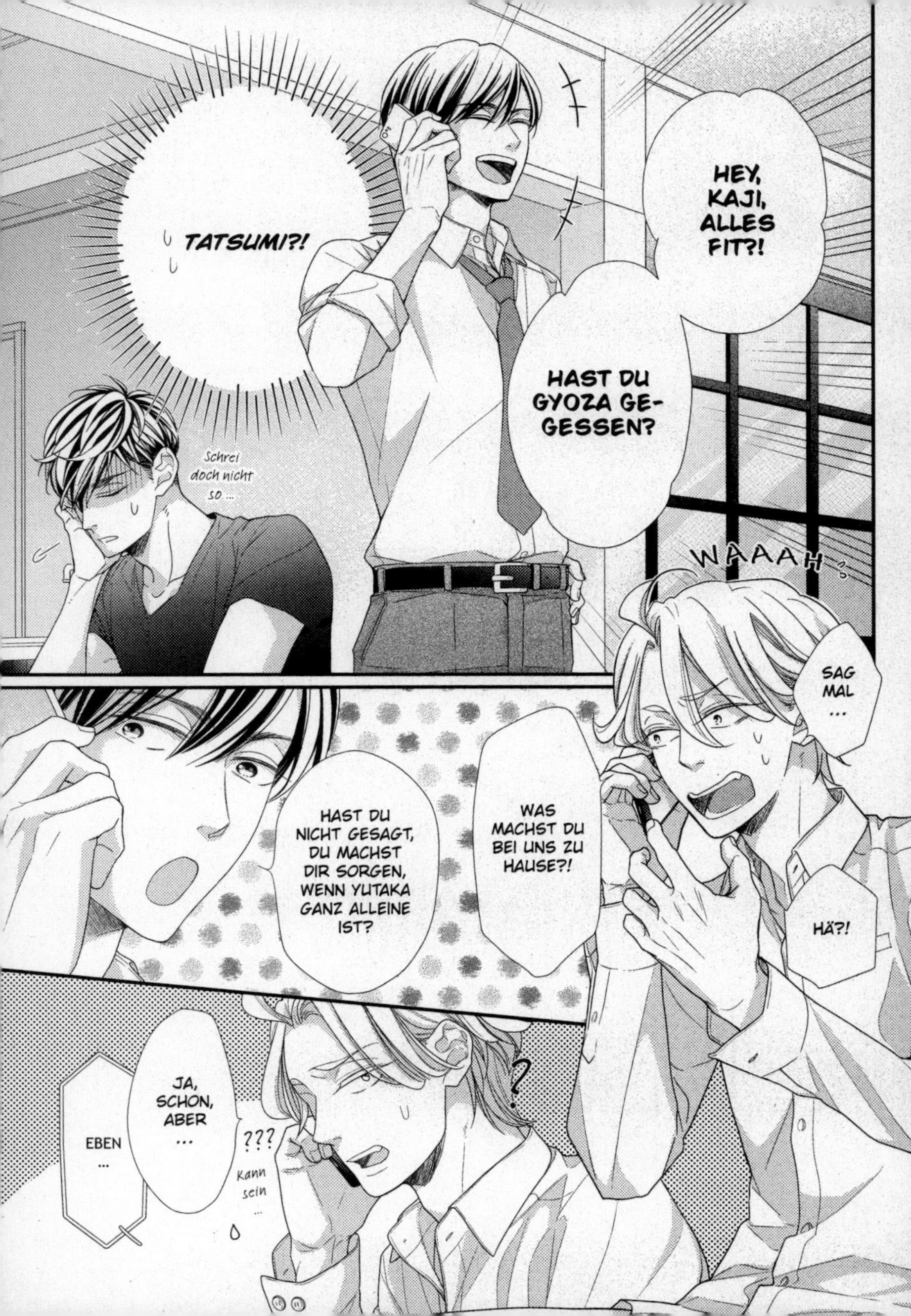
HEY, KAJI, ALLES FIT?!
HAST DU GYOZA GE-GESSEN?
TATSUMI?!
Schrei doch nicht so ...
WAAAH
SAG MAL ...
WAS MACHST DU BEI UNS ZU HAUSE?!
HAST DU NICHT GESAGT, DU MACHST DIR SORGEN, WENN YUTAKA GANZ ALLEINE IST?
HÄ?!
???
Kann sein ...
JA, SCHON, ABER ...
EBEN ...

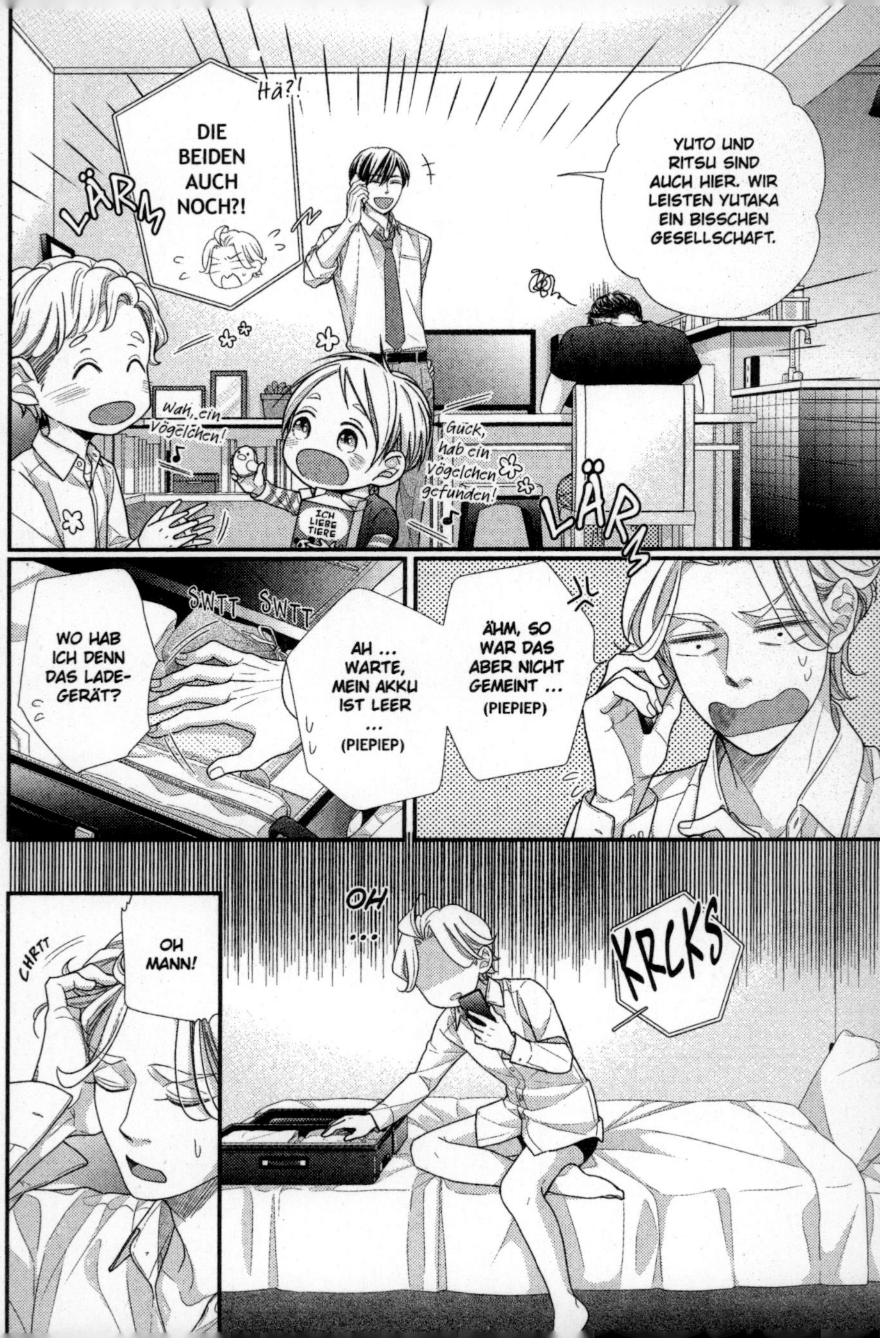

YUTO UND RITSU SIND AUCH HIER. WIR LEISTEN YUTAKA EIN BISSCHEN GESELLSCHAFT.
Hä?!
DIE BEIDEN AUCH NOCH?!
LÄRM
Wah, ein Vögelchen!
Guck, hab ein Vögelchen gefunden!
ICH LIEBE TIERE
LÄRM
ÄHM, SO WAR DAS ABER NICHT GEMEINT ... (PIEPIEP)
AH ... WARTE, MEIN AKKU IST LEER ... (PIEPIEP)
SWTT SWTT
WO HAB ICH DENN DAS LADE-GERÄT?
KRCKS
OH ...
OH MANN!
CHRTT

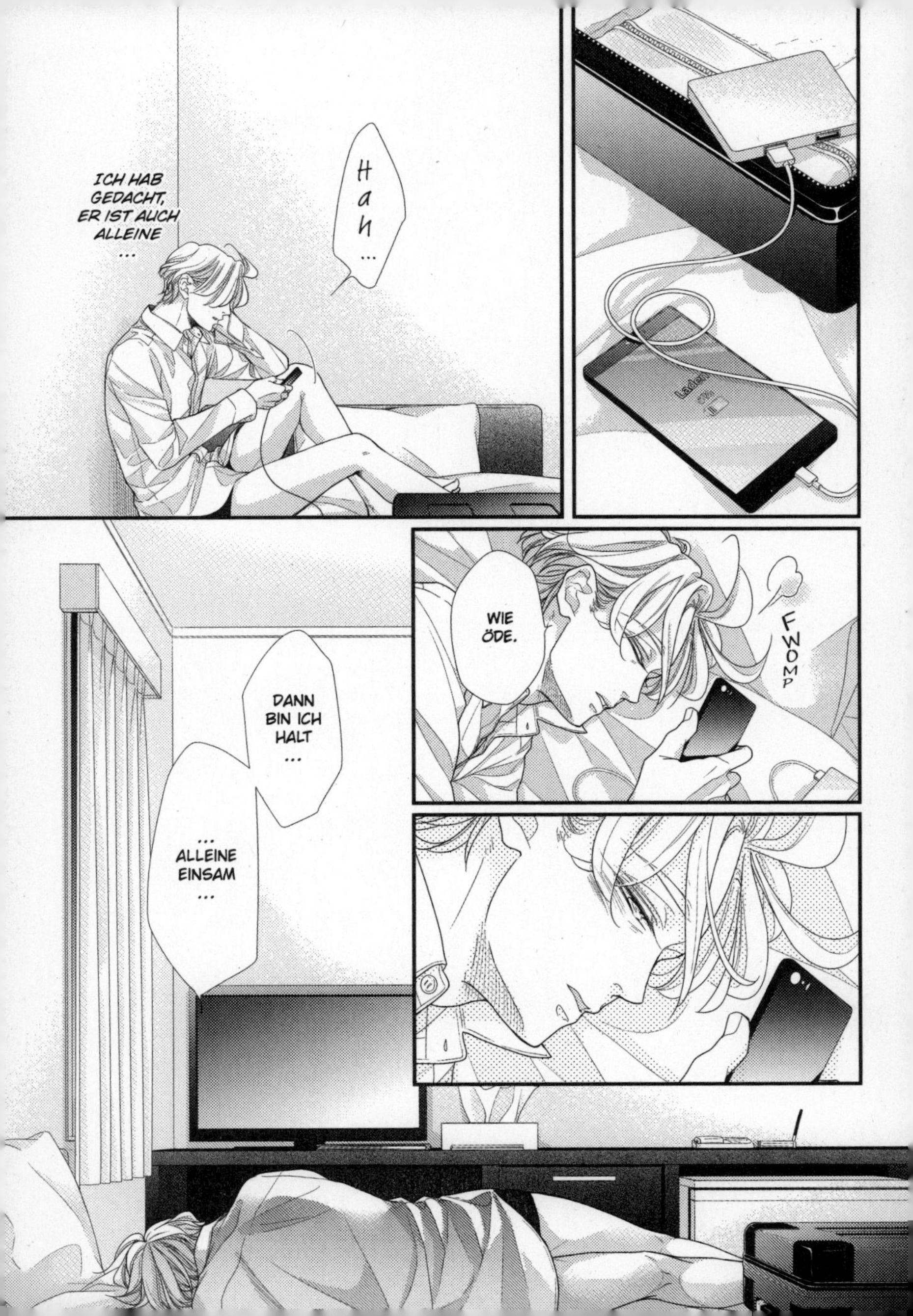
Hah …
ICH HAB GEDACHT, ER IST AUCH ALLEINE …
Laden
WIE ÖDE.
FWOMP
DANN BIN ICH HALT …
… ALLEINE EINSAM …

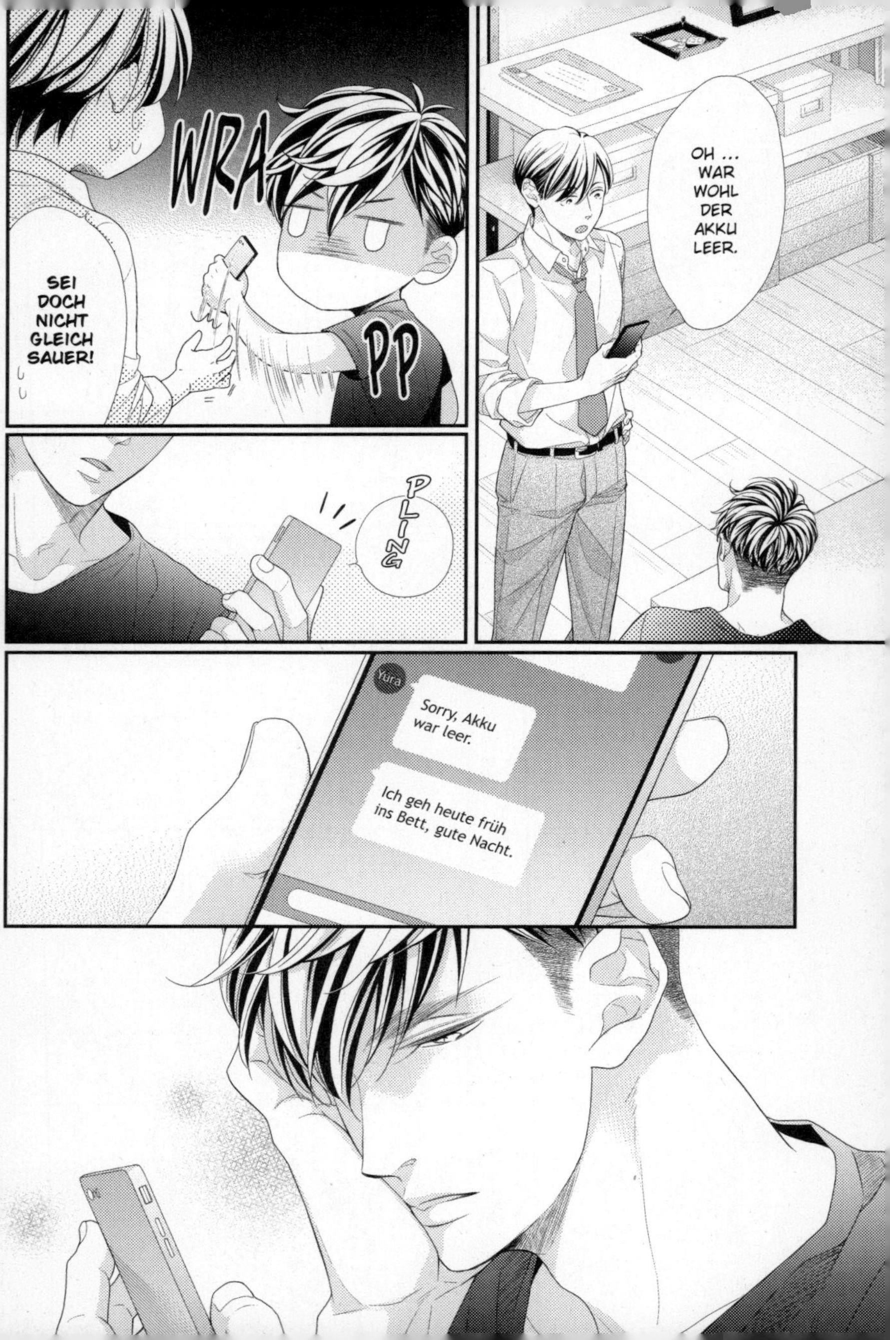
OH ... WAR WOHL DER AKKU LEER.
WRAPP
SEI DOCH NICHT GLEICH SAUER!
PLING
Yura
Sorry, Akku war leer.
Ich geh heute früh ins Bett, gute Nacht.

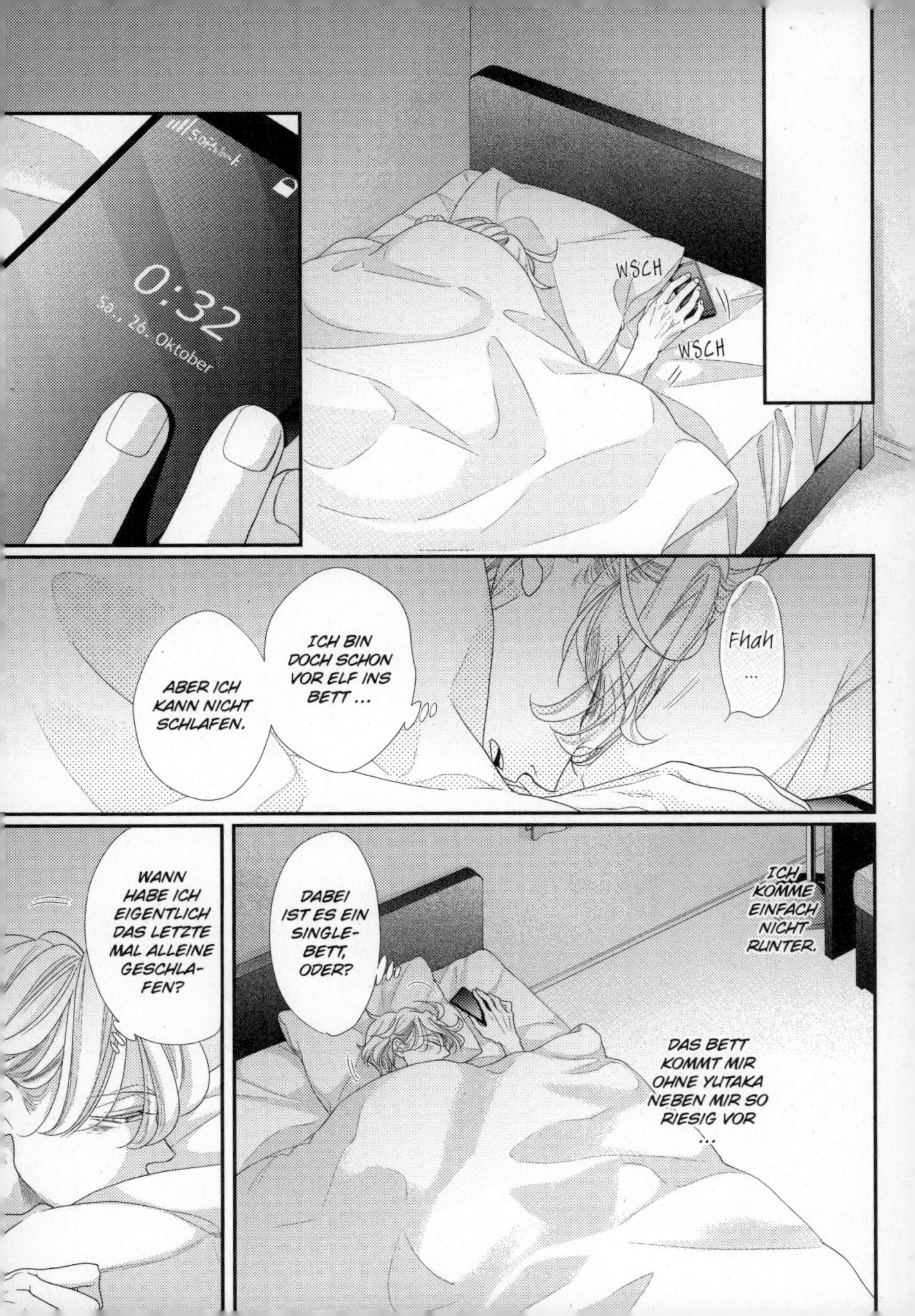
0:32
Sa., 26. Oktober
WSCH
WSCH
Fhah …
ICH BIN DOCH SCHON VOR ELF INS BETT …
ABER ICH KANN NICHT SCHLAFEN.
ICH KOMME EINFACH NICHT RUNTER.
DABEI IST ES EIN SINGLE-BETT, ODER?
WANN HABE ICH EIGENTLICH DAS LETZTE MAL ALLEINE GESCHLA-FEN?
DAS BETT KOMMT MIR OHNE YUTAKA NEBEN MIR SO RIESIG VOR …

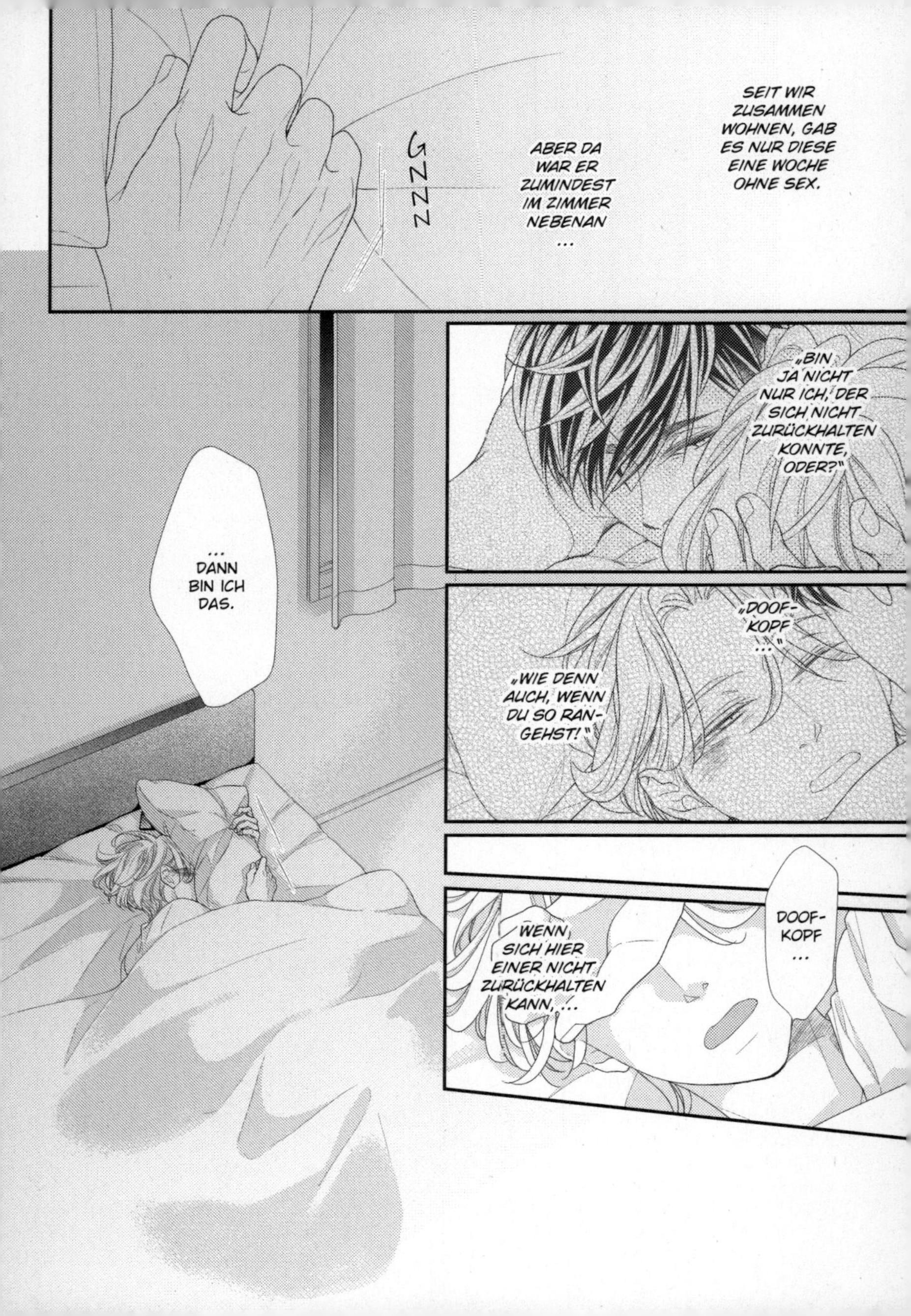
SEIT WIR ZUSAMMEN WOHNEN, GAB ES NUR DIESE EINE WOCHE OHNE SEX.
ABER DA WAR ER ZUMINDEST IM ZIMMER NEBENAN ...
„BIN JA NICHT NUR ICH, DER SICH NICHT ZURÜCKHALTEN KONNTE, ODER?"
„DOOF-KOPF ..."
„WIE DENN AUCH, WENN DU SO RAN-GEHST!"
DOOF-KOPF ...
WENN SICH HIER EINER NICHT ZURÜCKHALTEN KANN, ...
... DANN BIN ICH DAS.

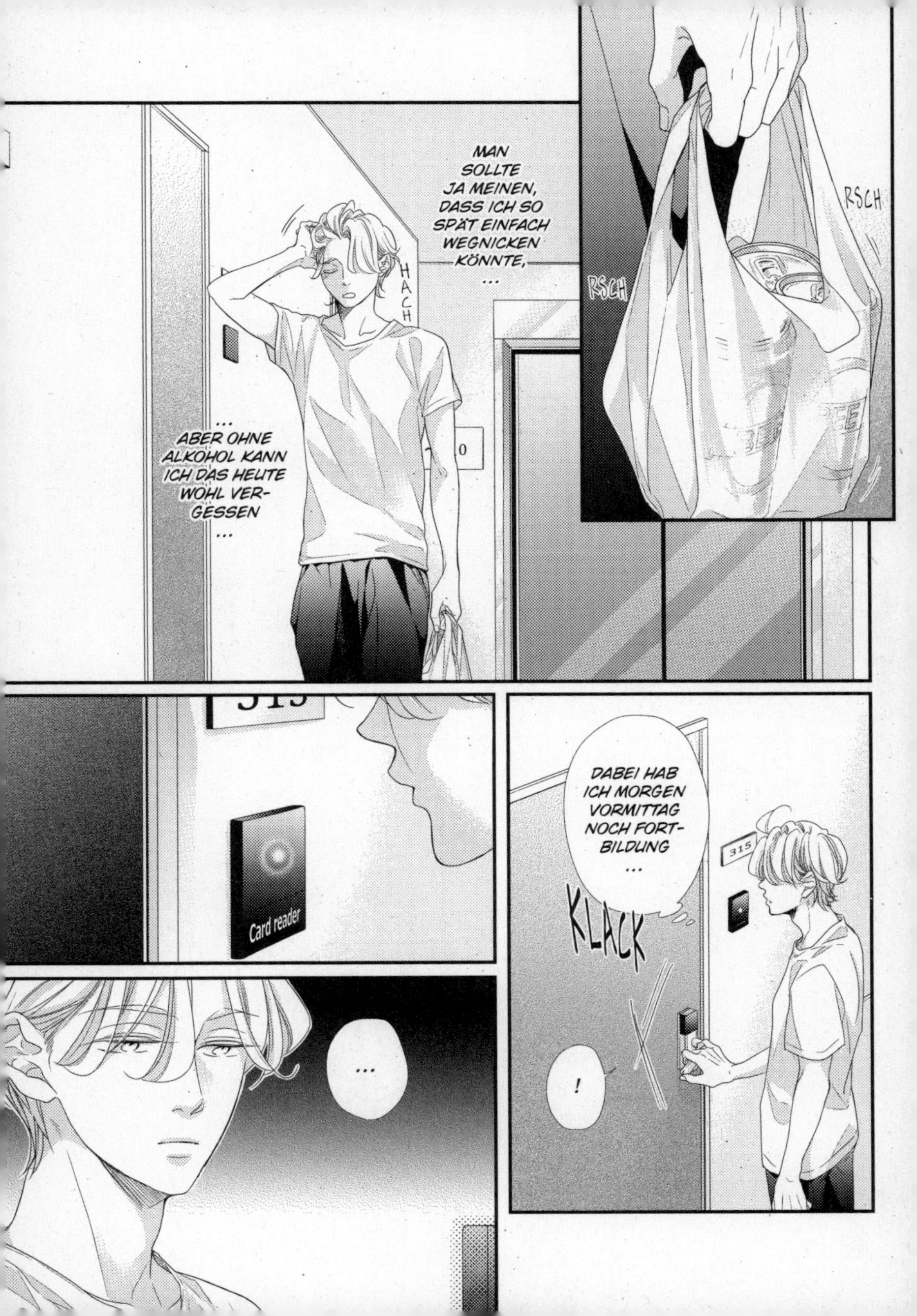

RSCH
RSCH
MAN SOLLTE JA MEINEN, DASS ICH SO SPÄT EINFACH WEGNICKEN KÖNNTE, ...
HACH
... ABER OHNE ALKOHOL KANN ICH DAS HEUTE WOHL VERGESSEN ...
Card reader
DABEI HAB ICH MORGEN VORMITTAG NOCH FORTBILDUNG ...
315
KLACK
!
...

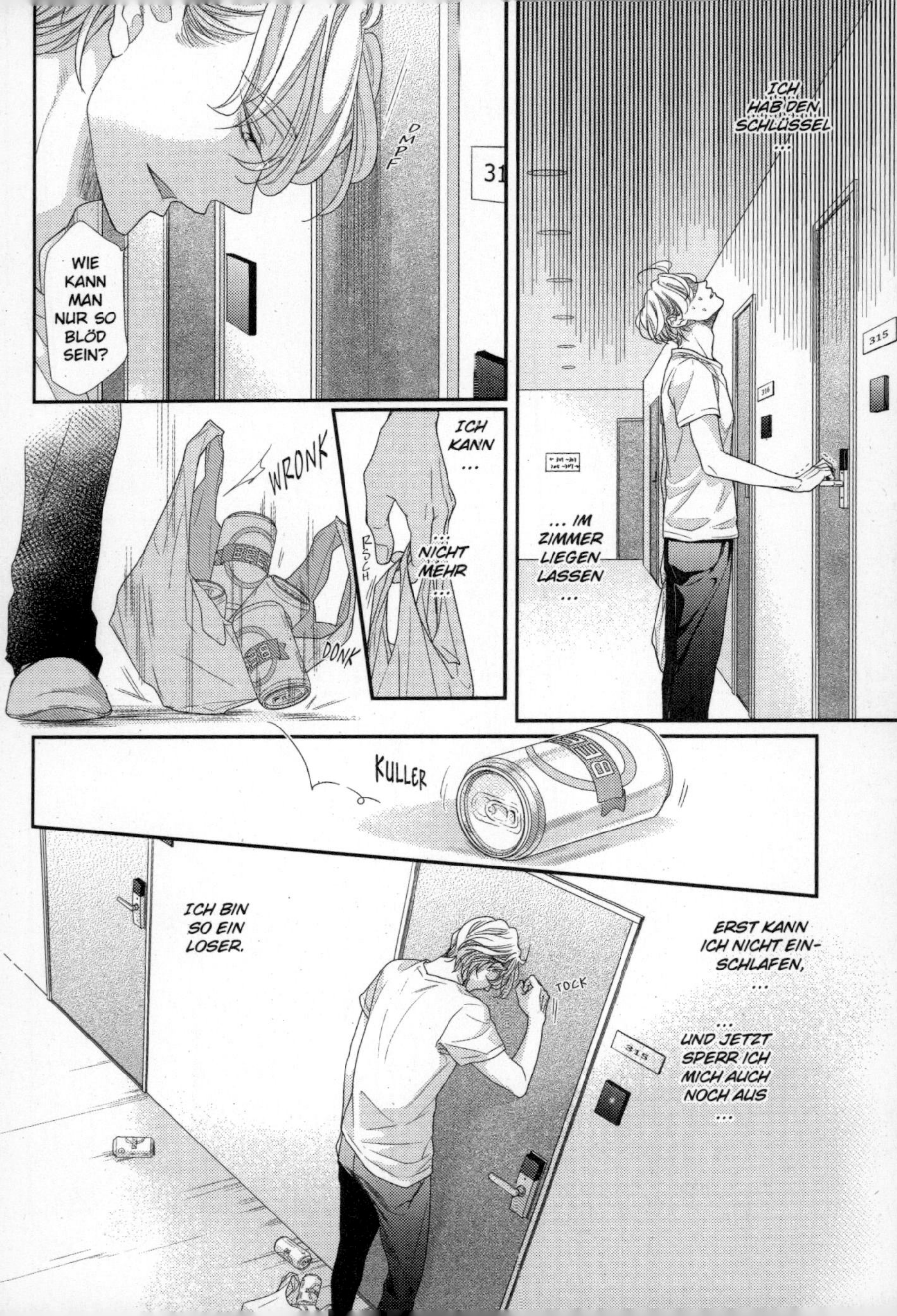
ICH HAB DEN SCHLÜSSEL ...
... IM ZIMMER LIEGEN LASSEN ...
DMPF
WIE KANN MAN NUR SO BLÖD SEIN?
ICH KANN ...
... NICHT MEHR ...
RSCH
WRONK
DONK
KULLER
ERST KANN ICH NICHT EIN-SCHLAFEN, ...
... UND JETZT SPERR ICH MICH AUCH NOCH AUS ...
TOCK
ICH BIN SO EIN LOSER.

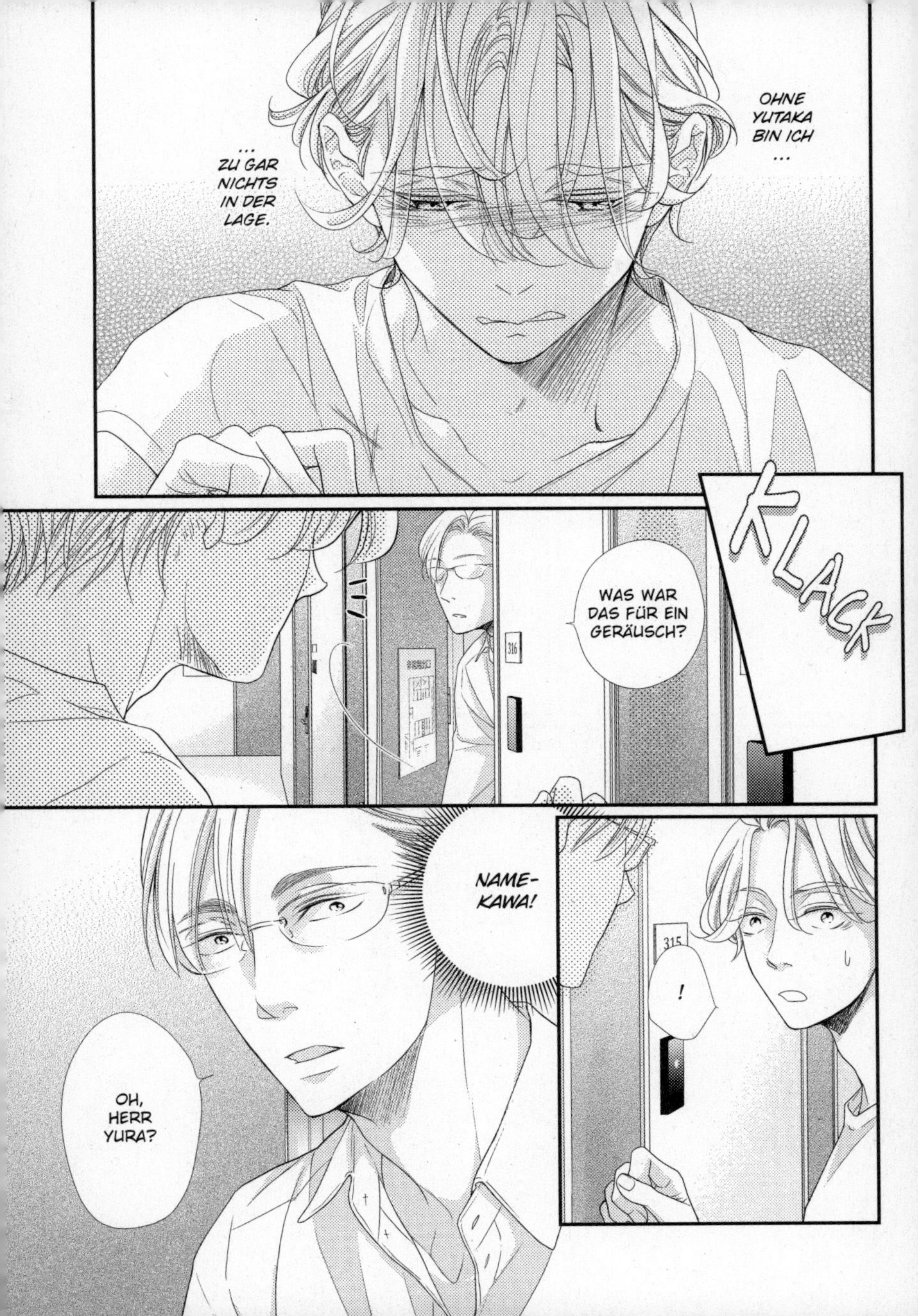
OHNE YUTAKA BIN ICH ...
... ZU GAR NICHTS IN DER LAGE.
KLACK
WAS WAR DAS FÜR EIN GERÄUSCH?
316
315
!
NAME-KAWA!
OH, HERR YURA?

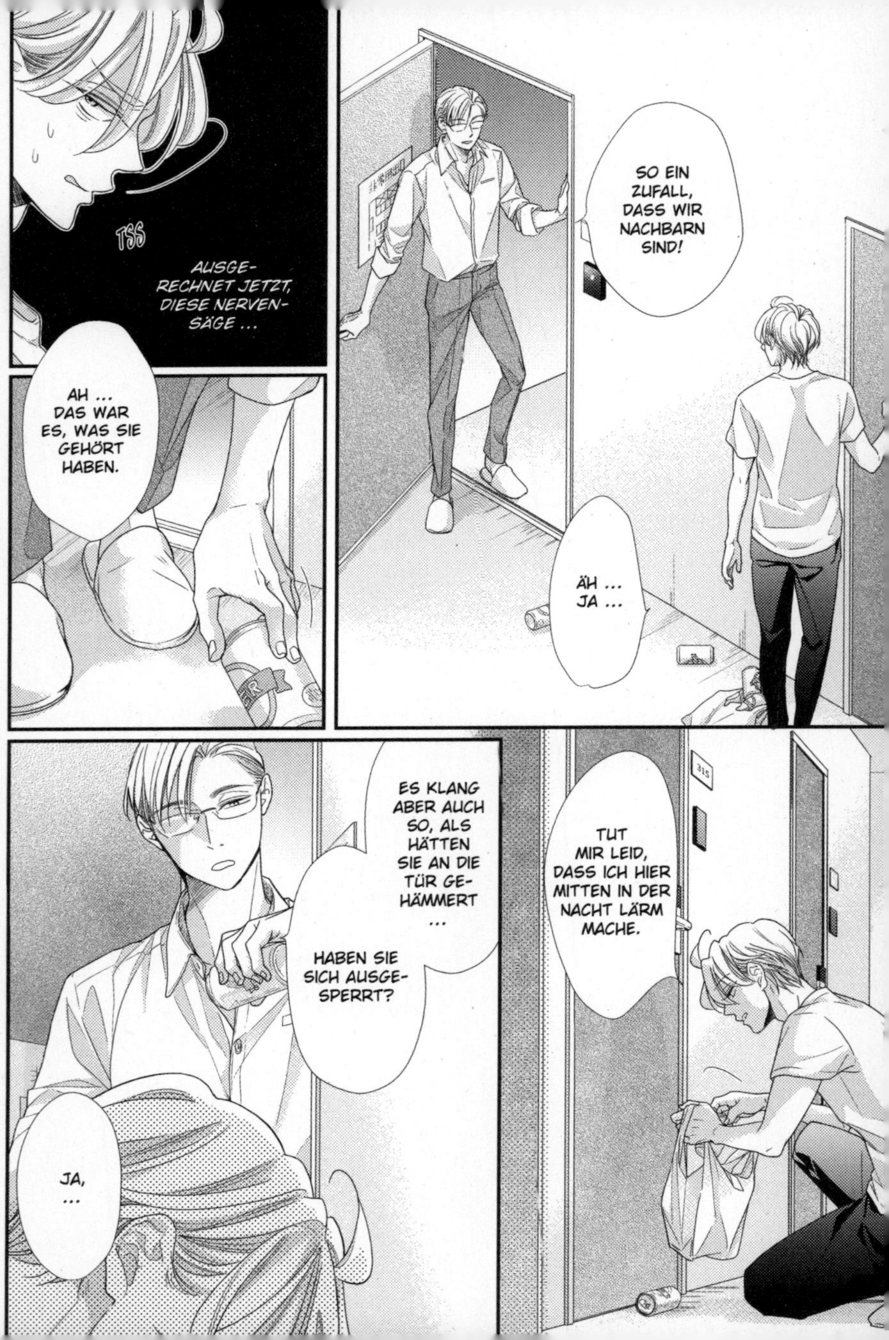
So ein Zufall, dass wir Nachbarn sind!
Äh … ja …
TSS
Ausgerechnet jetzt, diese Nervensäge …
Ah … das war es, was Sie gehört haben.
Tut mir leid, dass ich hier mitten in der Nacht Lärm mache.
Es klang aber auch so, als hätten Sie an die Tür gehämmert …
Haben Sie sich ausgesperrt?
Ja, …

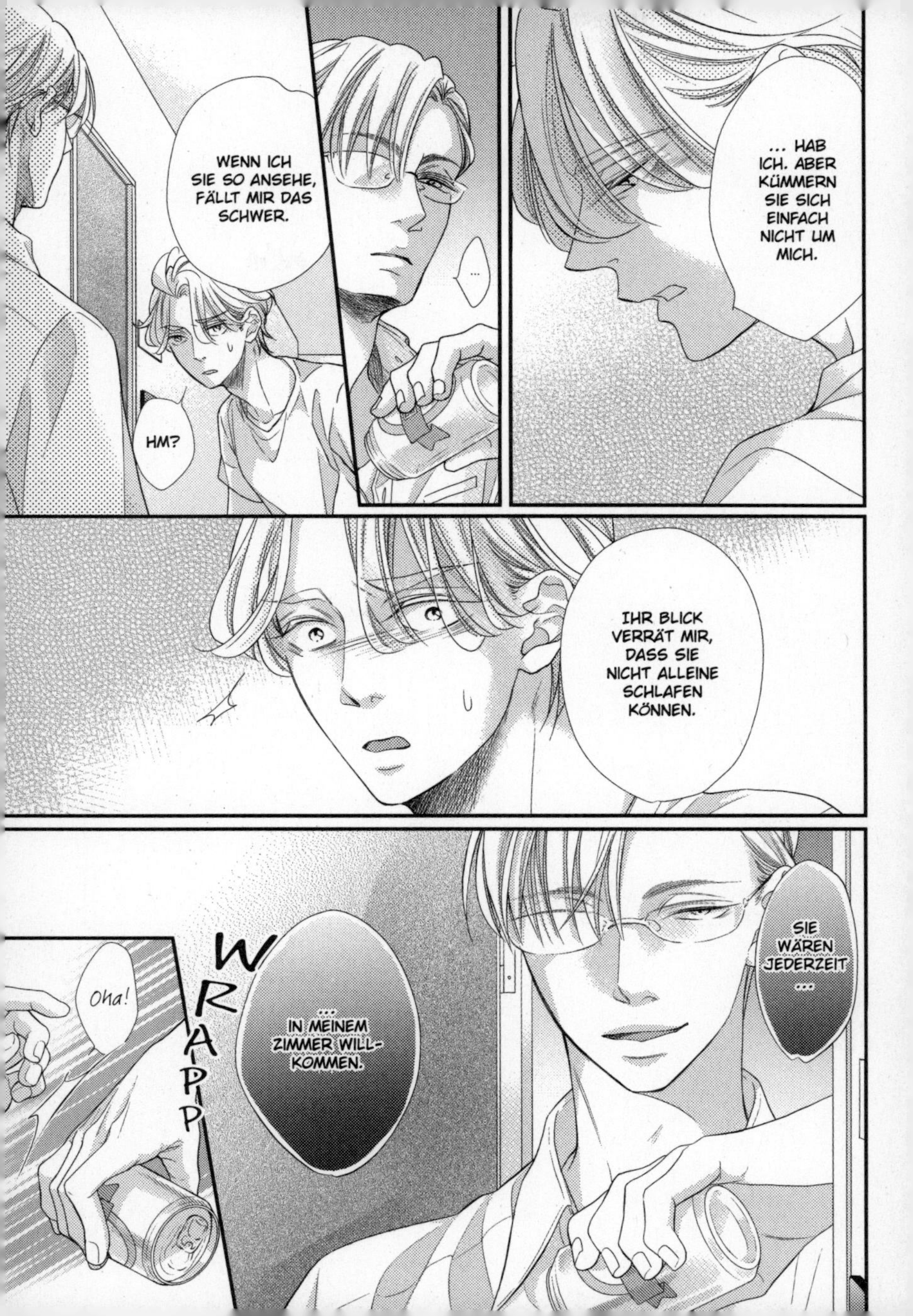
… HAB ICH. ABER KÜMMERN SIE SICH EINFACH NICHT UM MICH.
…
WENN ICH SIE SO ANSEHE, FÄLLT MIR DAS SCHWER.
HM?
IHR BLICK VERRÄT MIR, DASS SIE NICHT ALLEINE SCHLAFEN KÖNNEN.
SIE WÄREN JEDERZEIT …
… IN MEINEM ZIMMER WILL-KOMMEN.
WRAPP
Oha!

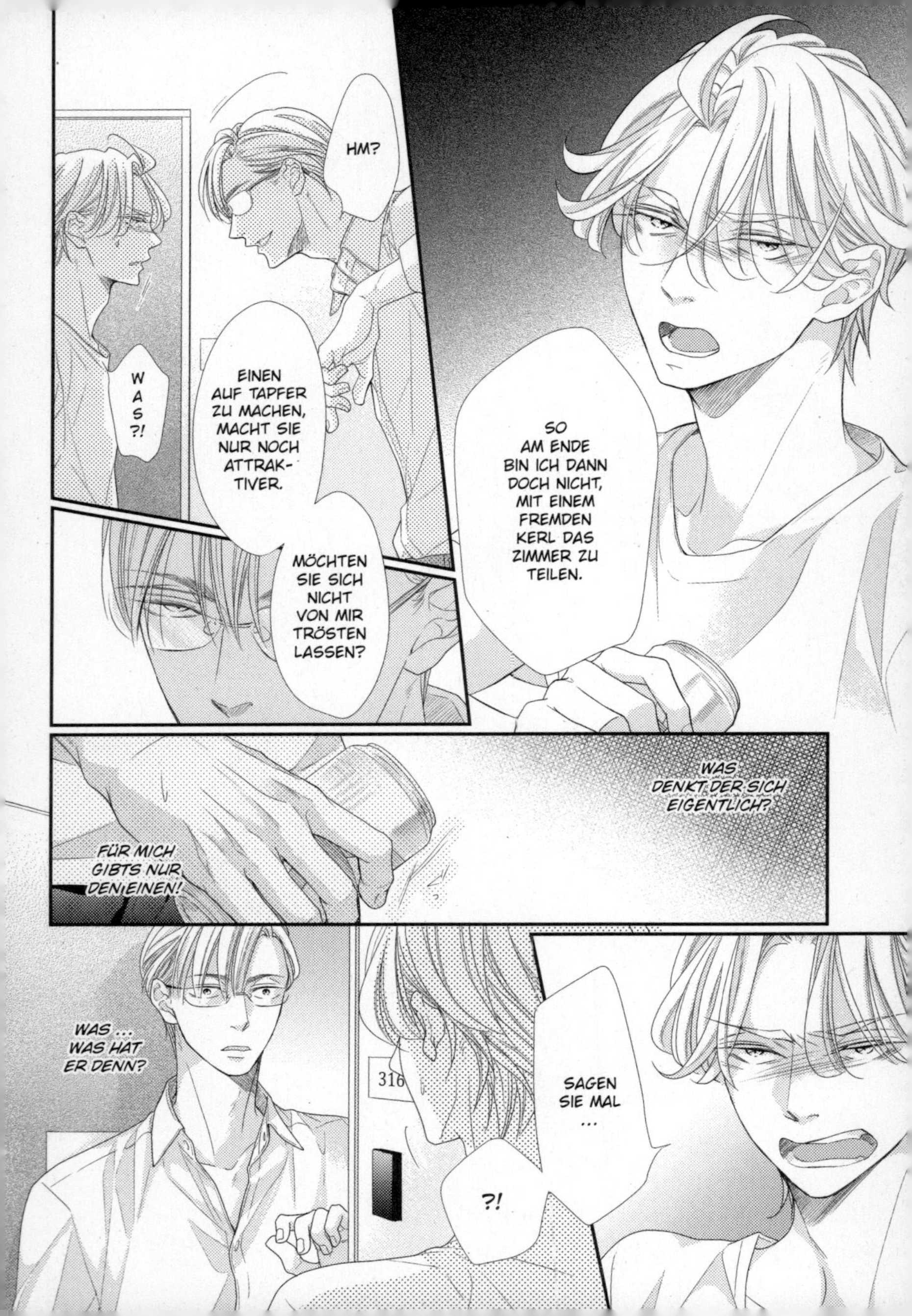
SO AM ENDE BIN ICH DANN DOCH NICHT, MIT EINEM FREMDEN KERL DAS ZIMMER ZU TEILEN.
HM?
WAS?!
EINEN AUF TAPFER ZU MACHEN, MACHT SIE NUR NOCH ATTRAKTIVER.
MÖCHTEN SIE SICH NICHT VON MIR TRÖSTEN LASSEN?
WAS DENKT DER SICH EIGENTLICH?
FÜR MICH GIBTS NUR DEN EINEN!
SAGEN SIE MAL ...
?!
316
WAS ... WAS HAT ER DENN?

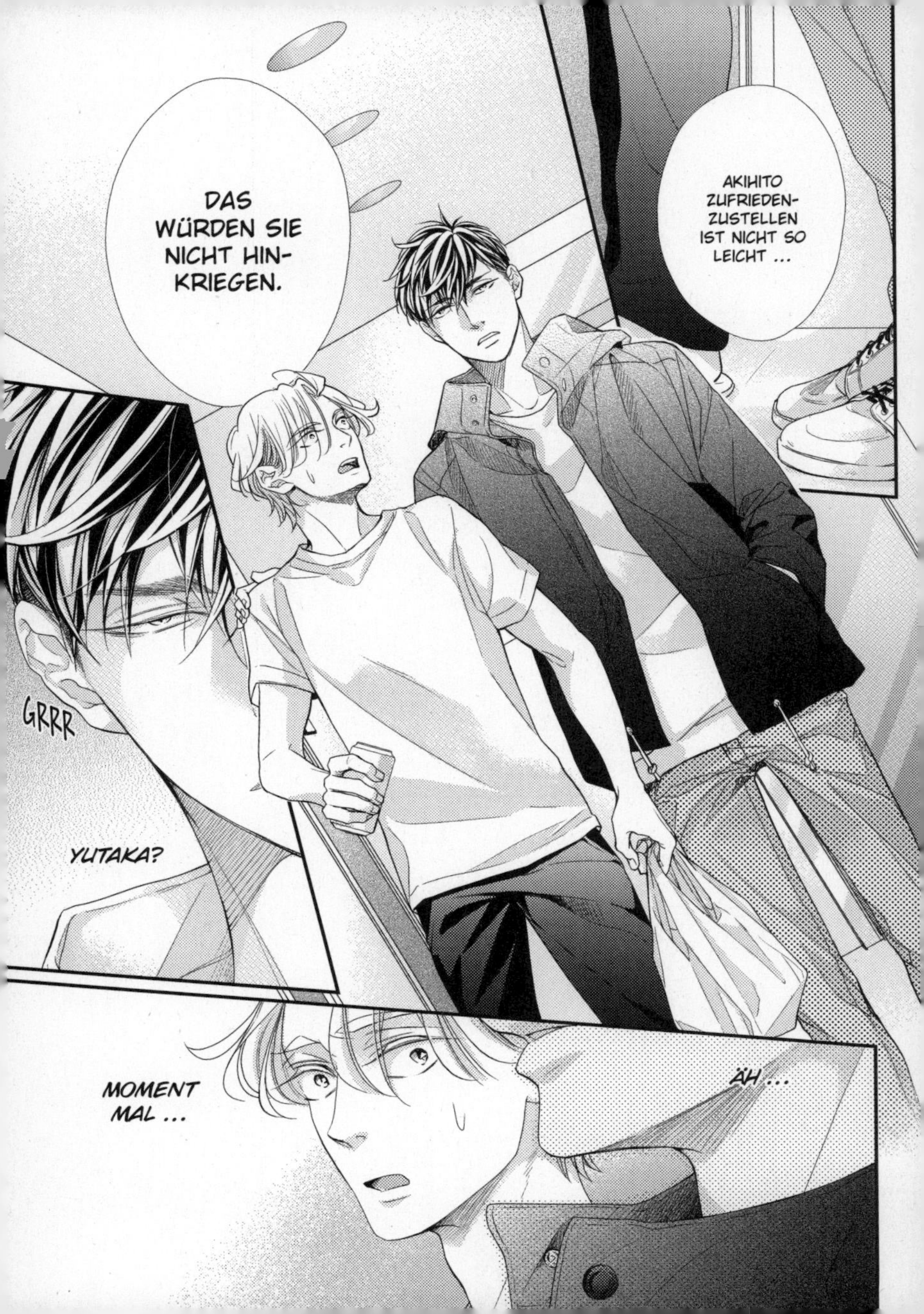

AKIHITO ZUFRIEDEN-ZUSTELLEN IST NICHT SO LEICHT ...
DAS WÜRDEN SIE NICHT HIN-KRIEGEN.
GRRR
YUTAKA?
ÄH ...
MOMENT MAL ...

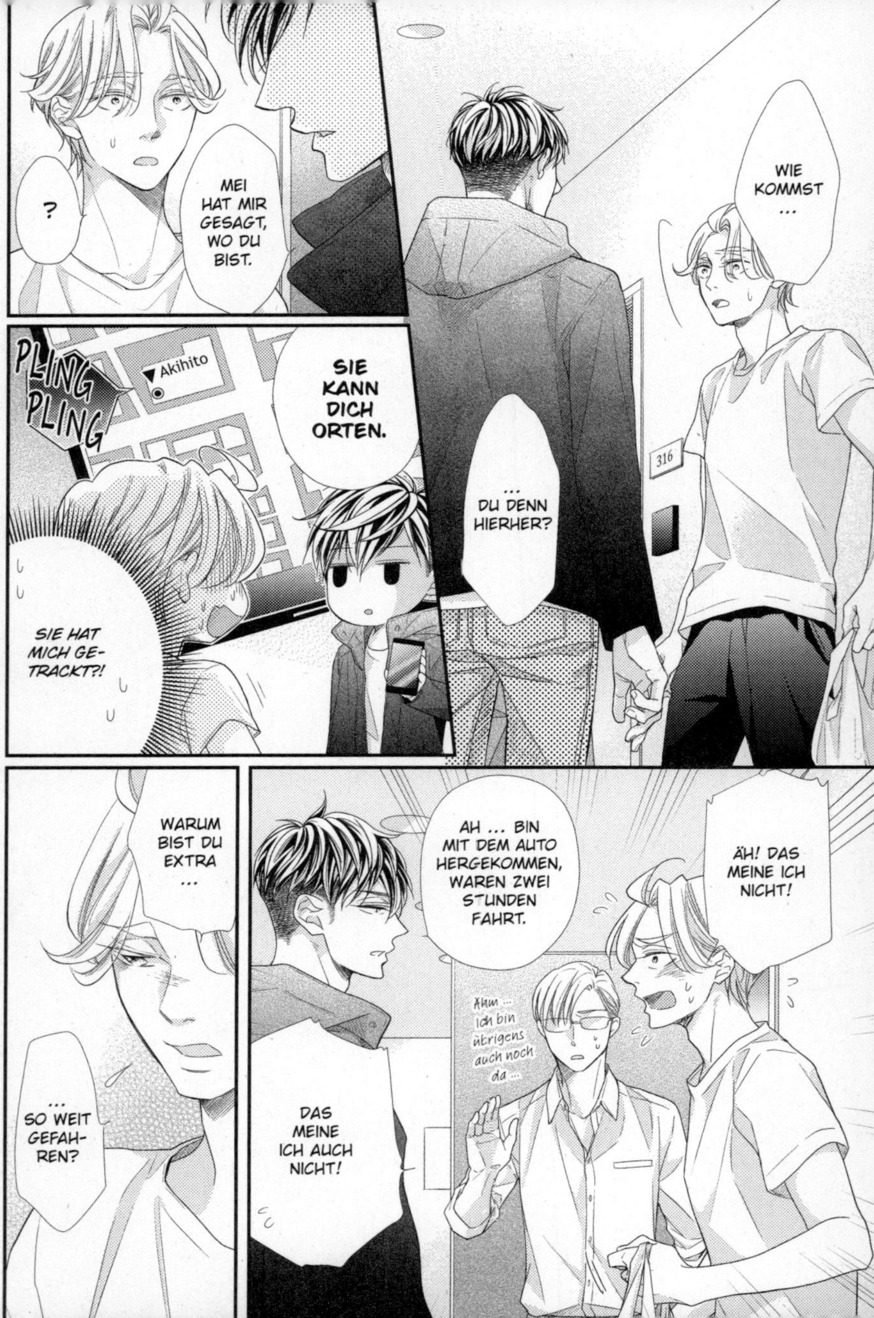

WIE KOMMST …
… DU DENN HIERHER?
MEI HAT MIR GESAGT, WO DU BIST.
?
SIE KANN DICH ORTEN.
Akihito
PLING PLING
SIE HAT MICH GE-TRACKT?!
AH … BIN MIT DEM AUTO HERGEKOMMEN, WAREN ZWEI STUNDEN FAHRT.
ÄH! DAS MEINE ICH NICHT!
Ähm … ich bin übrigens auch noch da …
DAS MEINE ICH AUCH NICHT!
WARUM BIST DU EXTRA …
… SO WEIT GEFAH-REN?

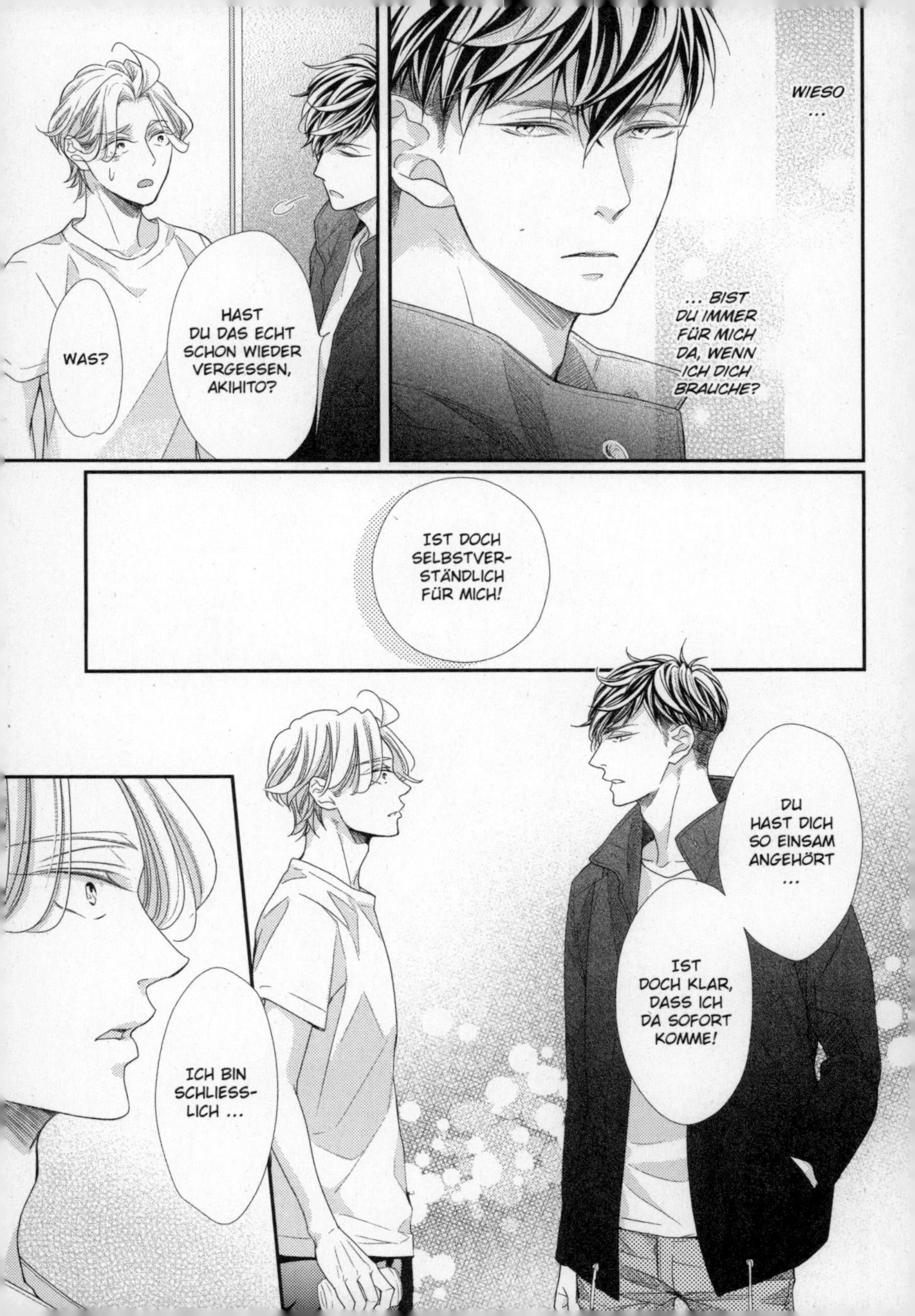
WIESO …
… BIST DU IMMER FÜR MICH DA, WENN ICH DICH BRAUCHE?
HAST DU DAS ECHT SCHON WIEDER VERGESSEN, AKIHITO?
WAS?
IST DOCH SELBSTVER-STÄNDLICH FÜR MICH!
DU HAST DICH SO EINSAM ANGEHÖRT …
IST DOCH KLAR, DASS ICH DA SOFORT KOMME!
ICH BIN SCHLIESS-LICH …

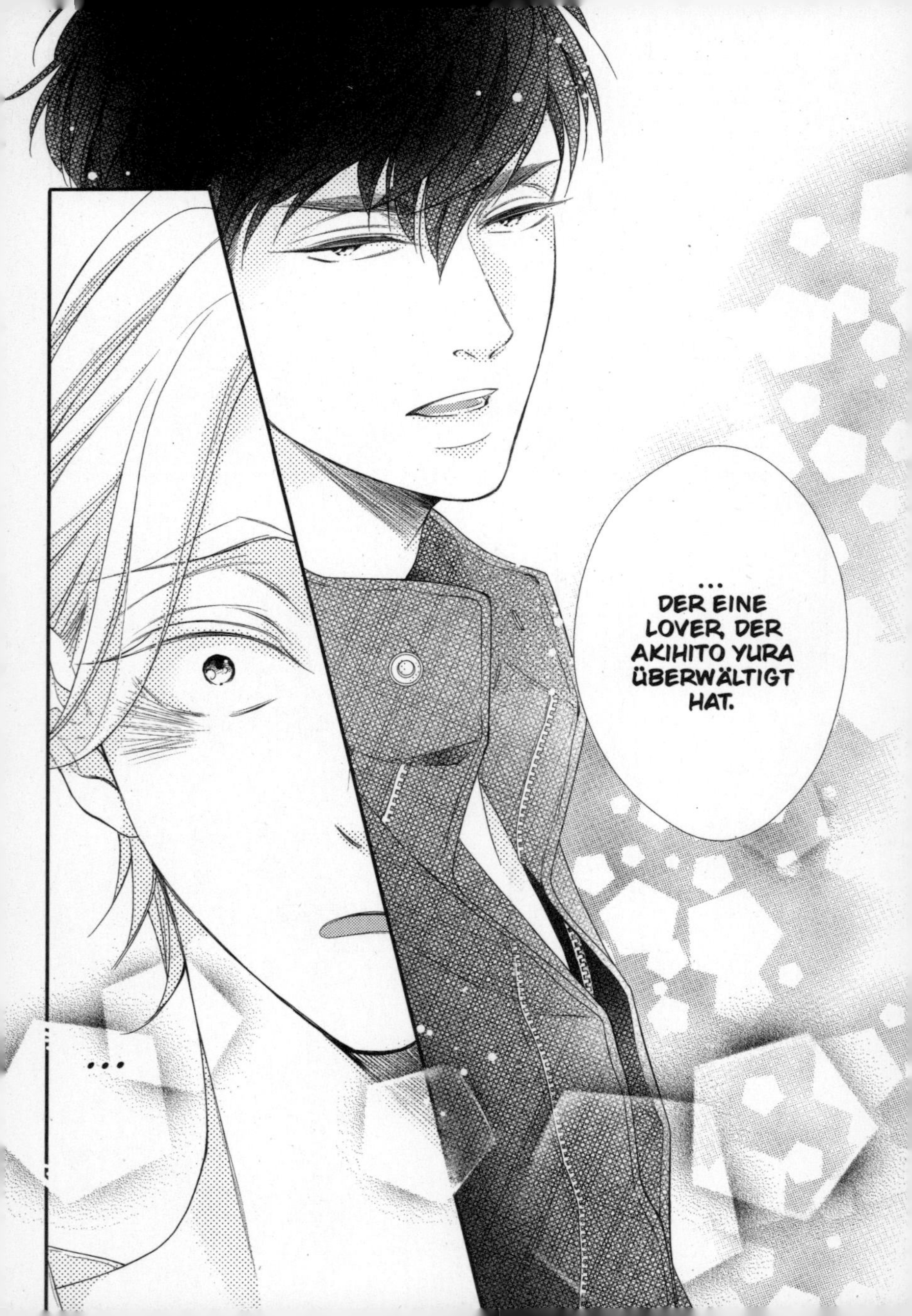
... DER EINE LOVER, DER AKIHITO YURA ÜBERWÄLTIGT HAT.
...

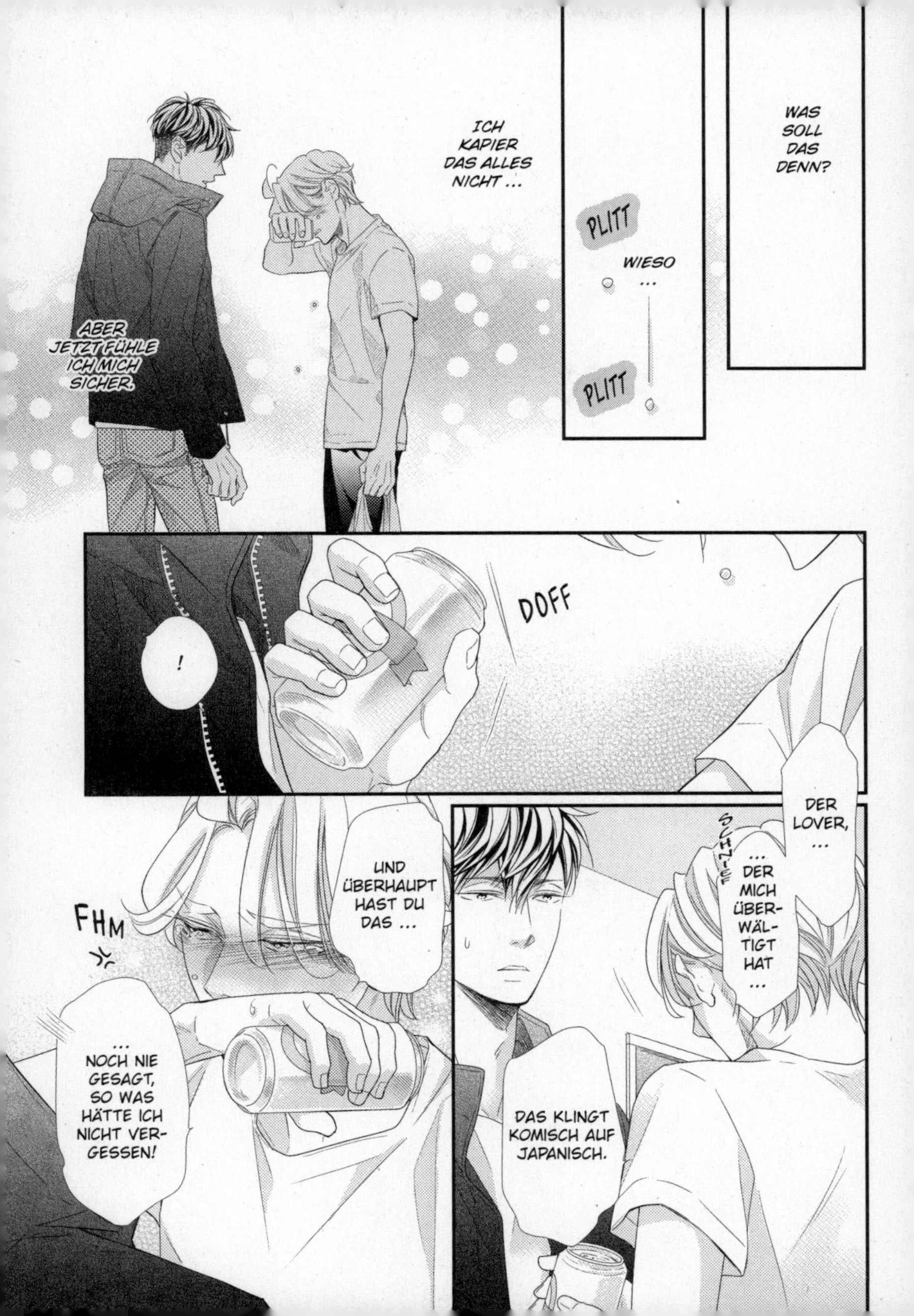
WAS SOLL DAS DENN?
PLITT
WIESO …
PLITT
ICH KAPIER DAS ALLES NICHT …
ABER JETZT FÜHLE ICH MICH SICHER.
DOFF
!
DER LOVER, …
SCHNIEF
… DER MICH ÜBER-WÄL-TIGT HAT …
DAS KLINGT KOMISCH AUF JAPANISCH.
UND ÜBERHAUPT HAST DU DAS …
FHM
… NOCH NIE GESAGT, SO WAS HÄTTE ICH NICHT VER-GESSEN!

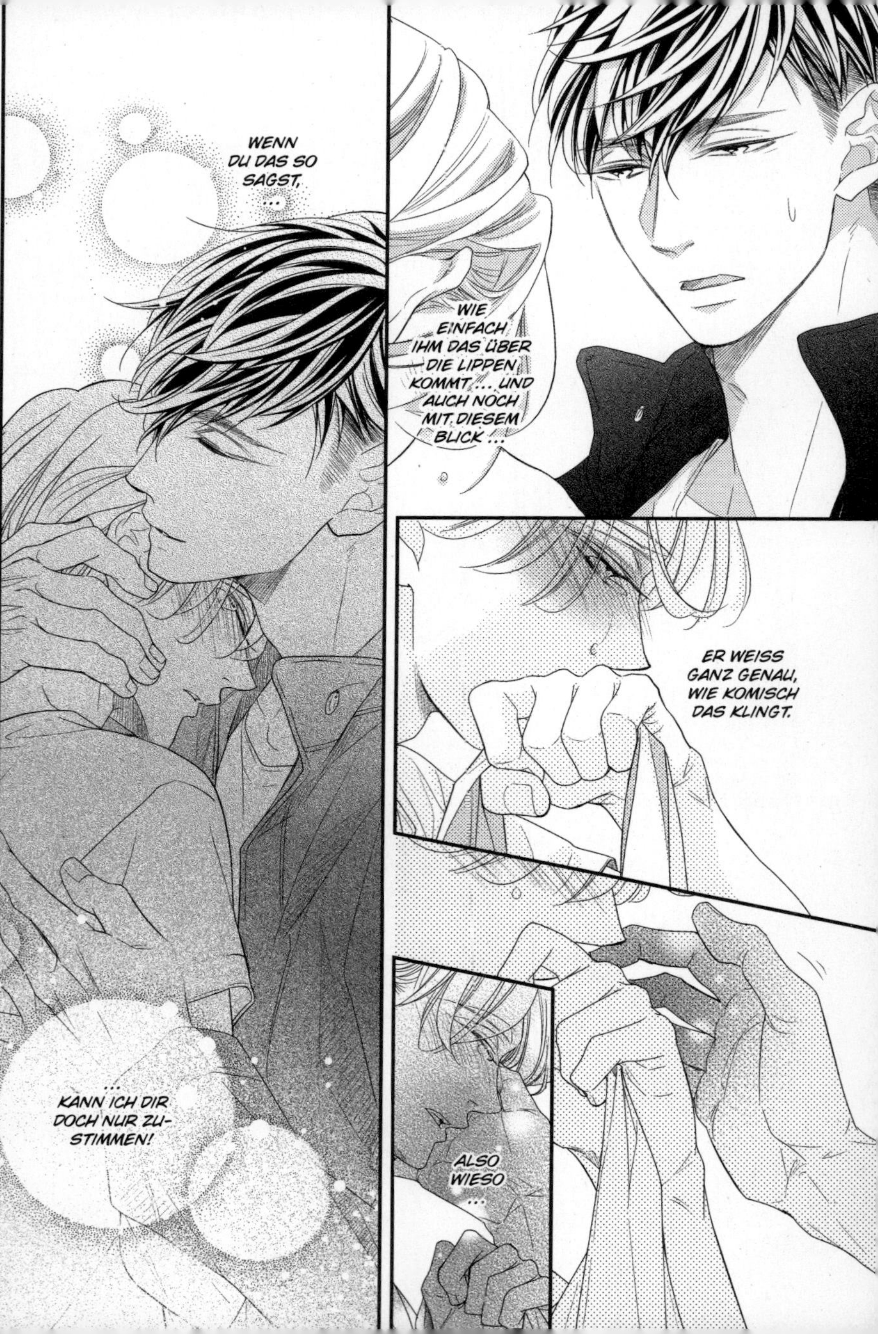
WIE EINFACH IHM DAS ÜBER DIE LIPPEN KOMMT ... UND AUCH NOCH MIT DIESEM BLICK ...
ER WEISS GANZ GENAU, WIE KOMISCH DAS KLINGT.
ALSO WIESO ...
WENN DU DAS SO SAGST, ...
... KANN ICH DIR DOCH NUR ZU-STIMMEN!

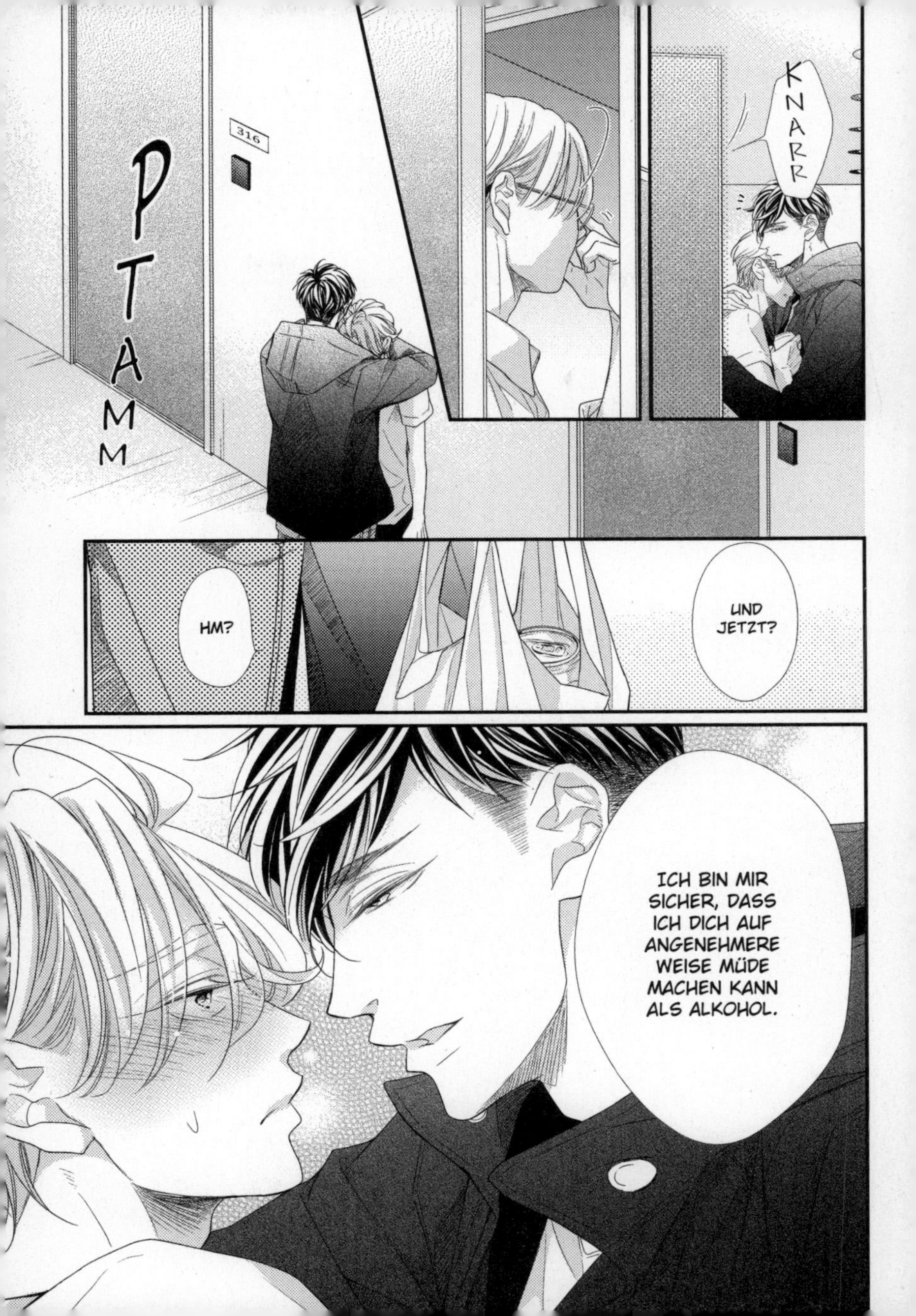
KNARR
PTAMM
UND JETZT?
HM?
ICH BIN MIR SICHER, DASS ICH DICH AUF ANGENEHMERE WEISE MÜDE MACHEN KANN ALS ALKOHOL.

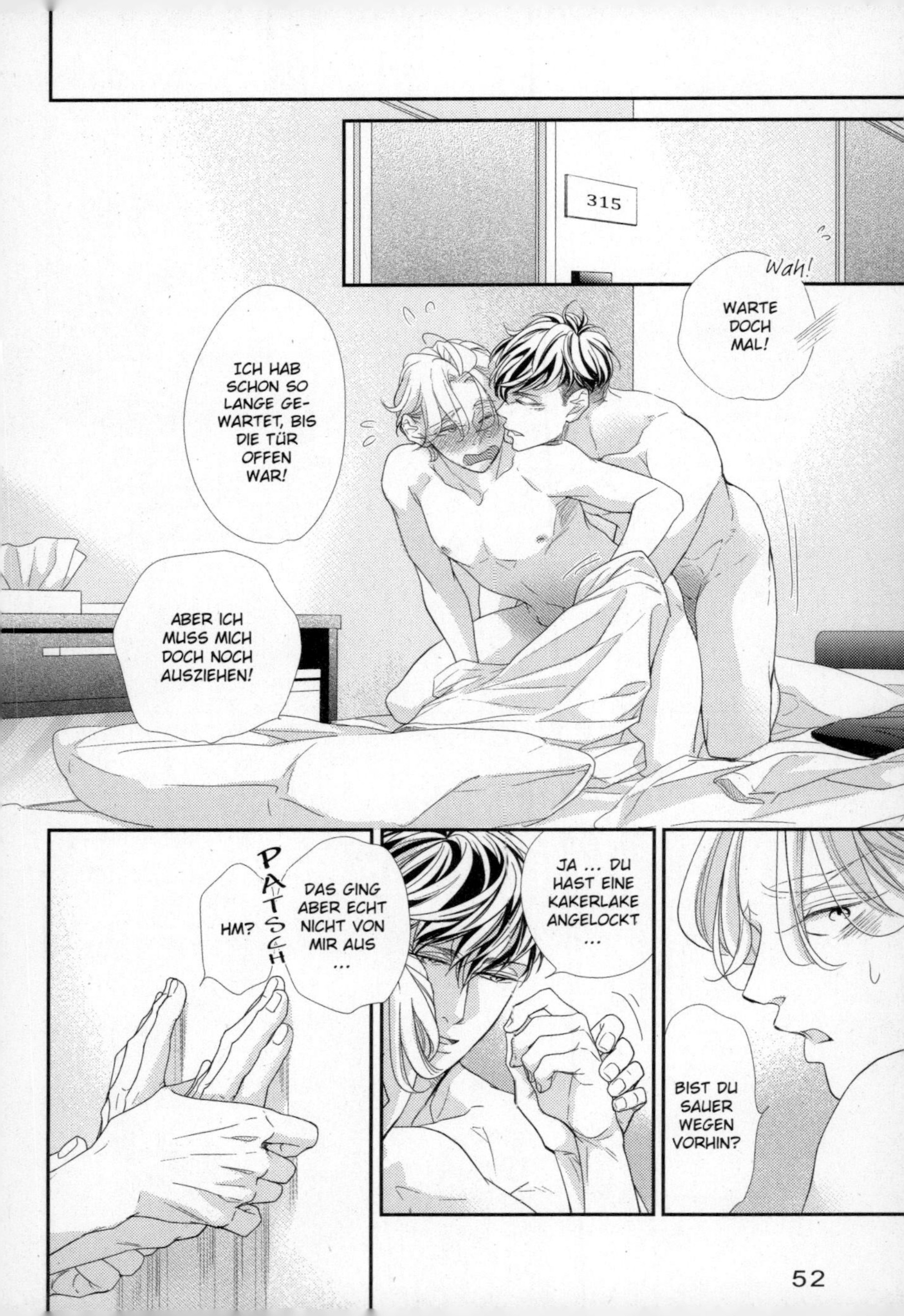
315
Wah!
WARTE DOCH MAL!
ICH HAB SCHON SO LANGE GE-WARTET, BIS DIE TÜR OFFEN WAR!
ABER ICH MUSS MICH DOCH NOCH AUSZIEHEN!
BIST DU SAUER WEGEN VORHIN?
JA ... DU HAST EINE KAKERLAKE ANGELOCKT ...
DAS GING ABER ECHT NICHT VON MIR AUS ...
PATSCH
HM?

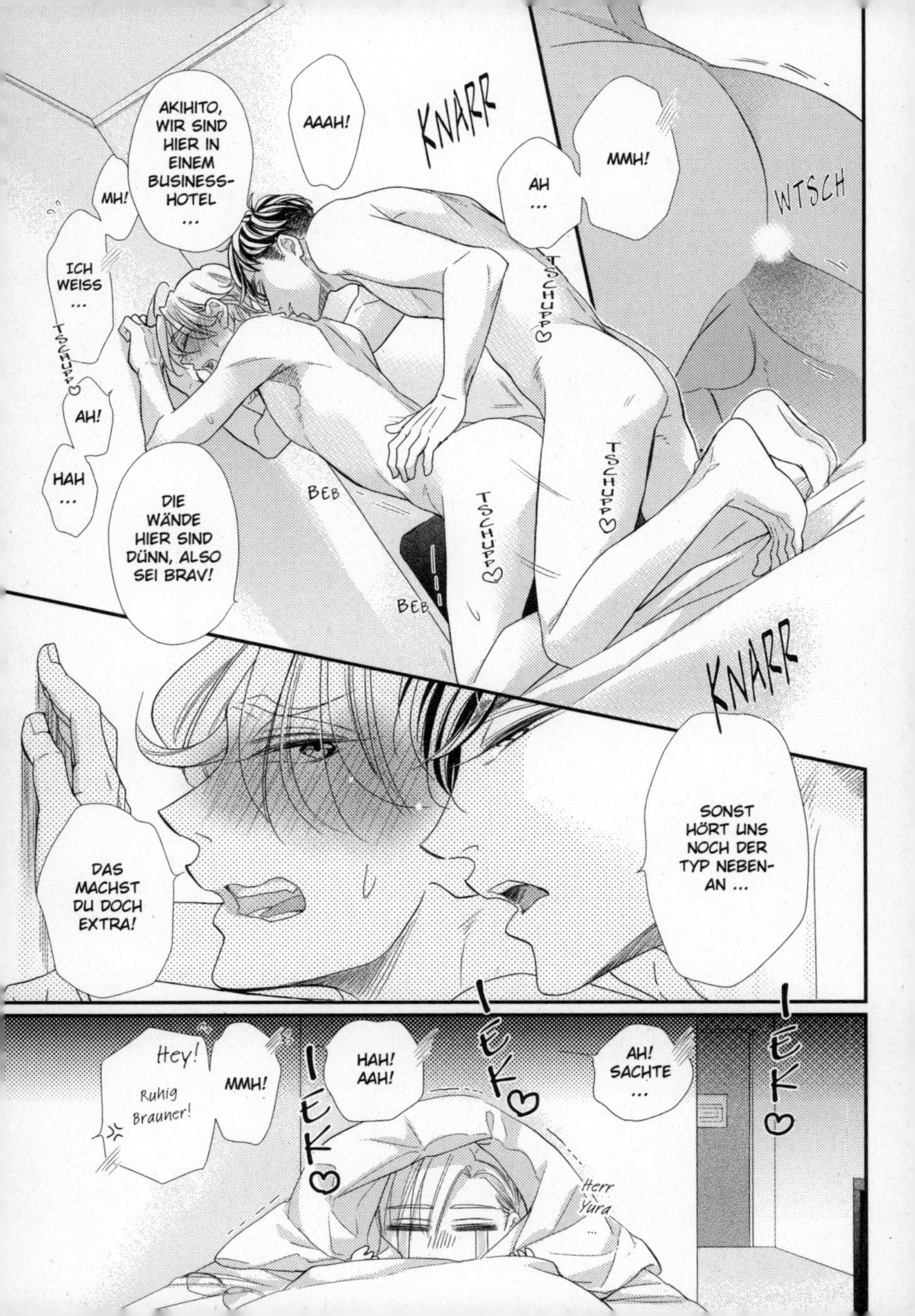

WTSCH
MMH!
AH ...
TSCHUPP♡
KNARR
AAAH!
AKIHITO, WIR SIND HIER IN EINEM BUSINESS-HOTEL ...
MH!
ICH WEISS ...
TSCHUPP♡
AH!
HAH ...
TSCHUPP♡
TSCHUPP♡
BEB
BEB
DIE WÄNDE HIER SIND DÜNN, ALSO SEI BRAV!
KNARR
SONST HÖRT UNS NOCH DER TYP NEBEN-AN ...
DAS MACHST DU DOCH EXTRA!
IEK♡
AH! SACHTE ...
IEK♡
HAH! AAH!
IEK♡
MMH!
Hey!
Ruhig Brauner!
Herr Yura ...

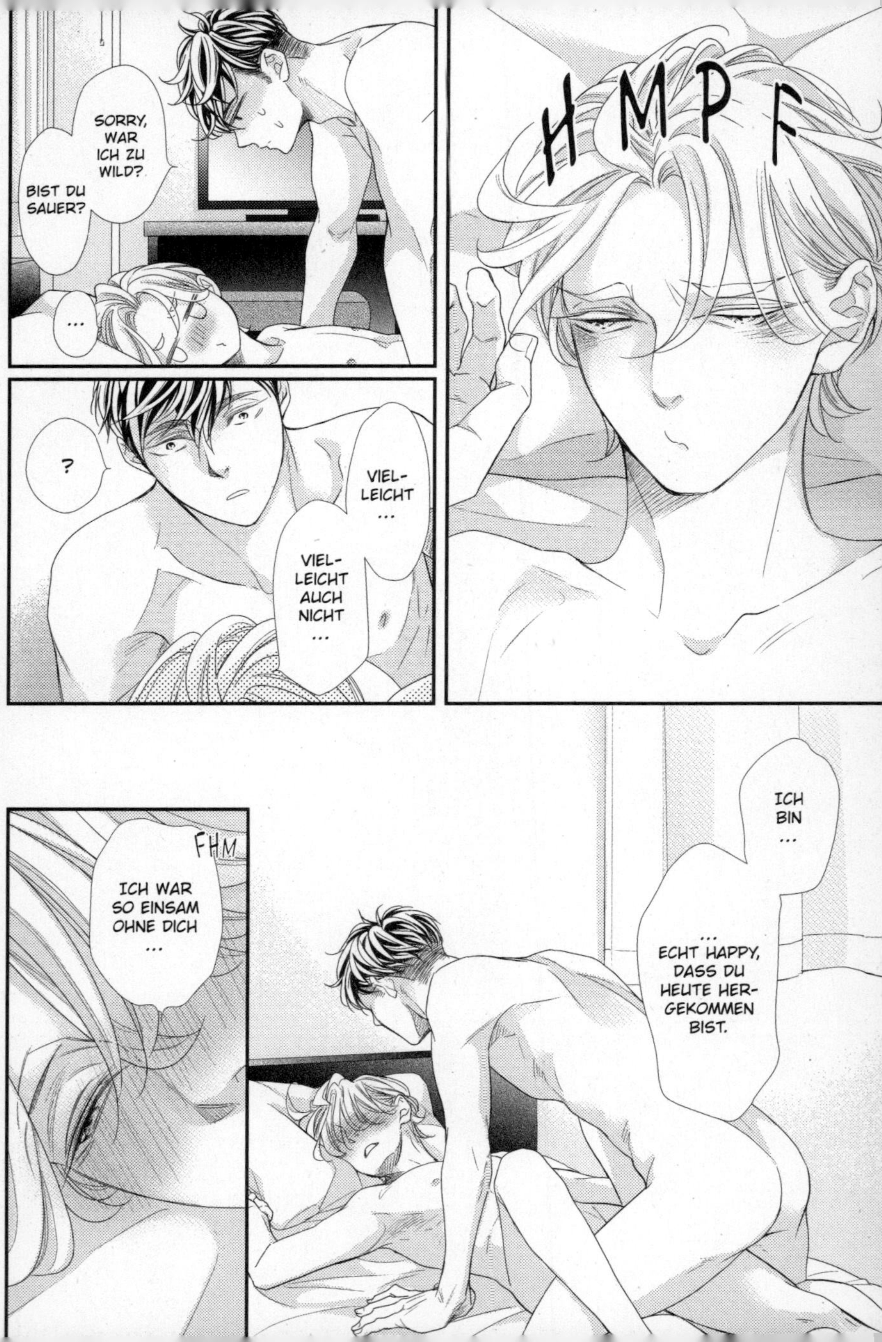

SORRY, WAR ICH ZU WILD?
BIST DU SAUER?
...
HMPF
?
VIEL-LEICHT ...
VIEL-LEICHT AUCH NICHT ...
ICH BIN ...
... ECHT HAPPY, DASS DU HEUTE HER-GEKOMMEN BIST.
FHM
ICH WAR SO EINSAM OHNE DICH ...

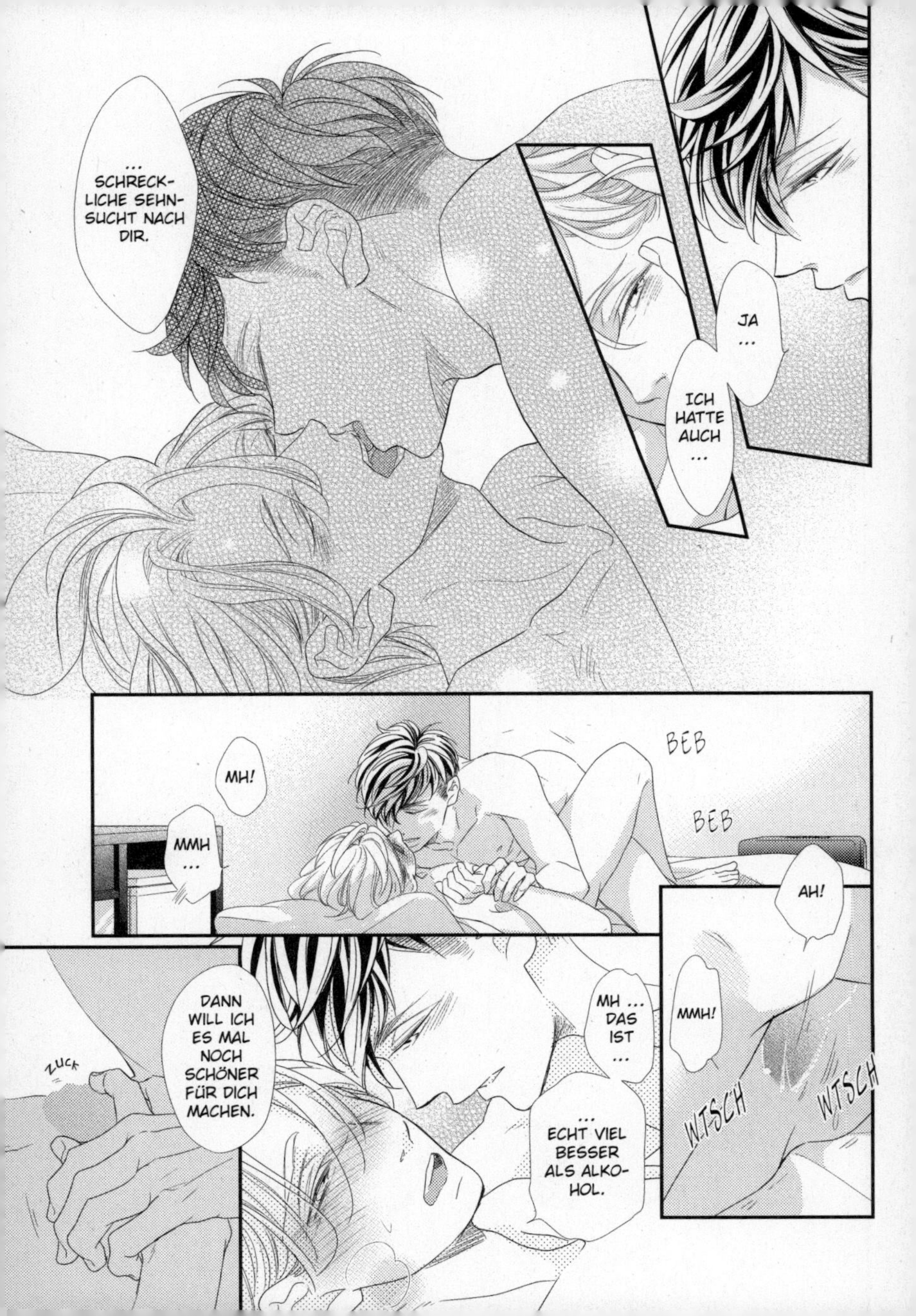
JA ...
ICH HATTE AUCH ...
... SCHRECKLICHE SEHNSUCHT NACH DIR.
BEB
BEB
MH!
MMH ...
AH!
MMH!
WTSCH
WTSCH
MH ... DAS IST ...
... ECHT VIEL BESSER ALS ALKOHOL.
DANN WILL ICH ES MAL NOCH SCHÖNER FÜR DICH MACHEN.
ZUCK

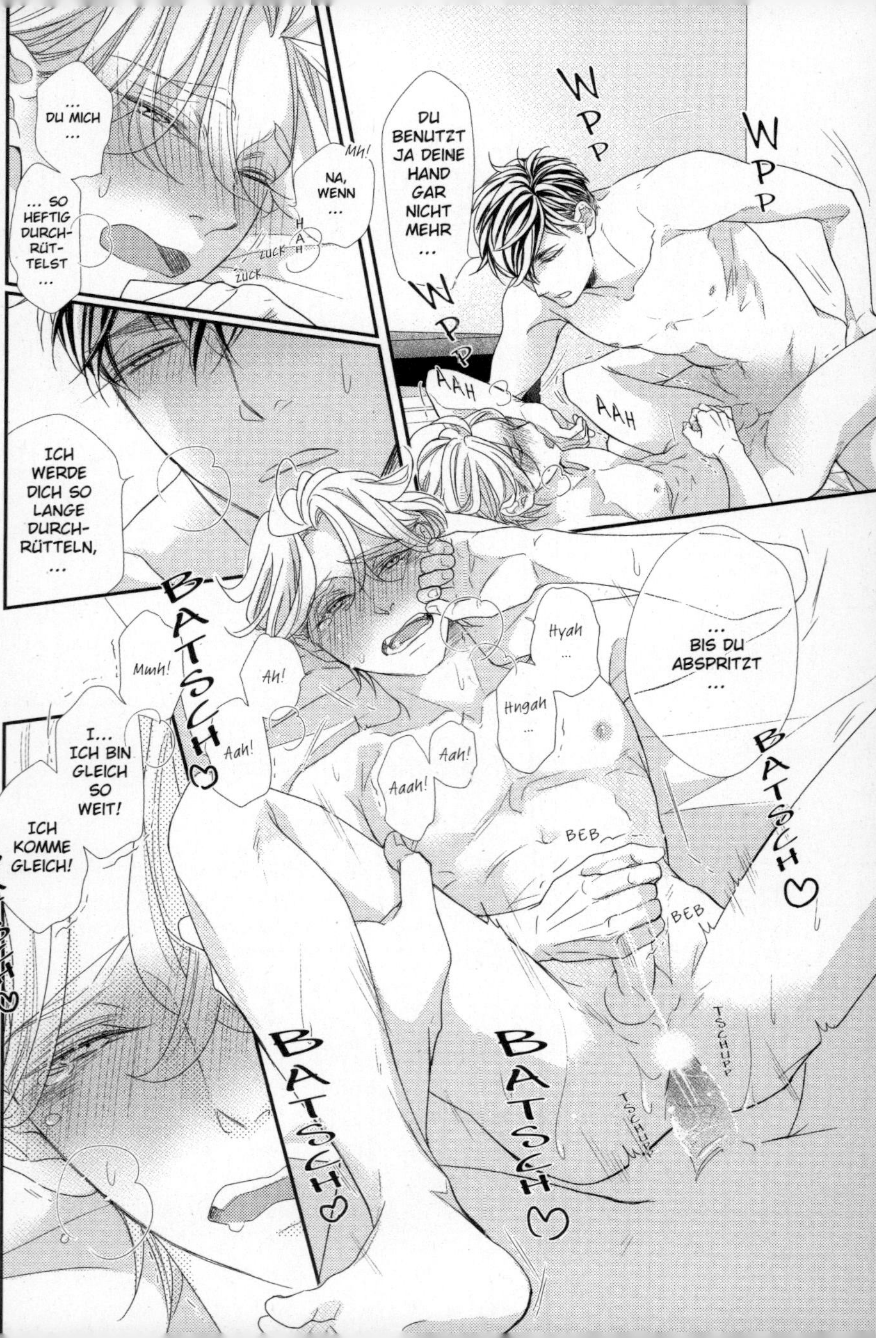

WPP WPP
DU BENUTZT JA DEINE HAND GAR NICHT MEHR ...
WPP
Mh!
NA, WENN ...
HAH
ZUCK ZUCK
... DU MICH ...
... SO HEFTIG DURCH-RÜTTELST ...
AAH AAH
ICH WERDE DICH SO LANGE DURCH-RÜTTELN, ...
... BIS DU ABSPRITZT ...
BATSCH
Hyah ...
Hngah ...
Ah!
Mmh!
Aah!
Aah!
Aaah!
BATSCH
I... ICH BIN GLEICH SO WEIT!
ICH KOMME GLEICH!
BATSCH
BEB BEB
TSCHUPP TSCHUPP
BATSCH
BATSCH

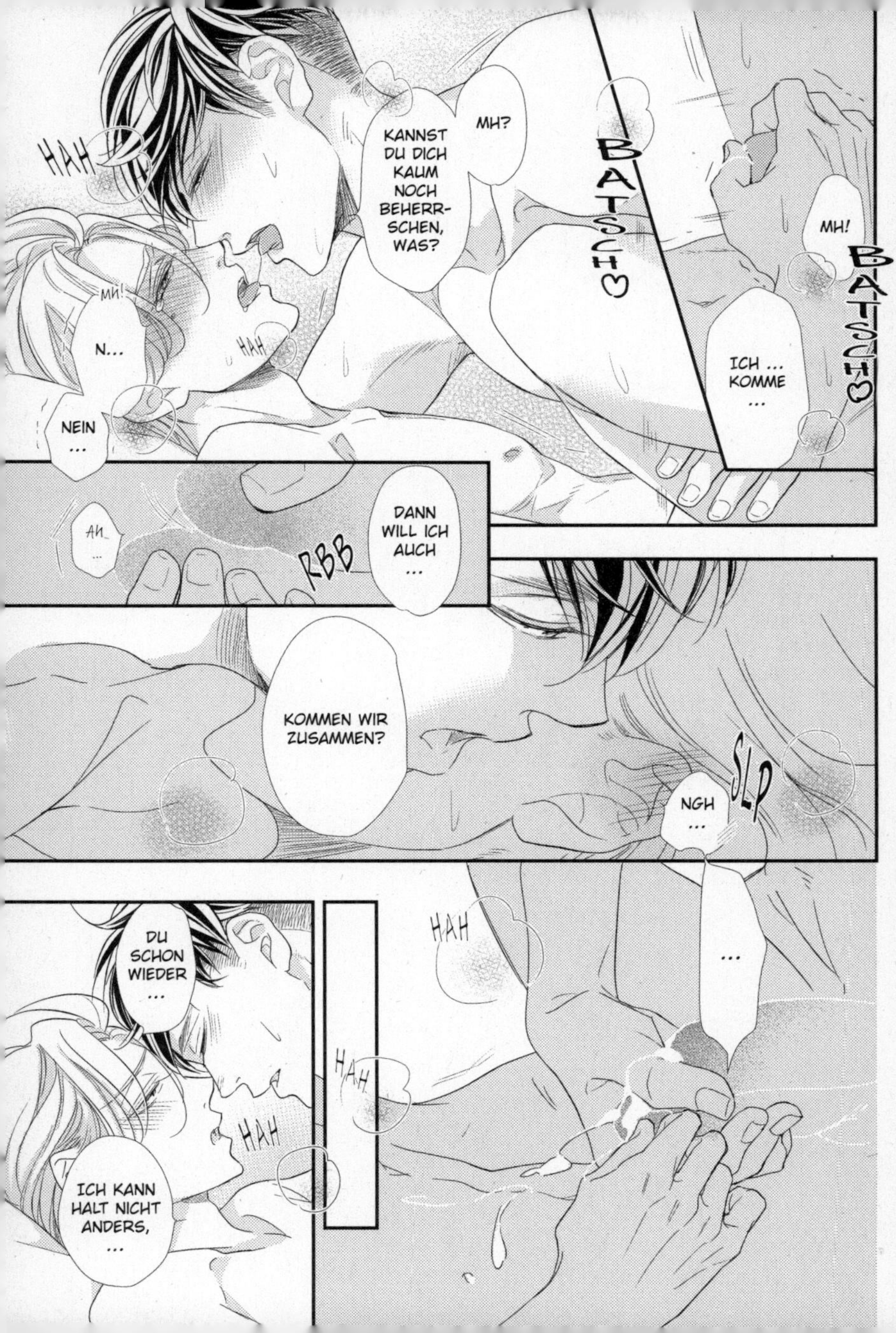
MH!
BATSCH♡
ICH ... KOMME ...
BATSCH♡
MH?
KANNST DU DICH KAUM NOCH BEHERR-SCHEN, WAS?
HAH
MH!
HAH
N...
NEIN ...
DANN WILL ICH AUCH ...
RBB
AH_ ...
SLP
NGH ...
KOMMEN WIR ZUSAMMEN?
...
HAH
HAH
DU SCHON WIEDER ...
HAH
ICH KANN HALT NICHT ANDERS, ...

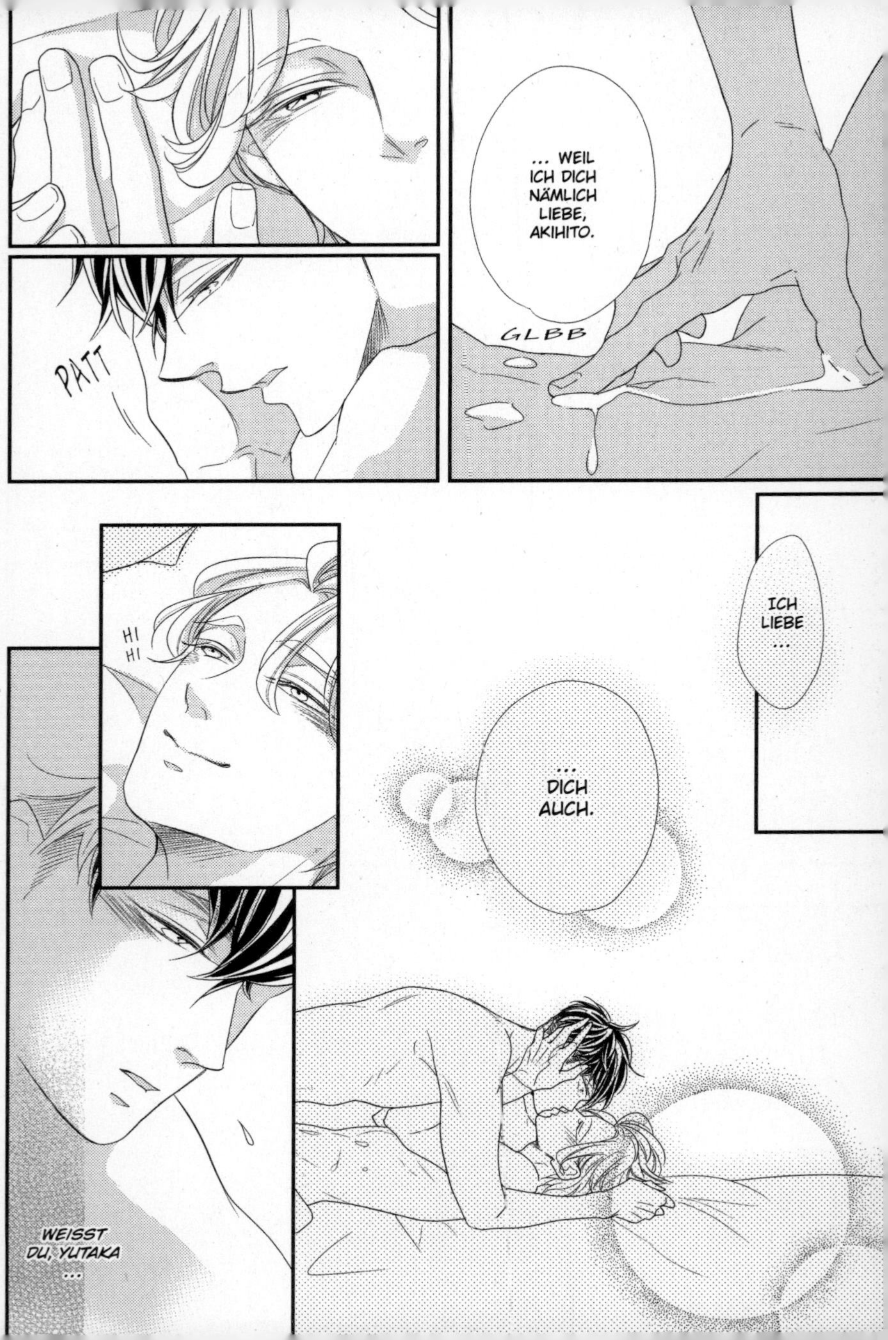

... WEIL ICH DICH NÄMLICH LIEBE, AKIHITO.
GLBB
PATT
ICH LIEBE ...
... DICH AUCH.
HI HI
WEISST DU, YUTAKA ...

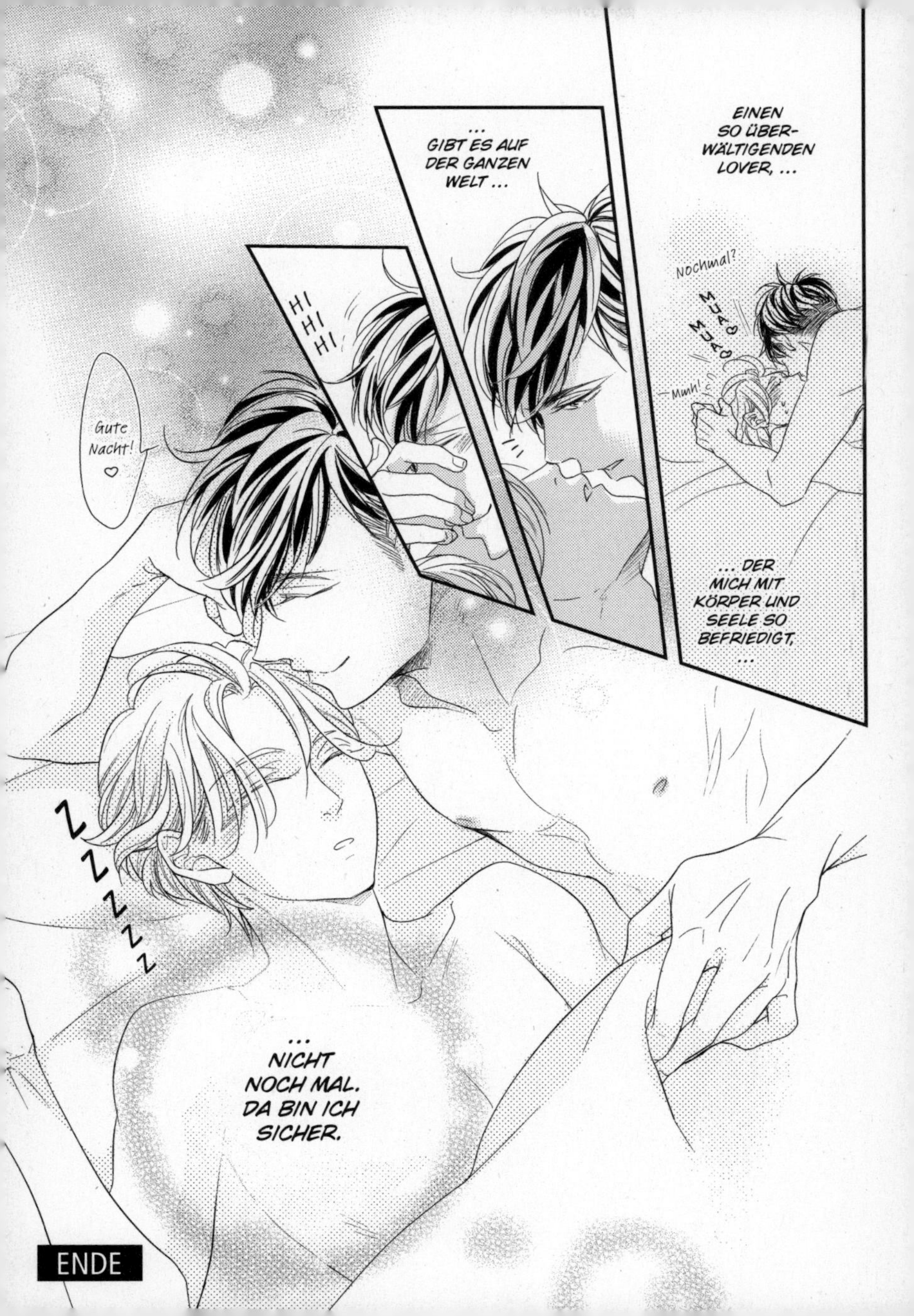
EINEN SO ÜBER-WÄLTIGENDEN LOVER, ...
Nochmal?
MUA MUA
Mmh!
... DER MICH MIT KÖRPER UND SEELE SO BEFRIEDIGT, ...
... GIBT ES AUF DER GANZEN WELT ...
HI HI HI
Gute Nacht! ♡
ZZZZZZ
... NICHT NOCH MAL. DA BIN ICH SICHER.
ENDE

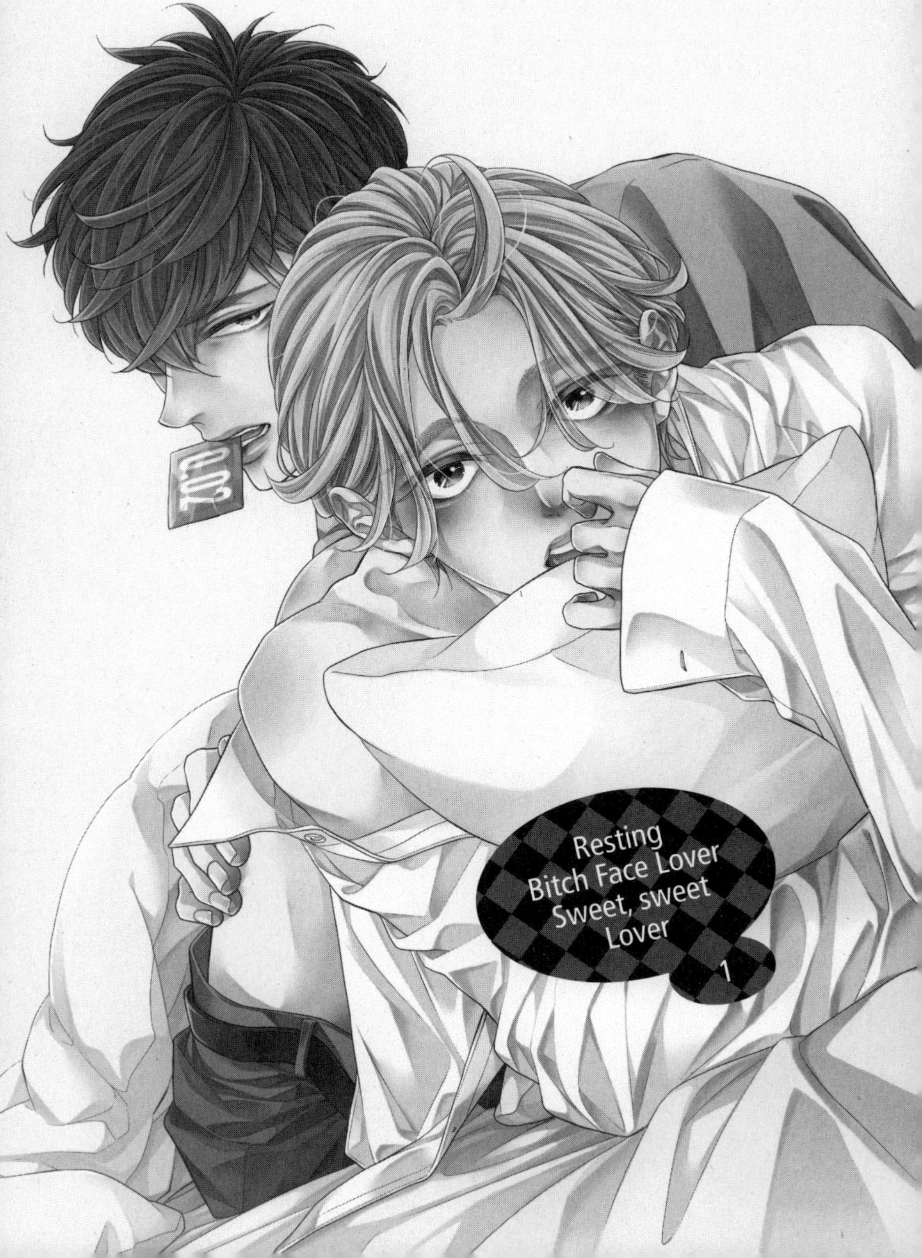
0.02
Resting
Bitch Face Lover
Sweet, sweet
Lover
1

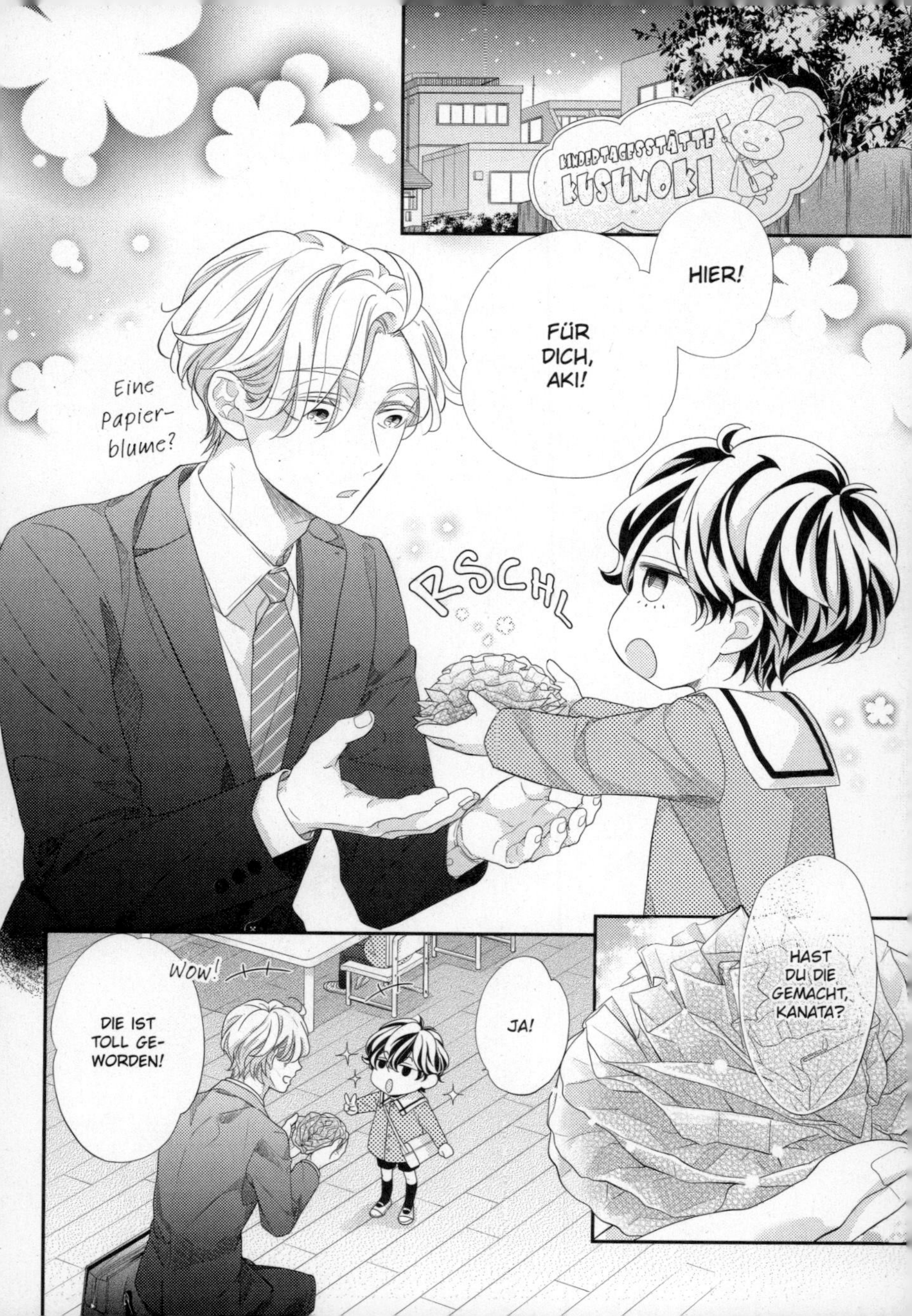
KINDERTAGESSTÄTTE
KUSUNOKI
HIER!
FÜR DICH, AKI!
Eine Papierblume?
RSCHL
HAST DU DIE GEMACHT, KANATA?
JA!
WOW!
DIE IST TOLL GEWORDEN!

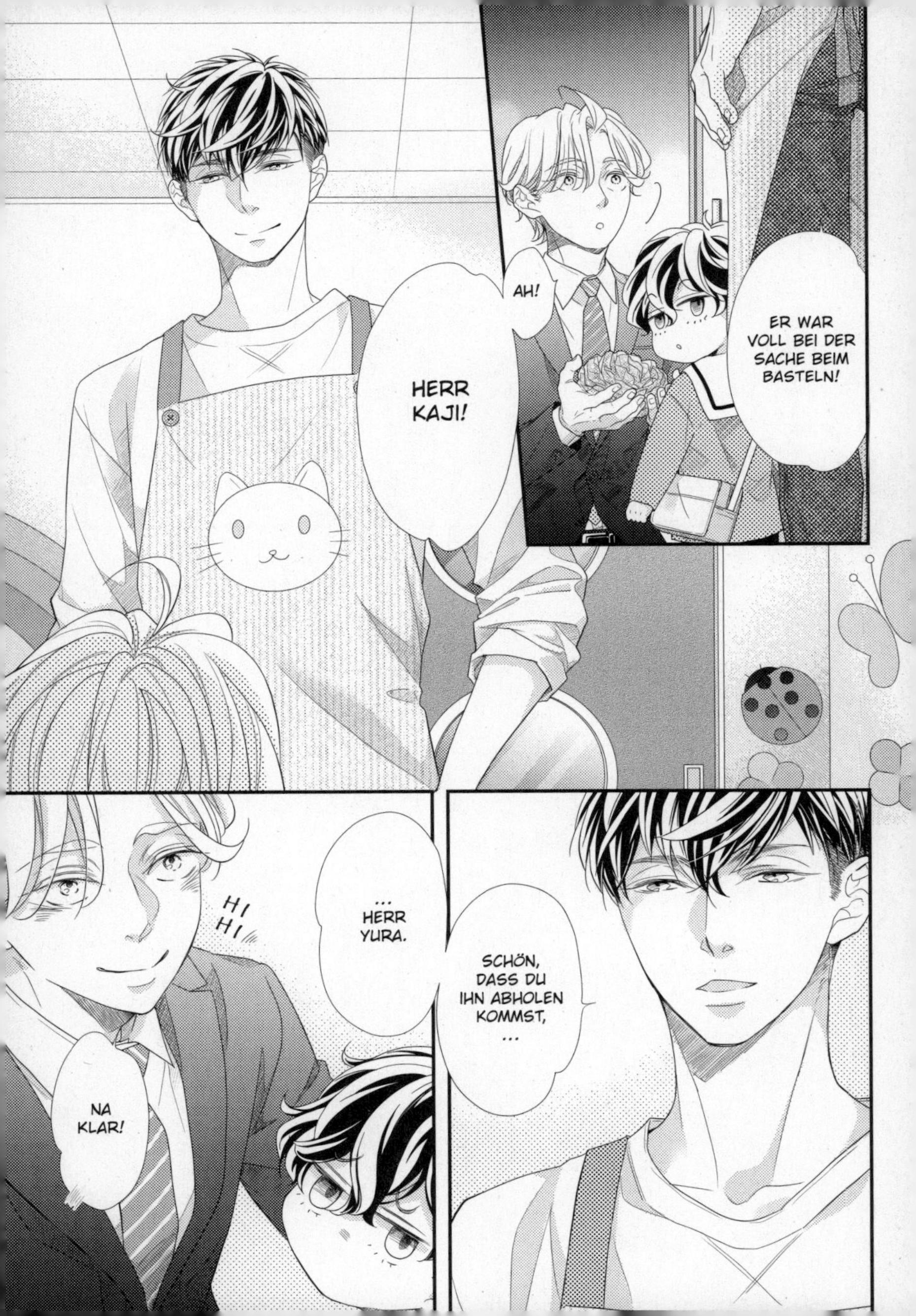
ER WAR VOLL BEI DER SACHE BEIM BASTELN!
AH!
HERR KAJI!
SCHÖN, DASS DU IHN ABHOLEN KOMMST, ...
... HERR YURA.
HI HI
NA KLAR!

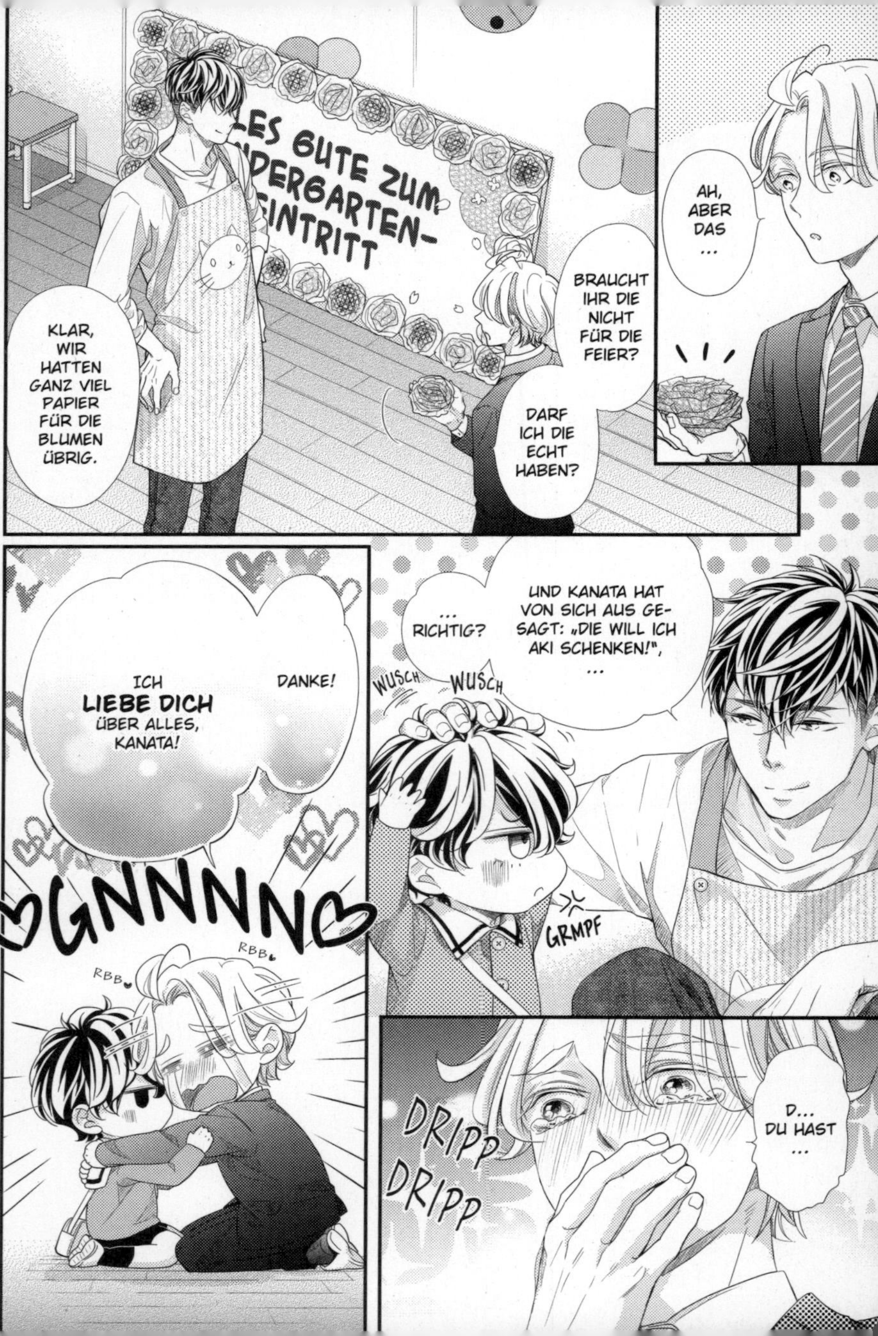

AH, ABER DAS …
LES GUTE ZUM
DERGARTEN-
EINTRITT
BRAUCHT IHR DIE NICHT FÜR DIE FEIER?
DARF ICH DIE ECHT HABEN?
KLAR, WIR HATTEN GANZ VIEL PAPIER FÜR DIE BLUMEN ÜBRIG.
UND KANATA HAT VON SICH AUS GESAGT: „DIE WILL ICH AKI SCHENKEN!", …
… RICHTIG?
WUSCH
WUSCH
GRMPF
DANKE!
ICH **LIEBE DICH** ÜBER ALLES, KANATA!
GNNNNN
RBB
RBB
D… DU HAST …
DRIPP
DRIPP

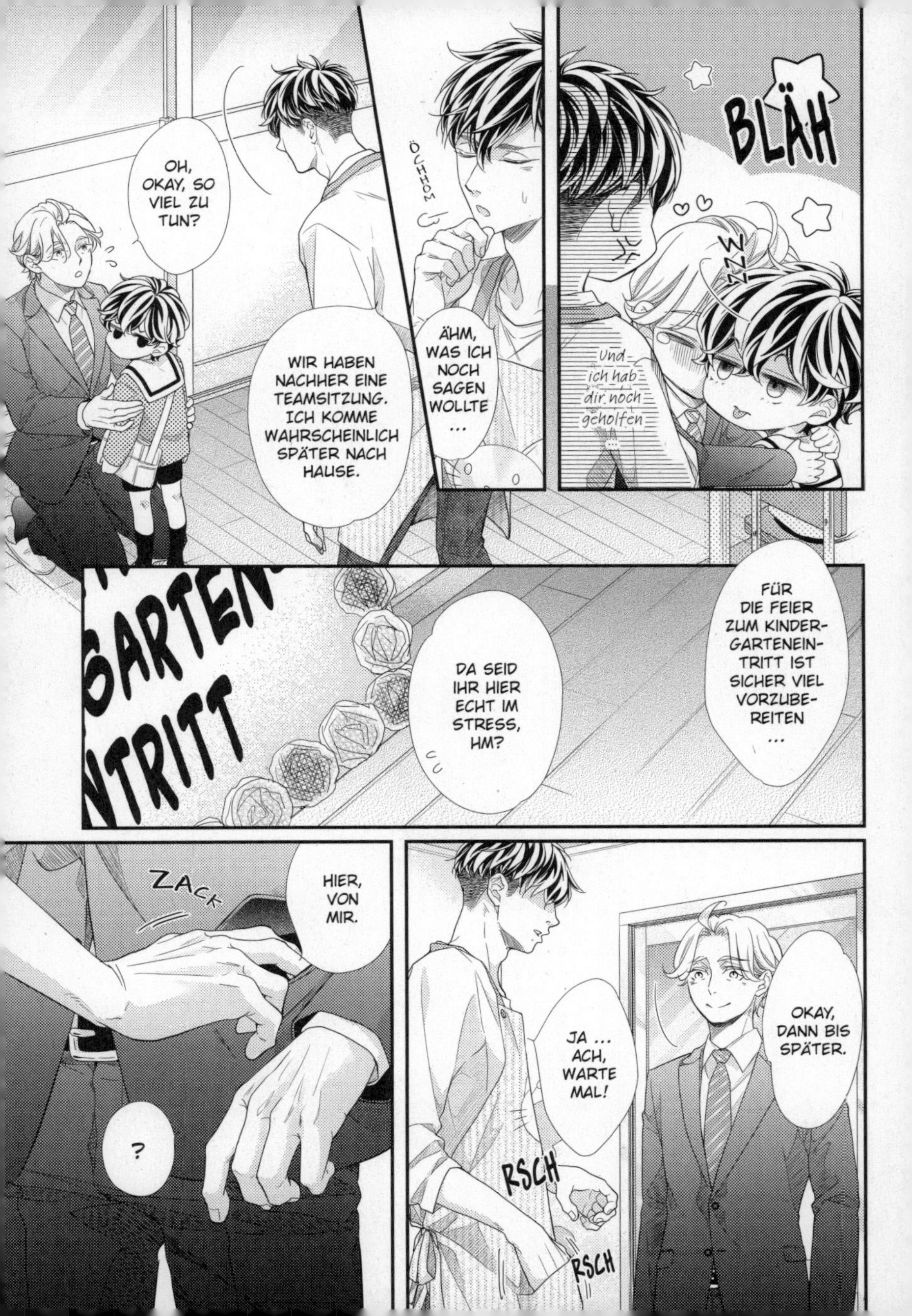
BLÄH
Und ich hab dir noch geholfen ...
ÄHM, WAS ICH NOCH SAGEN WOLLTE ...
ÖCHHOM
OH, OKAY, SO VIEL ZU TUN?
WIR HABEN NACHHER EINE TEAMSITZUNG. ICH KOMME WAHRSCHEINLICH SPÄTER NACH HAUSE.
FÜR DIE FEIER ZUM KINDERGARTENEINTRITT IST SICHER VIEL VORZUBEREITEN ...
DA SEID IHR HIER ECHT IM STRESS, HM?
GARTEN
NTRITT
OKAY, DANN BIS SPÄTER.
JA ... ACH, WARTE MAL!
RSCH
RSCH
HIER, VON MIR.
ZACK
?

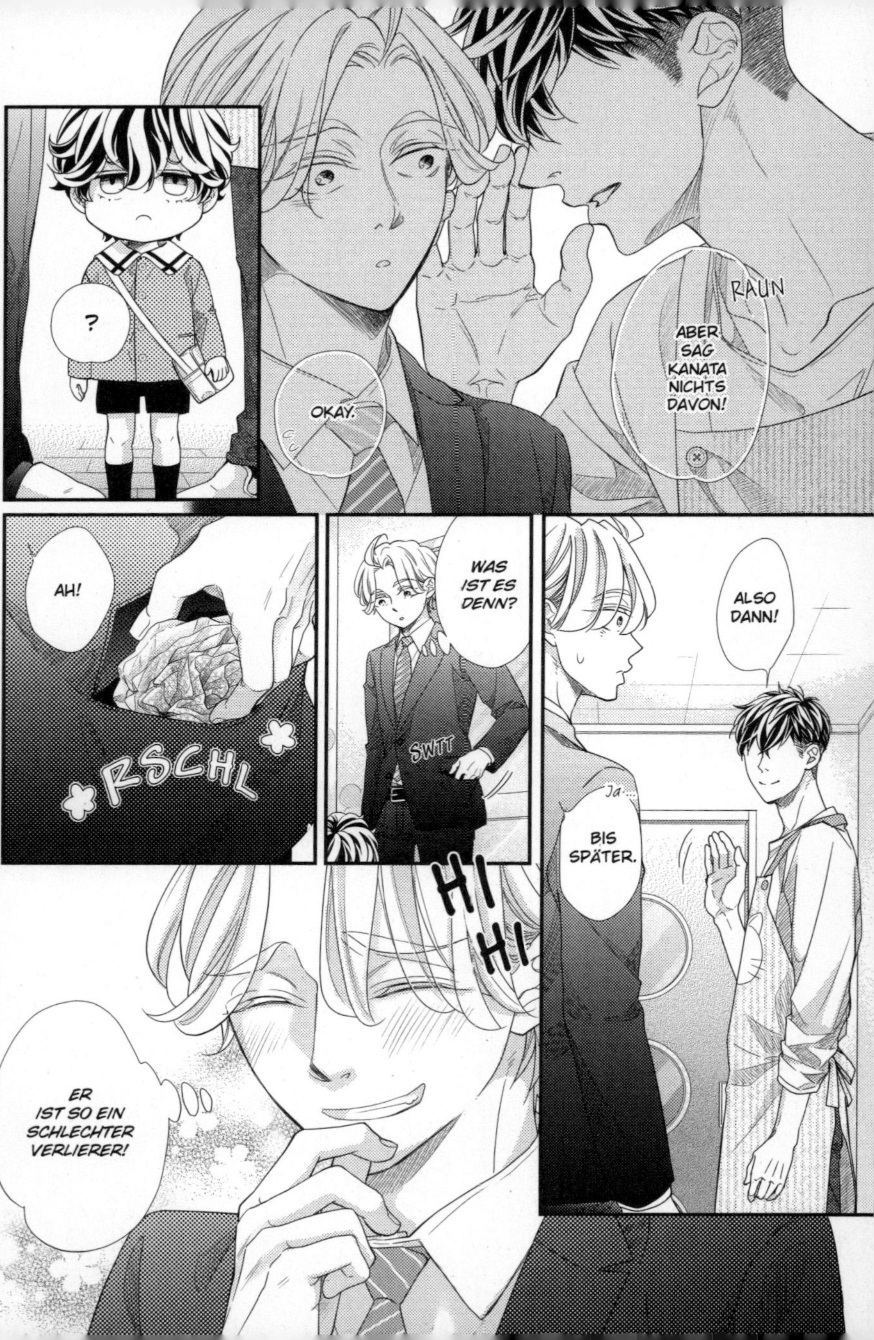
RAUN
ABER SAG KANATA NICHTS DAVON!
OKAY.
?
ALSO DANN!
Ja...
BIS SPÄTER.
WAS IST ES DENN?
SWTT
AH!
RSCHL
HI HI
ER IST SO EIN SCHLECHTER VERLIERER!

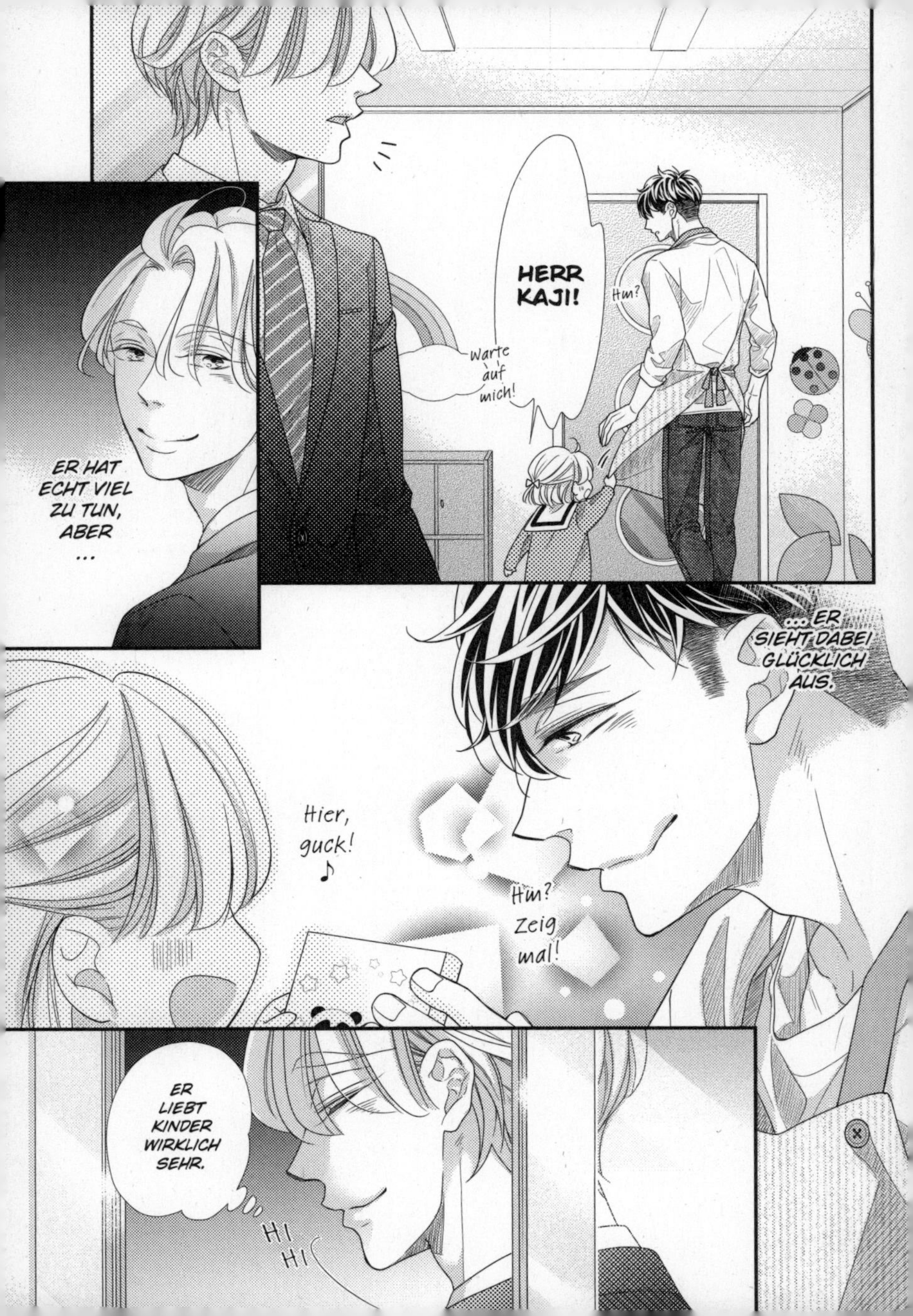
HERR KAJI!
Hm?
Warte auf mich!
ER HAT ECHT VIEL ZU TUN, ABER ...
... ER SIEHT DABEI GLÜCKLICH AUS.
Hier, guck! ♪
Hm? Zeig mal!
ER LIEBT KINDER WIRKLICH SEHR.
HI HI

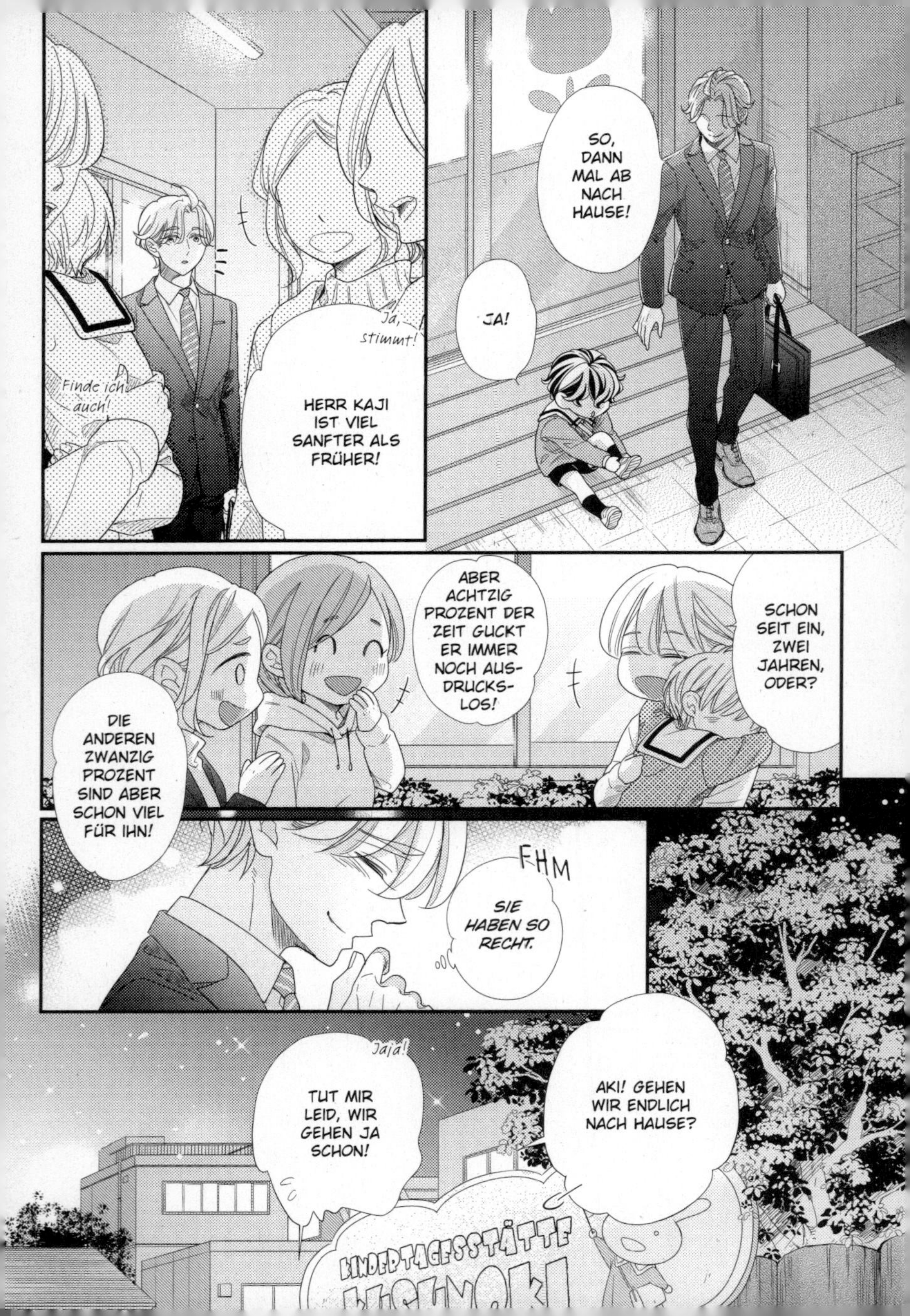
SO, DANN MAL AB NACH HAUSE!
JA!
Ja, stimmt!
HERR KAJI IST VIEL SANFTER ALS FRÜHER!
Finde ich auch!
SCHON SEIT EIN, ZWEI JAHREN, ODER?
ABER ACHTZIG PROZENT DER ZEIT GUCKT ER IMMER NOCH AUSDRUCKS-LOS!
DIE ANDEREN ZWANZIG PROZENT SIND ABER SCHON VIEL FÜR IHN!
FHM
SIE HABEN SO RECHT.
AKI! GEHEN WIR ENDLICH NACH HAUSE?
Jaja!
TUT MIR LEID, WIR GEHEN JA SCHON!
KINDERTAGESSTÄTTE

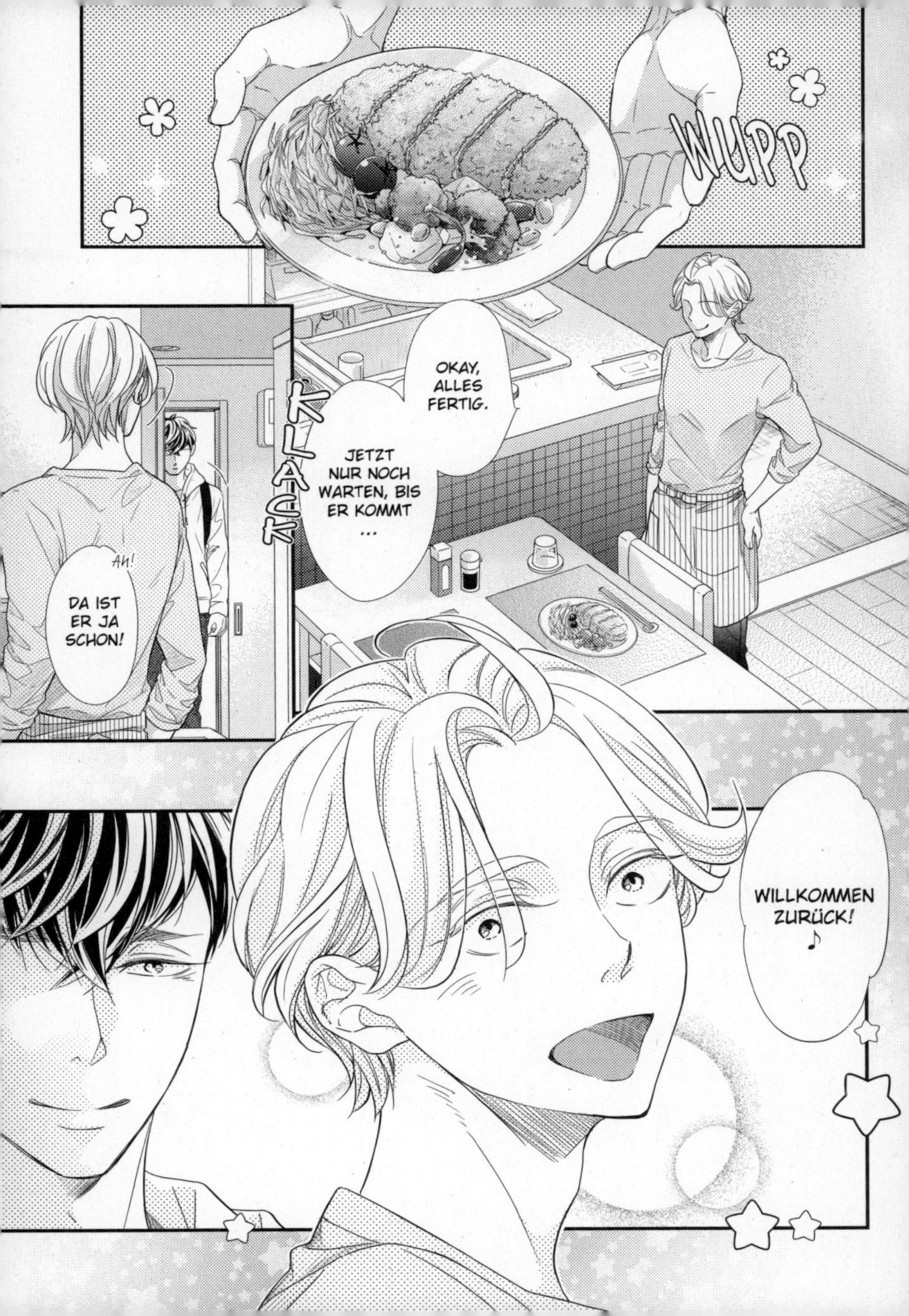
WUPP
OKAY, ALLES FERTIG.
JETZT NUR NOCH WARTEN, BIS ER KOMMT ...
KLACK
AH!
DA IST ER JA SCHON!
WILLKOMMEN ZURÜCK! ♪

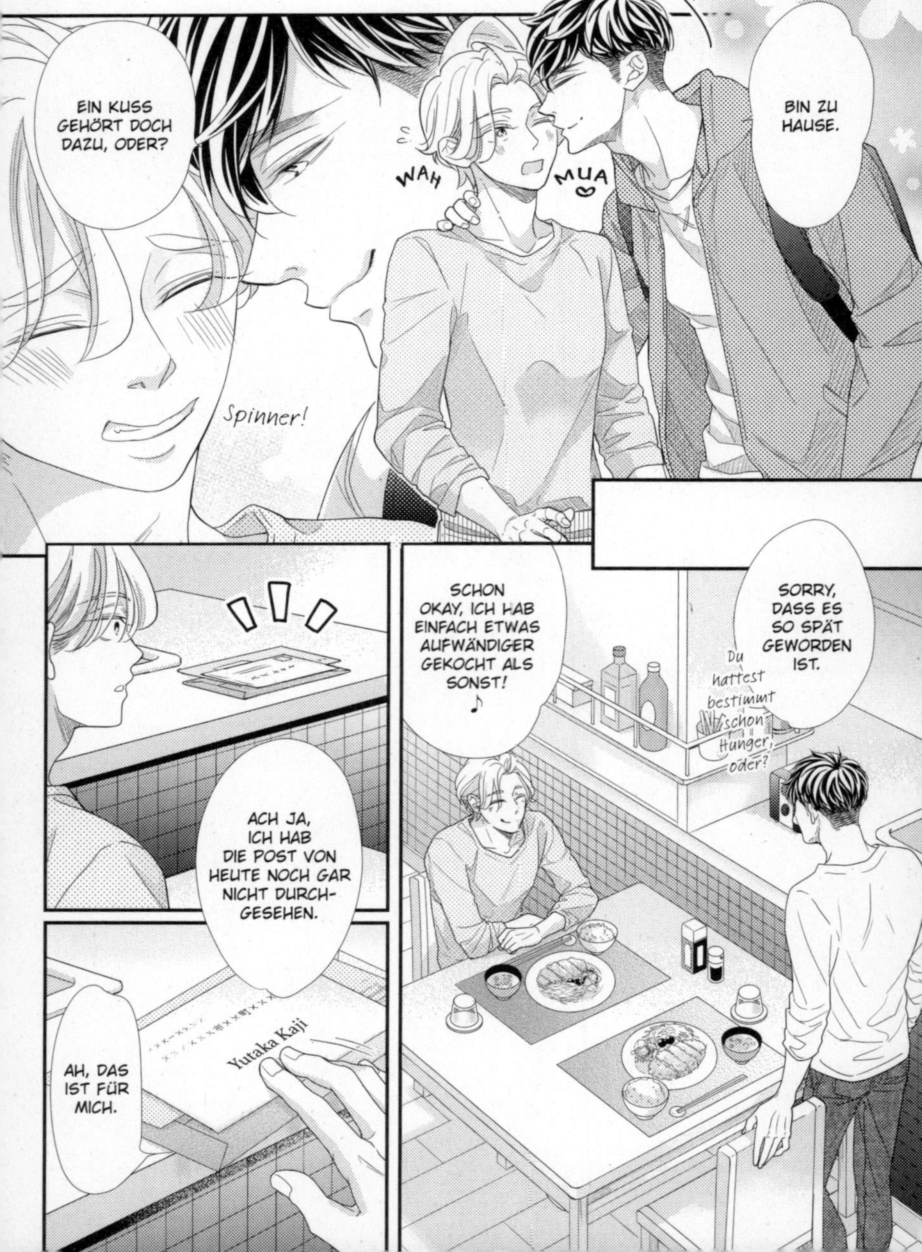
BIN ZU HAUSE.
MUA
WAH
EIN KUSS GEHÖRT DOCH DAZU, ODER?
Spinner!
SORRY, DASS ES SO SPÄT GEWORDEN IST.
Du hattest bestimmt schon Hunger, oder?
SCHON OKAY, ICH HAB EINFACH ETWAS AUFWÄNDIGER GEKOCHT ALS SONST! ♪
ACH JA, ICH HAB DIE POST VON HEUTE NOCH GAR NICHT DURCHGESEHEN.
Yutaka Kaji
AH, DAS IST FÜR MICH.

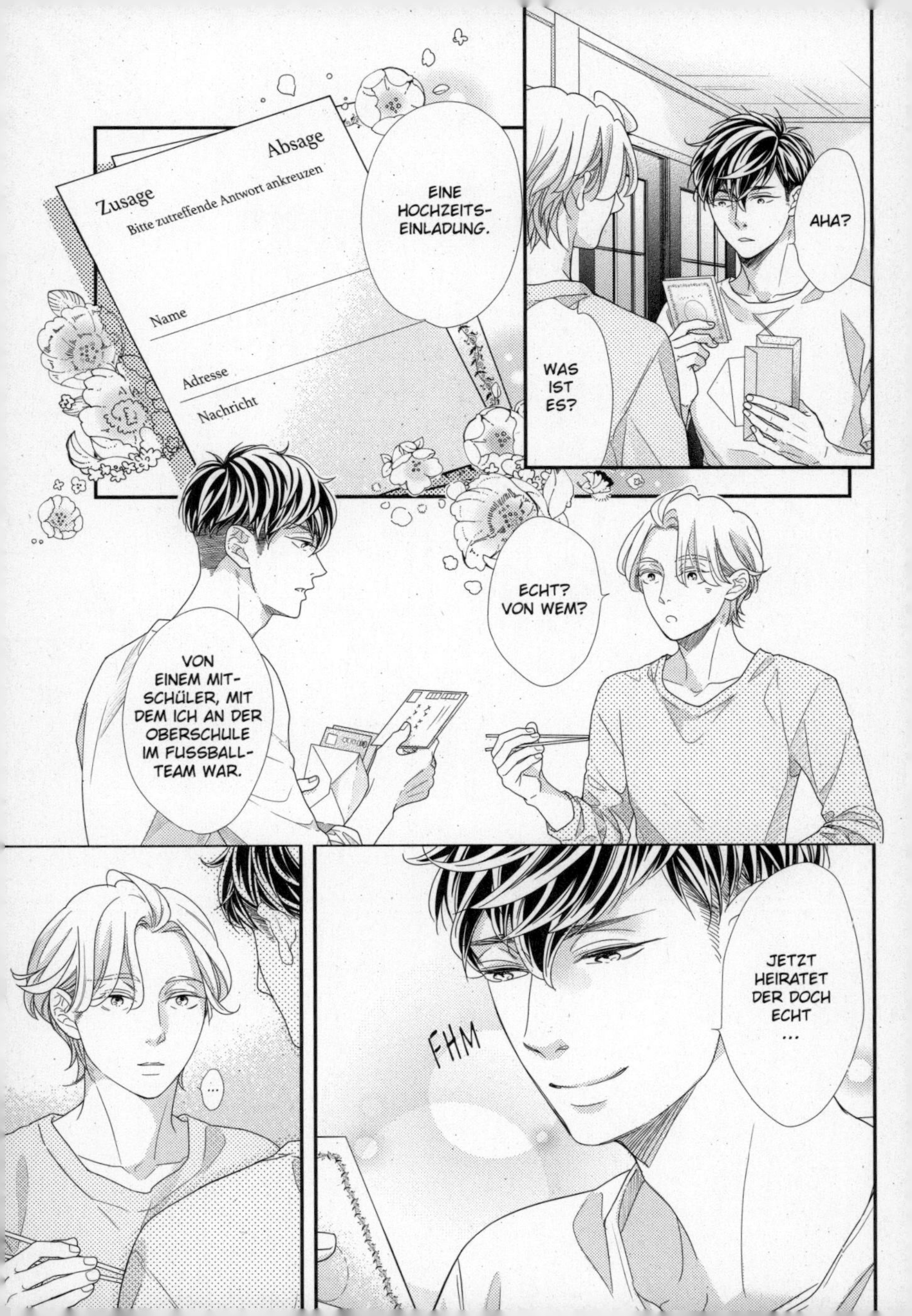

AHA?
WAS IST ES?
EINE HOCHZEITS-EINLADUNG.
Zusage
Absage
Bitte zutreffende Antwort ankreuzen
Name
Adresse
Nachricht
ECHT? VON WEM?
VON EINEM MIT-SCHÜLER, MIT DEM ICH AN DER OBERSCHULE IM FUSSBALL-TEAM WAR.
JETZT HEIRATET DER DOCH ECHT ...
FHM
...

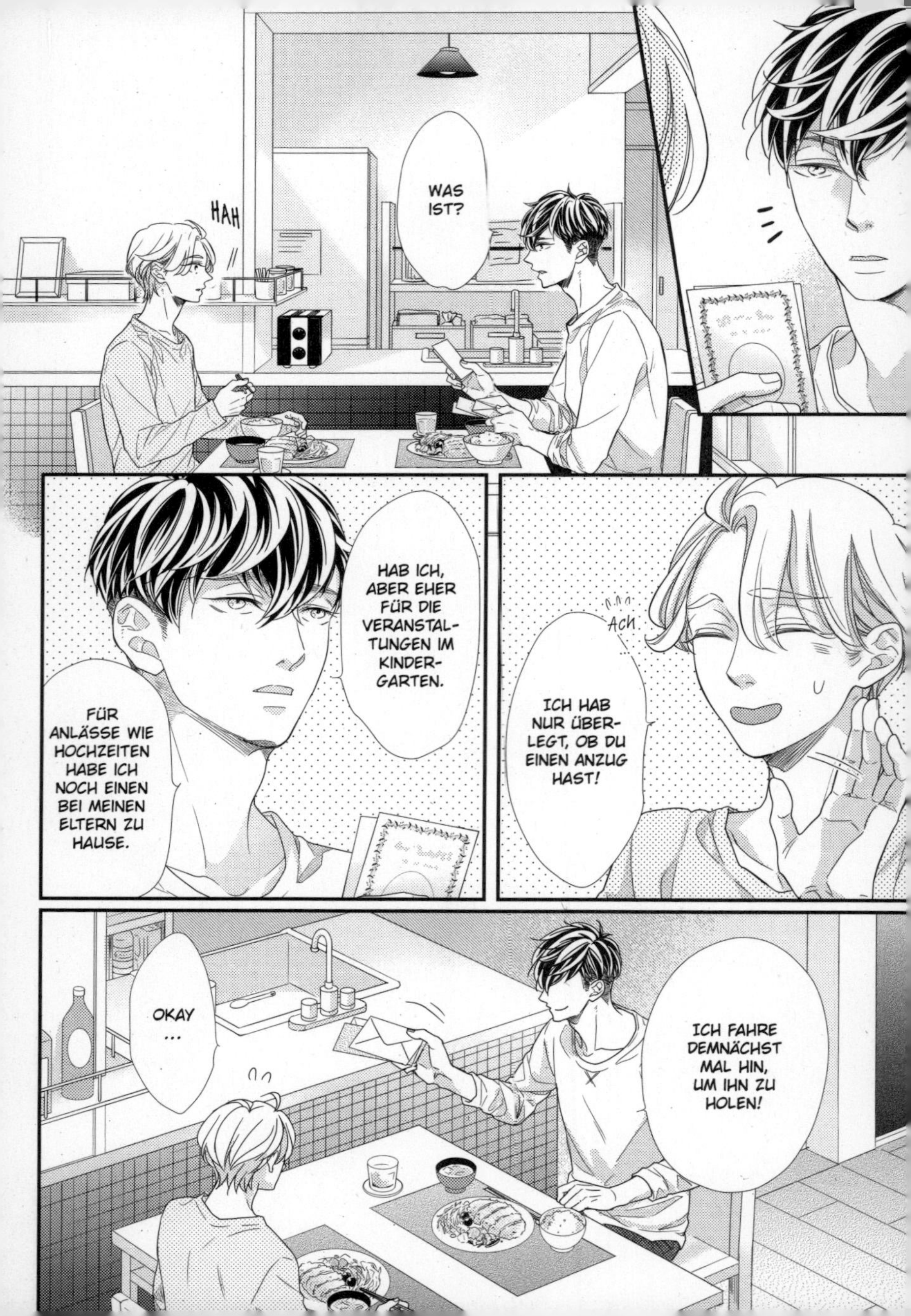
WAS IST?
HAH
ICH HAB NUR ÜBERLEGT, OB DU EINEN ANZUG HAST!
Ach
HAB ICH, ABER EHER FÜR DIE VERANSTALTUNGEN IM KINDERGARTEN.
FÜR ANLÄSSE WIE HOCHZEITEN HABE ICH NOCH EINEN BEI MEINEN ELTERN ZU HAUSE.
ICH FAHRE DEMNÄCHST MAL HIN, UM IHN ZU HOLEN!
OKAY ...

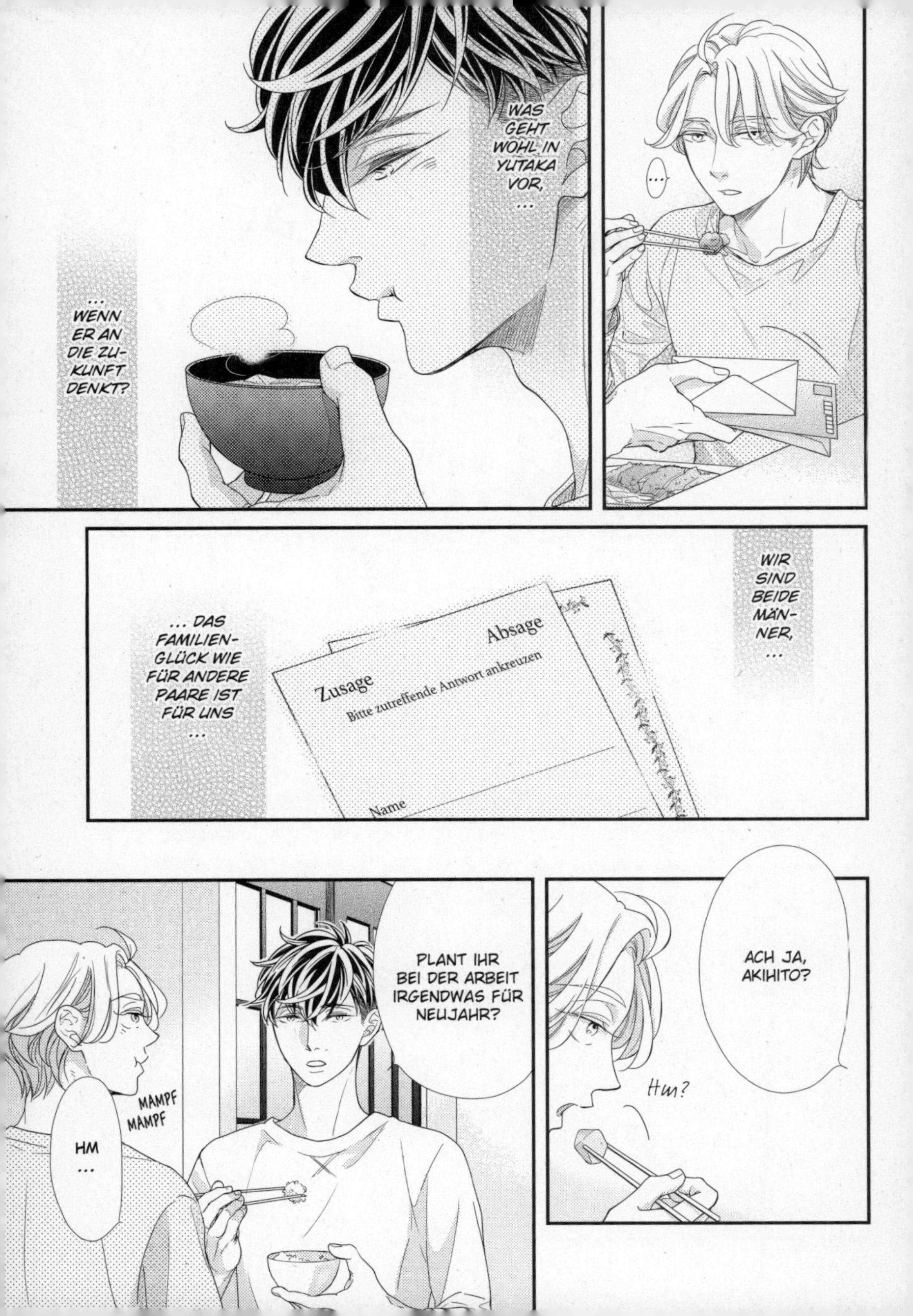

...
WAS GEHT WOHL IN YUTAKA VOR, ...
... WENN ER AN DIE ZUKUNFT DENKT?
WIR SIND BEIDE MÄNNER, ...
... DAS FAMILIENGLÜCK WIE FÜR ANDERE PAARE IST FÜR UNS ...
Absage
Zusage
Bitte zutreffende Antwort ankreuzen
Name
ACH JA, AKIHITO?
Hm?
PLANT IHR BEI DER ARBEIT IRGENDWAS FÜR NEUJAHR?
MAMPF MAMPF
HM ...

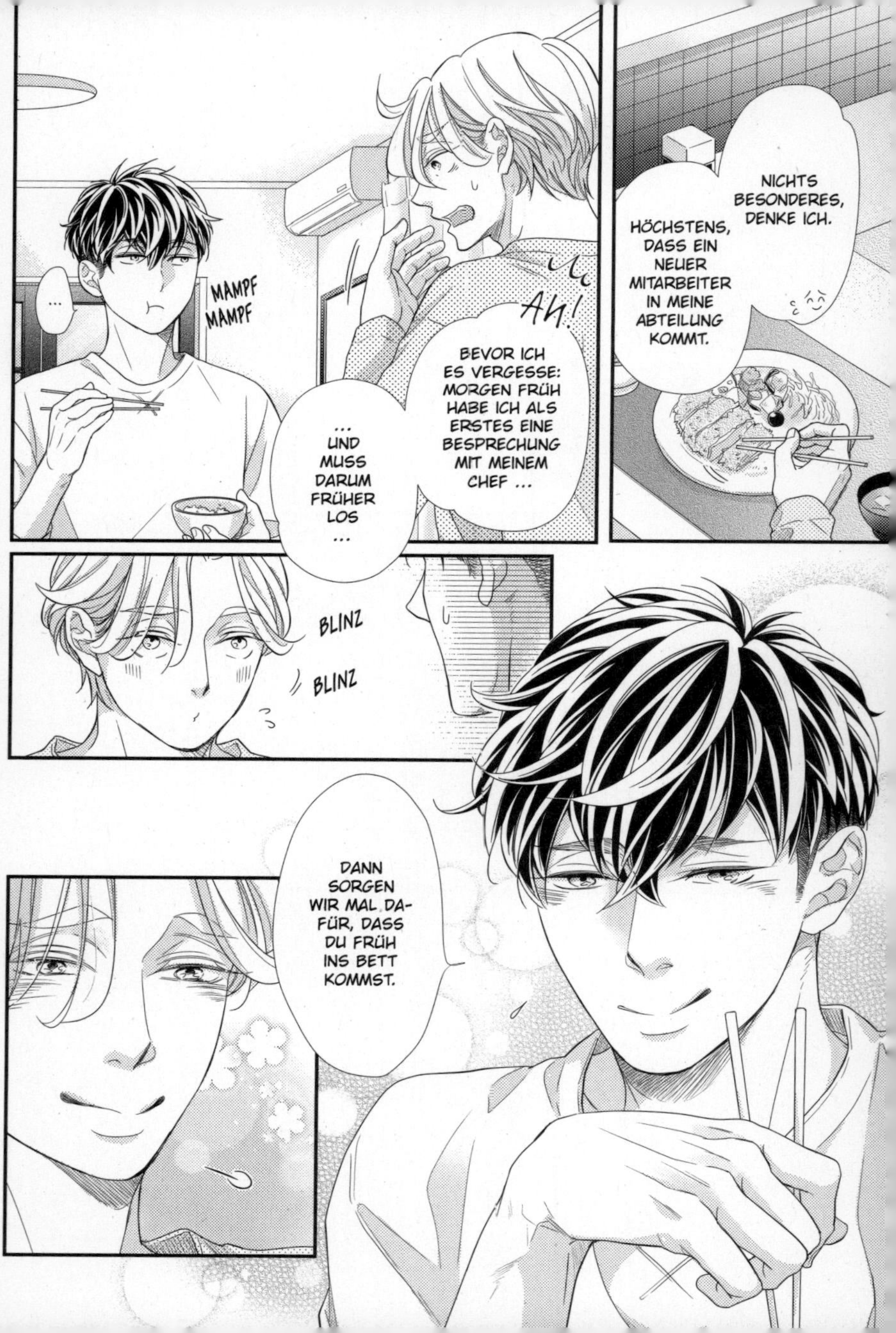
NICHTS BESONDERES, DENKE ICH.
HÖCHSTENS, DASS EIN NEUER MITARBEITER IN MEINE ABTEILUNG KOMMT.
AH!
BEVOR ICH ES VERGESSE: MORGEN FRÜH HABE ICH ALS ERSTES EINE BESPRECHUNG MIT MEINEM CHEF …
… UND MUSS DARUM FRÜHER LOS …
MAMPF MAMPF
…
BLINZ
BLINZ
DANN SORGEN WIR MAL DAFÜR, DASS DU FRÜH INS BETT KOMMST.

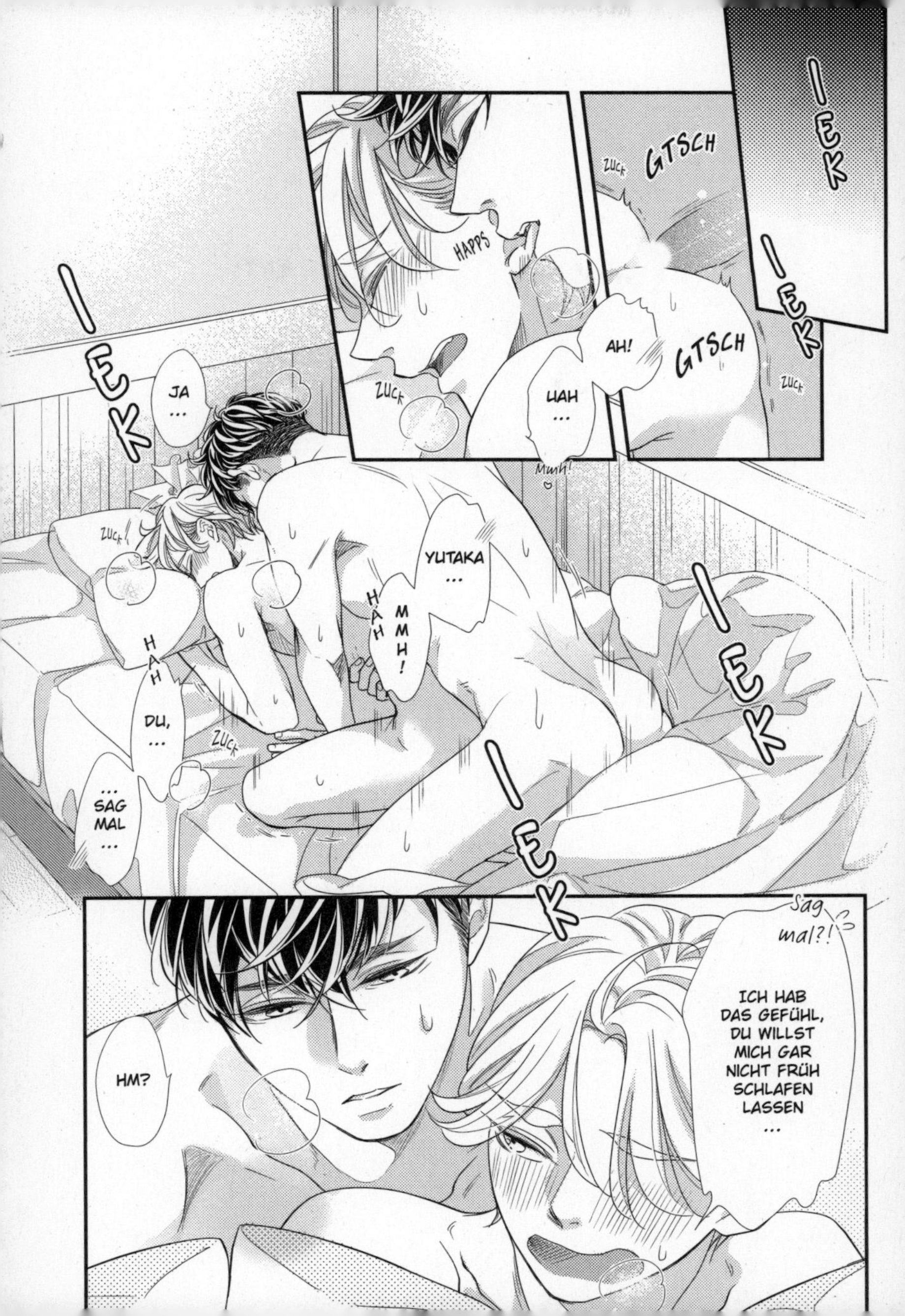
I—EK
ZUCK
GTSCH
I—EK
GTSCH
ZUCK
HAPPS
ZUCK
AH!
UAH …
Mmh! ♡
I—EK
JA …
ZUCK
YUTAKA …
HAH MMH!
I—EK
HAH
DU, …
ZUCK
… SAG MAL …
I—EK
Sag mal?!
ICH HAB DAS GEFÜHL, DU WILLST MICH GAR NICHT FRÜH SCHLAFEN LASSEN …
HM?

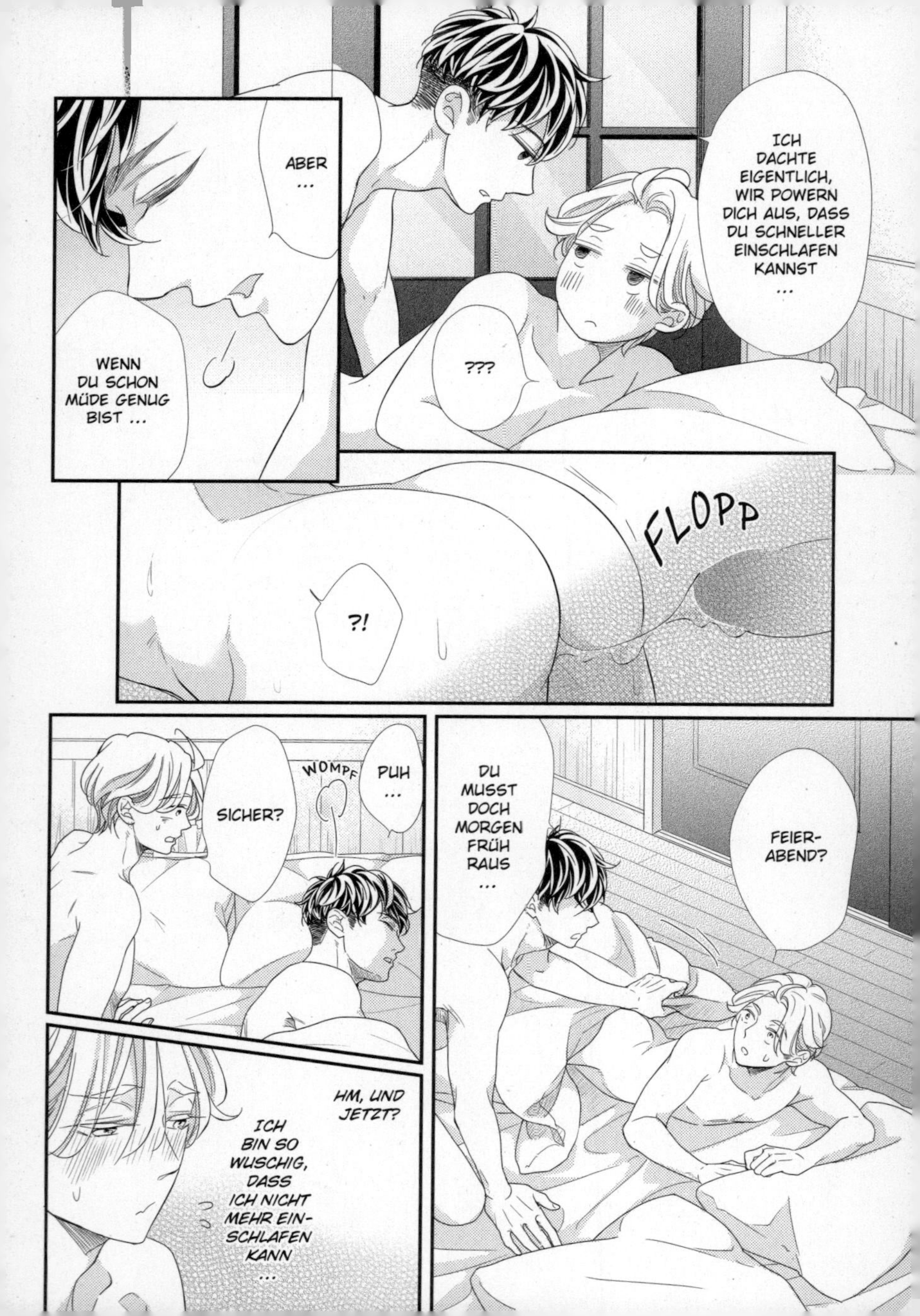
ICH DACHTE EIGENTLICH, WIR POWERN DICH AUS, DASS DU SCHNELLER EINSCHLAFEN KANNST …
???
ABER …
WENN DU SCHON MÜDE GENUG BIST …
FLOPP
?!
FEIER-ABEND?
DU MUSST DOCH MORGEN FRÜH RAUS …
PUH …
WOMPF
SICHER?
HM, UND JETZT?
ICH BIN SO WUSCHIG, DASS ICH NICHT MEHR EIN-SCHLAFEN KANN …

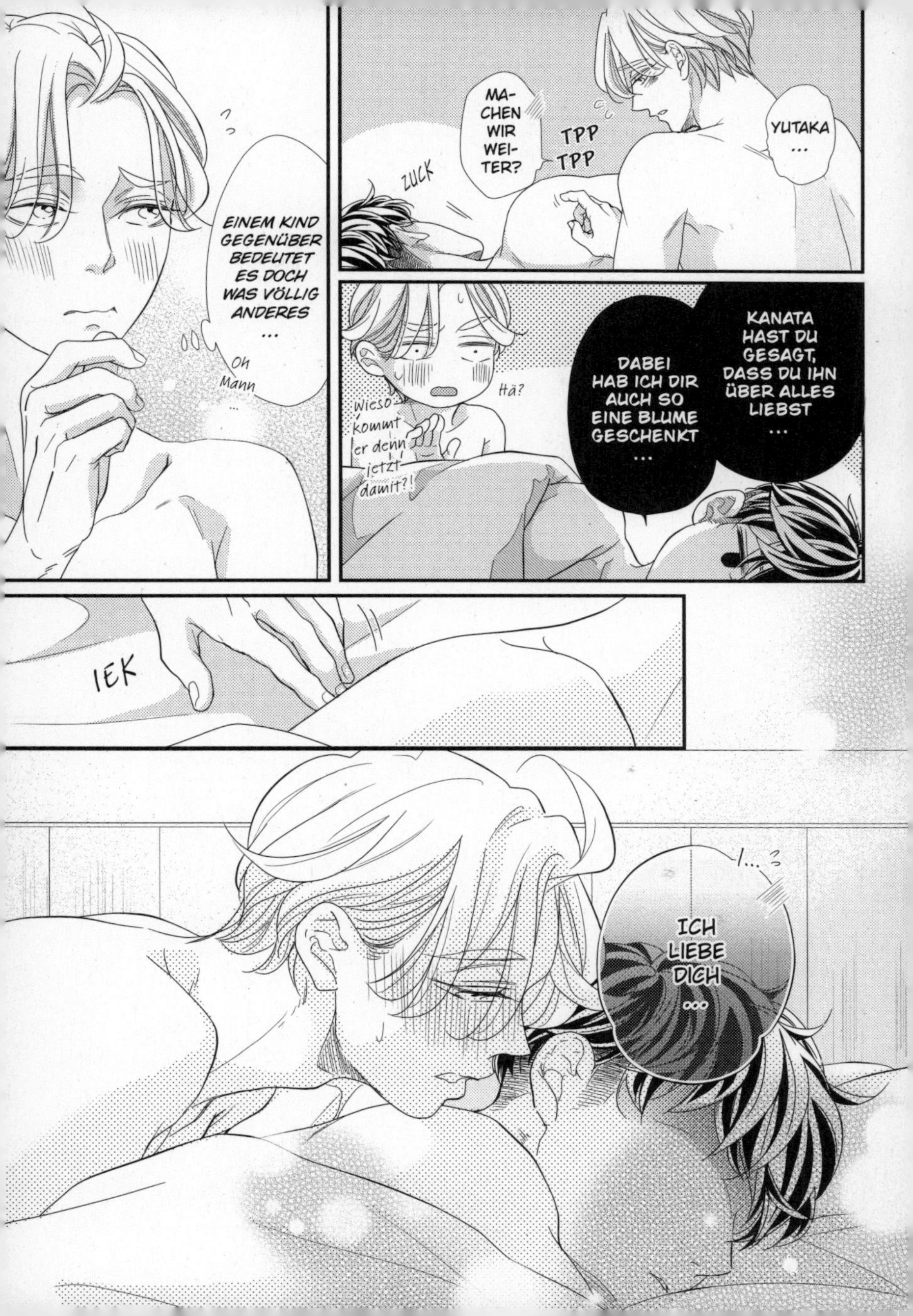
YUTAKA ...
MACHEN WIR WEITER?
TPP TPP
ZUCK
KANATA HAST DU GESAGT, DASS DU IHN ÜBER ALLES LIEBST ...
DABEI HAB ICH DIR AUCH SO EINE BLUME GESCHENKT ...
Hä?
Wieso kommt er denn jetzt damit?!
EINEM KIND GEGENÜBER BEDEUTET ES DOCH WAS VÖLLIG ANDERES ...
Oh Mann ...
IEK
!...?
ICH LIEBE DICH ...

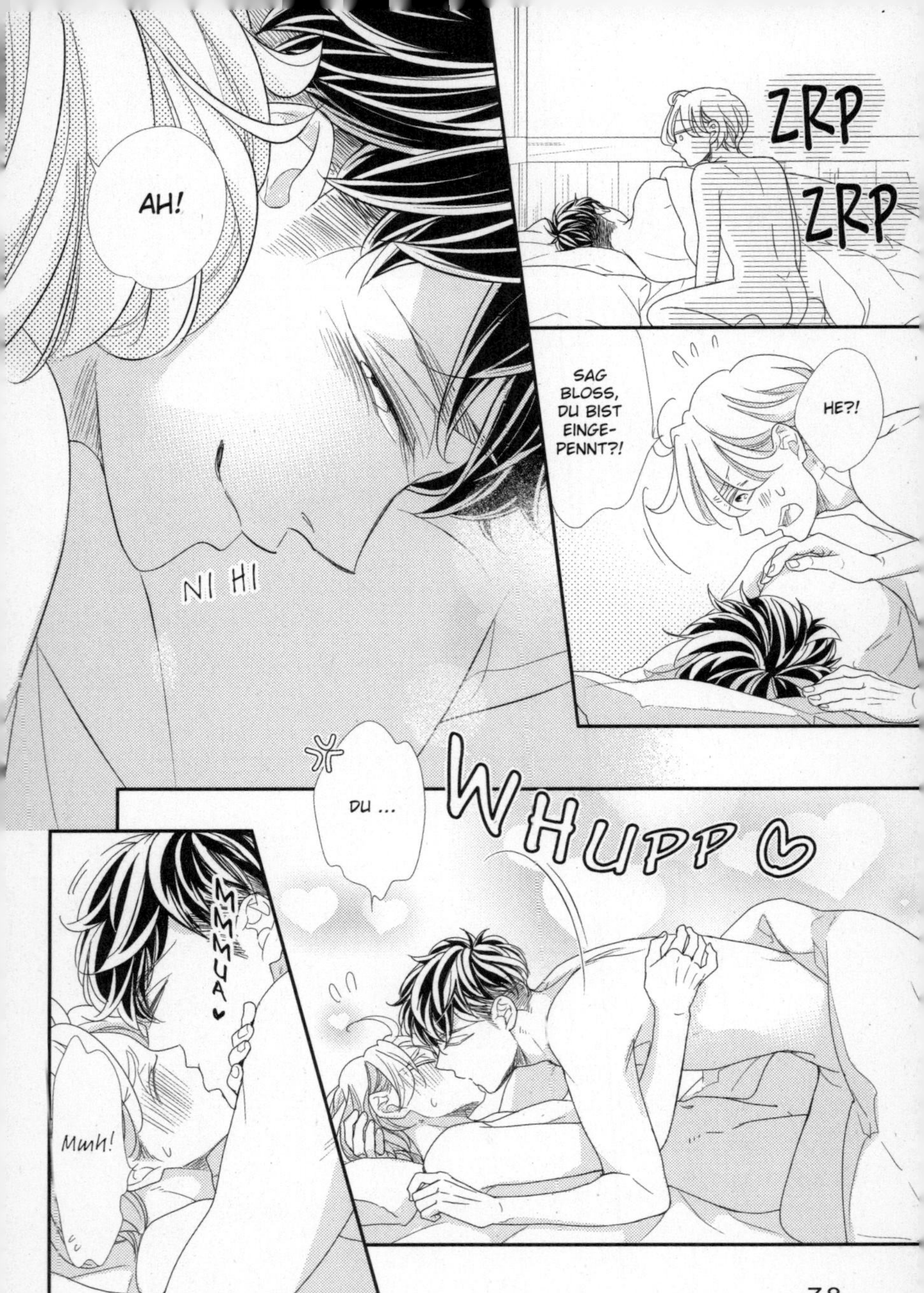
ZRP
ZRP
AH!
SAG BLOSS, DU BIST EINGE-PENNT?!
HE?!
NI HI
DU ...
WHUPP
MMMUA
Muh!

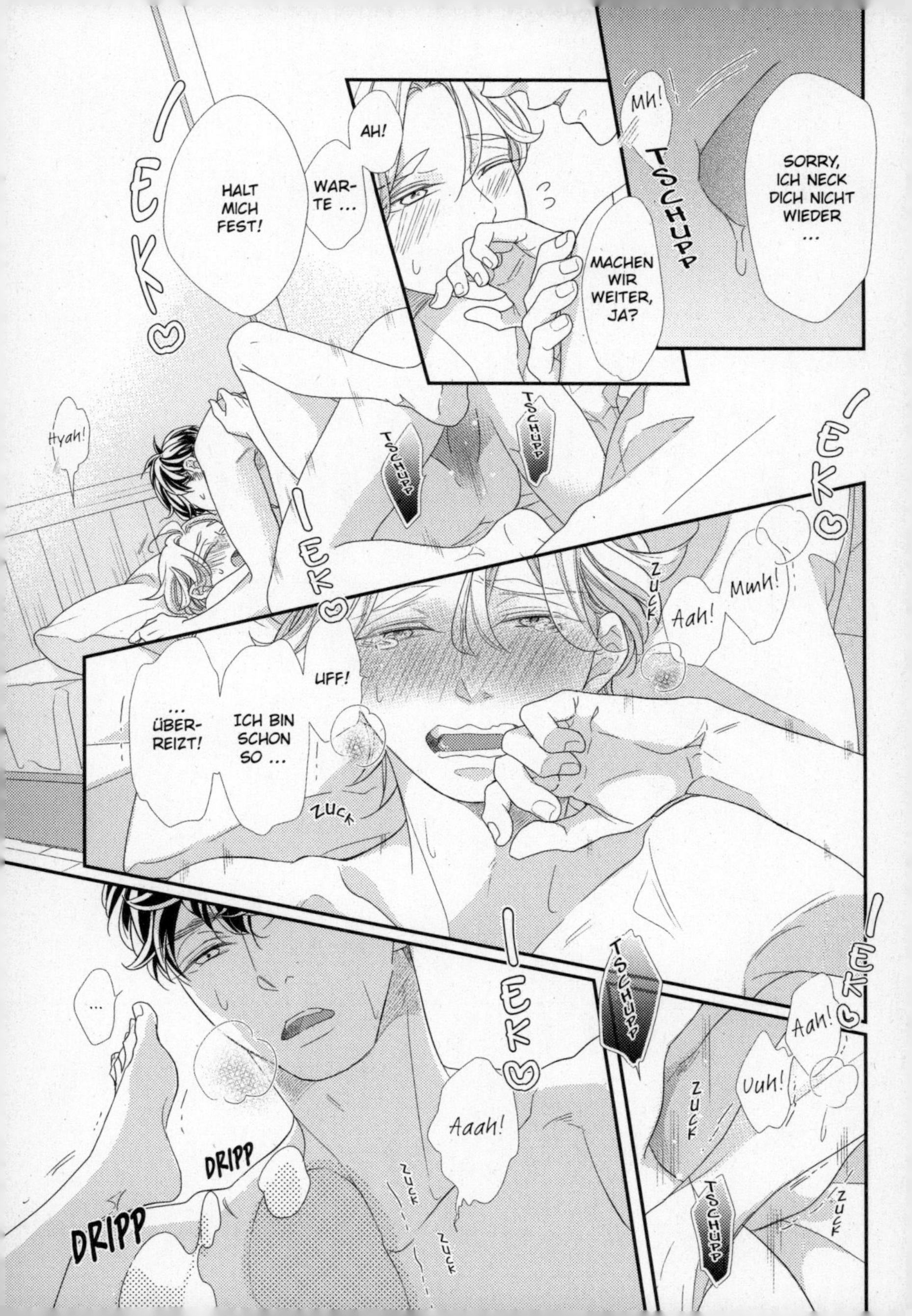
SORRY, ICH NECK DICH NICHT WIEDER …
MH!
TSCHUPP
MACHEN WIR WEITER, JA?
AH!
WARTE …
HALT MICH FEST!
IEK
TSCHUPP
TSCHUPP
Hyah!
IEK
IEK
Mmh!
Aah!
ZUCK
UFF!
ICH BIN SCHON SO …
… ÜBERREIZT!
ZUCK
IEK
Aah!
Uuh!
TSCHUPP
ZUCK
TSCHUPP
ZUCK
IEK
Aaah!
ZUCK
ZUCK
…
DRIPP
DRIPP

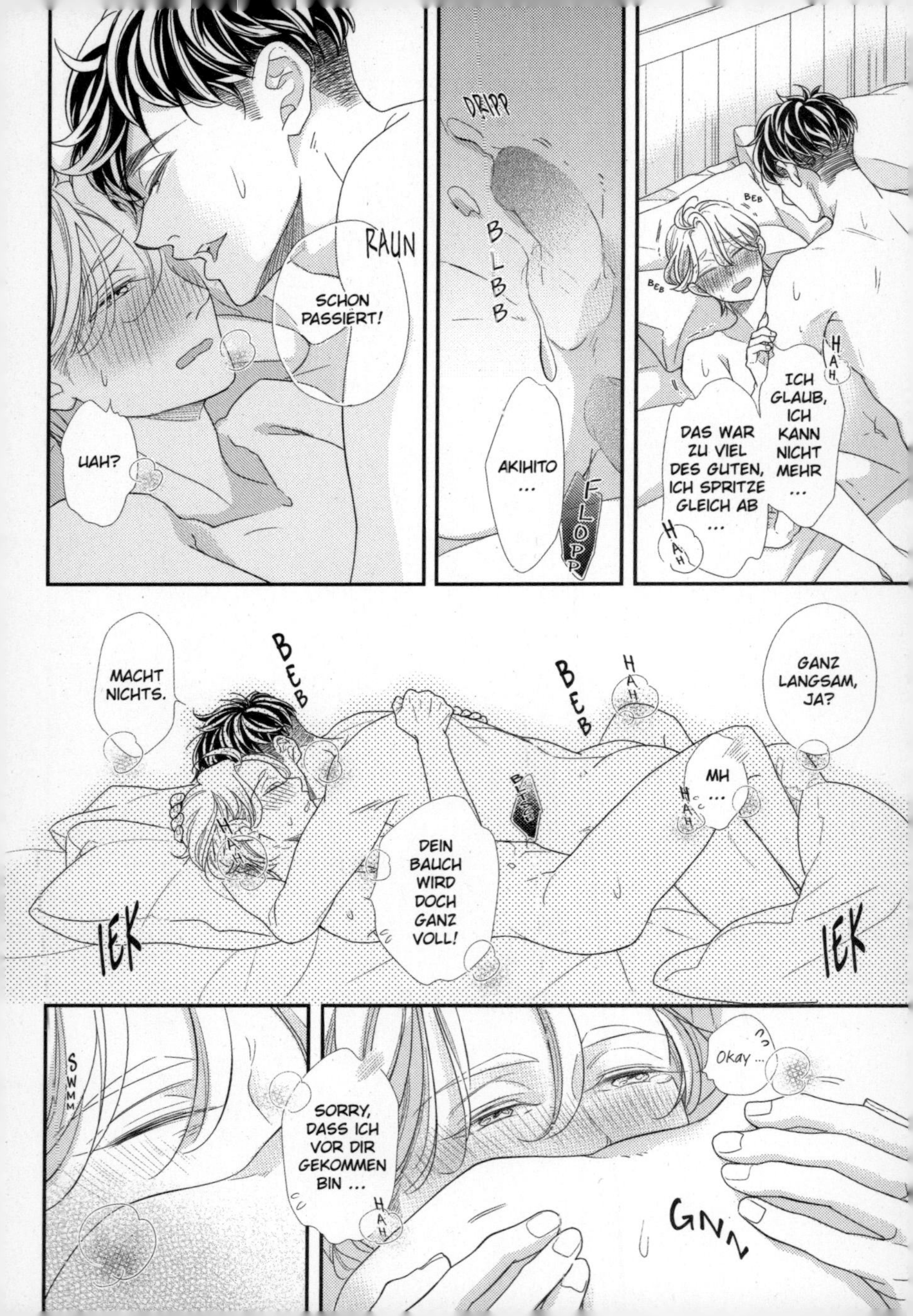
BEB
ICH GLAUB, ICH KANN NICHT MEHR ...
HAH
DAS WAR ZU VIEL DES GUTEN, ICH SPRITZE GLEICH AB ...
HAH
DRIPP
BLBB
AKIHITO ...
FLOPP
RAUN
SCHON PASSIERT!
UAH?
GANZ LANGSAM, JA?
HAH
BEB
MH ...
HAH
DEIN BAUCH WIRD DOCH GANZ VOLL!
HAH
BEB
MACHT NICHTS.
IEK
IEK
Okay ...
GNN
SORRY, DASS ICH VOR DIR GEKOMMEN BIN ...
HAH
SWMM

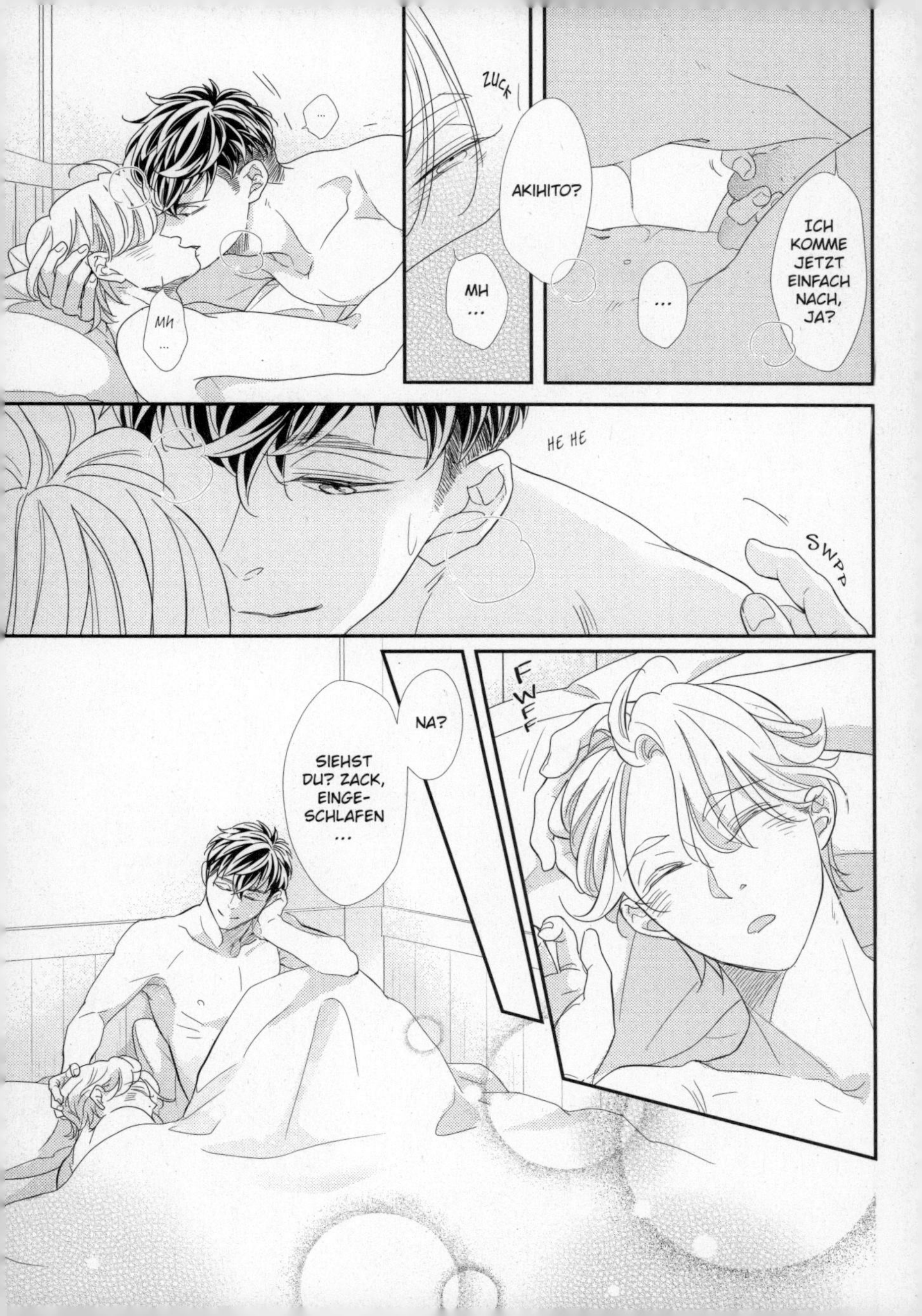
ZUCK
AKIHITO?
ICH KOMME JETZT EINFACH NACH, JA?
...
MH ...
...
MH ...
HE HE
SWPP
FWFF
NA?
SIEHST DU? ZACK, EINGE-SCHLAFEN ...

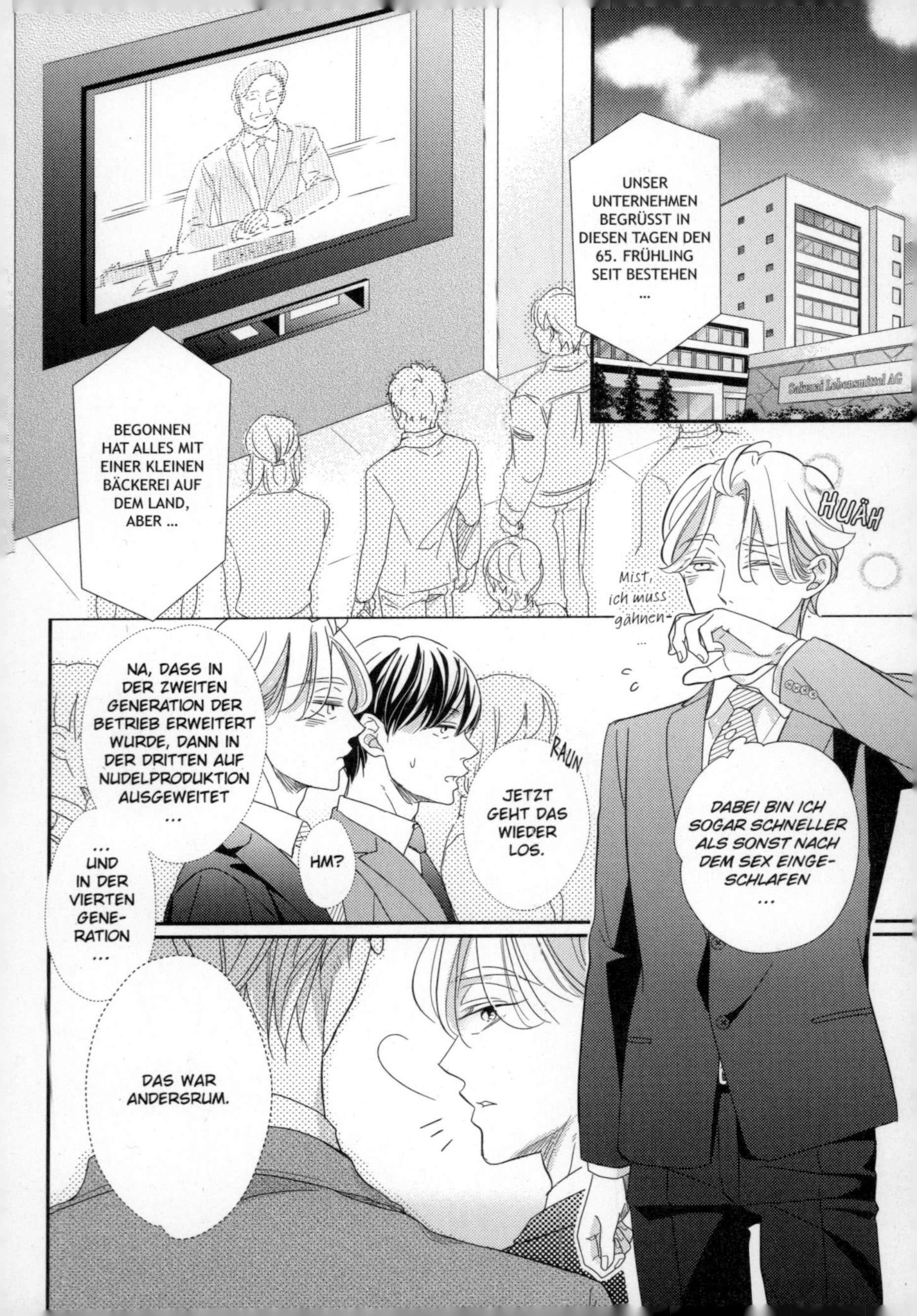
UNSER UNTERNEHMEN BEGRÜSST IN DIESEN TAGEN DEN 65. FRÜHLING SEIT BESTEHEN ...
Sakurai Lebensmittel AG
BEGONNEN HAT ALLES MIT EINER KLEINEN BÄCKEREI AUF DEM LAND, ABER ...
HUÄH
Mist, ich muss gähnen- ...
DABEI BIN ICH SOGAR SCHNELLER ALS SONST NACH DEM SEX EINGE-SCHLAFEN ...
RAUN
JETZT GEHT DAS WIEDER LOS.
HM?
NA, DASS IN DER ZWEITEN GENERATION DER BETRIEB ERWEITERT WURDE, DANN IN DER DRITTEN AUF NUDELPRODUKTION AUSGEWEITET ...
... UND IN DER VIERTEN GENE-RATION ...
DAS WAR ANDERSRUM.

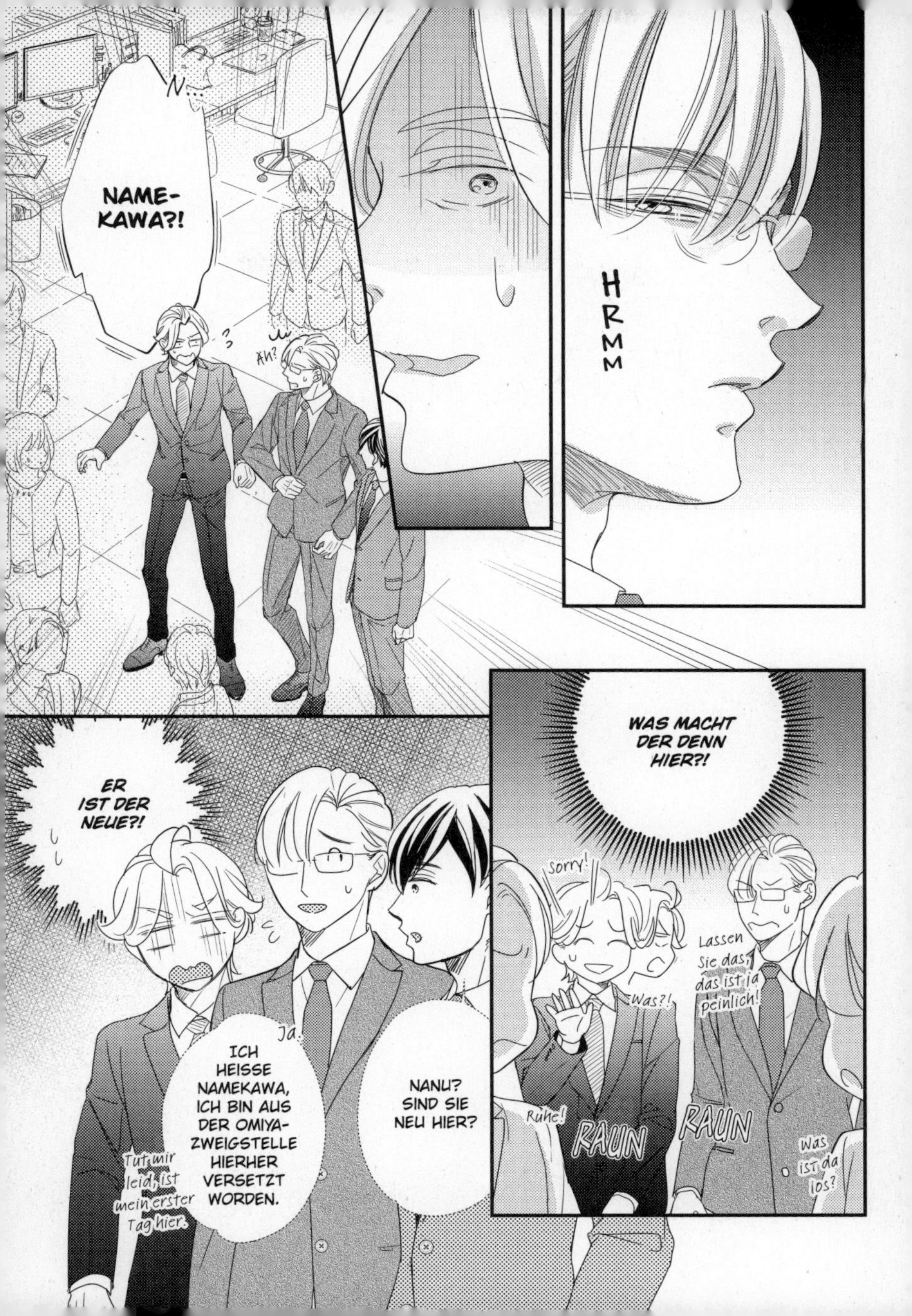
HRMM
N...
NAME-KAWA?!
?
Ah?
WAS MACHT DER DENN HIER?!
Lassen Sie das, das ist ja peinlich!
Sorry!
Was?!
Ruhe!
RAUN
RAUN
Was ist da los?
ER IST DER NEUE?!
NANU? SIND SIE NEU HIER?
Ja.
ICH HEISSE NAMEKAWA, ICH BIN AUS DER OMIYA-ZWEIGSTELLE HIERHER VERSETZT WORDEN.
Tut mir leid, ist mein erster Tag hier.

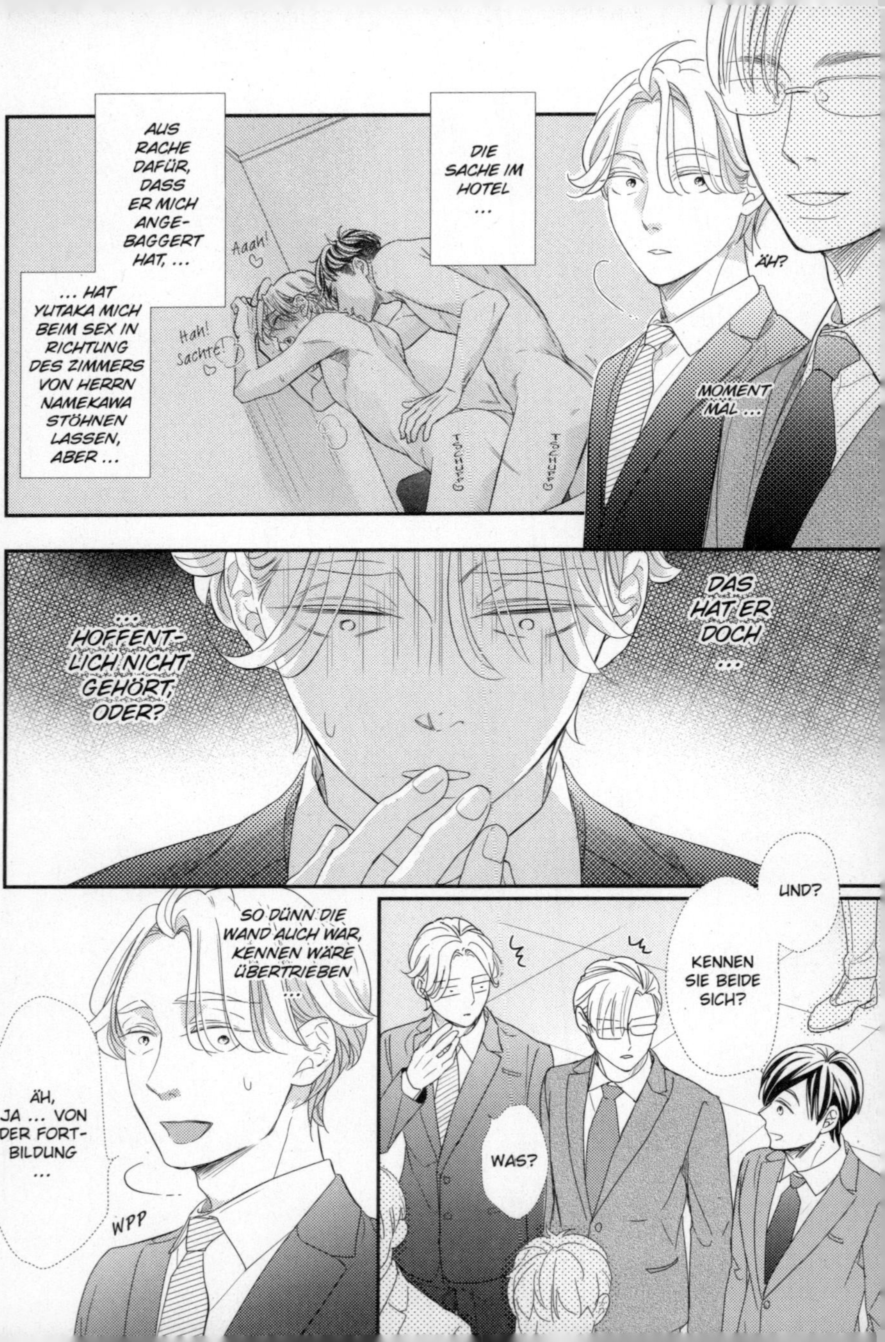

DIE SACHE IM HOTEL …
AUS RACHE DAFÜR, DASS ER MICH ANGE-BAGGERT HAT, …
Aaah!
… HAT YUTAKA MICH BEIM SEX IN RICHTUNG DES ZIMMERS VON HERRN NAMEKAWA STÖHNEN LASSEN, ABER …
Hah! Sachte!
ÄH?
MOMENT MAL …
DAS HAT ER DOCH …
… HOFFENTLICH NICHT GEHÖRT, ODER?
UND?
KENNEN SIE BEIDE SICH?
WAS?
SO DÜNN DIE WAND AUCH WAR, KENNEN WÄRE ÜBERTRIEBEN …
ÄH, JA … VON DER FORT-BILDUNG …
WPP

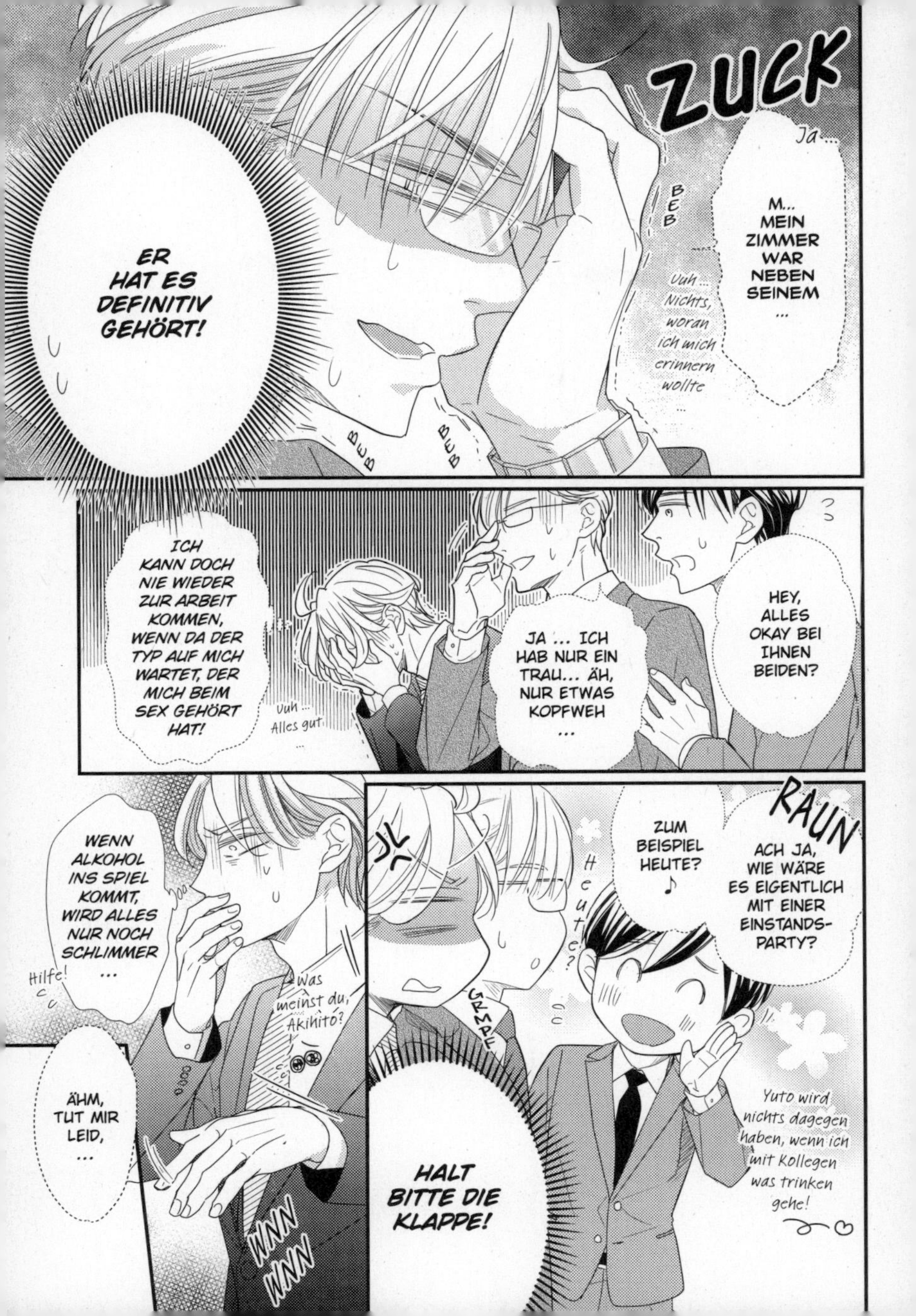
ZUCK
Ja ...
M... MEIN ZIMMER WAR NEBEN SEINEM ...
BEB
Uuh ... Nichts, woran ich mich erinnern wollte ...
ER HAT ES DEFINITIV GEHÖRT!
BEB
BEB
HEY, ALLES OKAY BEI IHNEN BEIDEN?
JA ... ICH HAB NUR EIN TRAU... ÄH, NUR ETWAS KOPFWEH ...
Uuh ... Alles gut ...
ICH KANN DOCH NIE WIEDER ZUR ARBEIT KOMMEN, WENN DA DER TYP AUF MICH WARTET, DER MICH BEIM SEX GEHÖRT HAT!
RAUN
ACH JA, WIE WÄRE ES EIGENTLICH MIT EINER EINSTANDS-PARTY?
ZUM BEISPIEL HEUTE? ♪
Heute?
Yuto wird nichts dagegen haben, wenn ich mit Kollegen was trinken gehe!
GRMPF
HALT BITTE DIE KLAPPE!
WENN ALKOHOL INS SPIEL KOMMT, WIRD ALLES NUR NOCH SCHLIMMER ...
Hilfe!
Was meinst du, Akihito?
ÄHM, TUT MIR LEID, ...
WNN WNN

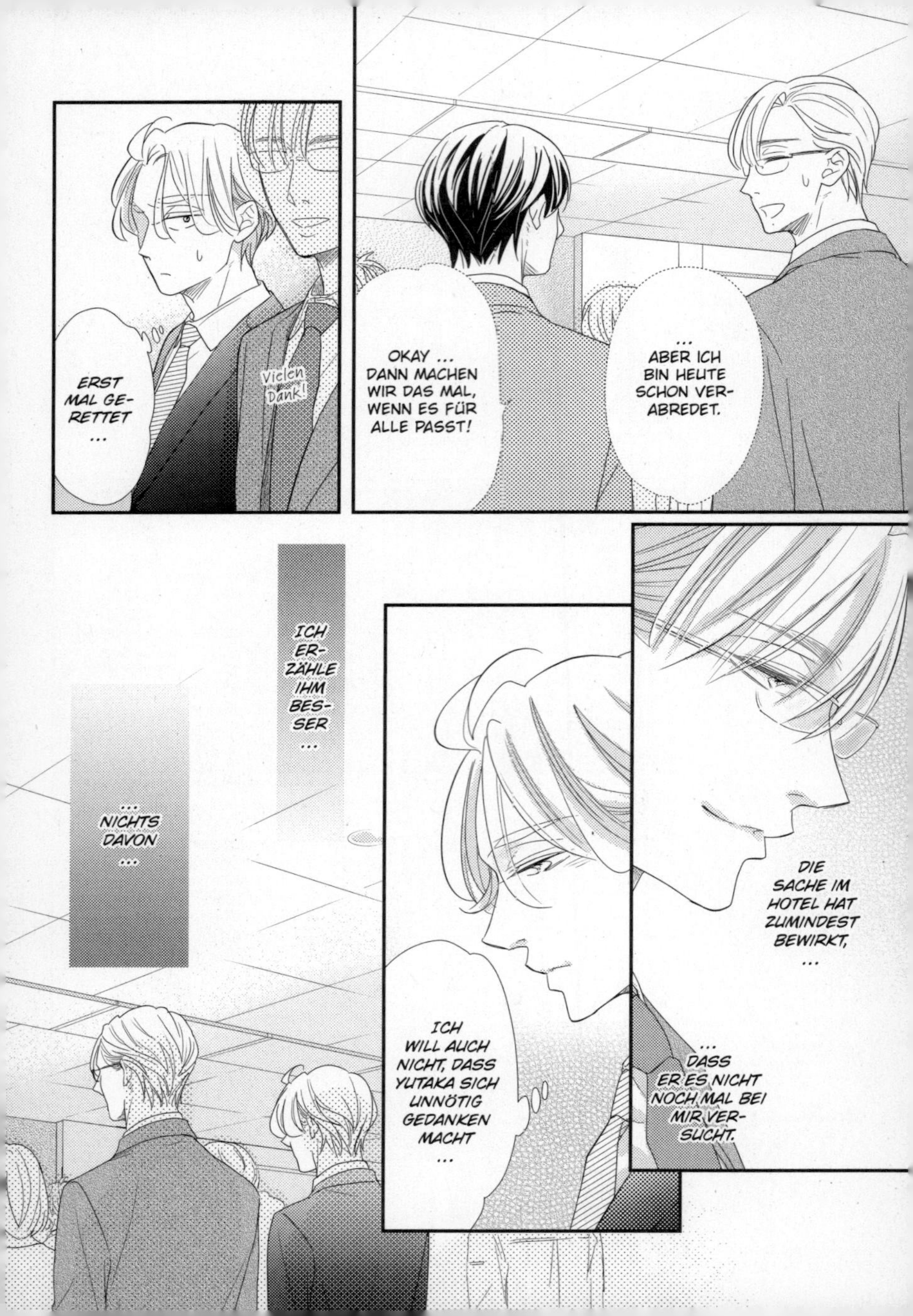
... ABER ICH BIN HEUTE SCHON VERABREDET.
OKAY ... DANN MACHEN WIR DAS MAL, WENN ES FÜR ALLE PASST!
Vielen Dank!
ERST MAL GERETTET ...
DIE SACHE IM HOTEL HAT ZUMINDEST BEWIRKT, ...
... DASS ER ES NICHT NOCH MAL BEI MIR VERSUCHT.
ICH WILL AUCH NICHT, DASS YUTAKA SICH UNNÖTIG GEDANKEN MACHT ...
ICH ERZÄHLE IHM BESSER ...
... NICHTS DAVON ...

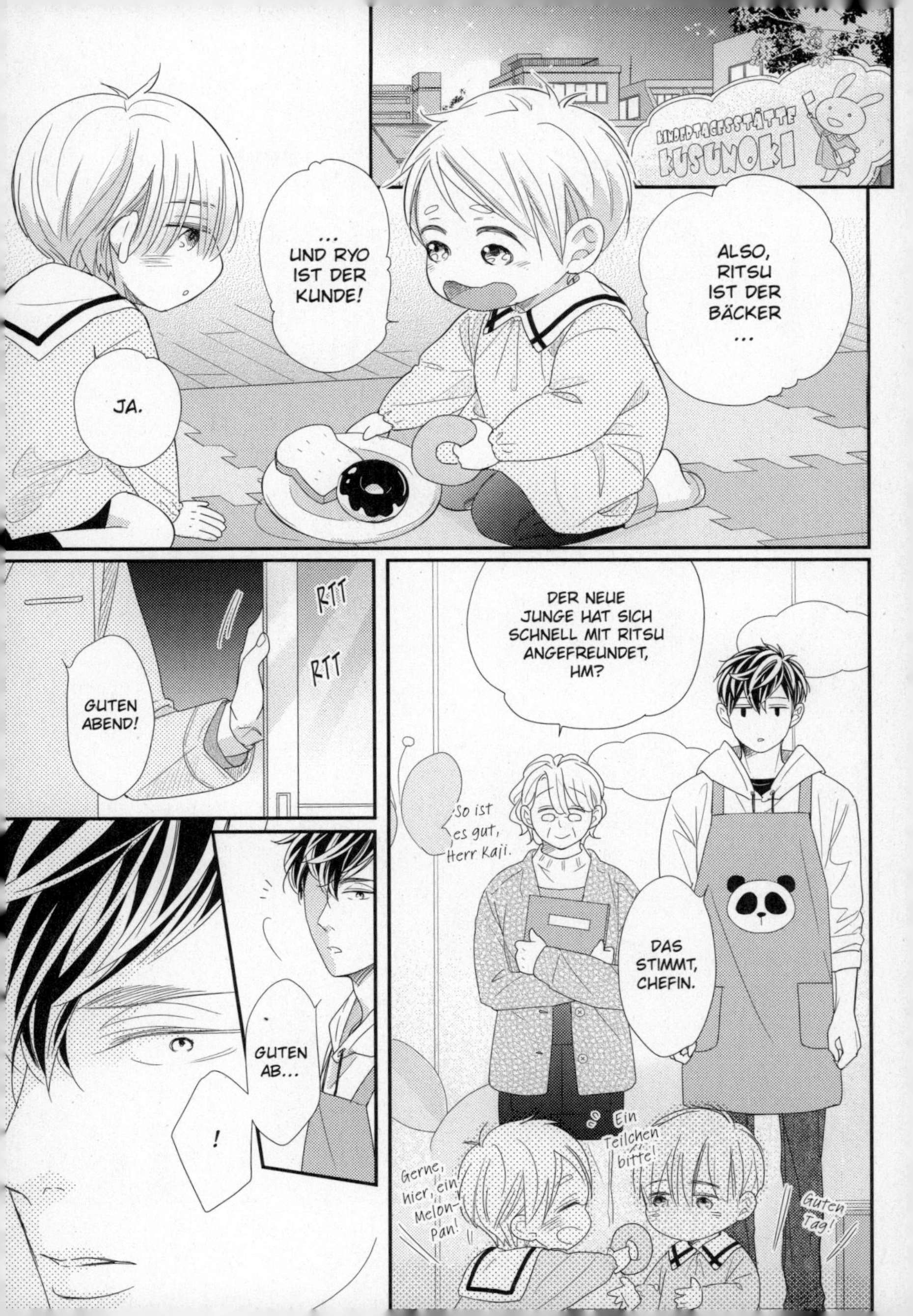
KINDERTAGESSTÄTTE
KUSUNOKI
ALSO, RITSU IST DER BÄCKER ...
... UND RYO IST DER KUNDE!
JA.
DER NEUE JUNGE HAT SICH SCHNELL MIT RITSU ANGEFREUNDET, HM?
So ist es gut, Herr Kaji.
DAS STIMMT, CHEFIN.
Guten Tag!
Ein Teilchen bitte!
Gerne, hier, ein Melon-Pan!
RTT
RTT
GUTEN ABEND!
GUTEN AB...
!

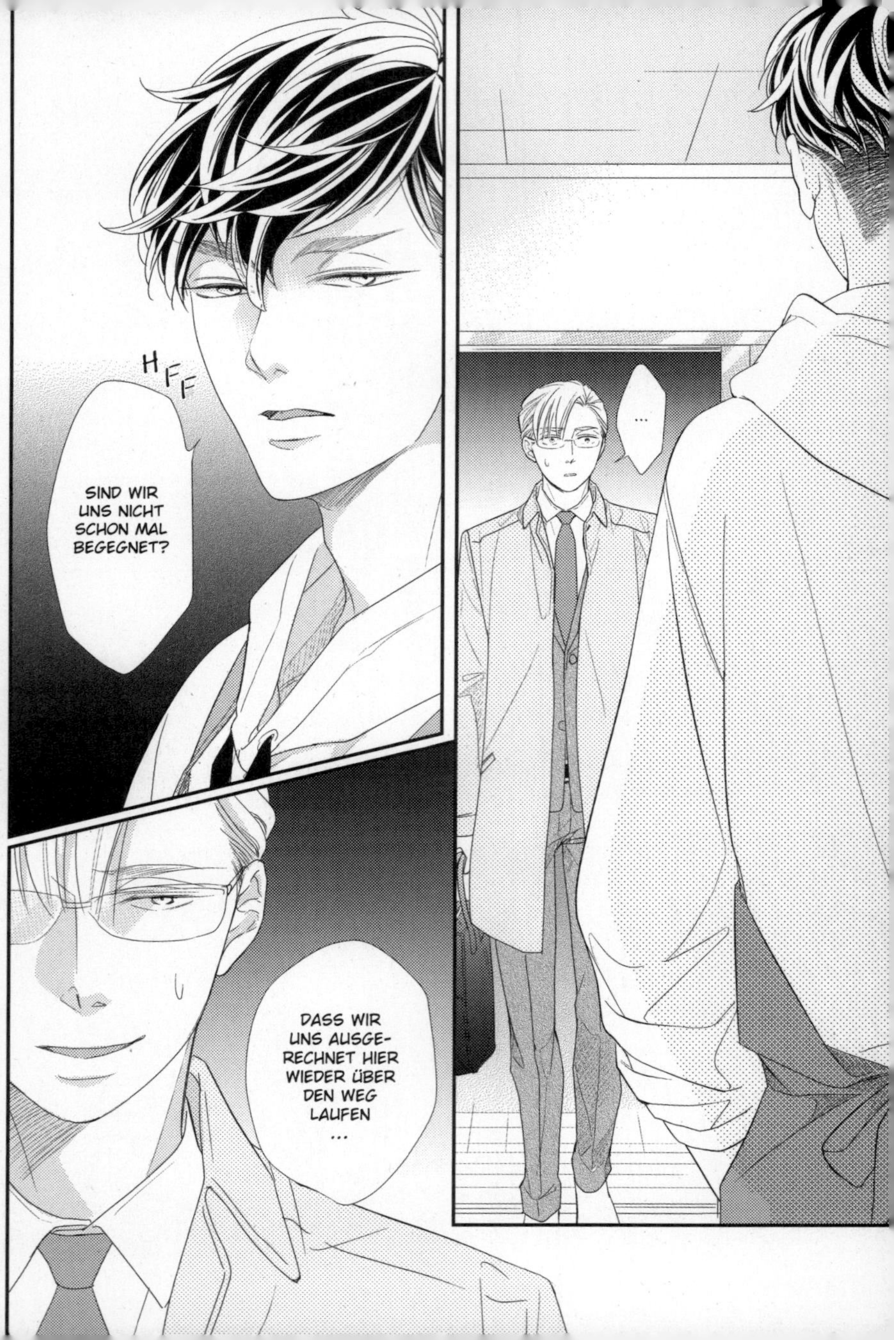
...
HFF
SIND WIR UNS NICHT SCHON MAL BEGEGNET?
DASS WIR UNS AUSGE-RECHNET HIER WIEDER ÜBER DEN WEG LAUFEN ...

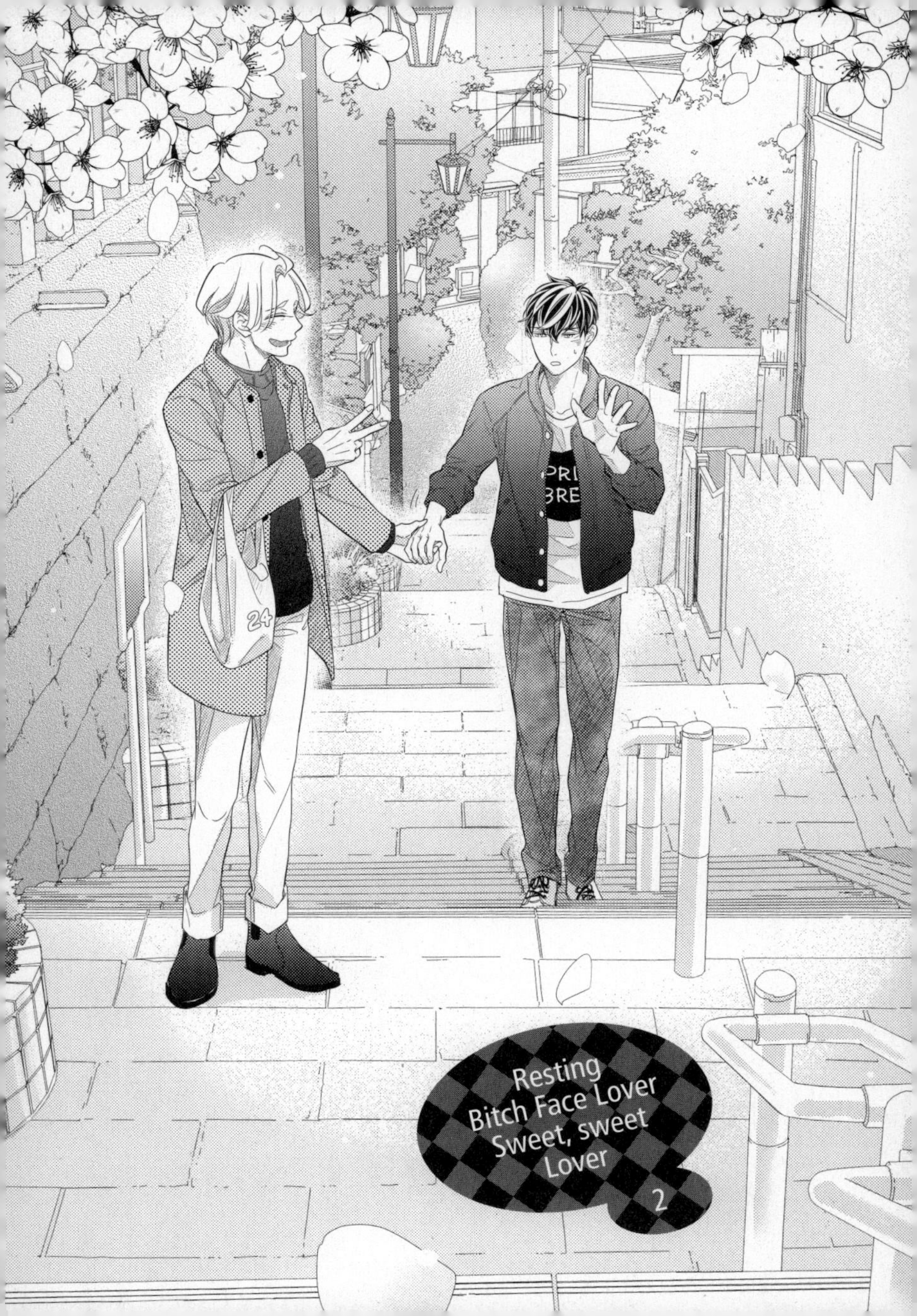

Resting
Bitch Face Lover
Sweet, sweet
Lover
2

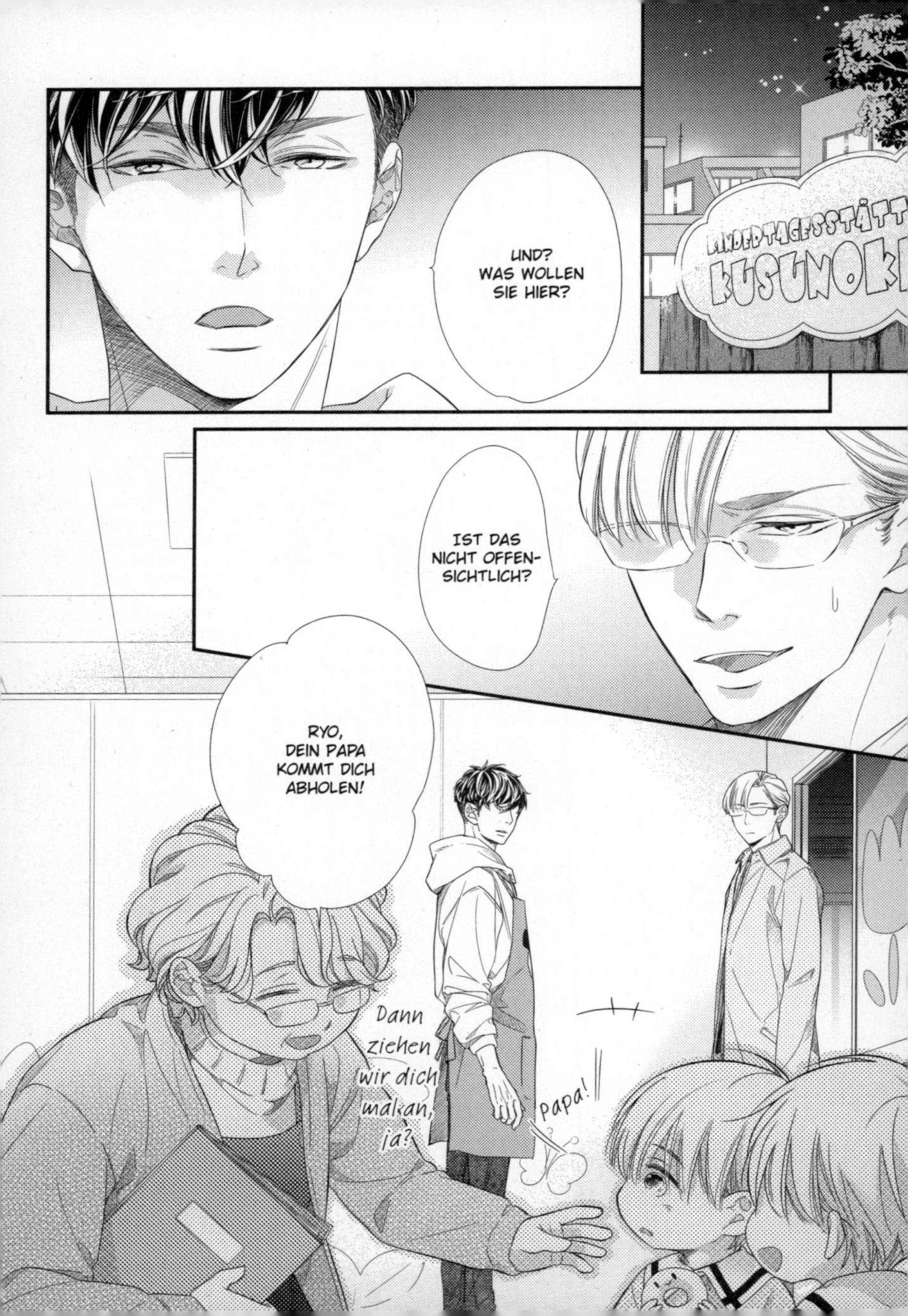
KINDERTAGESSTÄTT
KUSUNOK
UND? WAS WOLLEN SIE HIER?
IST DAS NICHT OFFEN-SICHTLICH?
RYO, DEIN PAPA KOMMT DICH ABHOLEN!
Papa!
Dann ziehen wir dich mal an, ja?

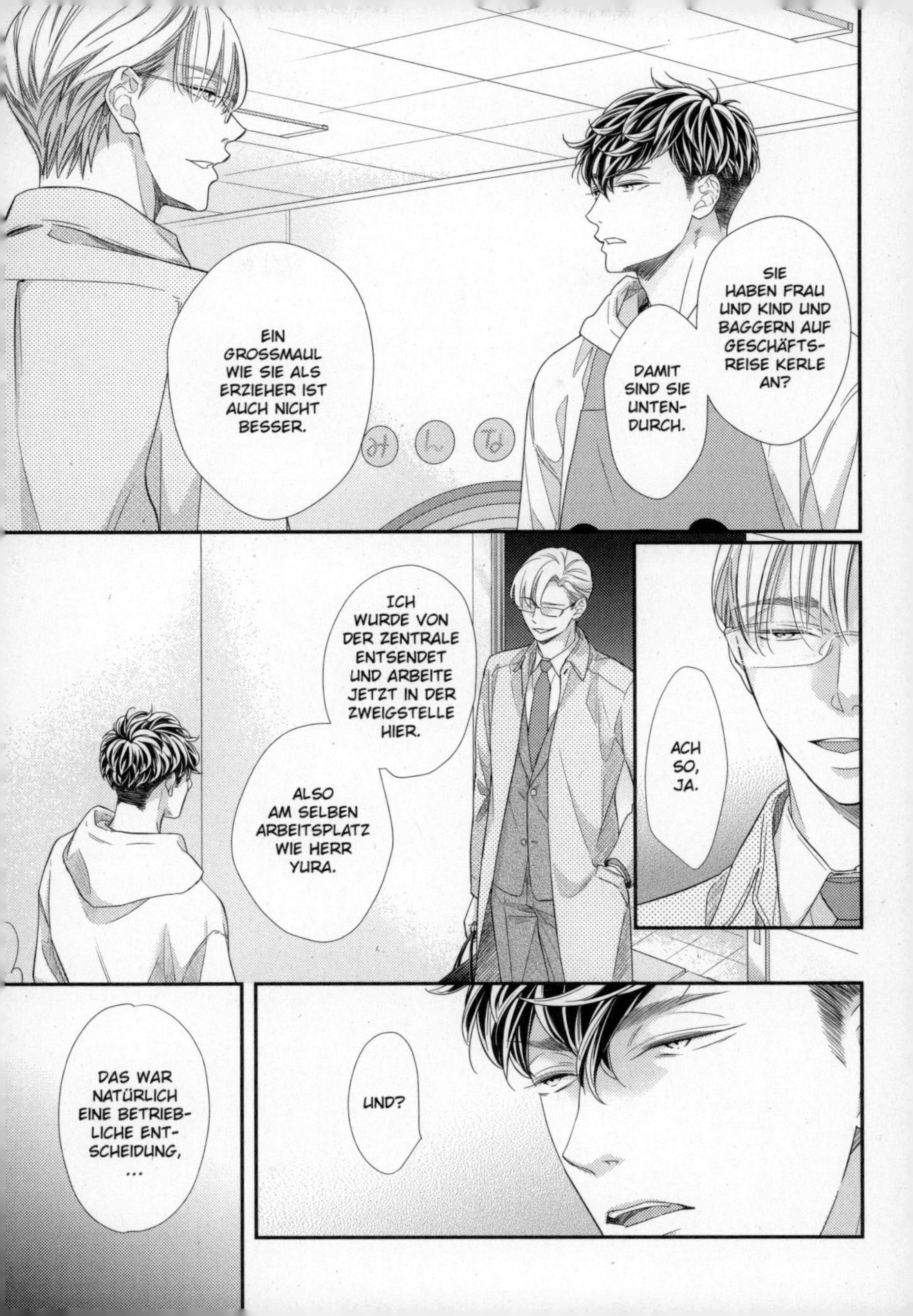
SIE HABEN FRAU UND KIND UND BAGGERN AUF GESCHÄFTSREISE KERLE AN?
DAMIT SIND SIE UNTENDURCH.
EIN GROSSMAUL WIE SIE ALS ERZIEHER IST AUCH NICHT BESSER.
ACH SO, JA.
ICH WURDE VON DER ZENTRALE ENTSENDET UND ARBEITE JETZT IN DER ZWEIGSTELLE HIER.
ALSO AM SELBEN ARBEITSPLATZ WIE HERR YURA.
UND?
DAS WAR NATÜRLICH EINE BETRIEBLICHE ENTSCHEIDUNG, ...

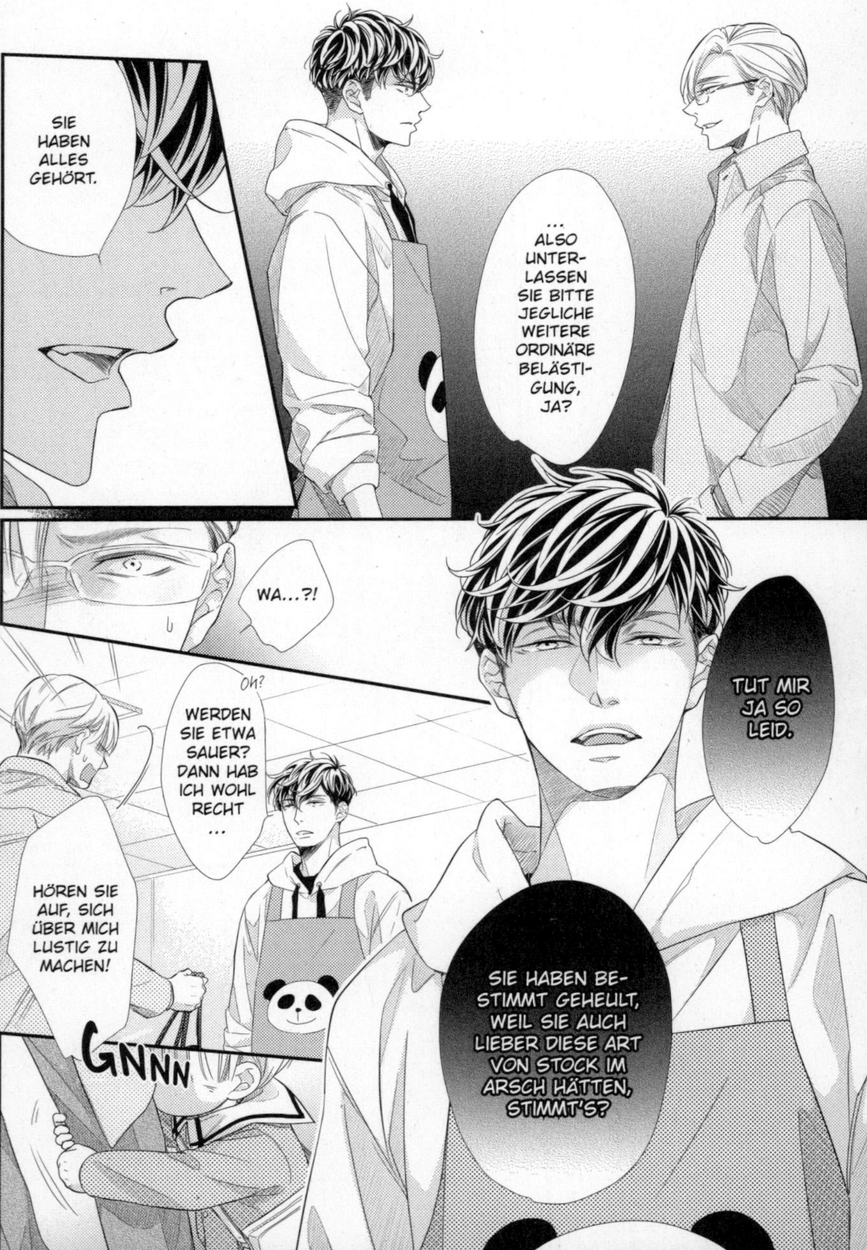
... ALSO UNTER-LASSEN SIE BITTE JEGLICHE WEITERE ORDINÄRE BELÄSTI-GUNG, JA?
SIE HABEN ALLES GEHÖRT.
TUT MIR JA SO LEID.
WA...?!
SIE HABEN BE-STIMMT GEHEULT, WEIL SIE AUCH LIEBER DIESE ART VON STOCK IM ARSCH HÄTTEN, STIMMT'S?
Oh?
WERDEN SIE ETWA SAUER? DANN HAB ICH WOHL RECHT ...
HÖREN SIE AUF, SICH ÜBER MICH LUSTIG ZU MACHEN!
GNNN

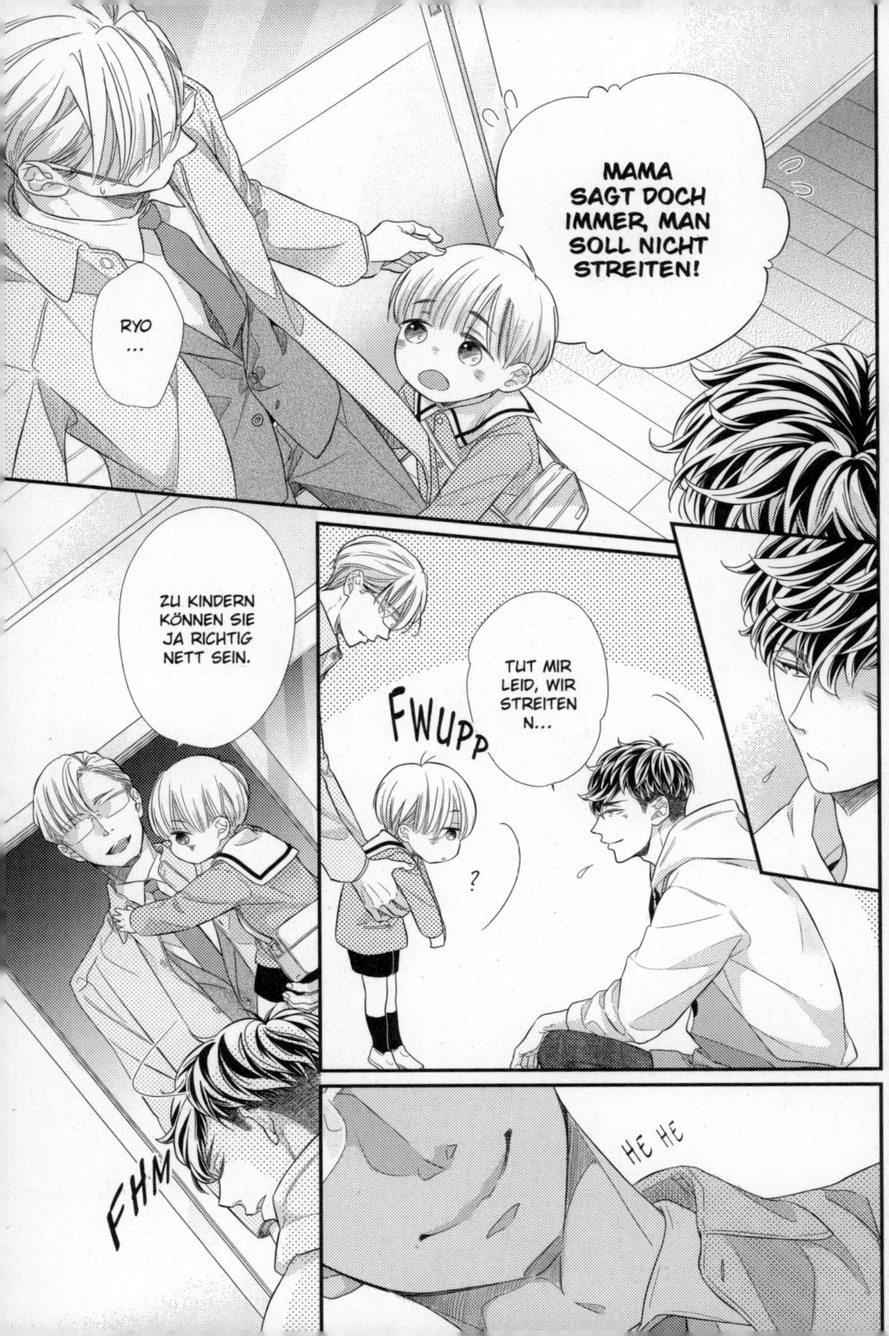
MAMA SAGT DOCH IMMER, MAN SOLL NICHT STREITEN!
RYO ...
TUT MIR LEID, WIR STREITEN N...
FWUPP
?
ZU KINDERN KÖNNEN SIE JA RICHTIG NETT SEIN.
FHM
HE HE

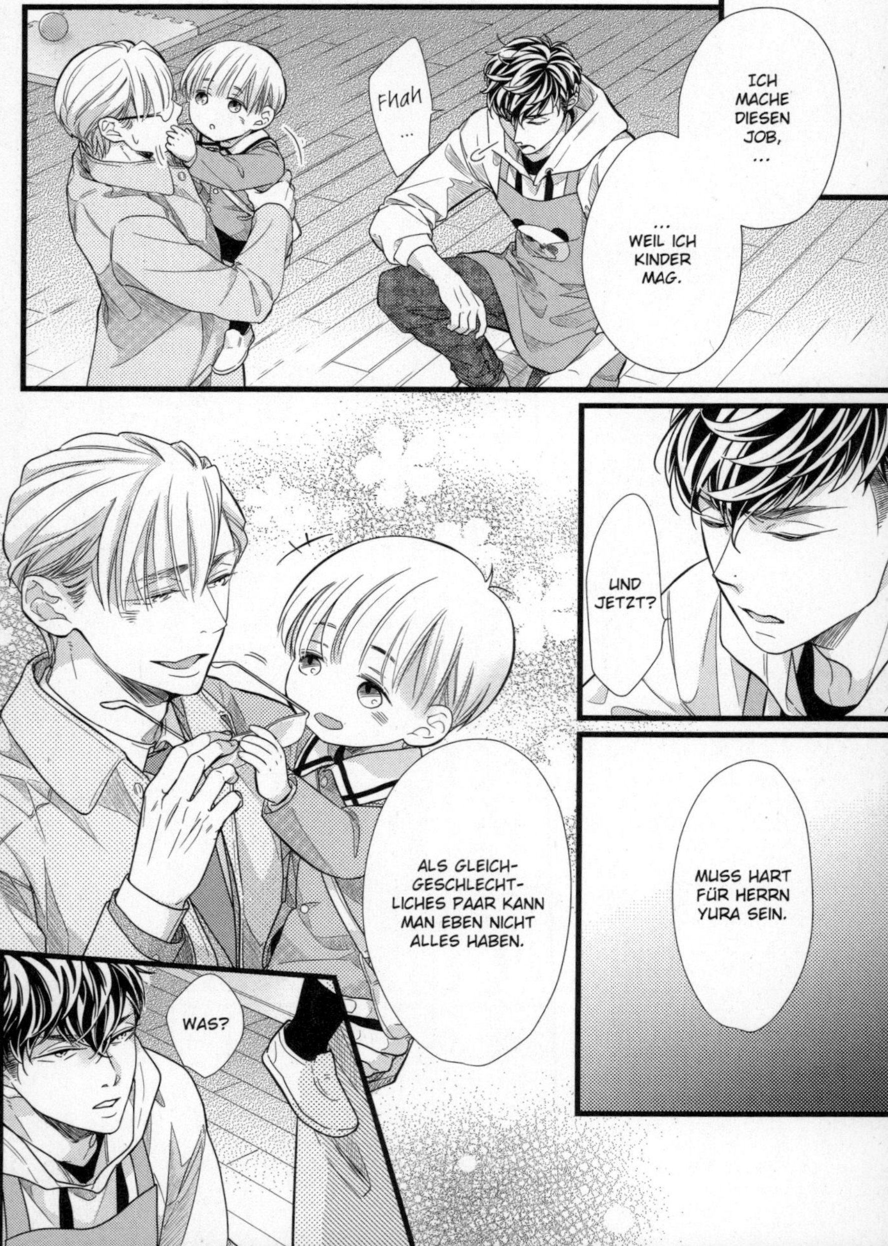
ICH MACHE DIESEN JOB, …
… WEIL ICH KINDER MAG.
Fhah …
UND JETZT?
MUSS HART FÜR HERRN YURA SEIN.
ALS GLEICH-GESCHLECHTLICHES PAAR KANN MAN EBEN NICHT ALLES HABEN.
WAS?

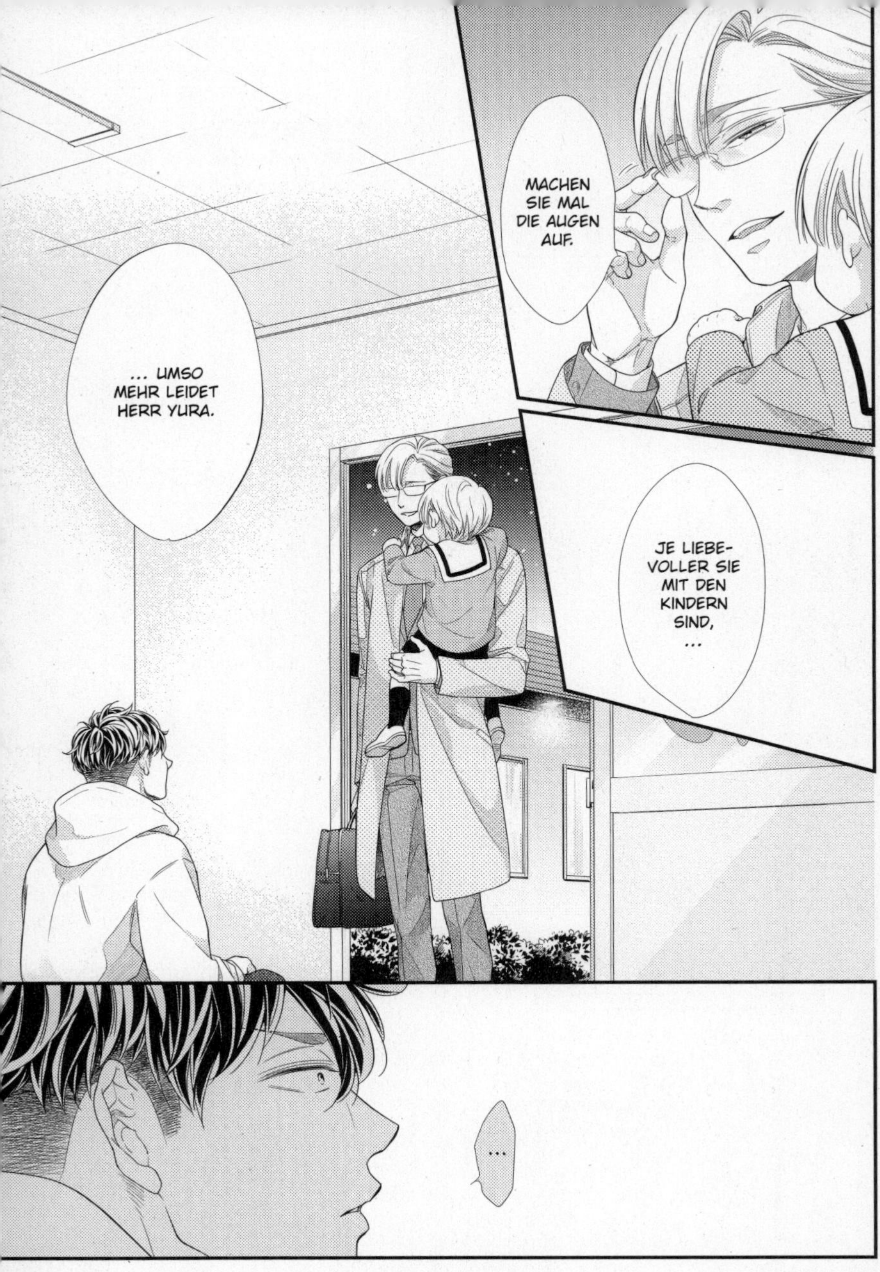
MACHEN SIE MAL DIE AUGEN AUF.
JE LIEBEVOLLER SIE MIT DEN KINDERN SIND, ...
... UMSO MEHR LEIDET HERR YURA.
...

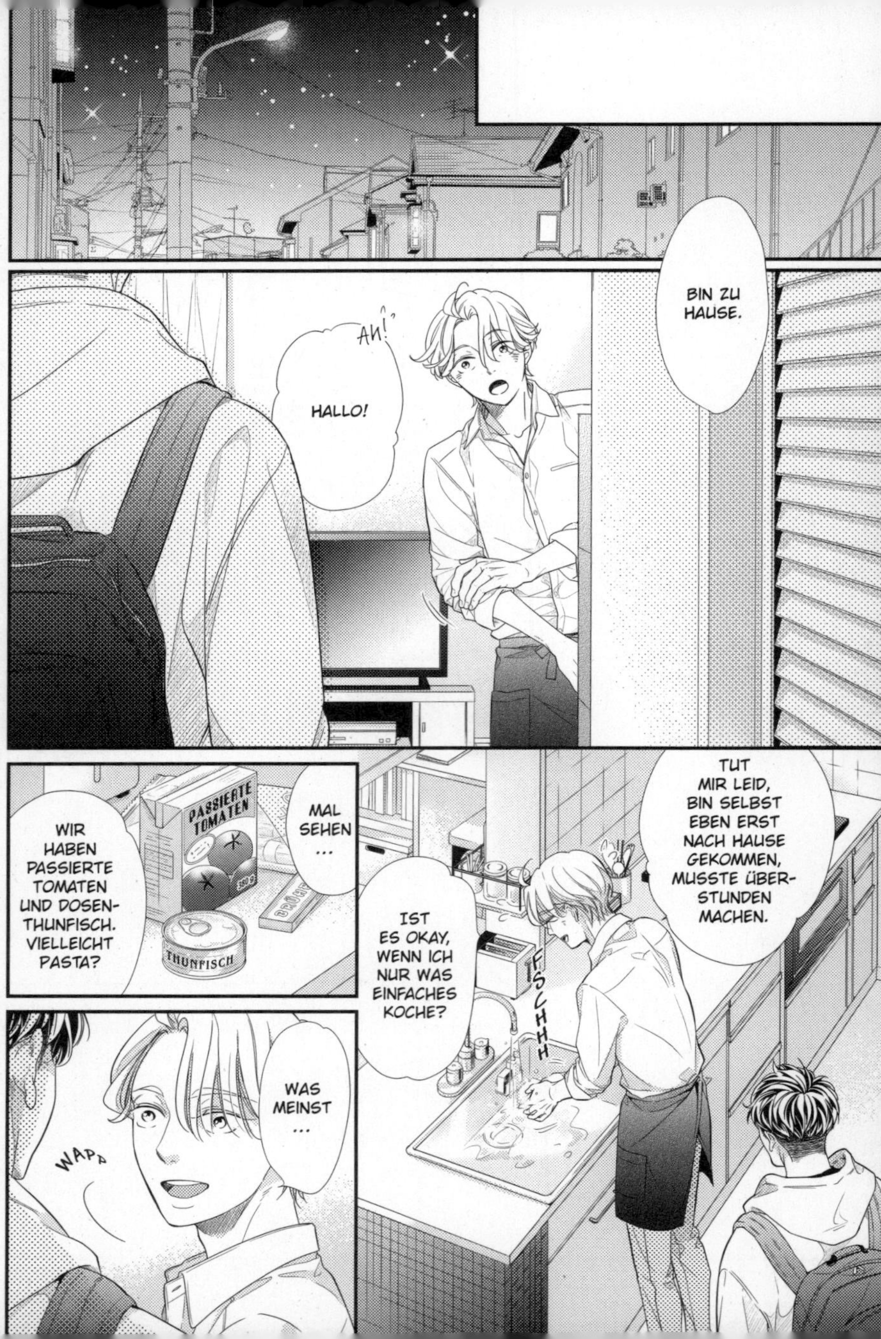
BIN ZU HAUSE.
Ah!
HALLO!
TUT MIR LEID, BIN SELBST EBEN ERST NACH HAUSE GEKOMMEN, MUSSTE ÜBERSTUNDEN MACHEN.
IST ES OKAY, WENN ICH NUR WAS EINFACHES KOCHE?
FSCHHH
MAL SEHEN ...
PASSIERTE TOMATEN
380 g
THUNFISCH
WIR HABEN PASSIERTE TOMATEN UND DOSENTHUNFISCH. VIELLEICHT PASTA?
WAS MEINST ...
WAPP

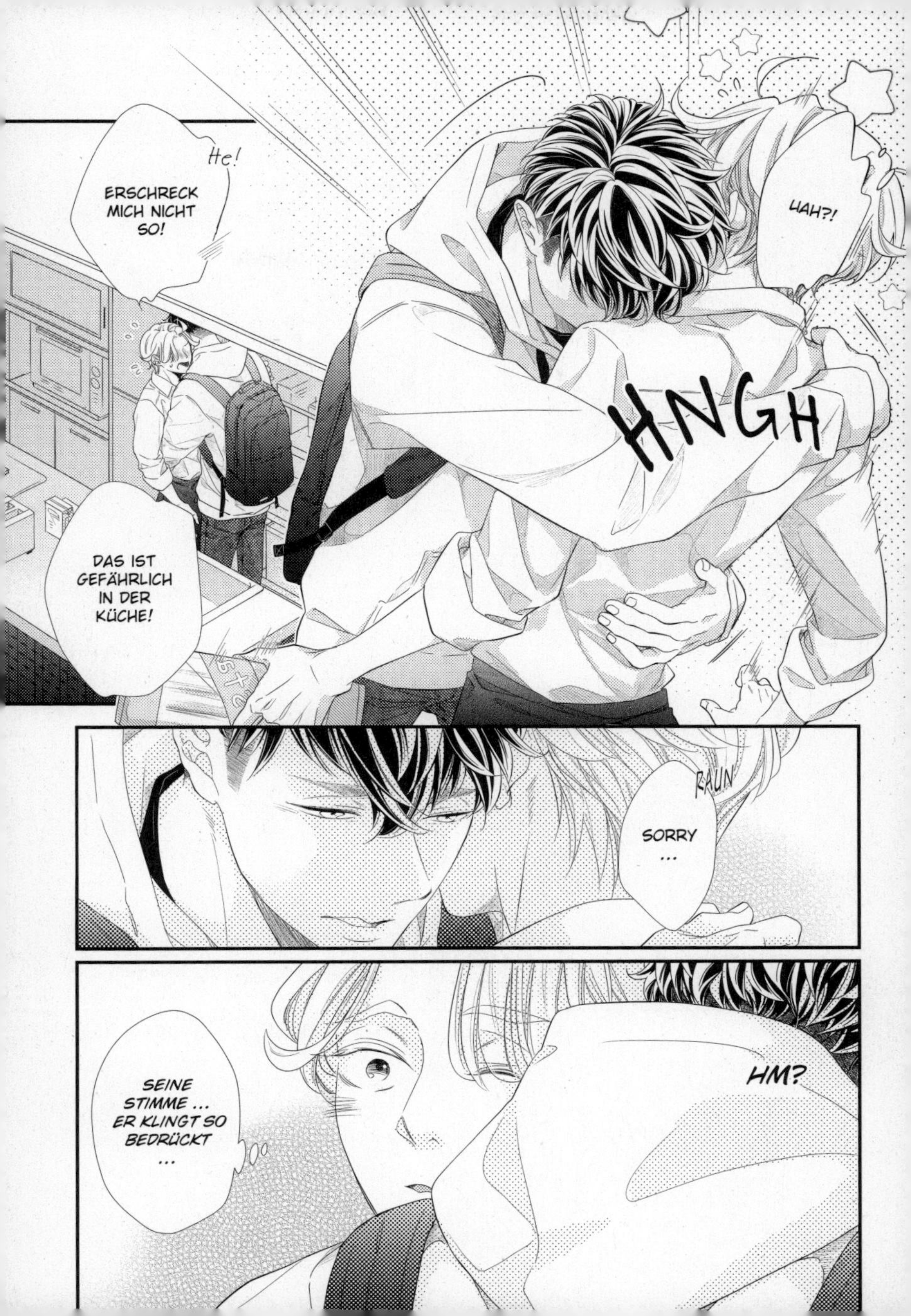
UAH?!
HNGH
He! ERSCHRECK MICH NICHT SO!
DAS IST GEFÄHRLICH IN DER KÜCHE!
RAUN
SORRY …
HM?
SEINE STIMME … ER KLINGT SO BEDRÜCKT …

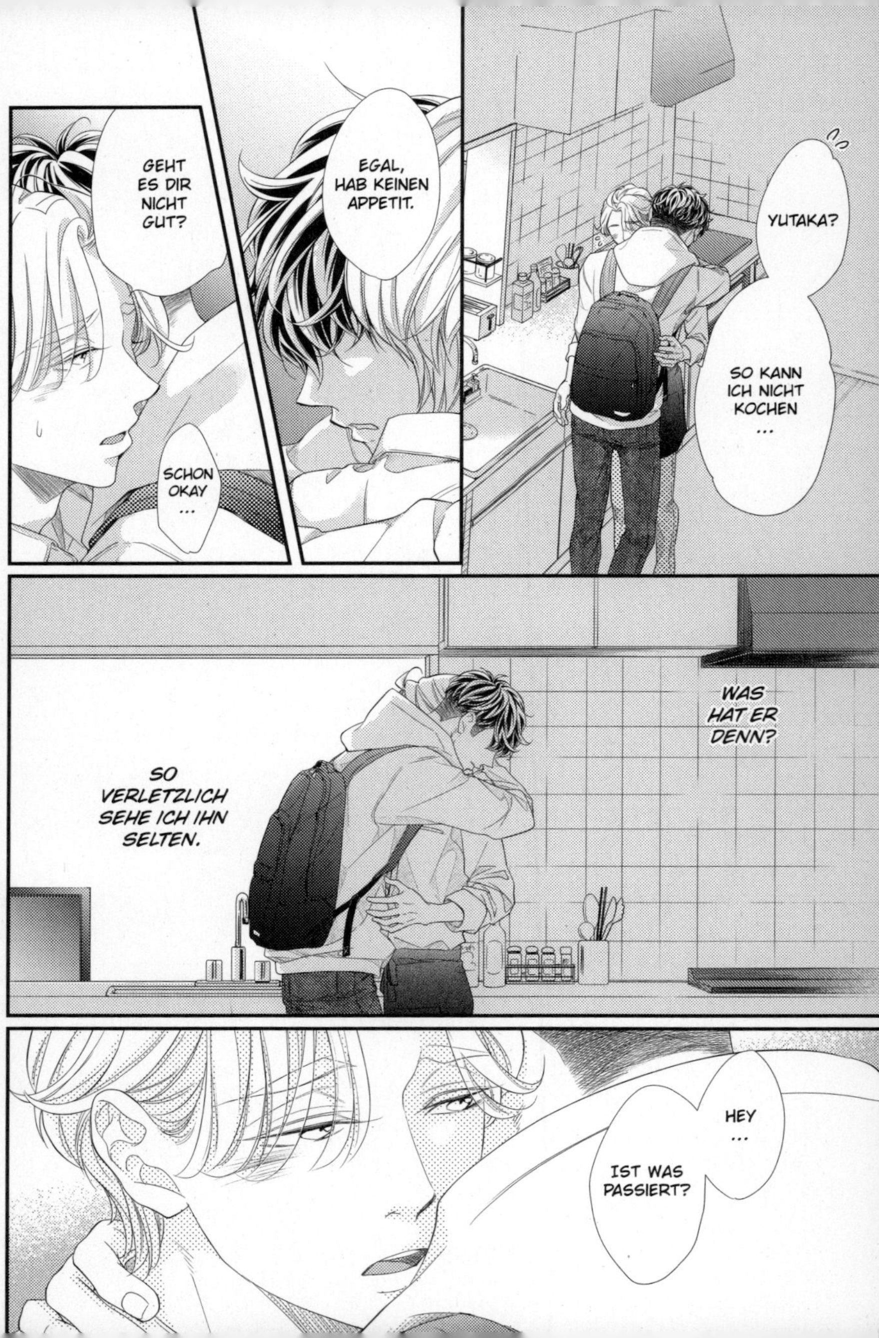
YUTAKA?
SO KANN ICH NICHT KOCHEN ...
EGAL, HAB KEINEN APPETIT.
GEHT ES DIR NICHT GUT?
SCHON OKAY ...
WAS HAT ER DENN?
SO VERLETZLICH SEHE ICH IHN SELTEN.
HEY ...
IST WAS PASSIERT?

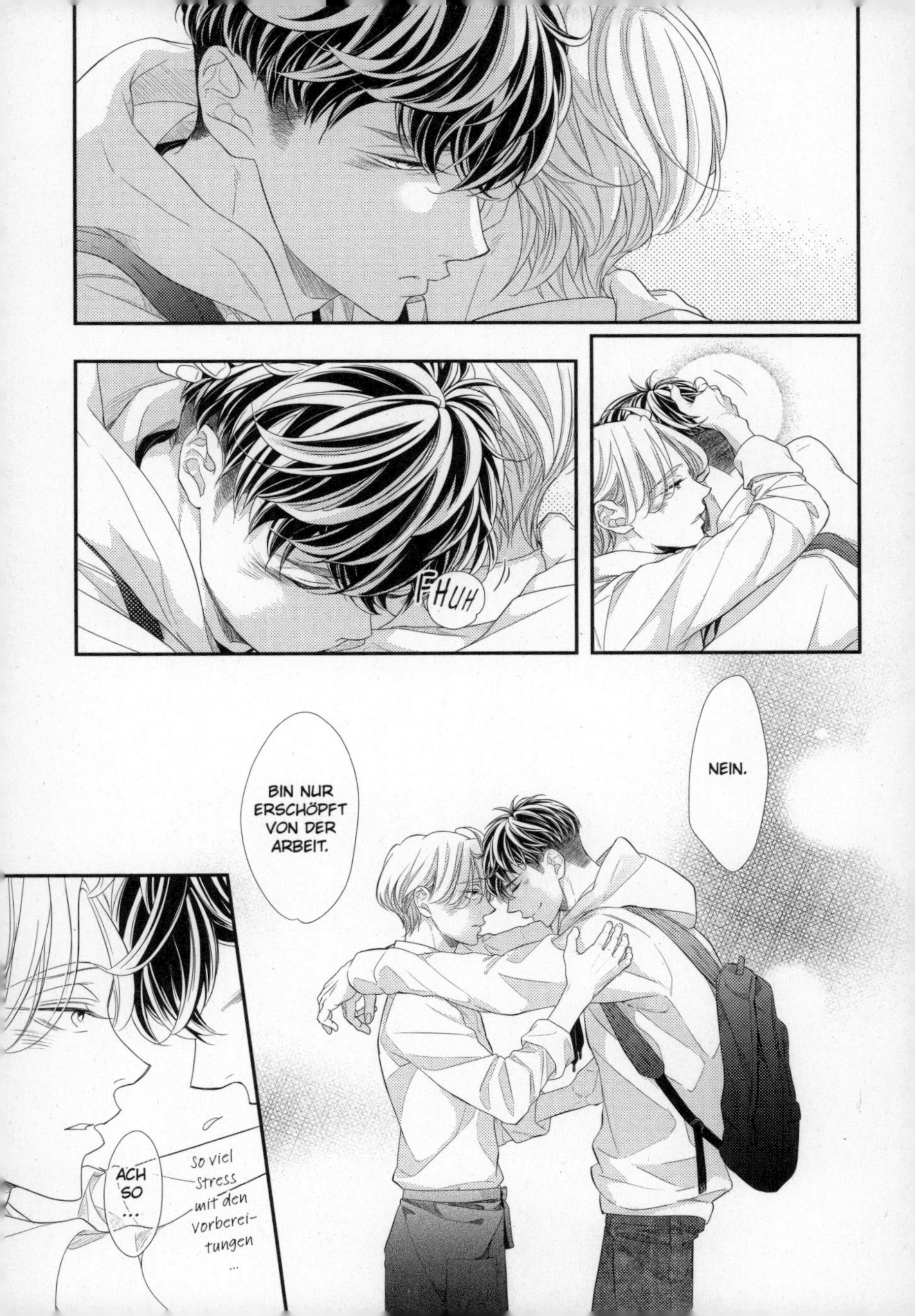
FHUH
NEIN.
BIN NUR ERSCHÖPFT VON DER ARBEIT.
ACH SO ...
So viel Stress mit den Vorbereitungen ...

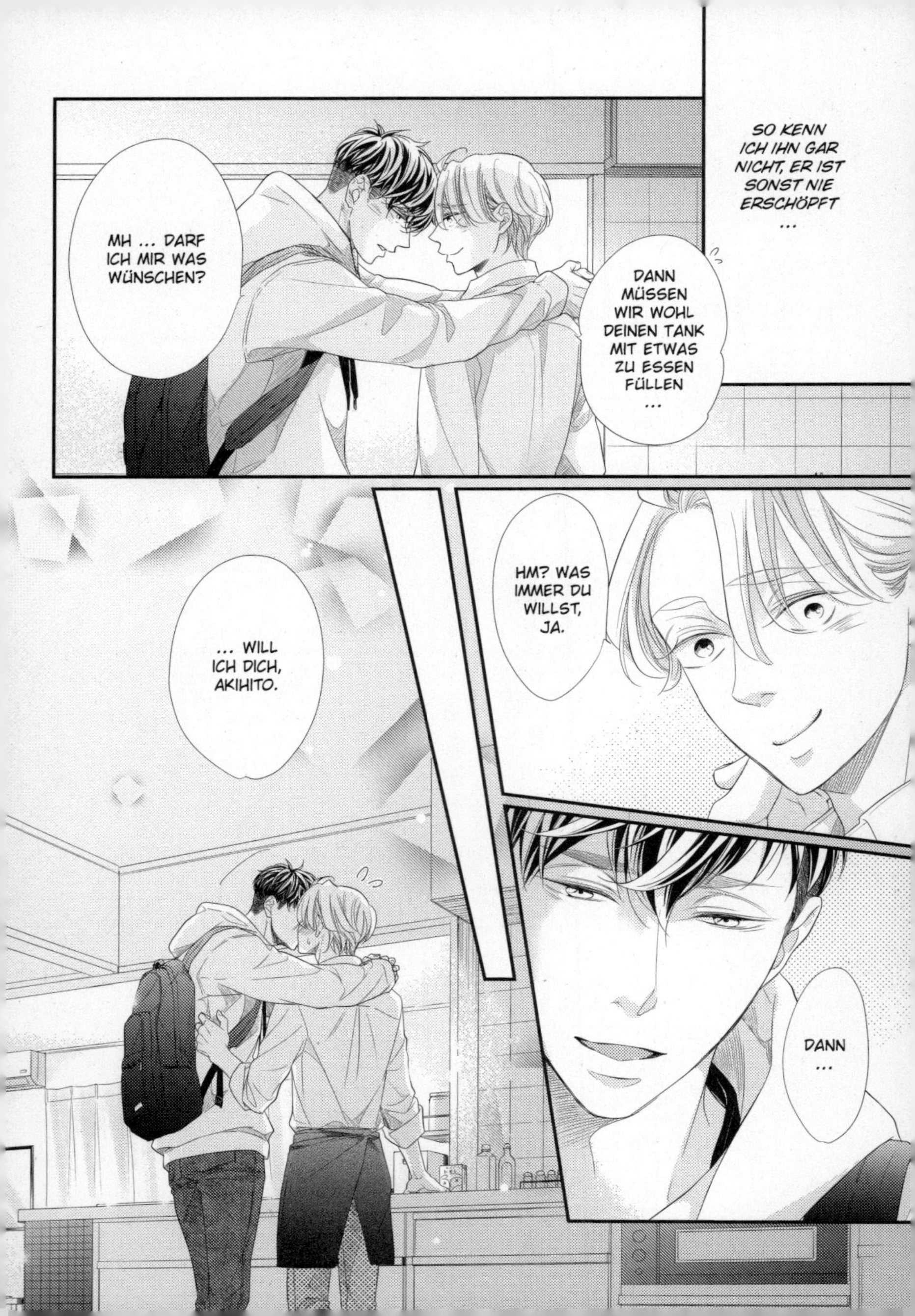
SO KENN ICH IHN GAR NICHT, ER IST SONST NIE ERSCHÖPFT …
DANN MÜSSEN WIR WOHL DEINEN TANK MIT ETWAS ZU ESSEN FÜLLEN …
MH … DARF ICH MIR WAS WÜNSCHEN?
HM? WAS IMMER DU WILLST, JA.
DANN …
… WILL ICH DICH, AKIHITO.

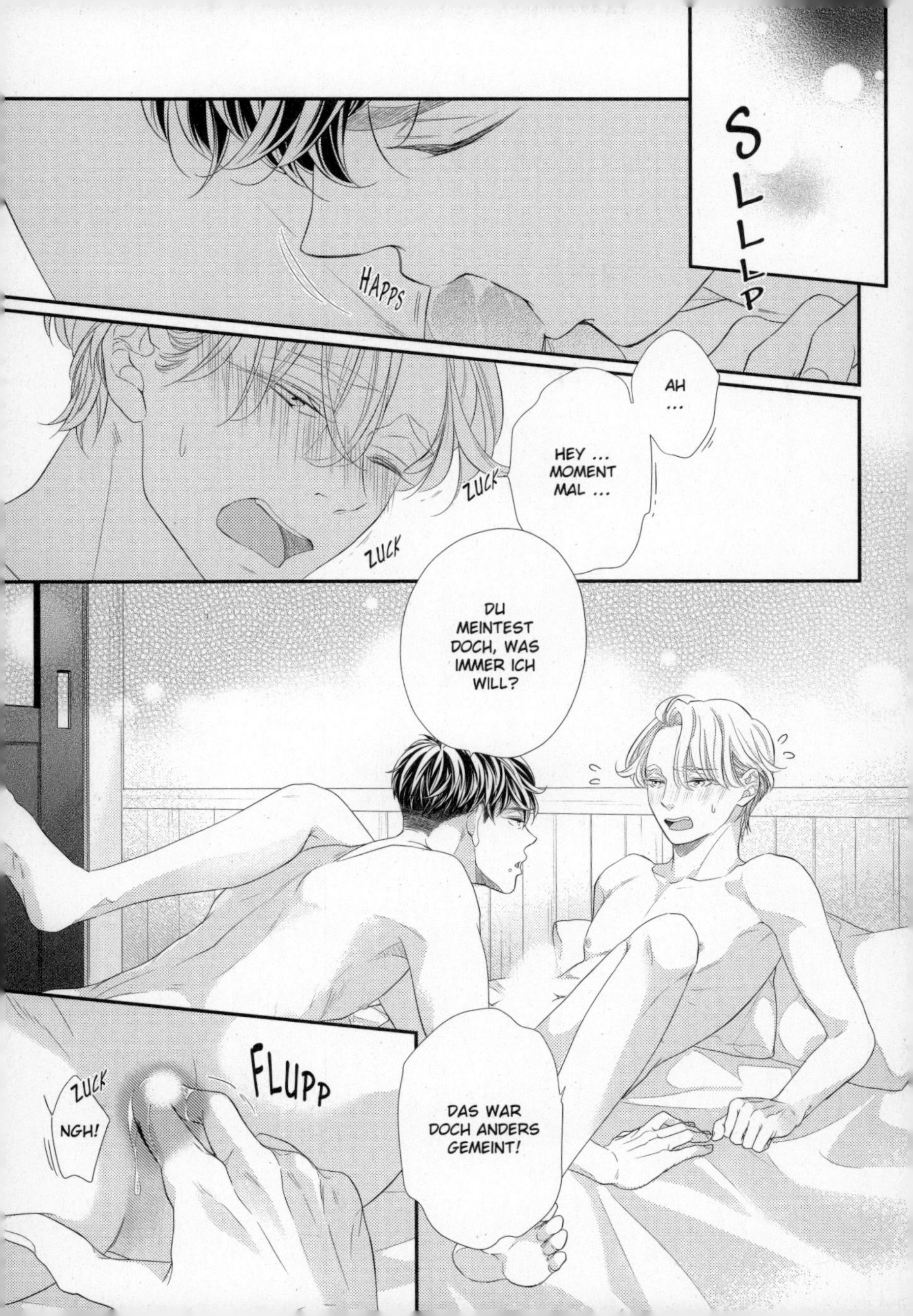
SLLLP
HAPPS
AH ...
HEY ... MOMENT MAL ...
ZUCK
ZUCK
DU MEINTEST DOCH, WAS IMMER ICH WILL?
DAS WAR DOCH ANDERS GEMEINT!
FLUPP
ZUCK
NGH!

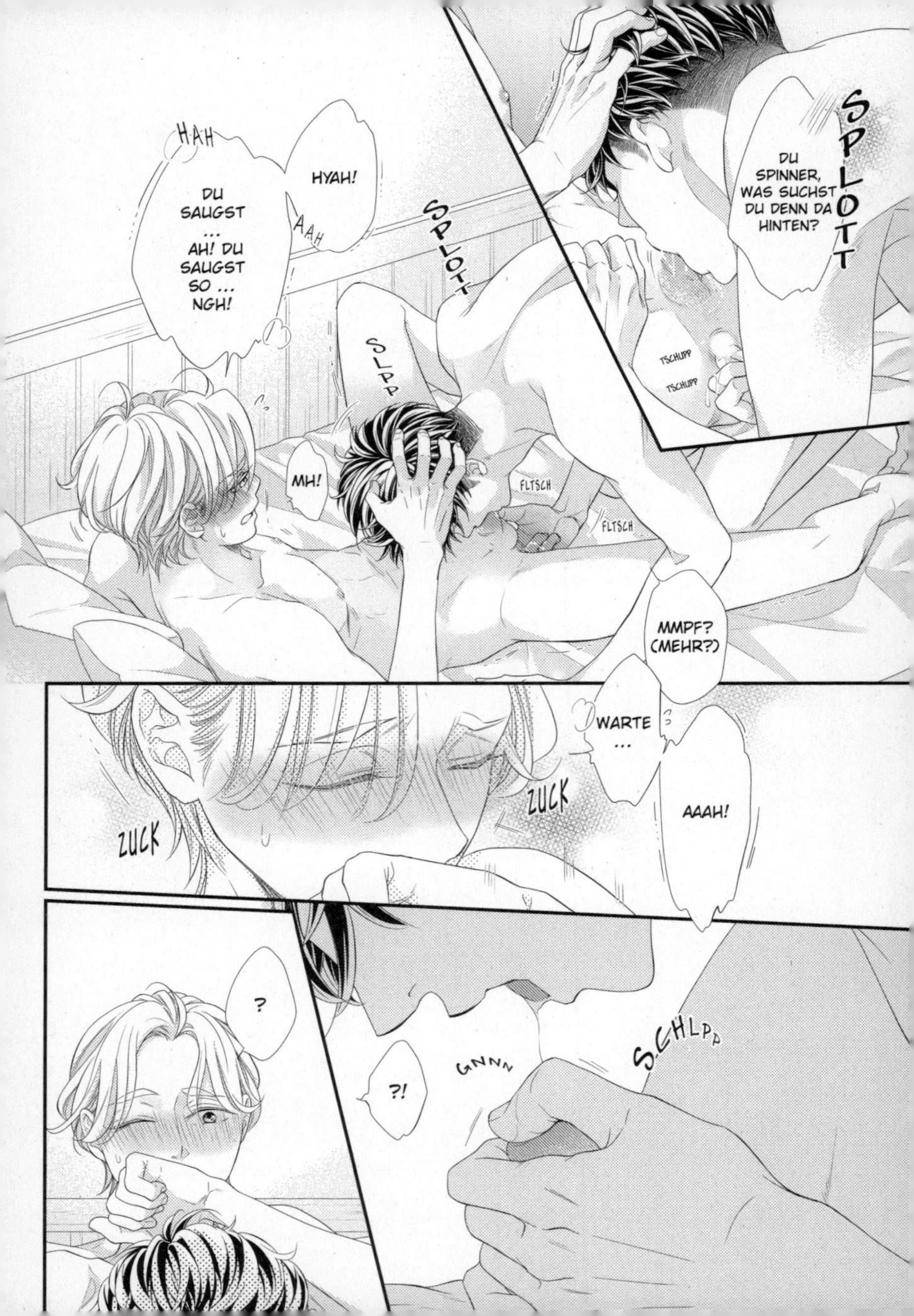
DU SPINNER, WAS SUCHST DU DENN DA HINTEN?
SPLOTT
TSCHUPP
TSCHUPP
HYAH!
AAH
HAH
DU SAUGST ... AH! DU SAUGST SO ... NGH!
SPLOTT
SLPP
FLTSCH
FLTSCH
MH!
MMPF? (MEHR?)
AAAH!
WARTE ...
ZUCK
ZUCK
SCHLPP
GNNN
?!
?

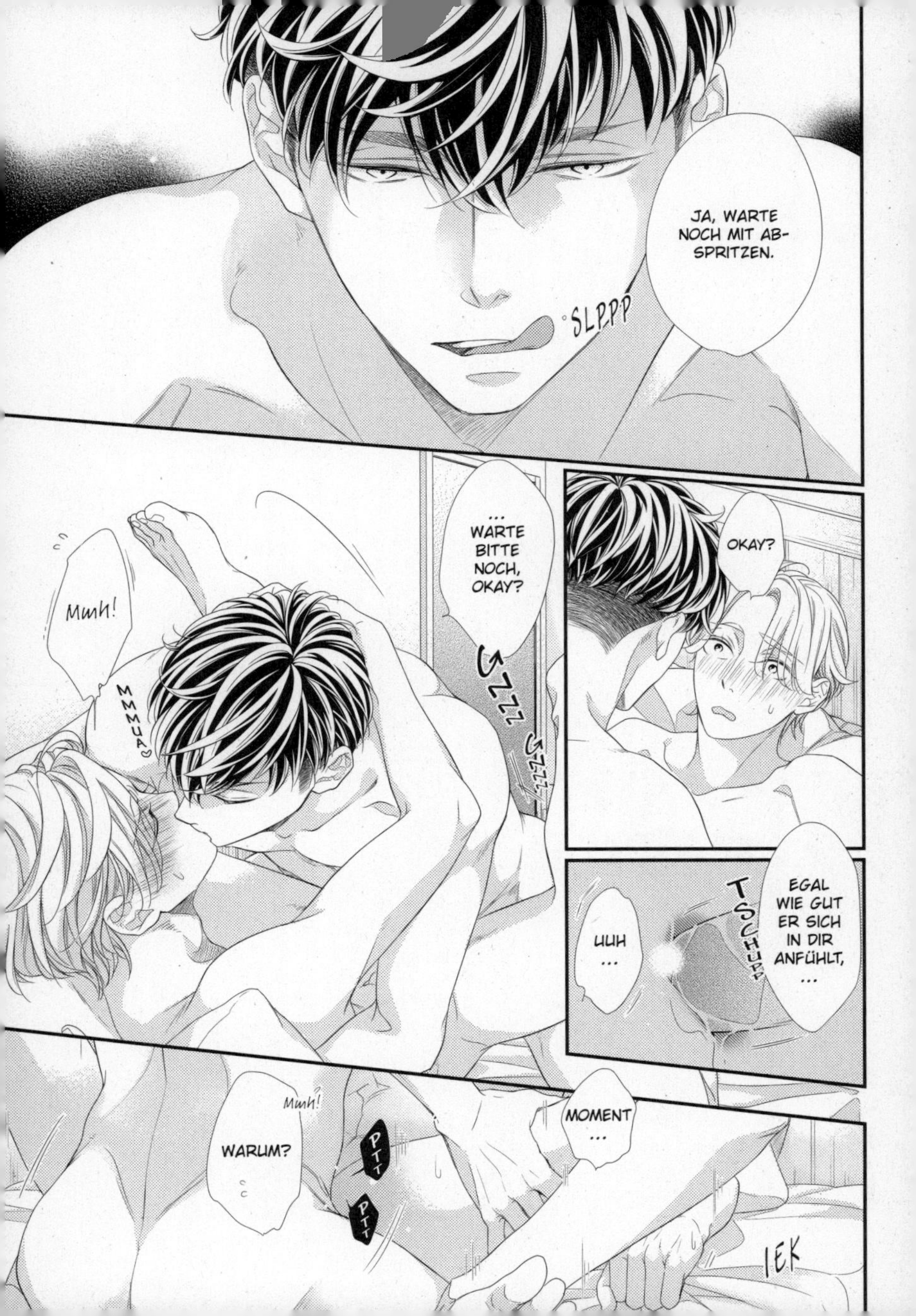
JA, WARTE NOCH MIT AB-SPRITZEN.
SLPPP
OKAY?
... WARTE BITTE NOCH, OKAY?
SZZZ
SZZZ
MMMUA
Muh!
EGAL WIE GUT ER SICH IN DIR ANFÜHLT, ...
TSCHUPP
UUH ...
IEK
MOMENT ...
PTT
PTT
Muh!
WARUM?

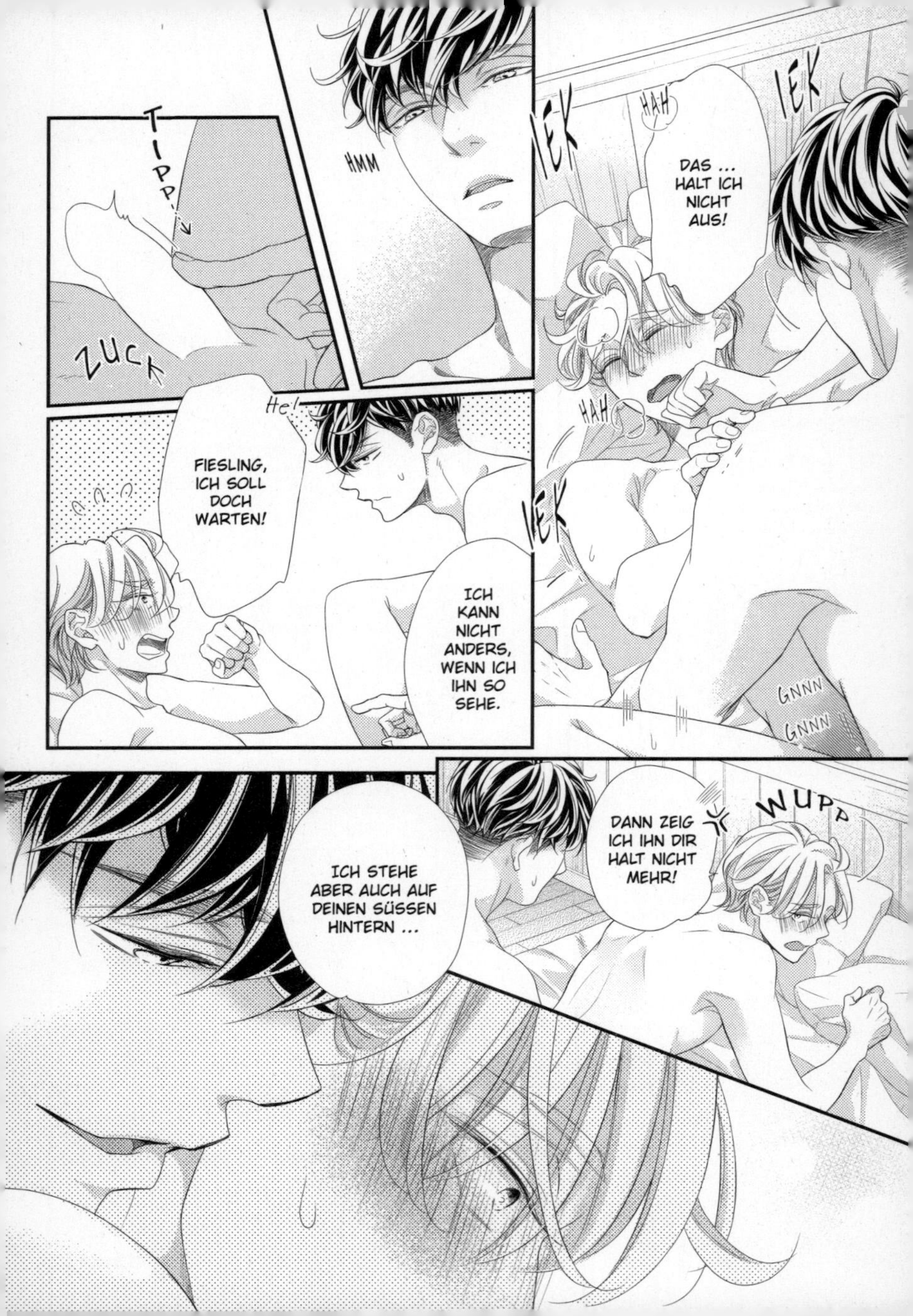
IEK
HAH
IEK
DAS ... HALT ICH NICHT AUS!
HAH
IEK
GNNN
GNNN
HMM
TIPP
ZUCK
He!
FIESLING, ICH SOLL DOCH WARTEN!
ICH KANN NICHT ANDERS, WENN ICH IHN SO SEHE.
WUPP
DANN ZEIG ICH IHN DIR HALT NICHT MEHR!
ICH STEHE ABER AUCH AUF DEINEN SÜSSEN HINTERN ...

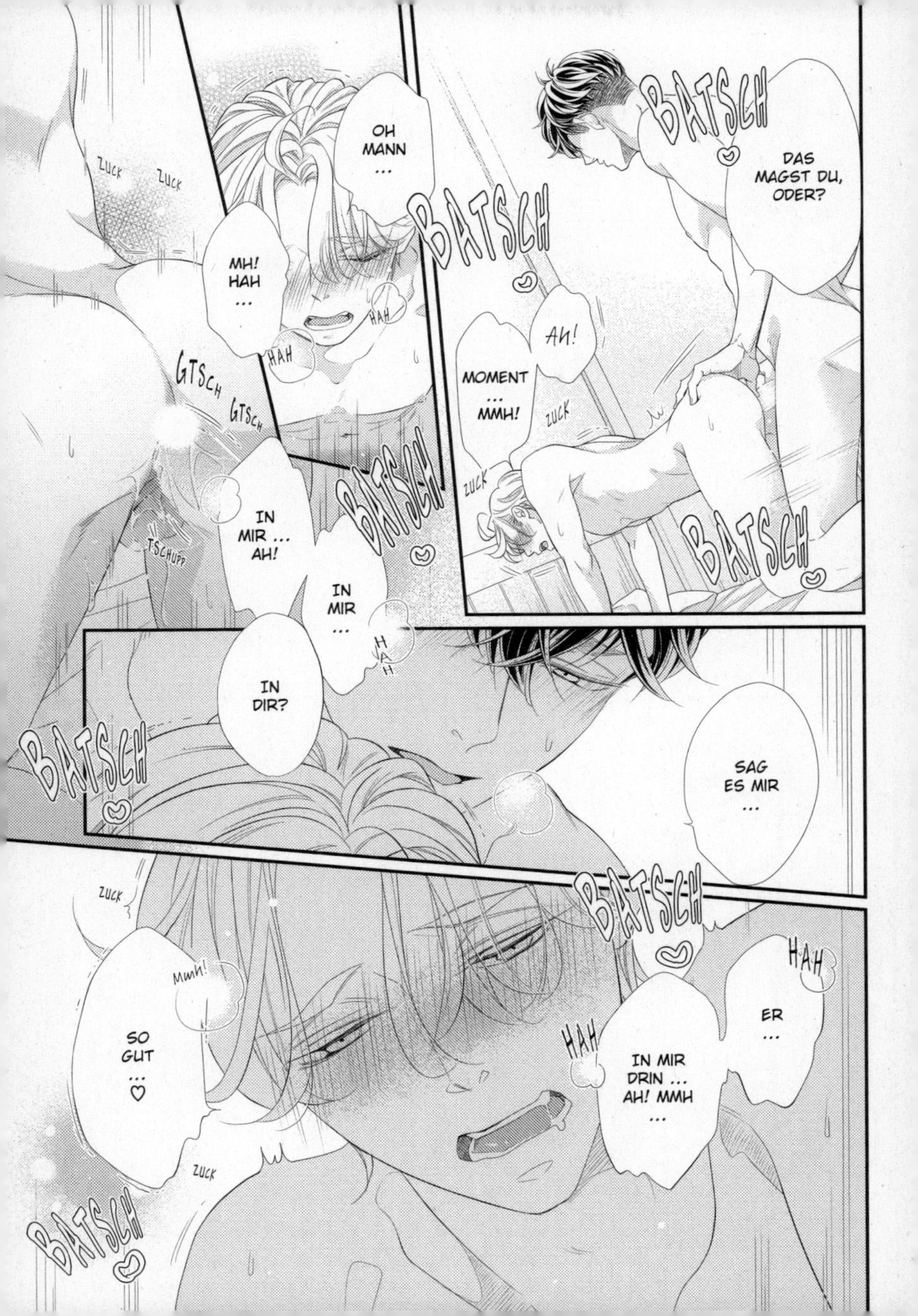
BATSCH
DAS MAGST DU, ODER?
BATSCH
AH!
MOMENT ... MMH!
ZUCK
ZUCK
BATSCH
OH MANN ...
MH! HAH ...
HAH
HAH
ZUCK
ZUCK
GTSCH
GTSCH
BATSCH
IN MIR ... AH!
TSCHUPP
IN MIR ...
HAH
IN DIR?
SAG ES MIR ...
BATSCH
BATSCH
HAH
ER ...
IN MIR DRIN ... AH! MMH ...
HAH
ZUCK
Mmh!
SO GUT ... ♡
ZUCK
BATSCH

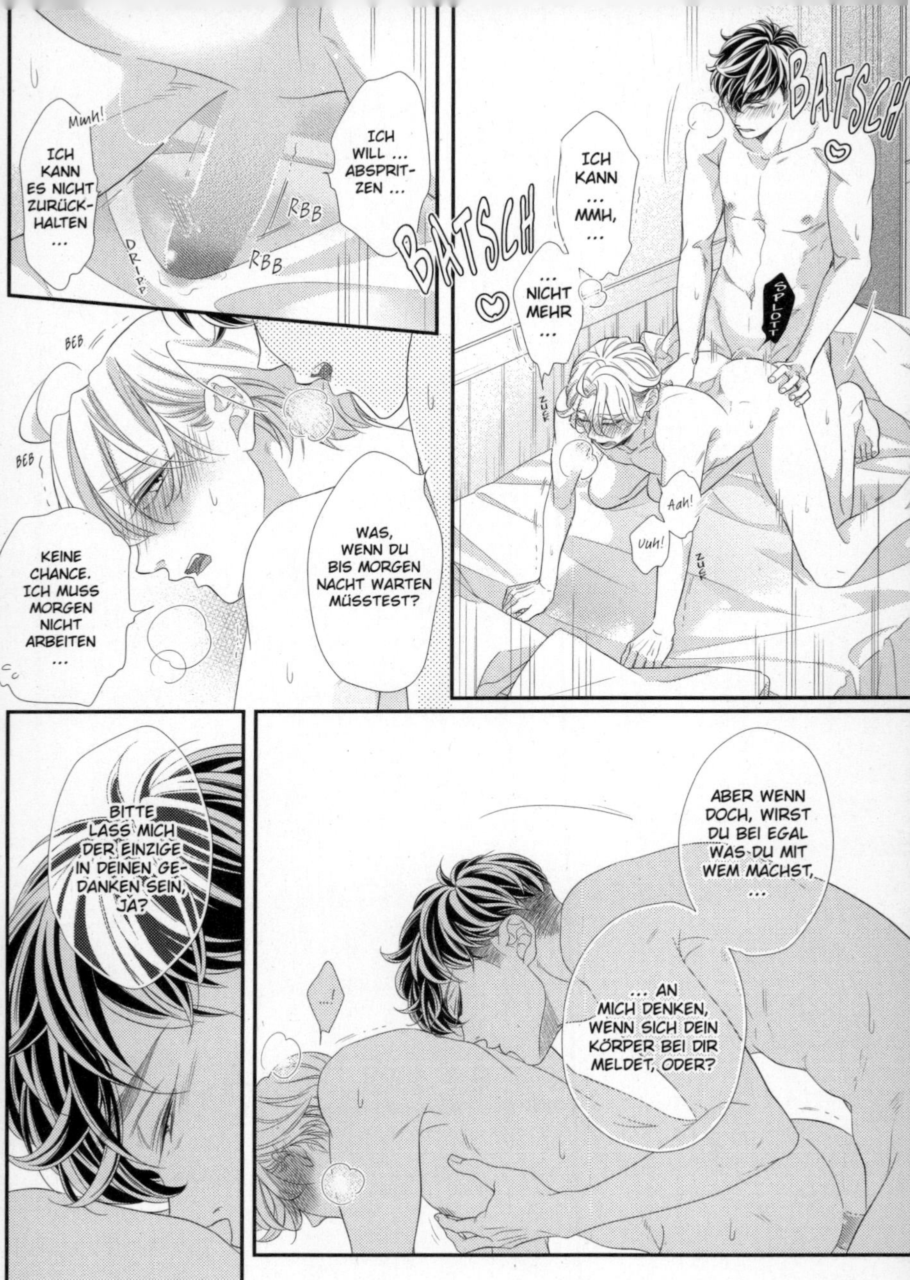

BATSCH
ICH KANN … MMH, …
… NICHT MEHR …
BATSCH
SPLOTT
ZUCK
Aah!
Uuh!
ZUCK
ICH WILL … ABSPRITZEN …
Mmh!
ICH KANN ES NICHT ZURÜCKHALTEN …
RBB
RBB
DRIPP
BEB
BEB
WAS, WENN DU BIS MORGEN NACHT WARTEN MÜSSTEST?
KEINE CHANCE. ICH MUSS MORGEN NICHT ARBEITEN …
ABER WENN DOCH, WIRST DU BEI EGAL WAS DU MIT WEM MACHST, …
… AN MICH DENKEN, WENN SICH DEIN KÖRPER BEI DIR MELDET, ODER?
…!
BITTE LASS MICH DER EINZIGE IN DEINEN GEDANKEN SEIN, JA?

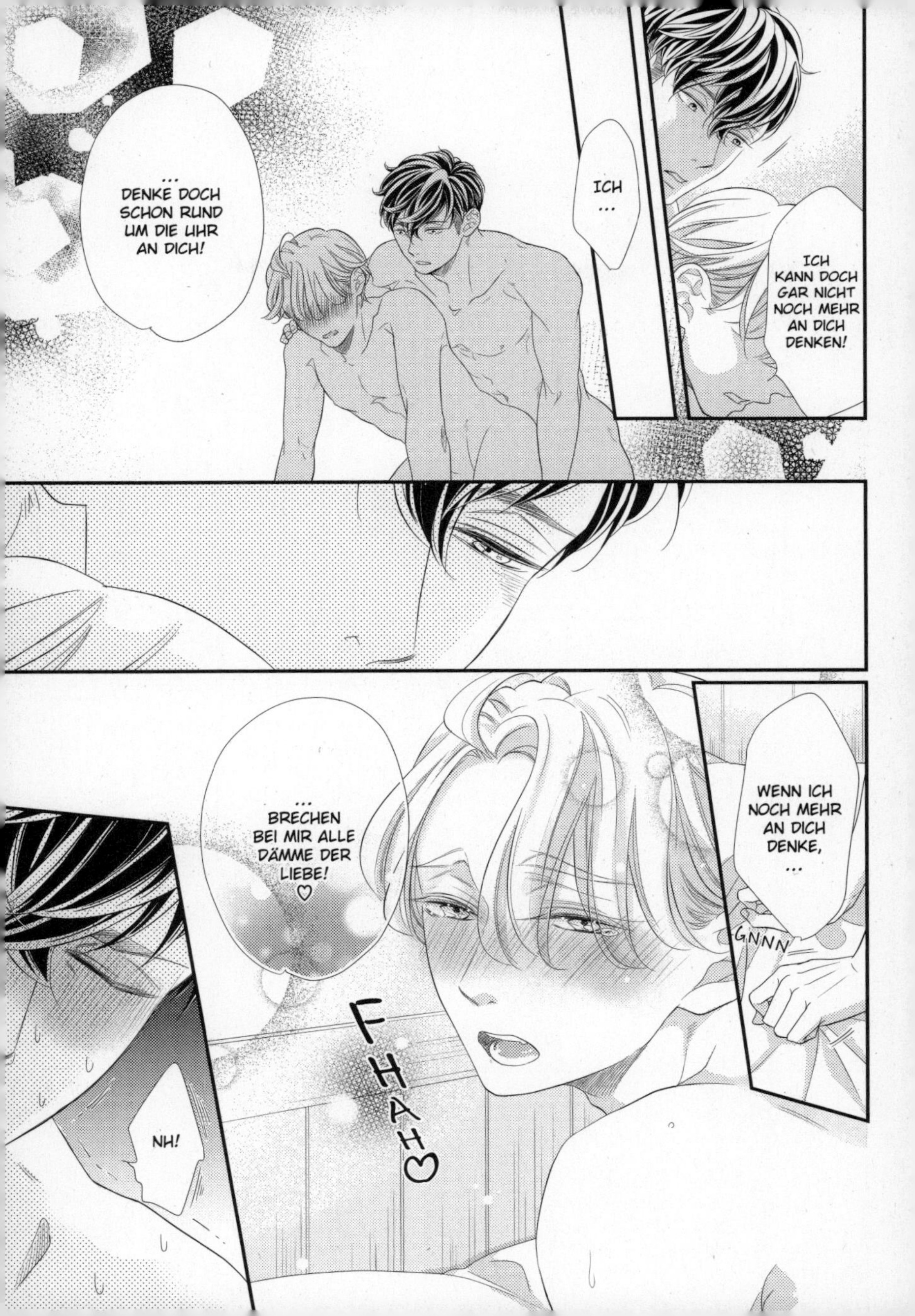

ICH ...
ICH KANN DOCH GAR NICHT NOCH MEHR AN DICH DENKEN!
... DENKE DOCH SCHON RUND UM DIE UHR AN DICH!
WENN ICH NOCH MEHR AN DICH DENKE, ...
GNNN
... BRECHEN BEI MIR ALLE DÄMME DER LIEBE! ♡
FHAH♡
NH!

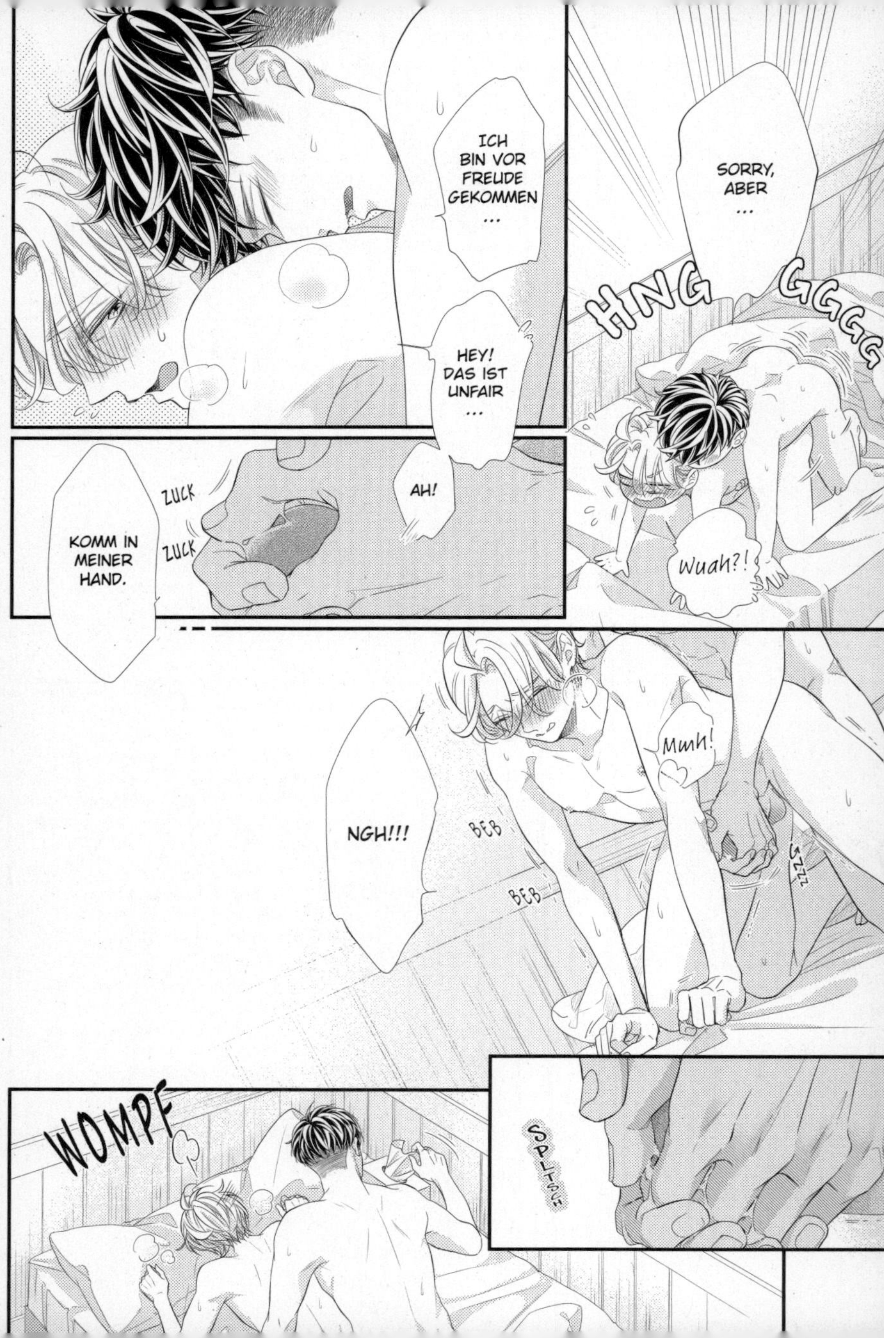
SORRY, ABER ...
HNG GGGG
Wuah?!
ICH BIN VOR FREUDE GEKOMMEN ...
HEY! DAS IST UNFAIR ...
AH!
ZUCK
ZUCK
KOMM IN MEINER HAND.
Mmh!
NGH!!!
BEB
BEB
SZZZ
SPLTSCH
WOMPF

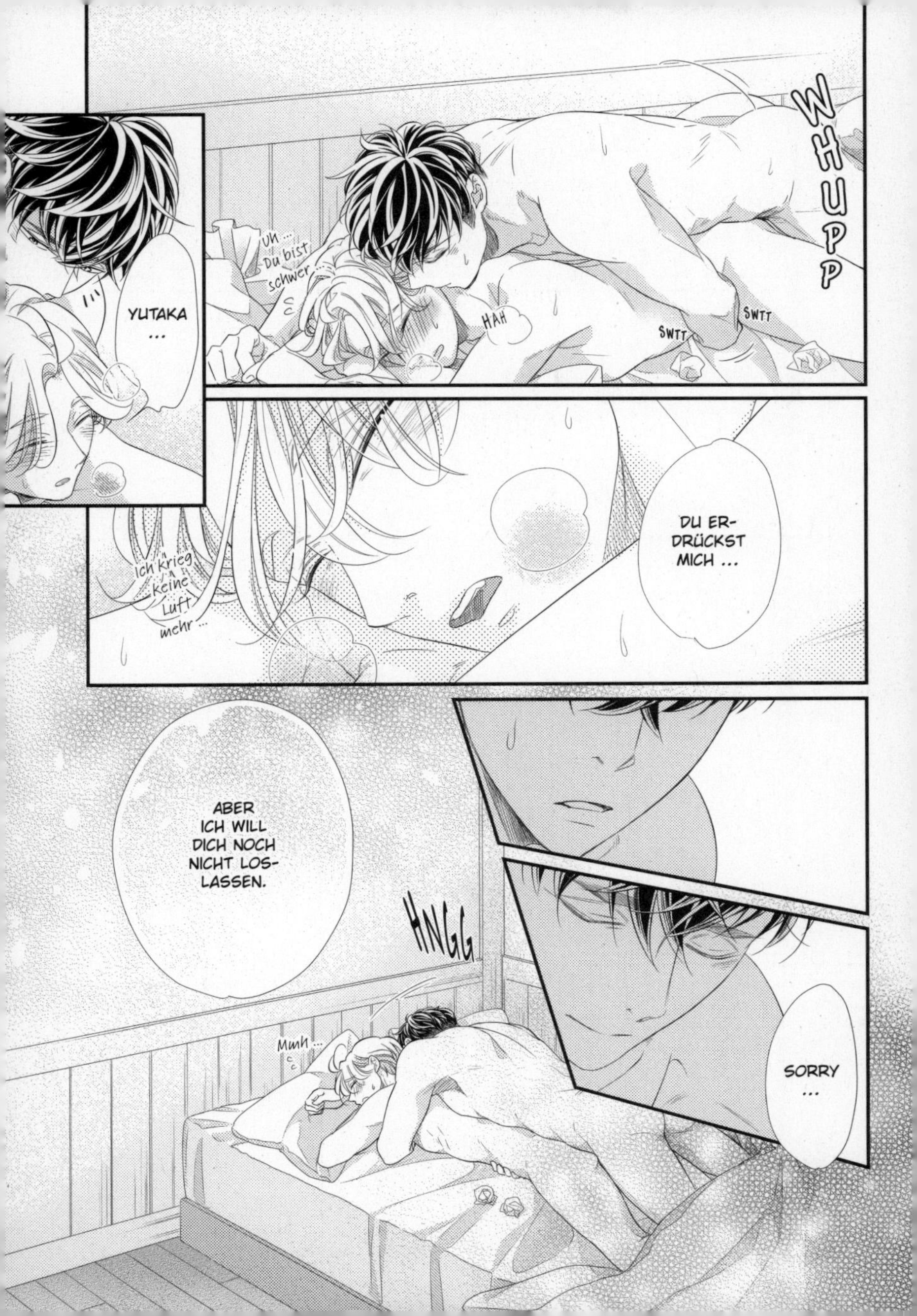
WHUPP
SWTT
SWTT
HAH
Uh … Du bist schwer …
YUTAKA …
DU ER-DRÜCKST MICH …
Ich krieg keine Luft mehr …
ABER ICH WILL DICH NOCH NICHT LOS-LASSEN.
SORRY …
HNGG
Muh …

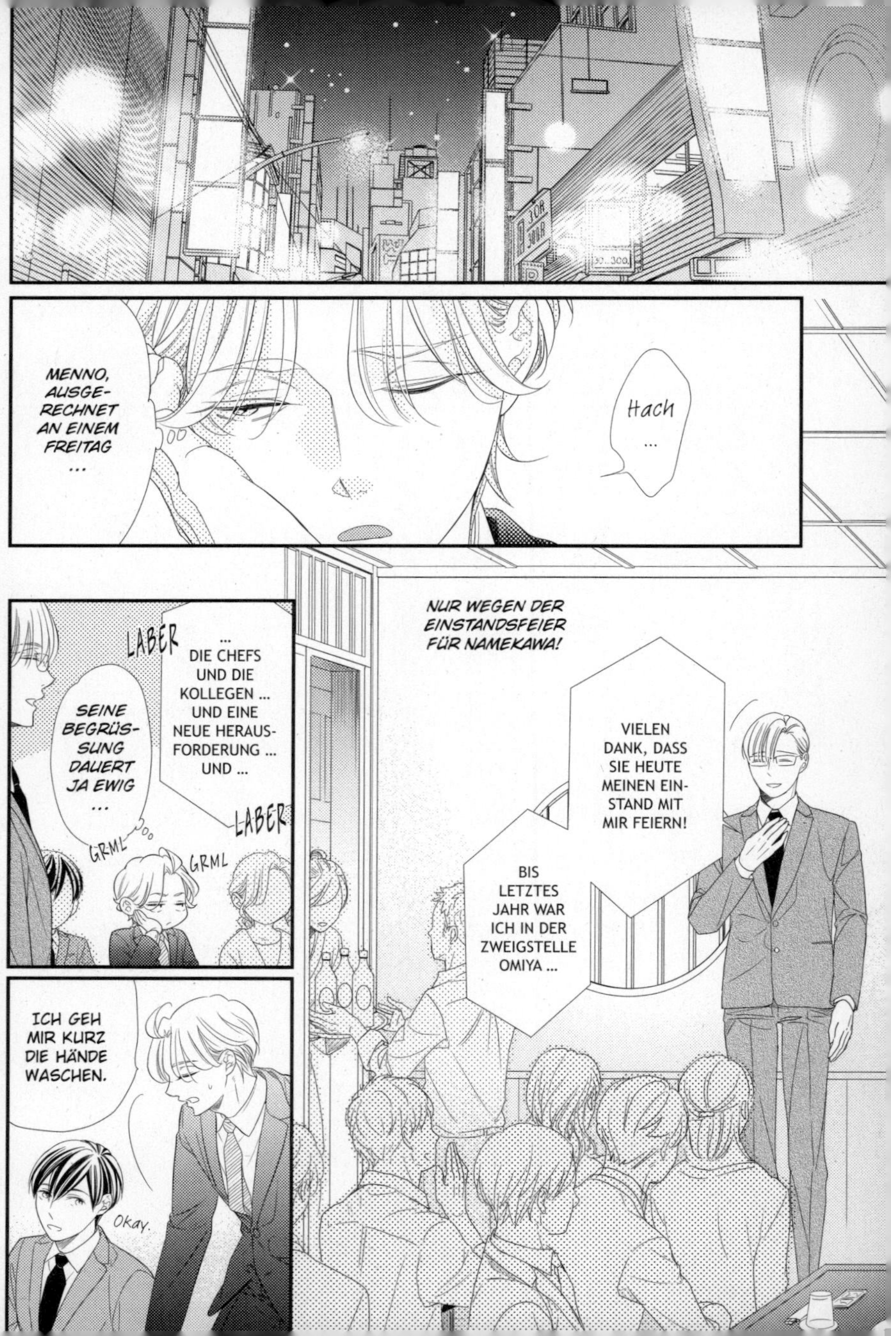

Hach ...
MENNO, AUSGERECHNET AN EINEM FREITAG ...
NUR WEGEN DER EINSTANDSFEIER FÜR NAMEKAWA!
VIELEN DANK, DASS SIE HEUTE MEINEN EINSTAND MIT MIR FEIERN!
BIS LETZTES JAHR WAR ICH IN DER ZWEIGSTELLE OMIYA ...
LABER
... DIE CHEFS UND DIE KOLLEGEN ... UND EINE NEUE HERAUSFORDERUNG ... UND ...
LABER
SEINE BEGRÜSSUNG DAUERT JA EWIG ...
GRML
GRML
ICH GEH MIR KURZ DIE HÄNDE WASCHEN.
Okay.

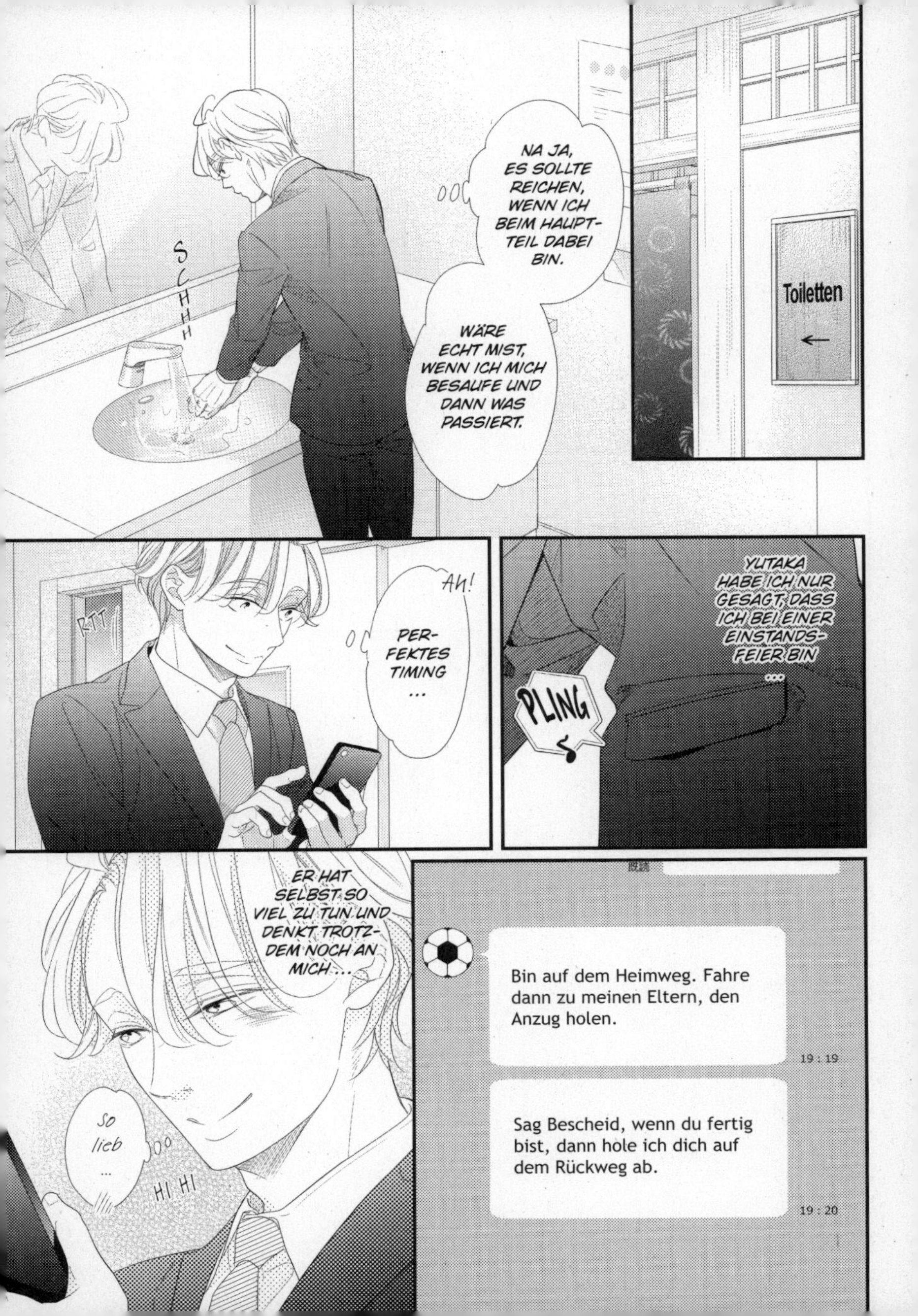
Toiletten
NA JA, ES SOLLTE REICHEN, WENN ICH BEIM HAUPTTEIL DABEI BIN.
WÄRE ECHT MIST, WENN ICH MICH BESAUFE UND DANN WAS PASSIERT.
SCHHHH
YUTAKA HABE ICH NUR GESAGT, DASS ICH BEI EINER EINSTANDSFEIER BIN ...
PLING
AH!
PERFEKTES TIMING ...
Bin auf dem Heimweg. Fahre dann zu meinen Eltern, den Anzug holen.
19 : 19
Sag Bescheid, wenn du fertig bist, dann hole ich dich auf dem Rückweg ab.
19 : 20
ER HAT SELBST SO VIEL ZU TUN UND DENKT TROTZDEM NOCH AN MICH ...
So lieb ...
HI HI

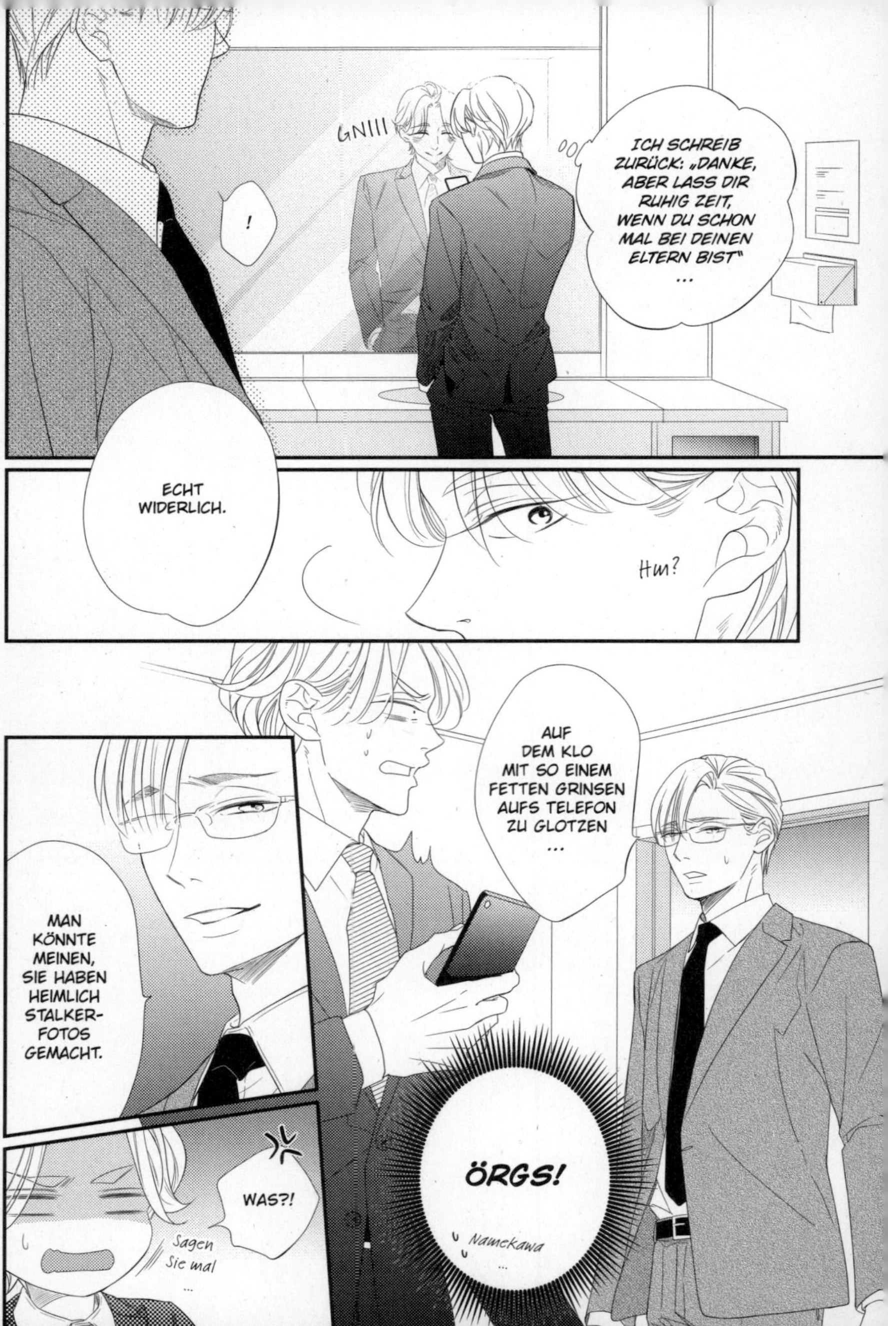
ICH SCHREIB ZURÜCK: „DANKE, ABER LASS DIR RUHIG ZEIT, WENN DU SCHON MAL BEI DEINEN ELTERN BIST“ ...
GNIII
!
ECHT WIDERLICH.
Hm?
AUF DEM KLO MIT SO EINEM FETTEN GRINSEN AUFS TELEFON ZU GLOTZEN ...
MAN KÖNNTE MEINEN, SIE HABEN HEIMLICH STALKER-FOTOS GEMACHT.
ÖRGS!
Namekawa ...
WAS?!
Sagen Sie mal ...

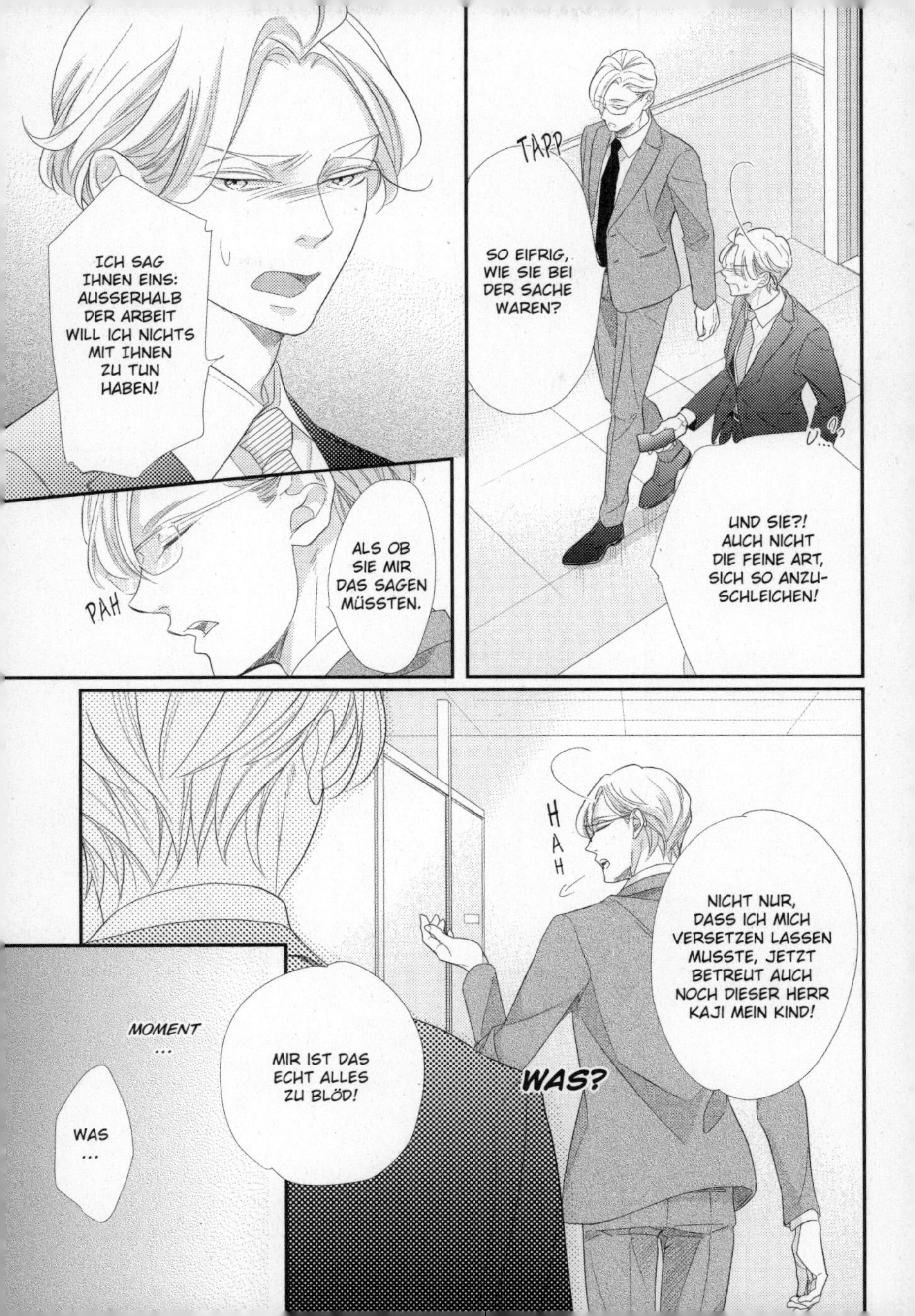
TAPP
So eifrig, wie Sie bei der Sache waren?
U...
Und Sie?! Auch nicht die feine Art, sich so anzuschleichen!
Ich sag Ihnen eins: Ausserhalb der Arbeit will ich nichts mit Ihnen zu tun haben!
Als ob Sie mir das sagen müssten.
PAH
HAH
Nicht nur, dass ich mich versetzen lassen musste, jetzt betreut auch noch dieser Herr Kaji mein Kind!
WAS?
Mir ist das echt alles zu blöd!
Moment ...
Was ...

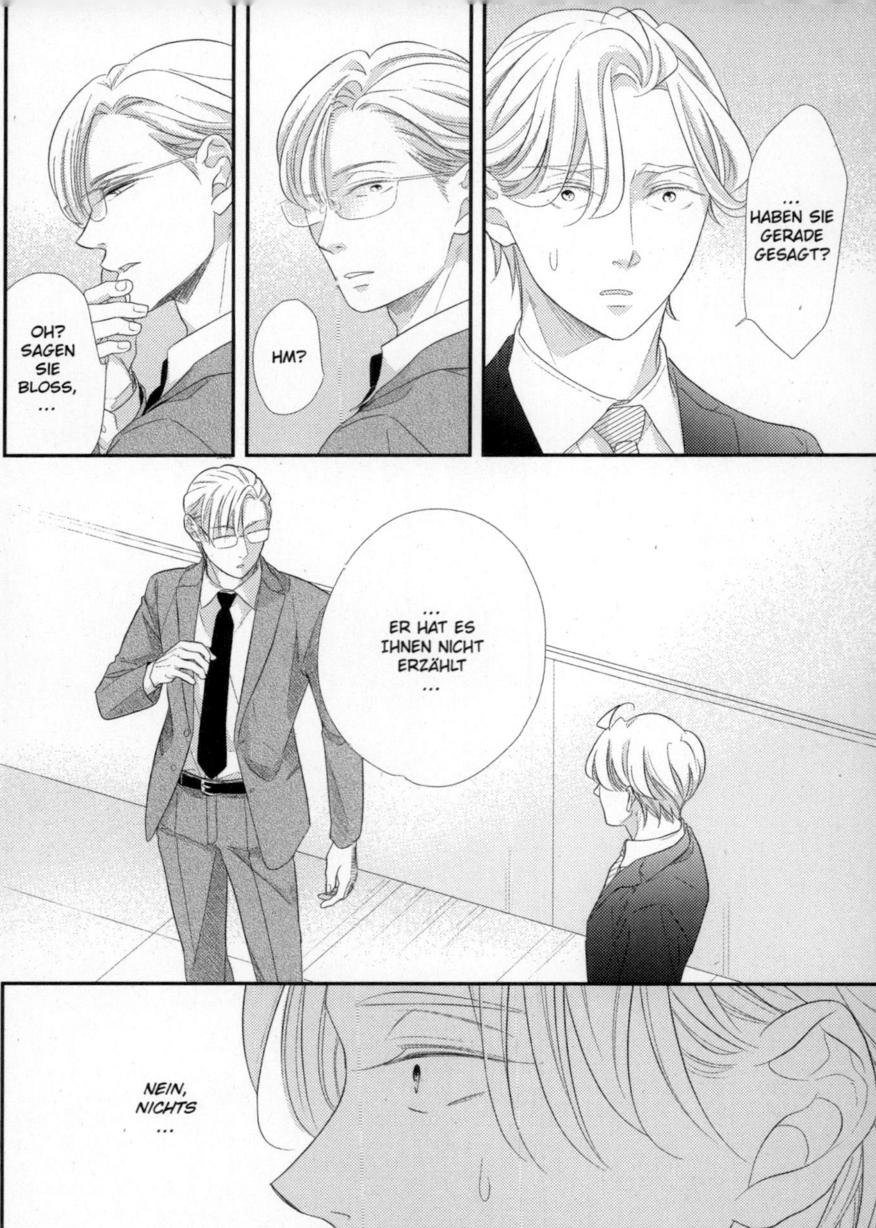

... HABEN SIE GERADE GESAGT?
HM?
OH? SAGEN SIE BLOSS, ...
... ER HAT ES IHNEN NICHT ERZÄHLT ...
NEIN, NICHTS ...

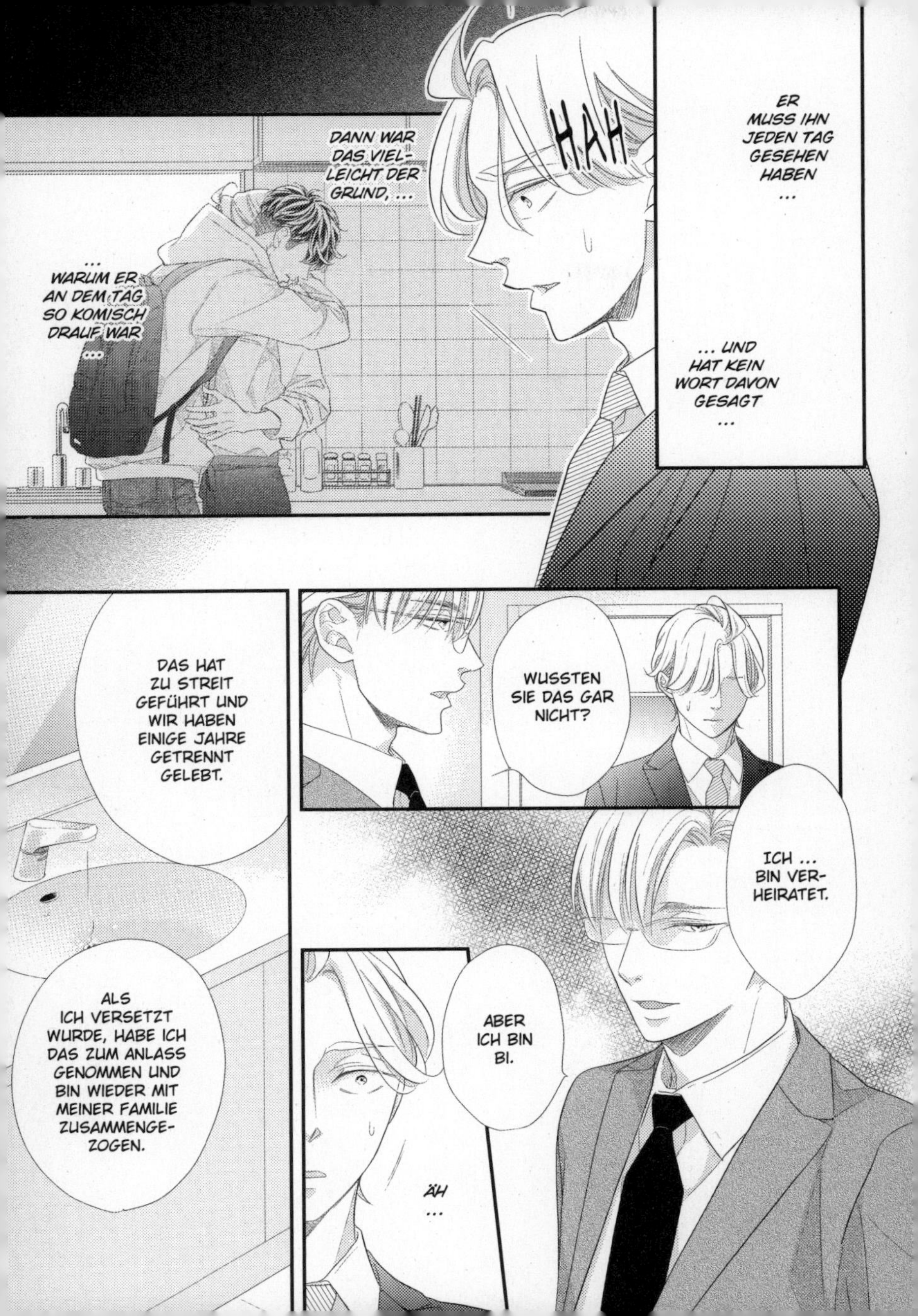
ER MUSS IHN JEDEN TAG GESEHEN HABEN ...
HAH
... UND HAT KEIN WORT DAVON GESAGT ...
DANN WAR DAS VIEL-LEICHT DER GRUND, ...
... WARUM ER AN DEM TAG SO KOMISCH DRAUF WAR ...
WUSSTEN SIE DAS GAR NICHT?
ICH ... BIN VER-HEIRATET.
ABER ICH BIN BI.
ÄH ...
DAS HAT ZU STREIT GEFÜHRT UND WIR HABEN EINIGE JAHRE GETRENNT GELEBT.
ALS ICH VERSETZT WURDE, HABE ICH DAS ZUM ANLASS GENOMMEN UND BIN WIEDER MIT MEINER FAMILIE ZUSAMMENGE-ZOGEN.

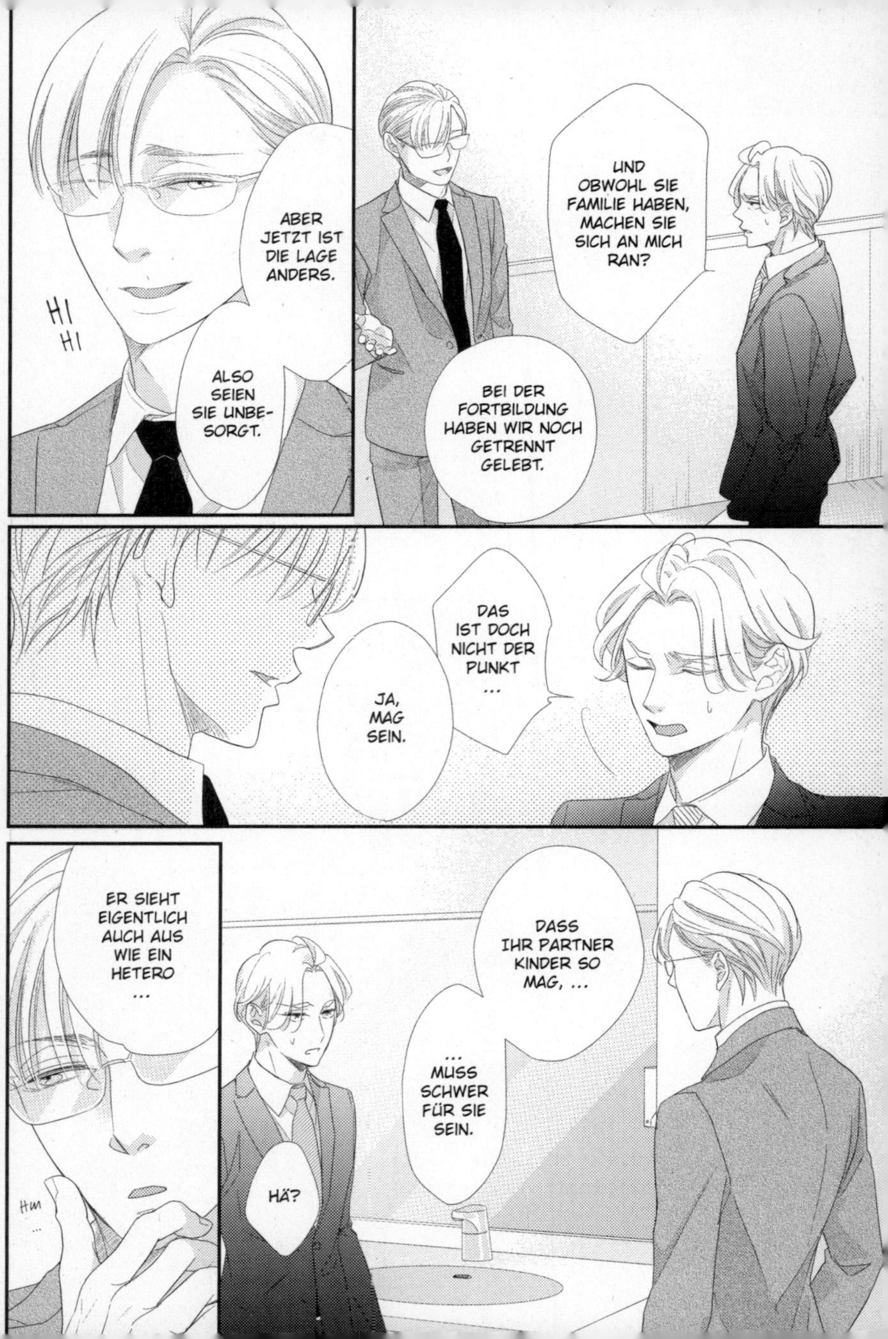
UND OBWOHL SIE FAMILIE HABEN, MACHEN SIE SICH AN MICH RAN?
BEI DER FORTBILDUNG HABEN WIR NOCH GETRENNT GELEBT.
ABER JETZT IST DIE LAGE ANDERS.
HI HI
ALSO SEIEN SIE UNBE-SORGT.
DAS IST DOCH NICHT DER PUNKT ...
JA, MAG SEIN.
DASS IHR PARTNER KINDER SO MAG, ...
... MÜSS SCHWER FÜR SIE SEIN.
HÄ?
ER SIEHT EIGENTLICH AUCH AUS WIE EIN HETERO ...
Hm ...

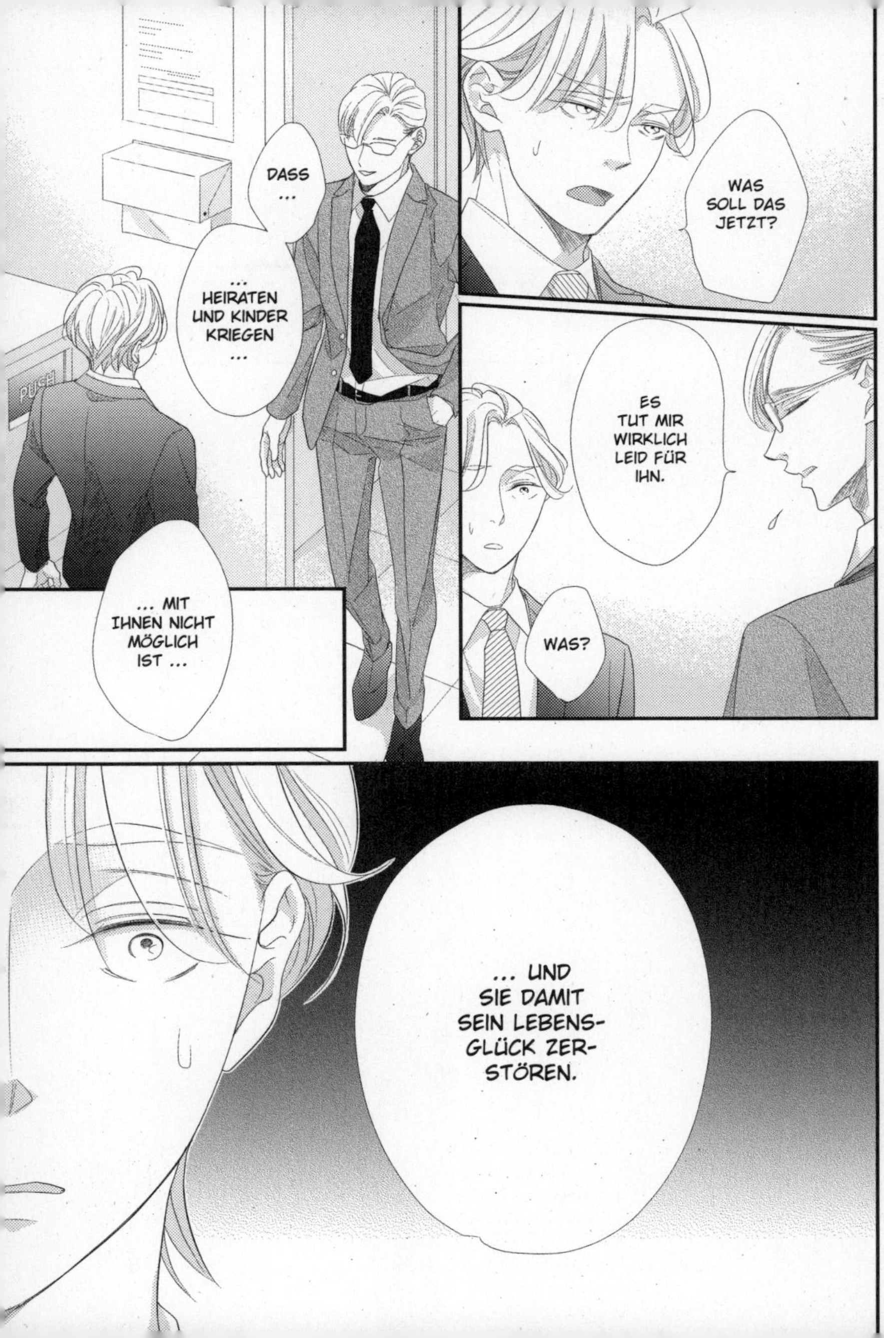
WAS SOLL DAS JETZT?
ES TUT MIR WIRKLICH LEID FÜR IHN.
WAS?
DASS …
… HEIRATEN UND KINDER KRIEGEN …
PUSH
… MIT IHNEN NICHT MÖGLICH IST …
… UND SIE DAMIT SEIN LEBENSGLÜCK ZERSTÖREN.

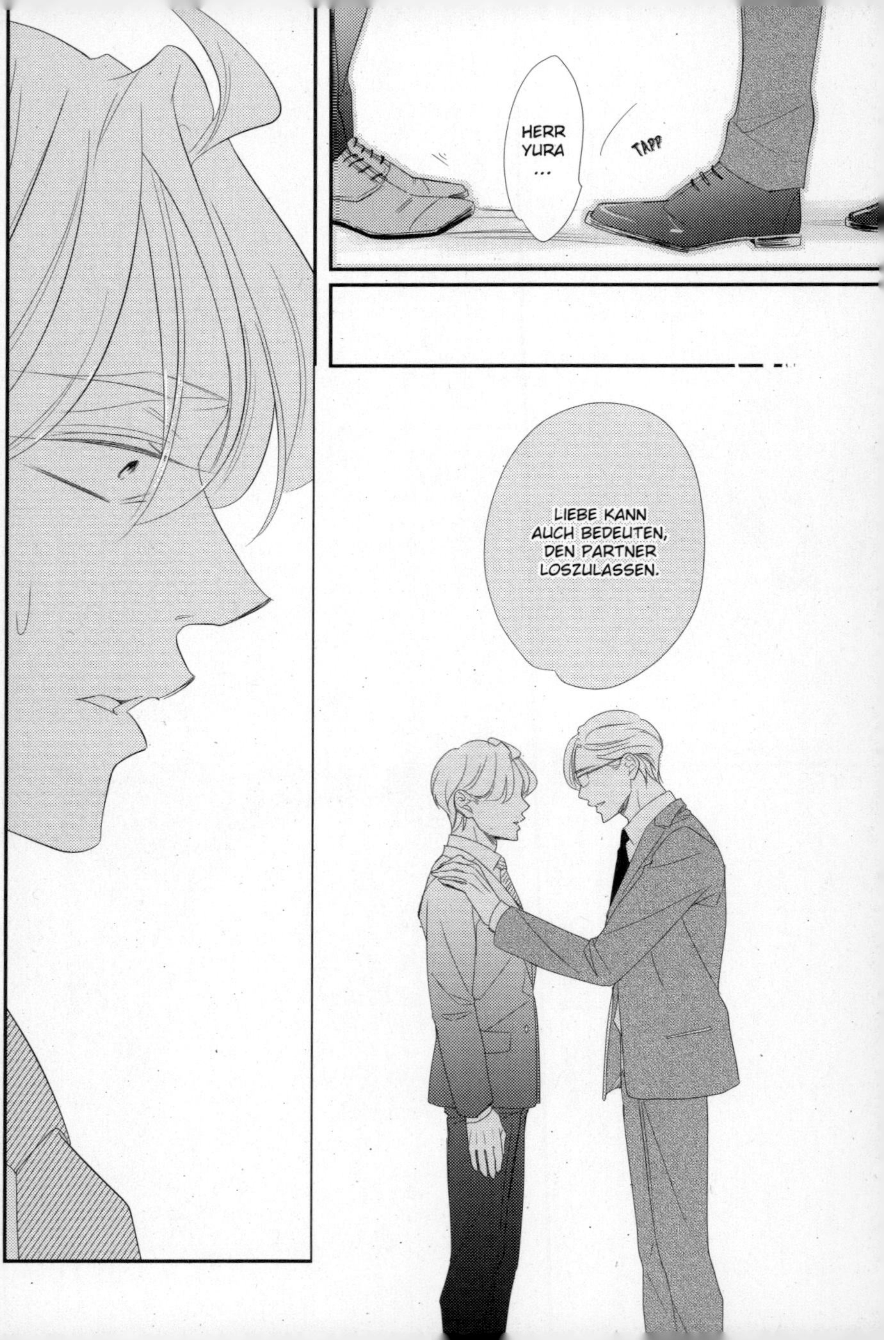
HERR YURA ...
TAPP
LIEBE KANN AUCH BEDEUTEN, DEN PARTNER LOSZULASSEN.

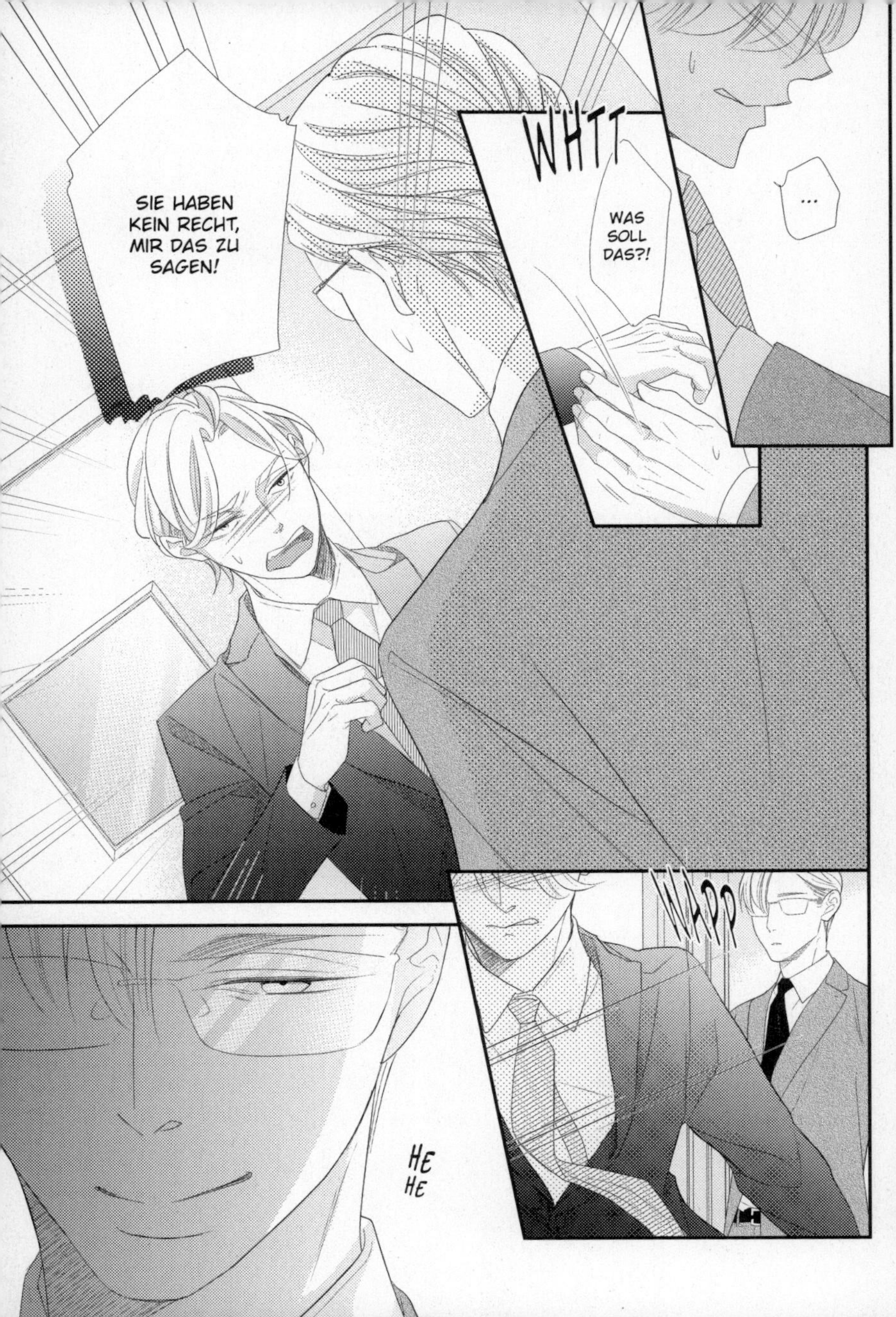
...
WHTT
WAS SOLL DAS?!
SIE HABEN KEIN RECHT, MIR DAS ZU SAGEN!
WAPP
HE HE

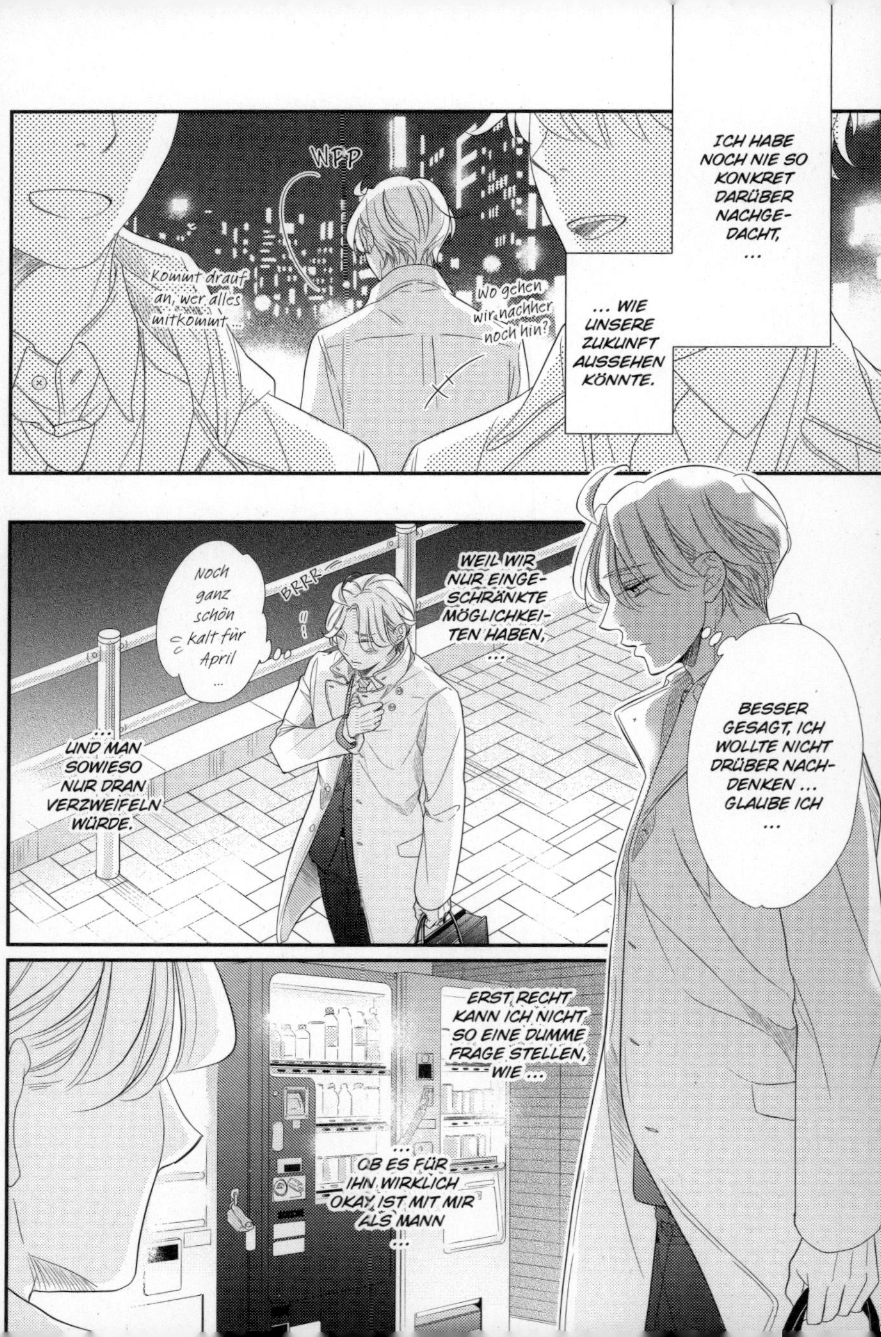
ICH HABE NOCH NIE SO KONKRET DARÜBER NACHGE-DACHT, …
… WIE UNSERE ZUKUNFT AUSSEHEN KÖNNTE.
Wo gehen wir nachher noch hin?
WPP
Kommt drauf an, wer alles mitkommt …
BESSER GESAGT, ICH WOLLTE NICHT DRÜBER NACH-DENKEN … GLAUBE ICH …
WEIL WIR NUR EINGE-SCHRÄNKTE MÖGLICHKEI-TEN HABEN, …
BRRR
Noch ganz schön kalt für April …
… UND MAN SOWIESO NUR DRAN VERZWEIFELN WÜRDE.
ERST RECHT KANN ICH NICHT SO EINE DUMME FRAGE STELLEN, WIE …
… OB ES FÜR IHN WIRKLICH OKAY IST MIT MIR ALS MANN …

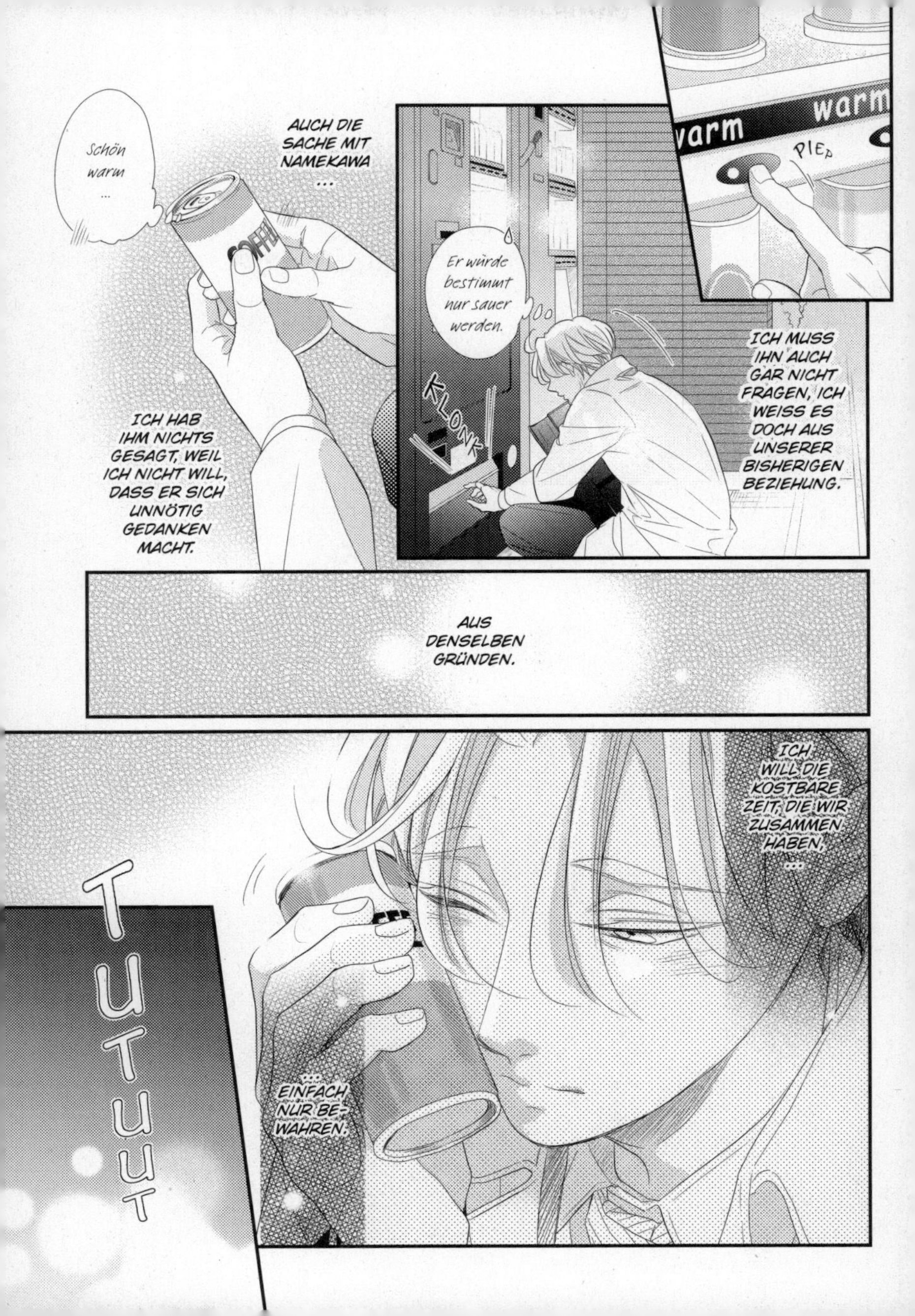
warm
warm
PIEP
Er würde bestimmt nur sauer werden.
KLONK
AUCH DIE SACHE MIT NAMEKAWA …
Schön warm …
ICH MUSS IHN AUCH GAR NICHT FRAGEN, ICH WEISS ES DOCH AUS UNSERER BISHERIGEN BEZIEHUNG.
ICH HAB IHM NICHTS GESAGT, WEIL ICH NICHT WILL, DASS ER SICH UNNÖTIG GEDANKEN MACHT.
AUS DENSELBEN GRÜNDEN.
ICH WILL DIE KOSTBARE ZEIT, DIE WIR ZUSAMMEN HABEN, …
… EINFACH NUR BE-WAHREN.
TUTUUT

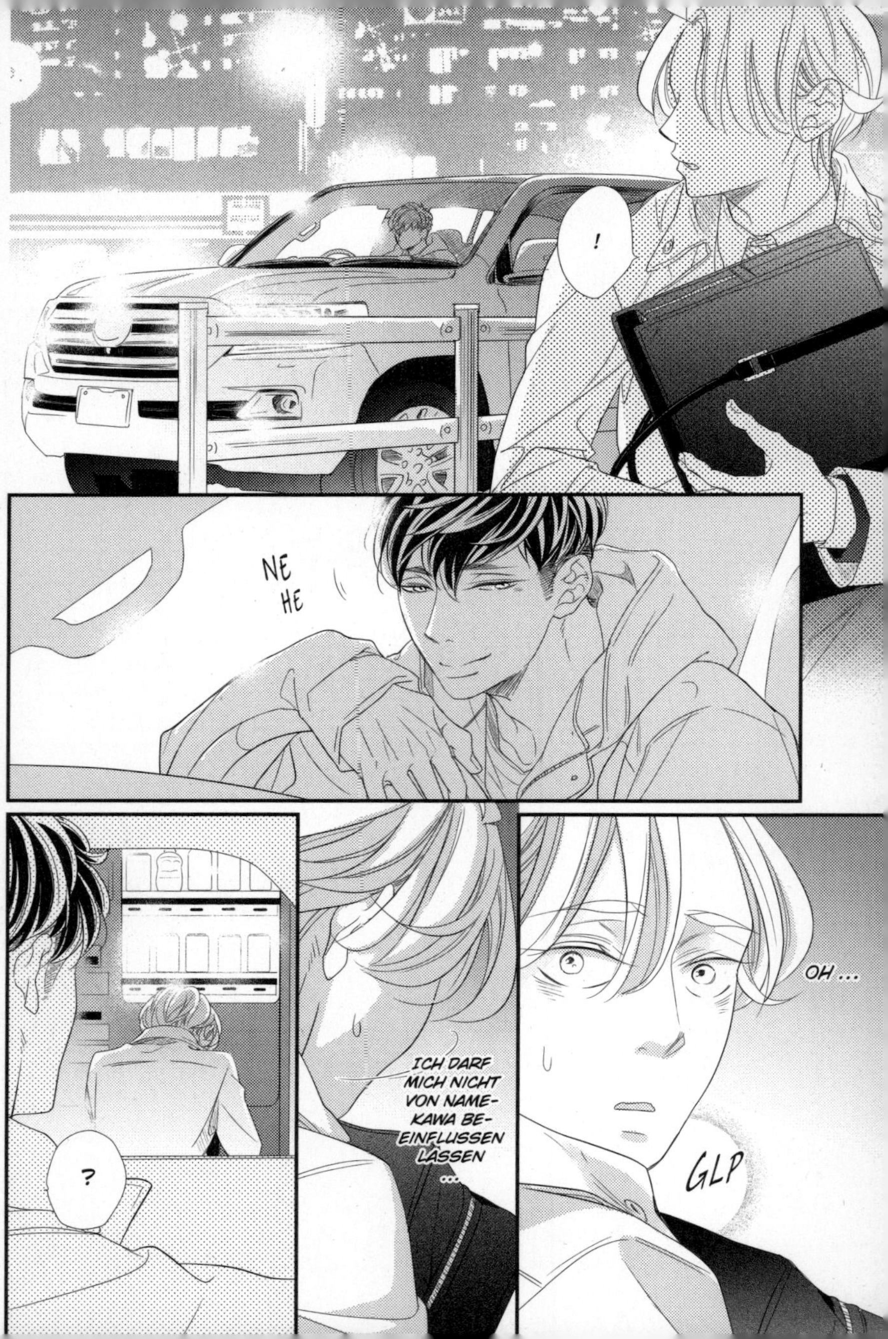

!
NE
HE
OH ...
ICH DARF MICH NICHT VON NAME-KAWA BE-EINFLUSSEN LASSEN ...
GLP
?

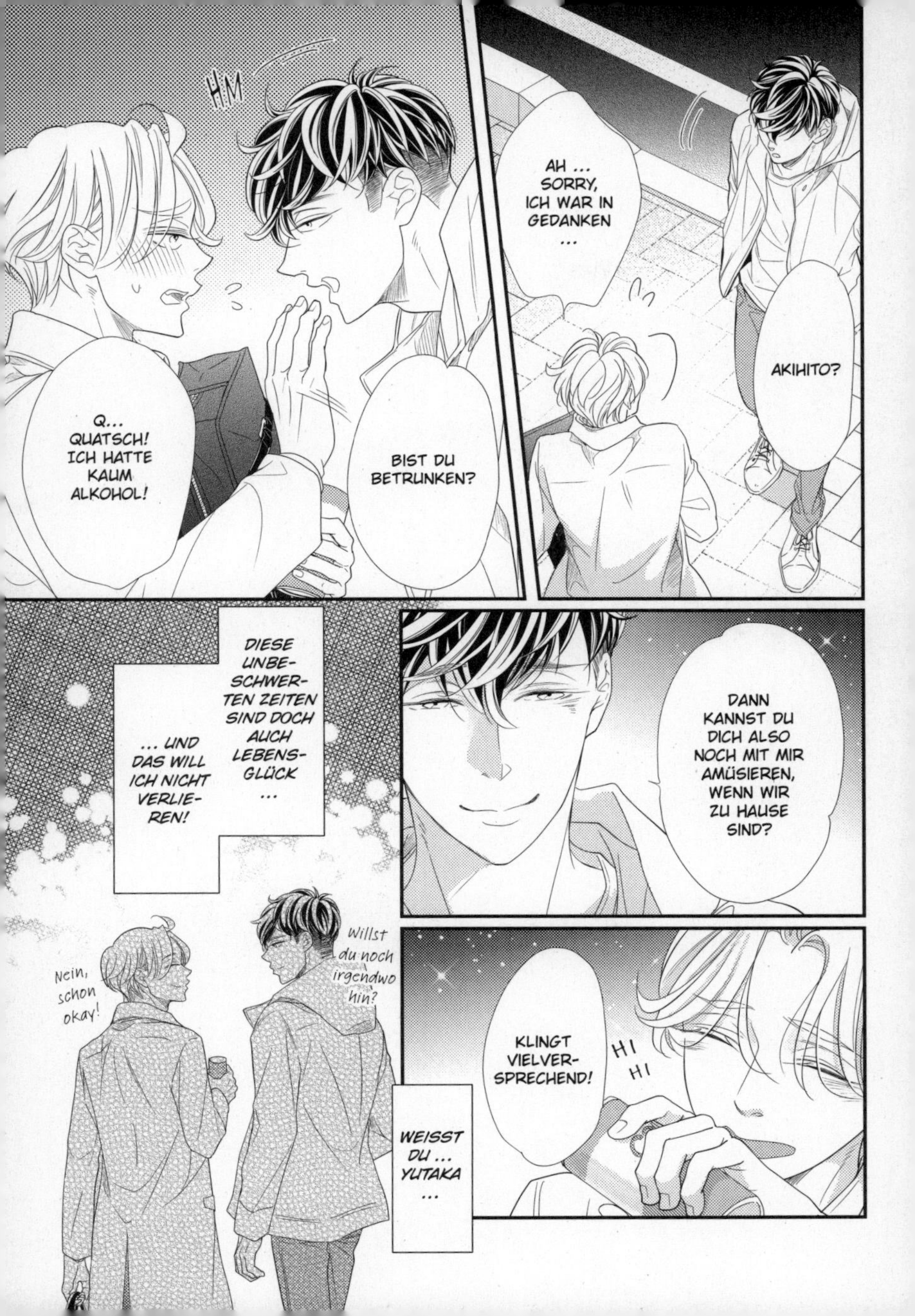
AKIHITO?
AH … SORRY, ICH WAR IN GEDANKEN …
HM
BIST DU BETRUNKEN?
Q… QUATSCH! ICH HATTE KAUM ALKOHOL!
DANN KANNST DU DICH ALSO NOCH MIT MIR AMÜSIEREN, WENN WIR ZU HAUSE SIND?
DIESE UNBE-SCHWER-TEN ZEITEN SIND DOCH AUCH LEBENS-GLÜCK …
… UND DAS WILL ICH NICHT VERLIE-REN!
KLINGT VIELVER-SPRECHEND!
HI HI
WEISST DU … YUTAKA …
Willst du noch irgendwo hin?
Nein, schon okay!

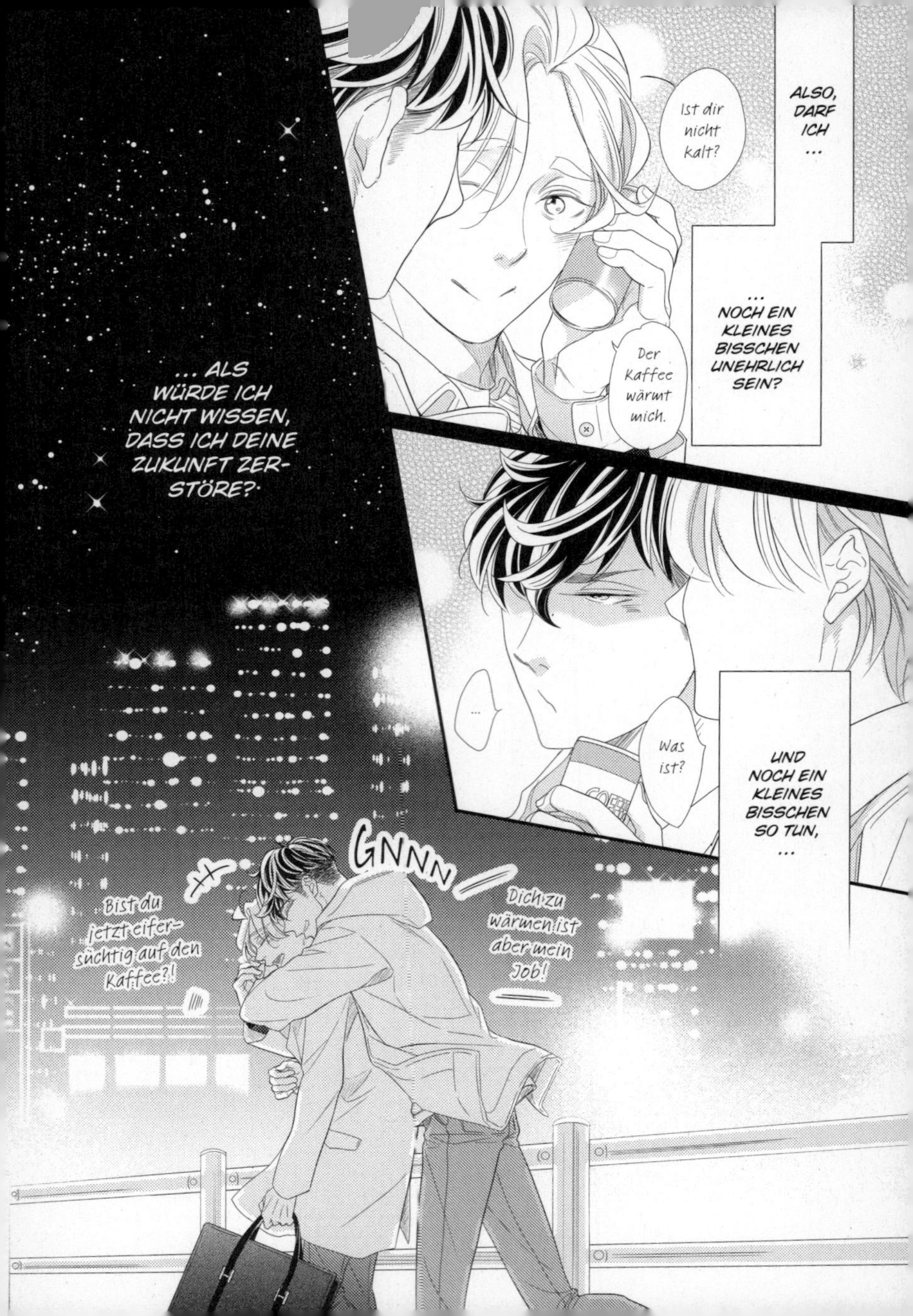
ALSO, DARF ICH ...
Ist dir nicht kalt?
... NOCH EIN KLEINES BISSCHEN UNEHRLICH SEIN?
Der Kaffee wärmt mich.
UND NOCH EIN KLEINES BISSCHEN SO TUN, ...
Was ist?
...
... ALS WÜRDE ICH NICHT WISSEN, DASS ICH DEINE ZUKUNFT ZER-STÖRE?
GNNN
Dich zu wärmen ist aber mein Job!
Bist du jetzt eifer-süchtig auf den Kaffee?!

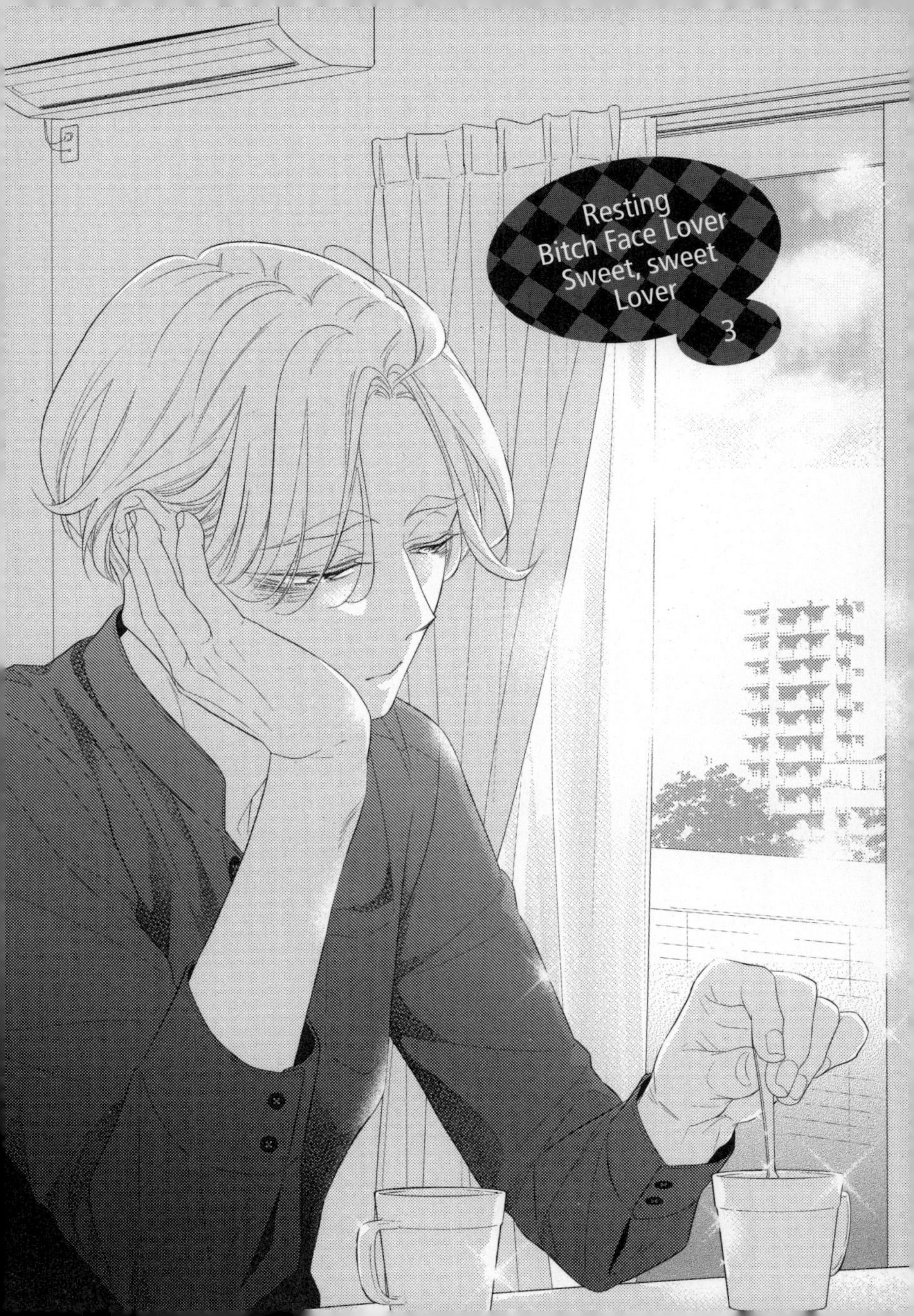
Resting
Bitch Face Lover
Sweet, sweet
Lover
3

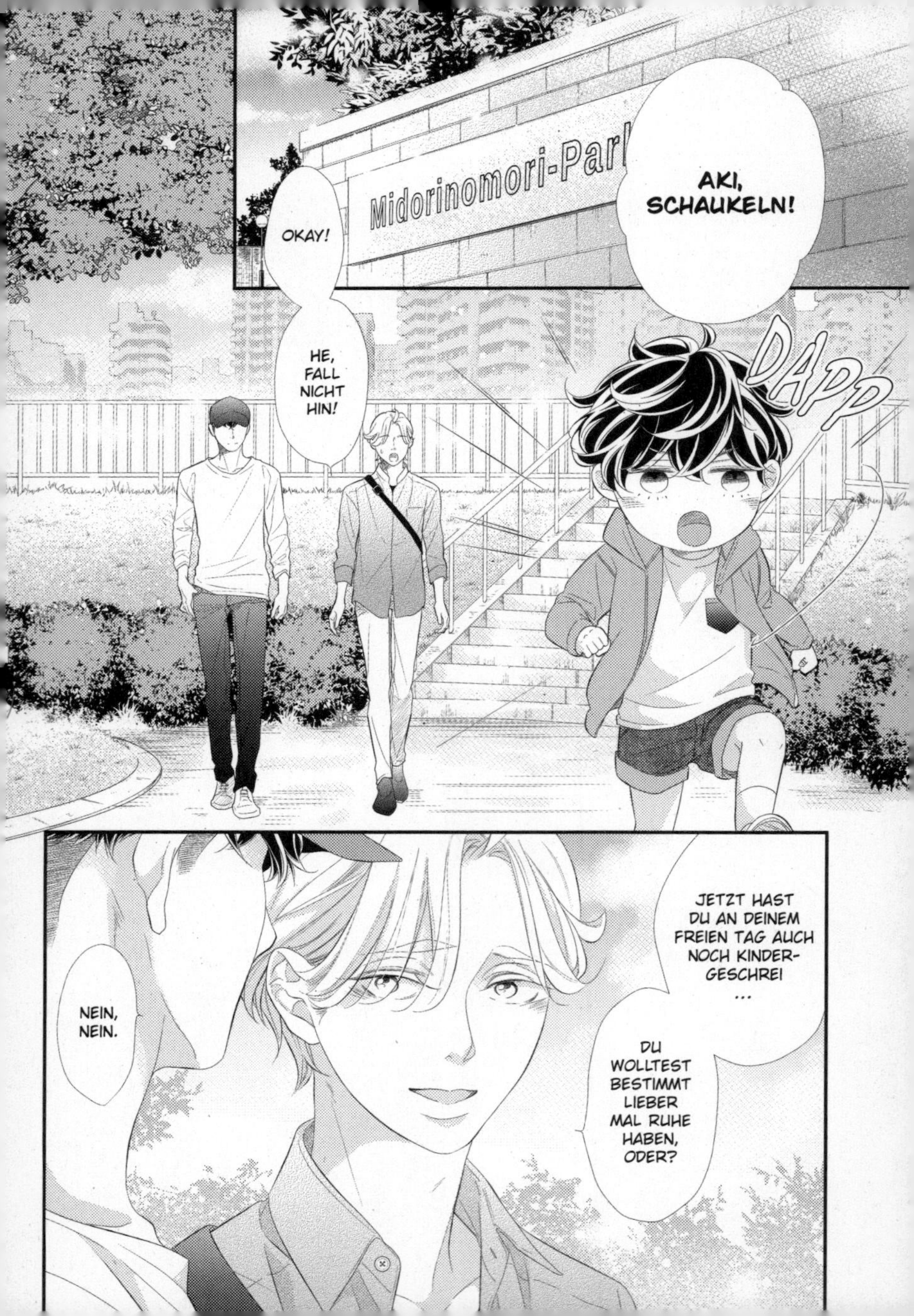
Midorinomori-Park
AKI, SCHAUKELN!
OKAY!
HE, FALL NICHT HIN!
DAPP
JETZT HAST DU AN DEINEM FREIEN TAG AUCH NOCH KINDER-GESCHREI …
DU WOLLTEST BESTIMMT LIEBER MAL RUHE HABEN, ODER?
NEIN, NEIN.

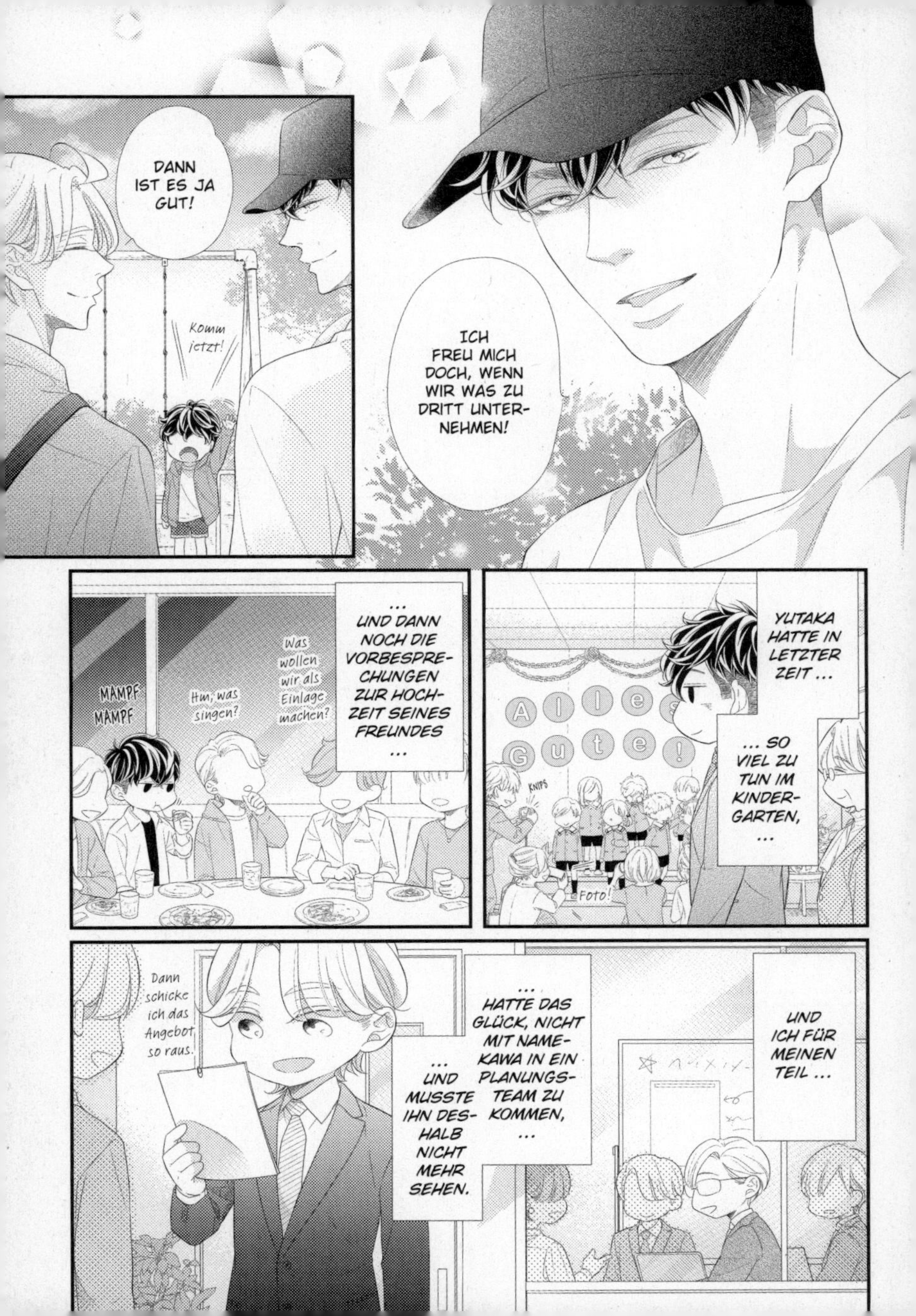
DANN IST ES JA GUT!
Komm jetzt!
ICH FREU MICH DOCH, WENN WIR WAS ZU DRITT UNTERNEHMEN!
YUTAKA HATTE IN LETZTER ZEIT …
… SO VIEL ZU TUN IM KINDERGARTEN, …
Alles Gute!
KNIPS
Foto!
… UND DANN NOCH DIE VORBESPRECHUNGEN ZUR HOCHZEIT SEINES FREUNDES …
Was wollen wir als Einlage machen?
Hm, was singen?
MAMPF MAMPF
UND ICH FÜR MEINEN TEIL …
… HATTE DAS GLÜCK, NICHT MIT NAMEKAWA IN EIN PLANUNGSTEAM ZU KOMMEN, …
… UND MUSSTE IHN DESHALB NICHT MEHR SEHEN.
Dann schicke ich das Angebot so raus.

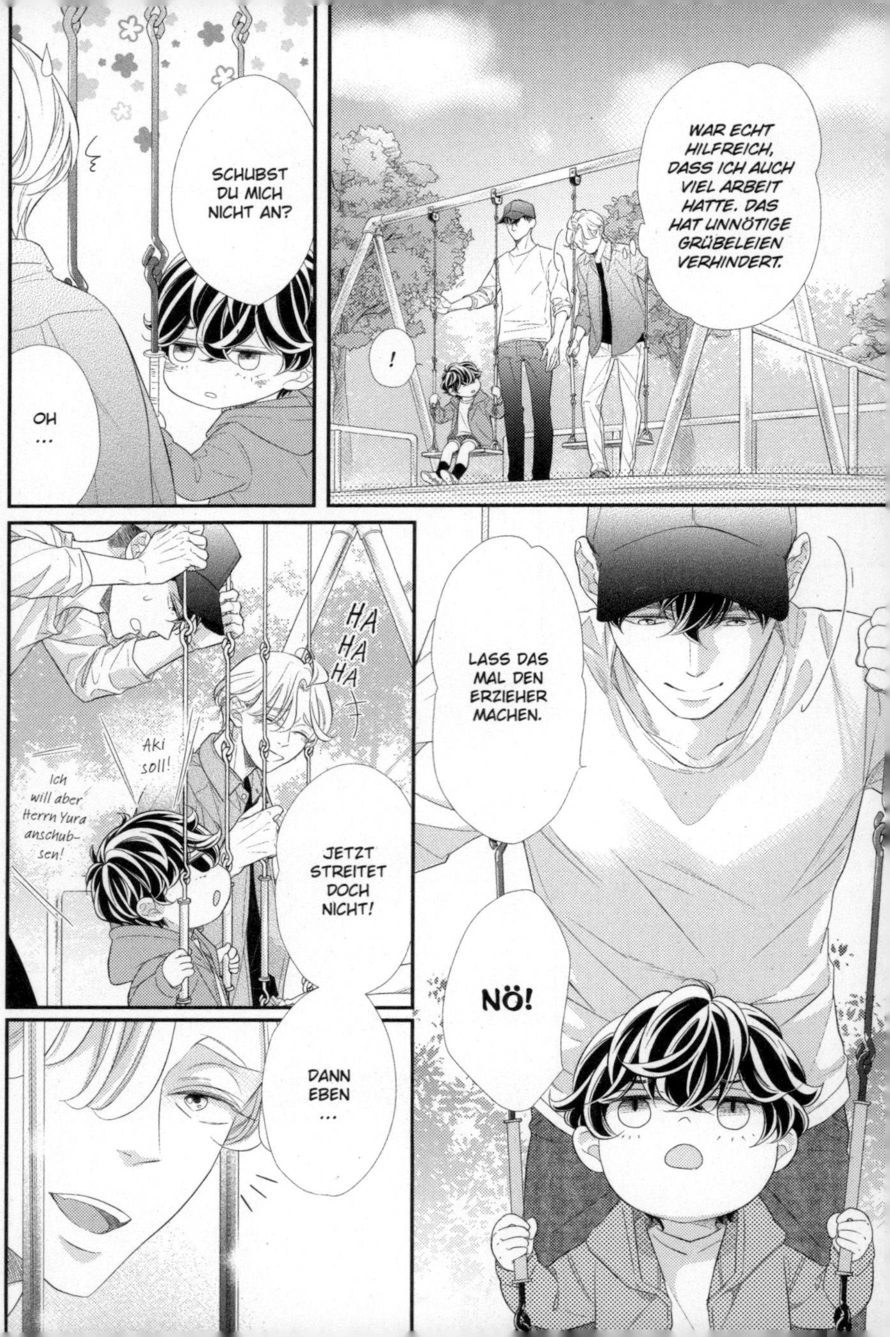

WAR ECHT HILFREICH, DASS ICH AUCH VIEL ARBEIT HATTE. DAS HAT UNNÖTIGE GRÜBELEIEN VERHINDERT.
!
SCHUBST DU MICH NICHT AN?
OH …
LASS DAS MAL DEN ERZIEHER MACHEN.
NÖ!
HAHAHAHA
Aki soll!
Ich will aber Herrn Yura anschubsen!
JETZT STREITET DOCH NICHT!
DANN EBEN …

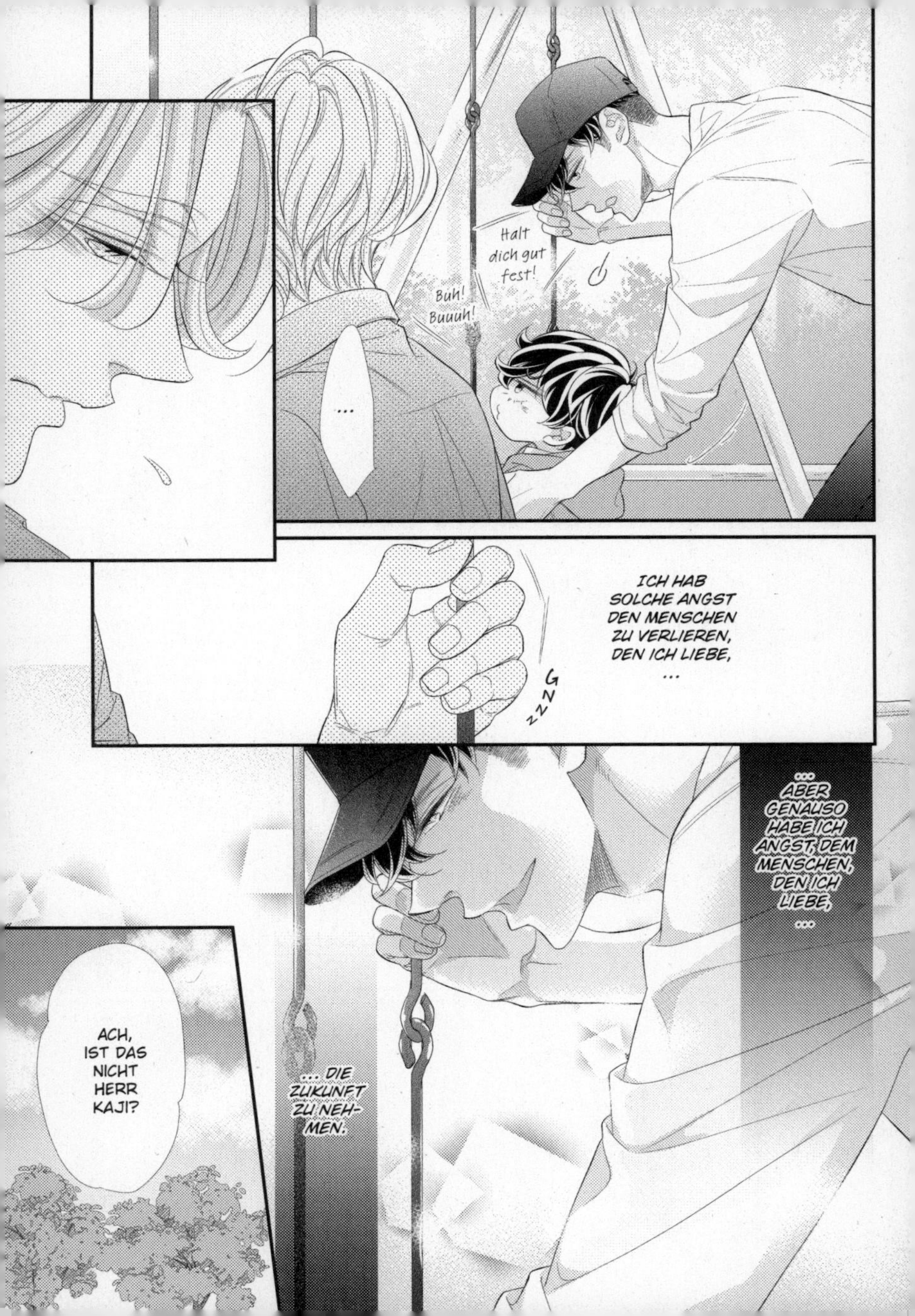
Halt dich gut fest!
Buh! Buuuh!
...
ICH HAB SOLCHE ANGST DEN MENSCHEN ZU VERLIEREN, DEN ICH LIEBE, ...
ZZZG
... ABER GENAUSO HABE ICH ANGST, DEM MENSCHEN, DEN ICH LIEBE, ...
... DIE ZUKUNFT ZU NEH-MEN.
ACH, IST DAS NICHT HERR KAJI?

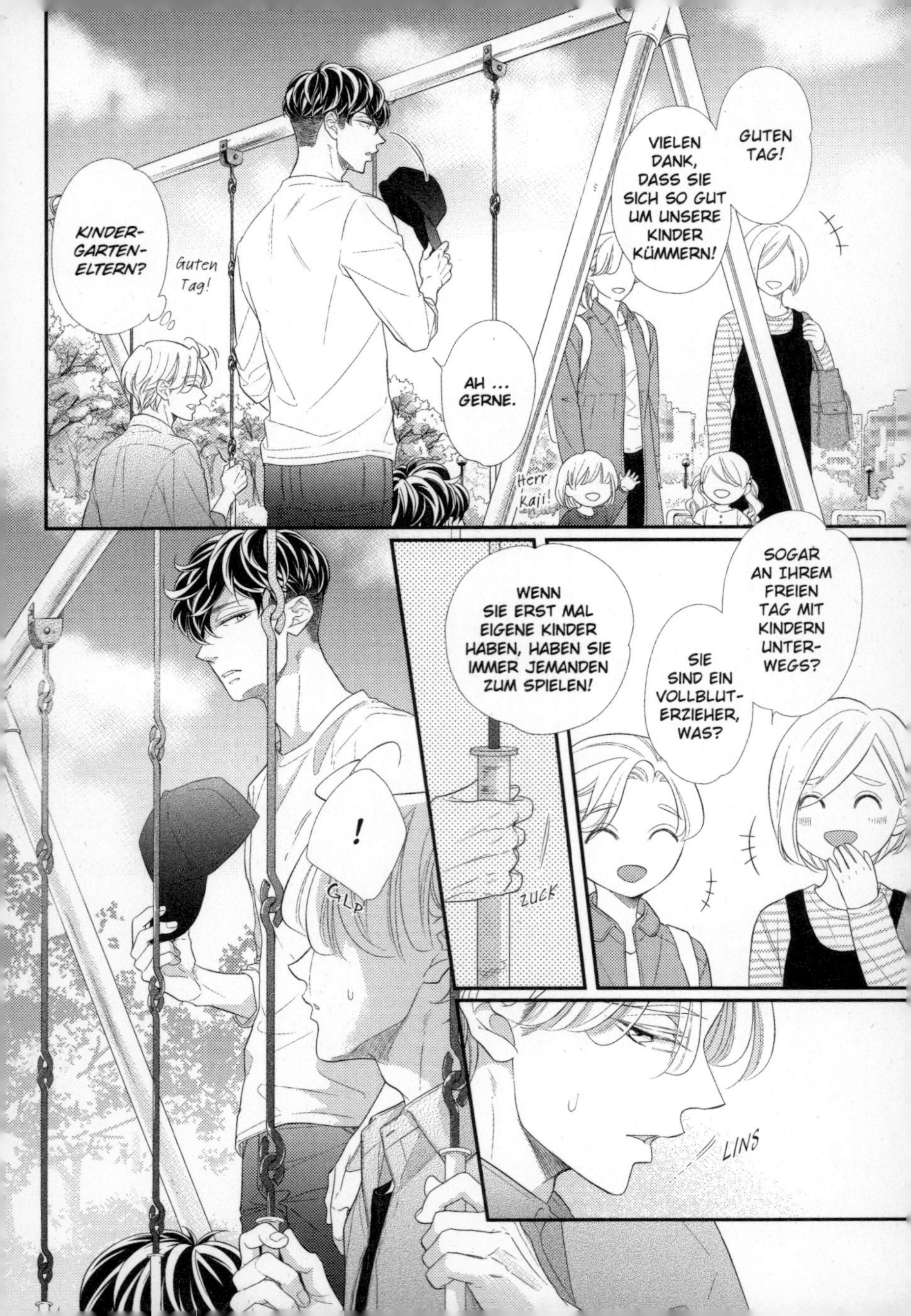
GUTEN TAG!
VIELEN DANK, DASS SIE SICH SO GUT UM UNSERE KINDER KÜMMERN!
AH ... GERNE.
Herr Kaji!
Guten Tag!
KINDER-GARTEN-ELTERN?
SOGAR AN IHREM FREIEN TAG MIT KINDERN UNTER-WEGS?
SIE SIND EIN VOLLBLUT-ERZIEHER, WAS?
WENN SIE ERST MAL EIGENE KINDER HABEN, HABEN SIE IMMER JEMANDEN ZUM SPIELEN!
ZUCK
!
GLP
LINS

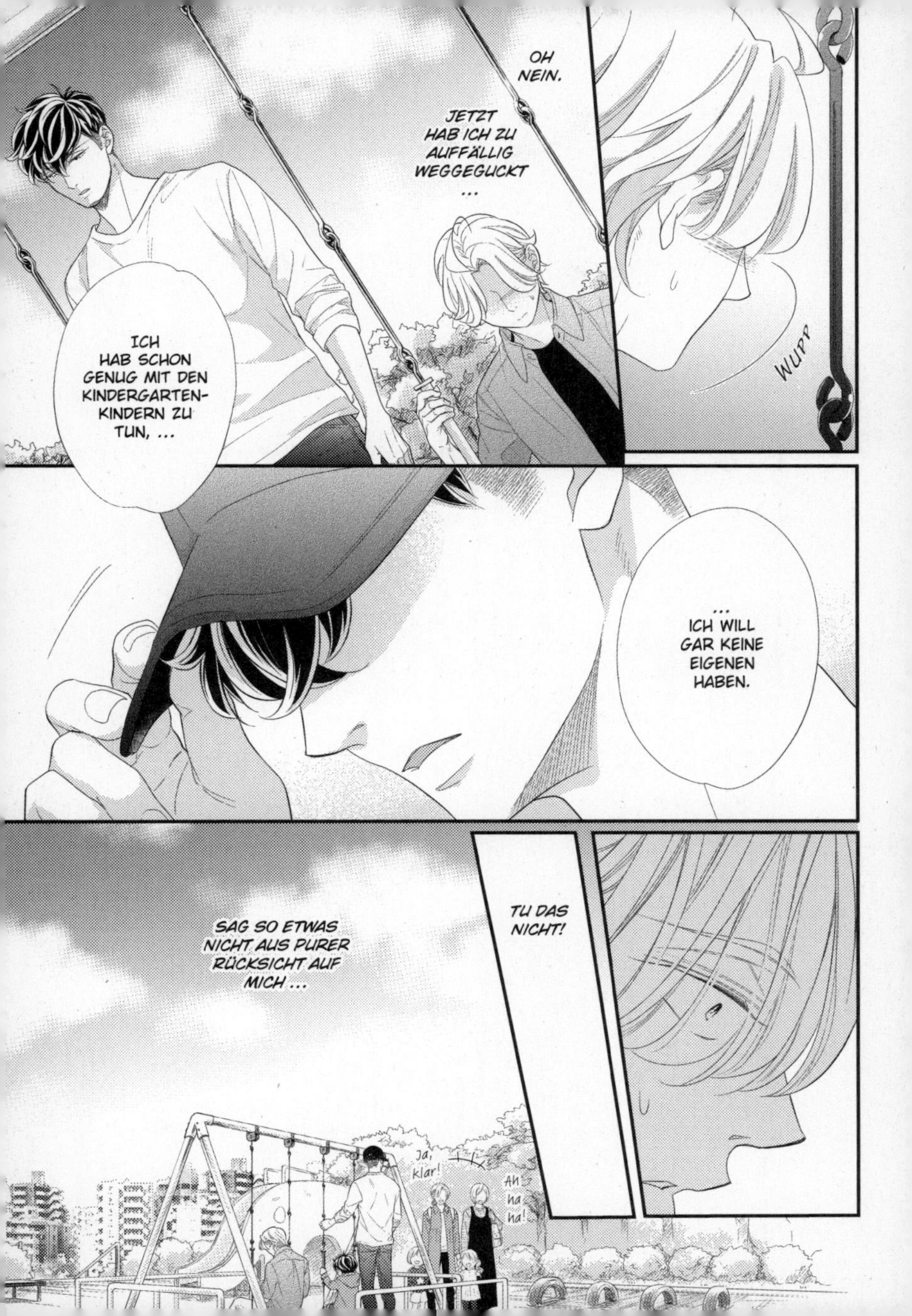
OH NEIN.
JETZT HAB ICH ZU AUFFÄLLIG WEGGEGUCKT ...
WUPP
ICH HAB SCHON GENUG MIT DEN KINDERGARTEN-KINDERN ZU TUN, ...
... ICH WILL GAR KEINE EIGENEN HABEN.
TU DAS NICHT!
SAG SO ETWAS NICHT AUS PURER RÜCKSICHT AUF MICH ...
Ja, klar!
Ah ha ha!

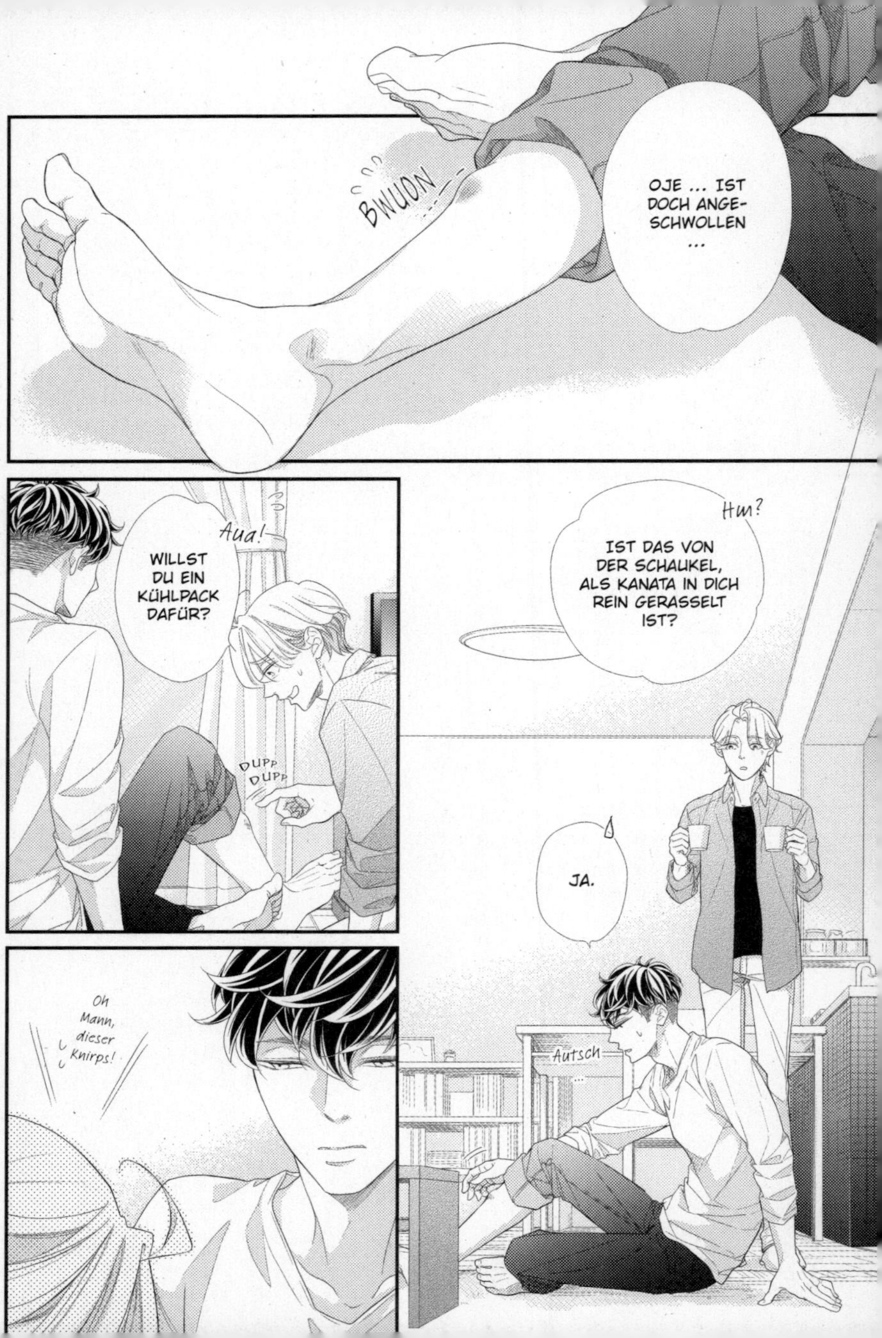

BWUON
OJE … IST DOCH ANGE-SCHWOLLEN …
Hm?
IST DAS VON DER SCHAUKEL, ALS KANATA IN DICH REIN GERASSELT IST?
Aua!
WILLST DU EIN KÜHLPACK DAFÜR?
DUPP DUPP
JA.
Autsch …
Oh Mann, dieser Knirps!

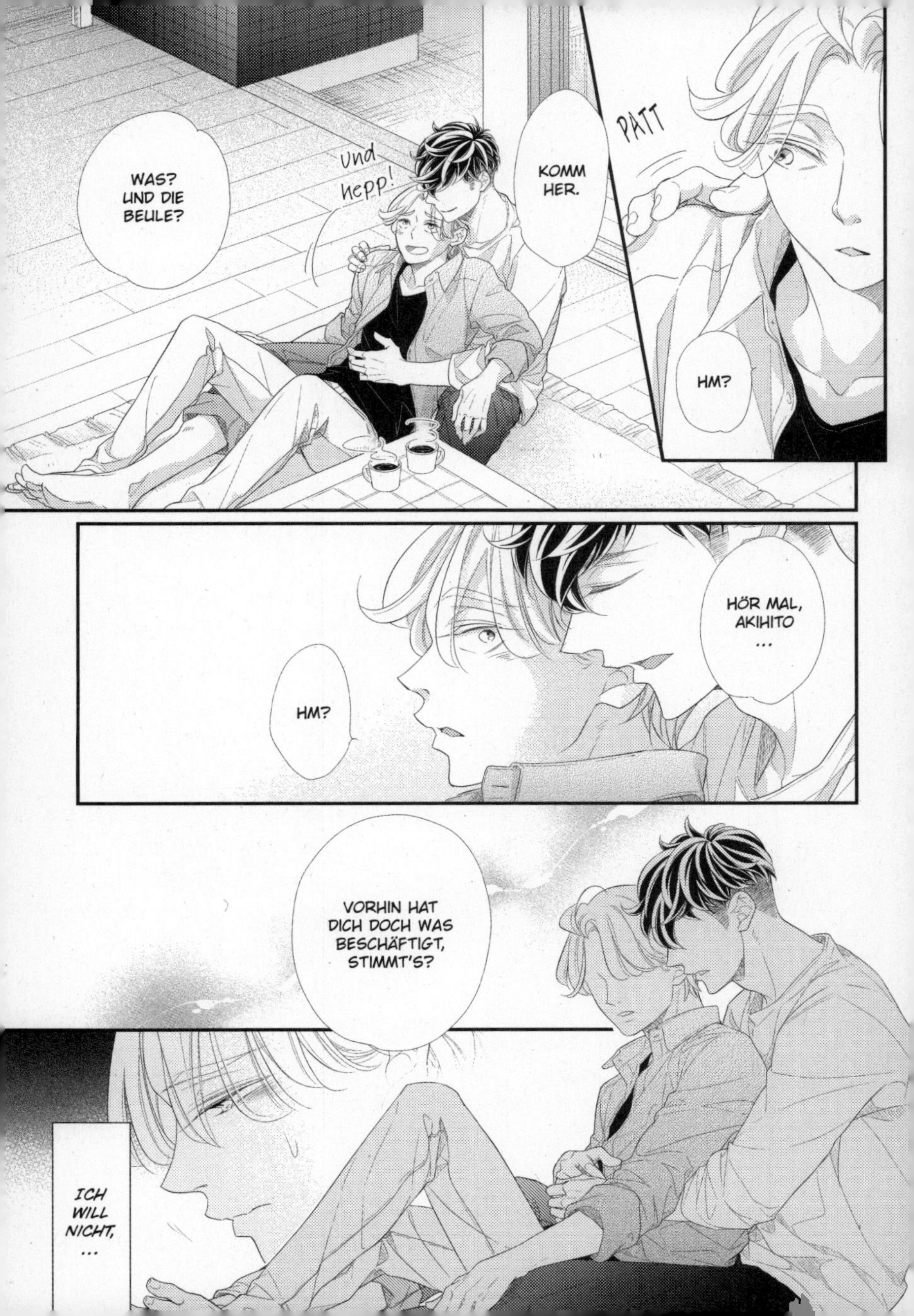
PATT
HM?
KOMM HER.
und hepp!
WAS? UND DIE BEULE?
HÖR MAL, AKIHITO …
HM?
VORHIN HAT DICH DOCH WAS BESCHÄFTIGT, STIMMT'S?
ICH WILL NICHT, …

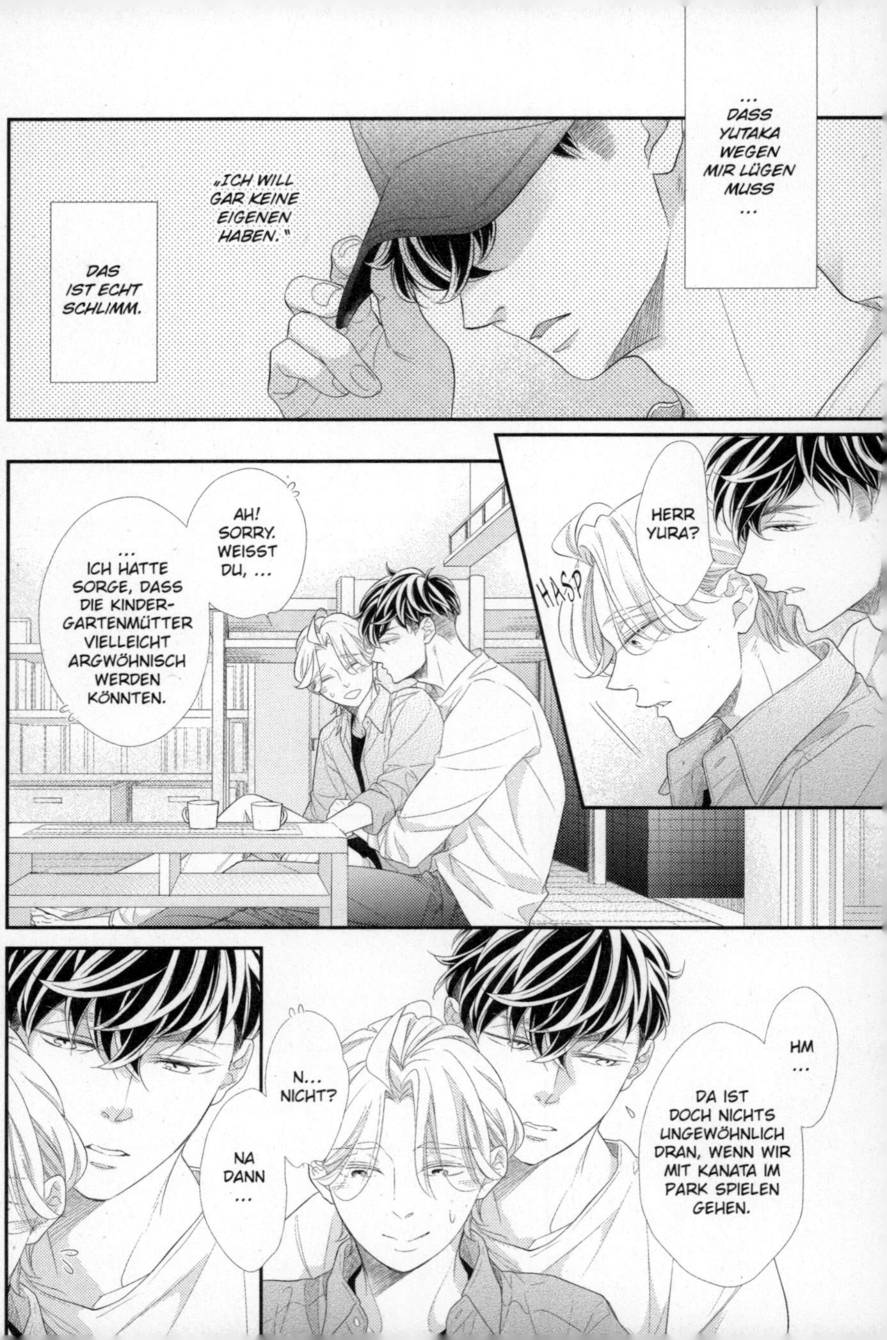
... DASS YUTAKA WEGEN MIR LÜGEN MUSS ...
„ICH WILL GAR KEINE EIGENEN HABEN."
DAS IST ECHT SCHLIMM.
HERR YURA?
HASP
AH! SORRY. WEISST DU, ...
... ICH HATTE SORGE, DASS DIE KINDERGARTENMÜTTER VIELLEICHT ARGWÖHNISCH WERDEN KÖNNTEN.
HM ...
DA IST DOCH NICHTS UNGEWÖHNLICH DRAN, WENN WIR MIT KANATA IM PARK SPIELEN GEHEN.
N... NICHT?
NA DANN ...

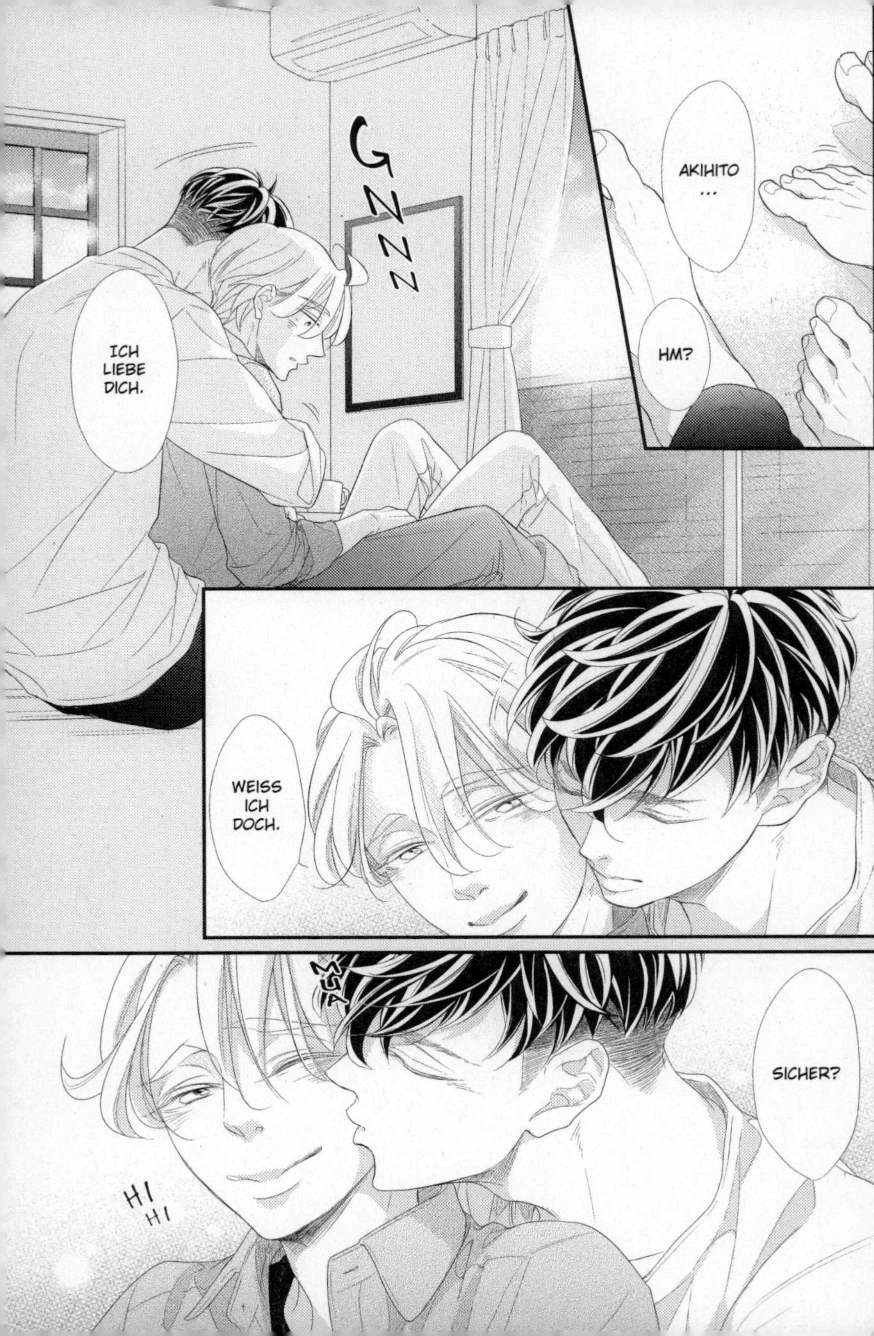
AKIHITO …
HM?
GNNN
ICH LIEBE DICH.
WEISS ICH DOCH.
MUA
SICHER?
HI HI

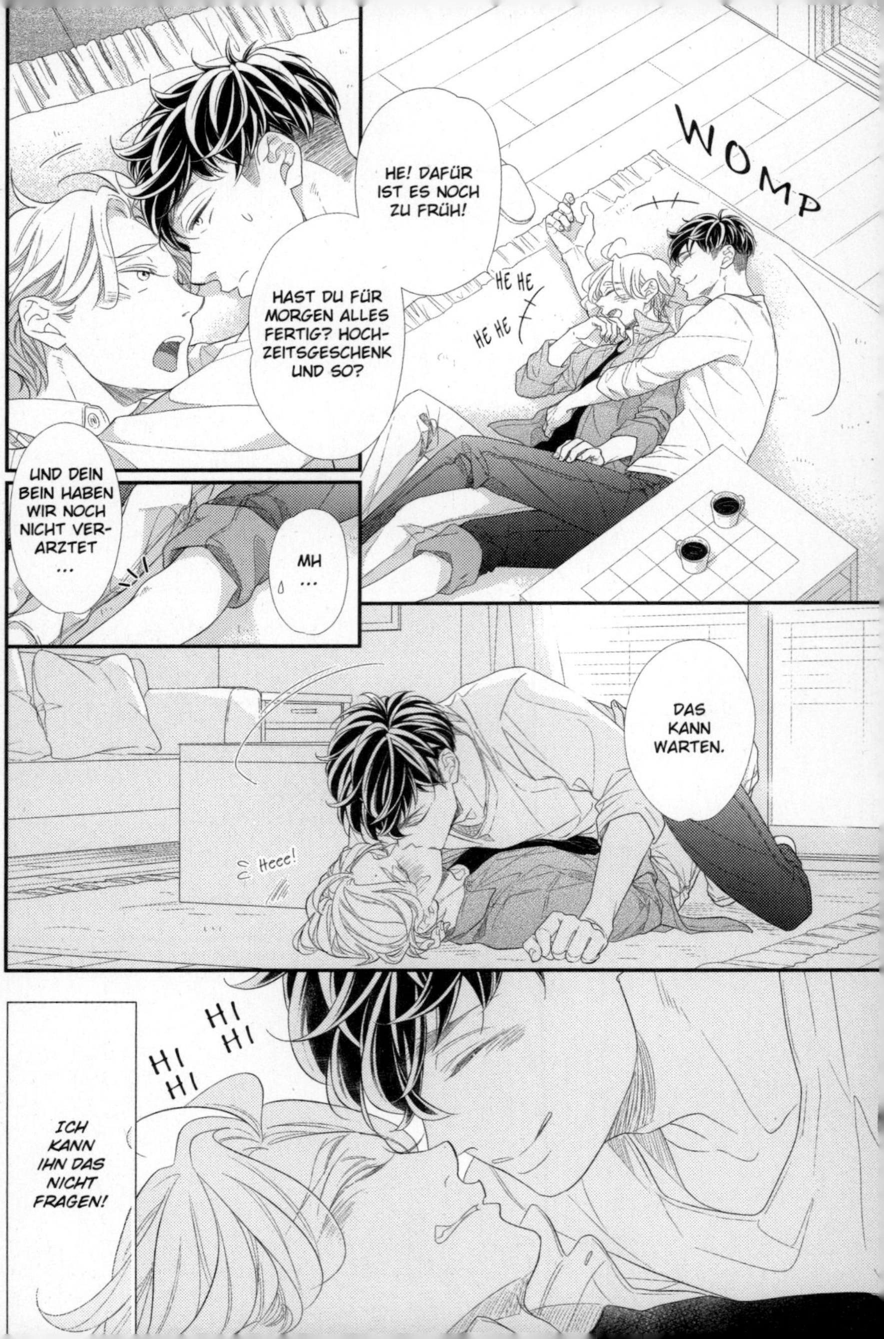
WOMP
HE HE
HE HE
HE! DAFÜR IST ES NOCH ZU FRÜH!
HAST DU FÜR MORGEN ALLES FERTIG? HOCH-ZEITSGESCHENK UND SO?
MH …
UND DEIN BEIN HABEN WIR NOCH NICHT VER-ARZTET …
DAS KANN WARTEN.
Heee!
HI HI
HI HI
ICH KANN IHN DAS NICHT FRAGEN!

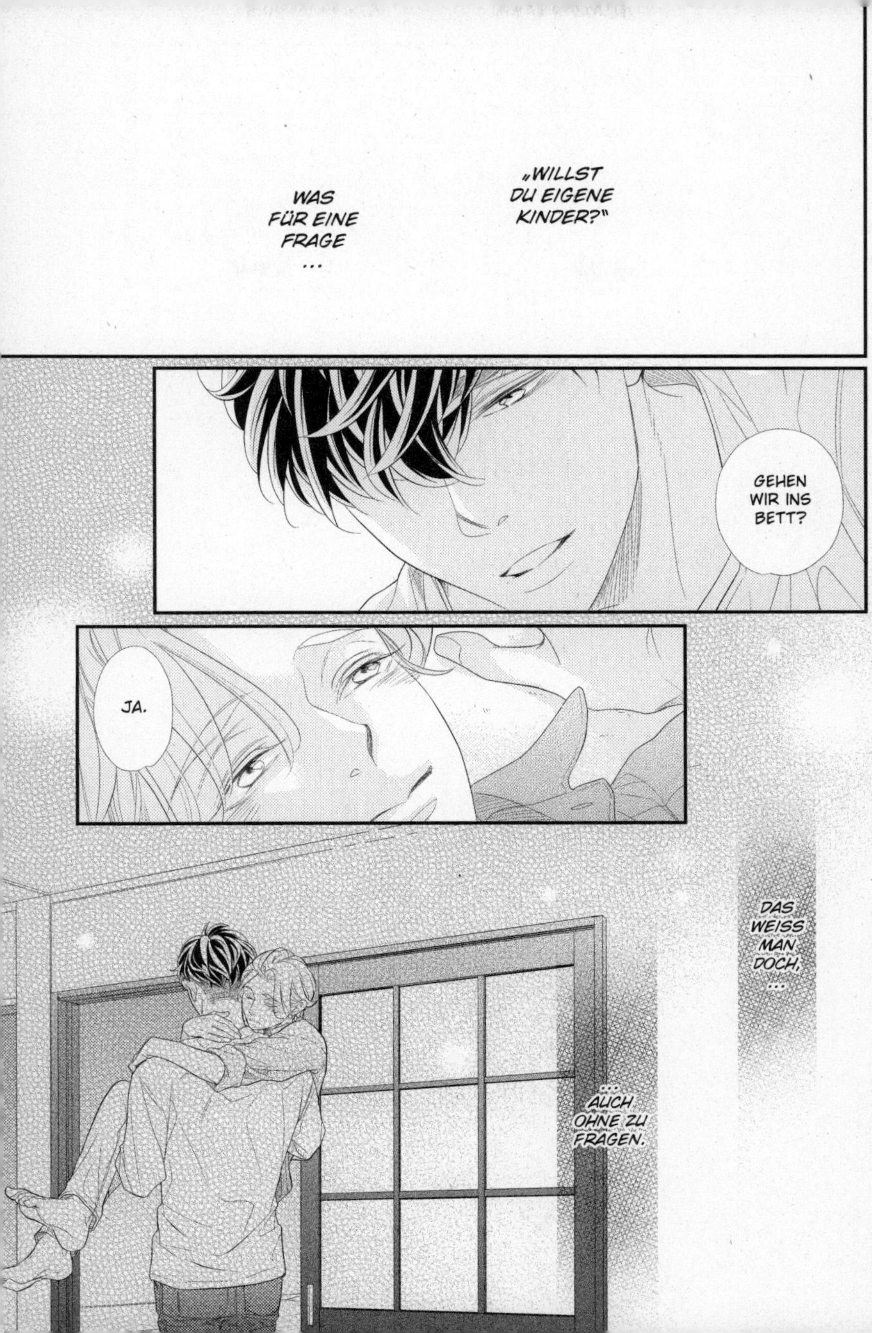
„WILLST DU EIGENE KINDER?"
WAS FÜR EINE FRAGE ...
GEHEN WIR INS BETT?
JA.
DAS WEISS MAN DOCH, ...
... AUCH OHNE ZU FRAGEN.

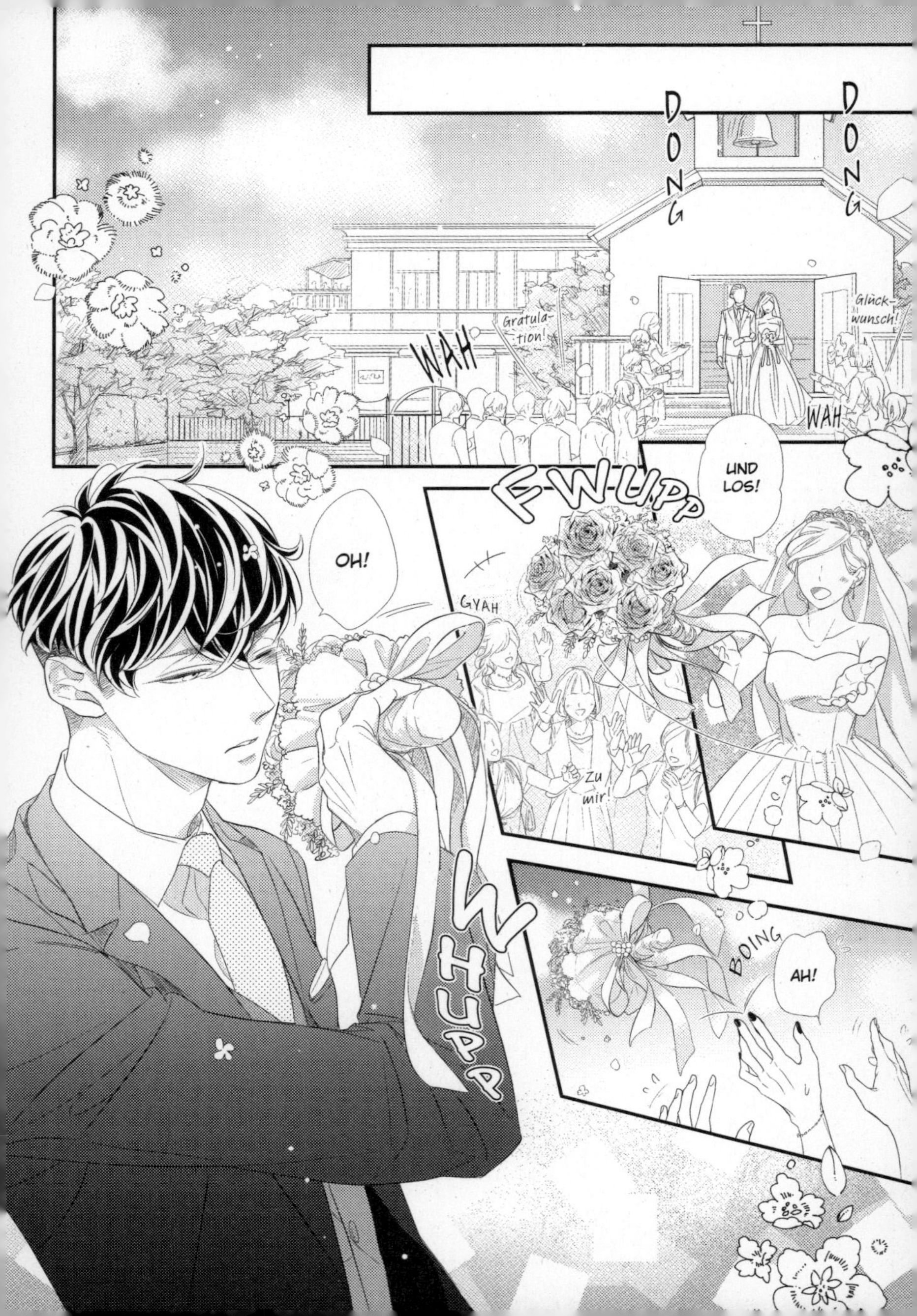
DONG
DONG
Glückwunsch!
WAH
Gratulation!
WAH
UND LOS!
FWUPP
Zu mir
GYAH
OH!
BOING
AH!
WHUPP

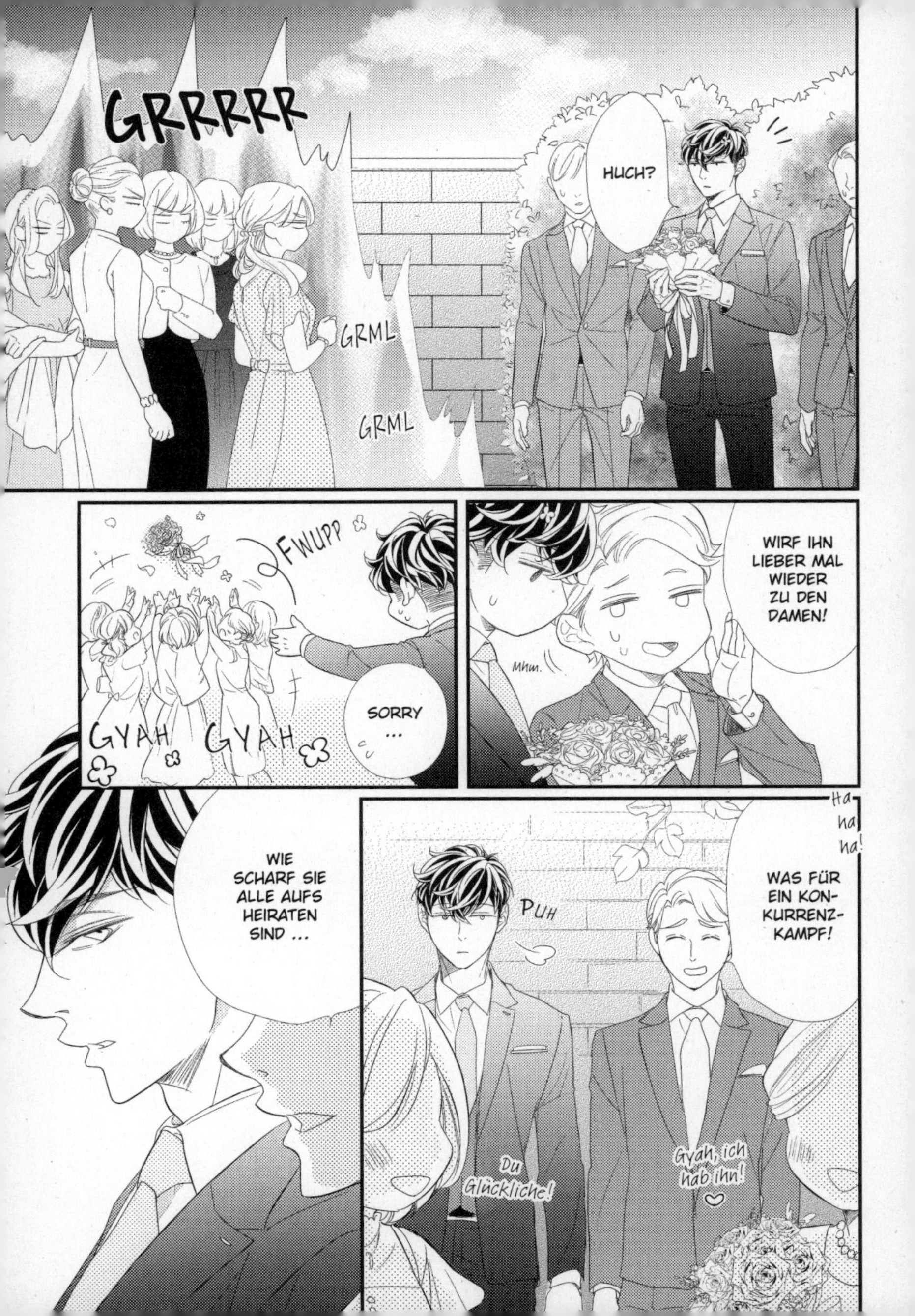
GRRRRR
HUCH?
GRML
GRML
FWUPP
WIRF IHN LIEBER MAL WIEDER ZU DEN DAMEN!
Mhm.
SORRY …
GYAH GYAH
Ha ha ha!
WAS FÜR EIN KON-KURRENZ-KAMPF!
PUH
WIE SCHARF SIE ALLE AUFS HEIRATEN SIND …
Gyah, ich hab ihn!
Du Glückliche!

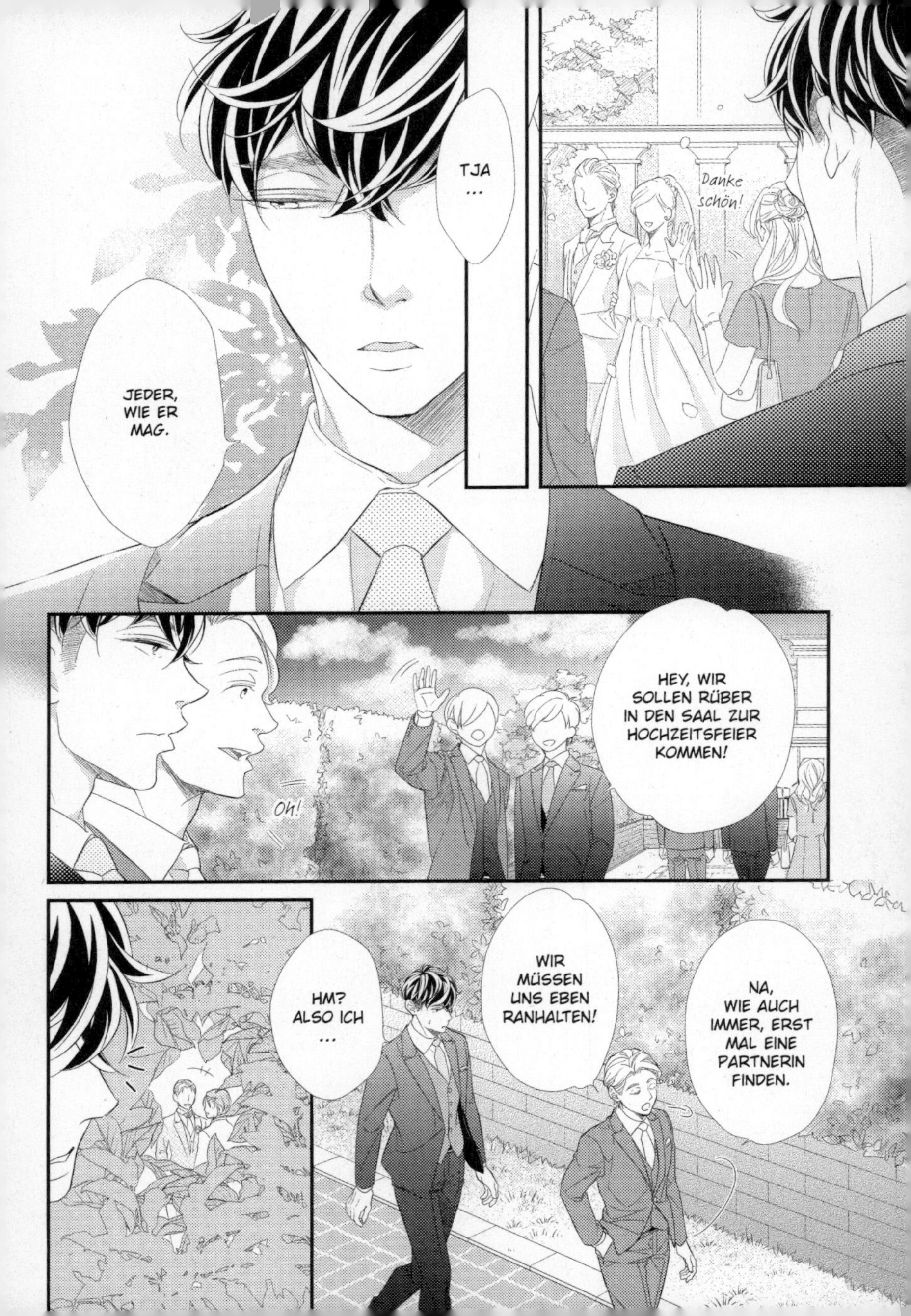
Danke schön!
TJA ...
JEDER, WIE ER MAG.
HEY, WIR SOLLEN RÜBER IN DEN SAAL ZUR HOCHZEITSFEIER KOMMEN!
Oh!
NA, WIE AUCH IMMER, ERST MAL EINE PARTNERIN FINDEN.
WIR MÜSSEN UNS EBEN RANHALTEN!
HM? ALSO ICH ...

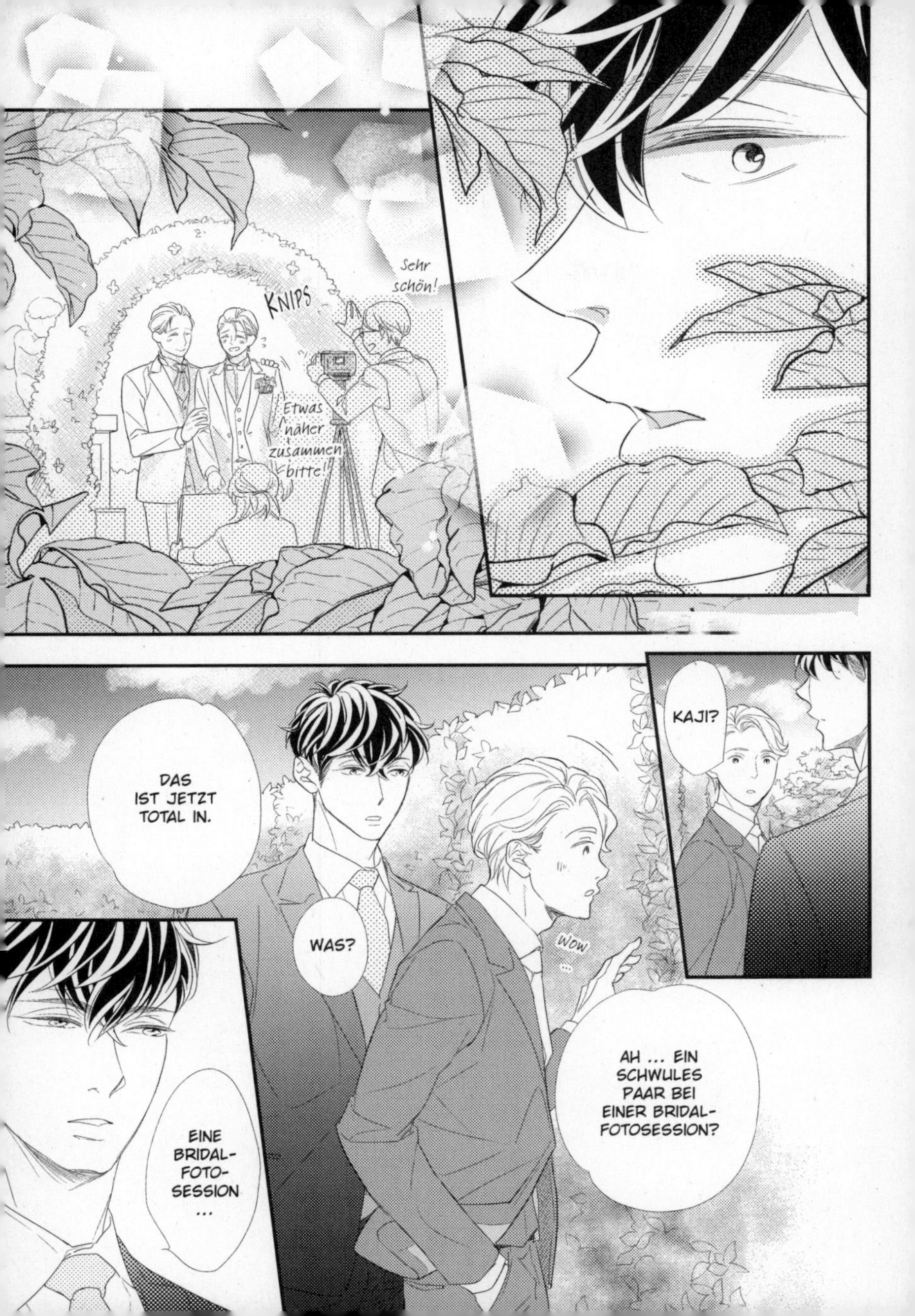

Sehr schön!
KNIPS
Etwas näher zusammen bitte!
KAJI?
WOW ...
AH ... EIN SCHWULES PAAR BEI EINER BRIDAL-FOTOSESSION?
WAS?
DAS IST JETZT TOTAL IN.
EINE BRIDAL-FOTO-SESSION ...

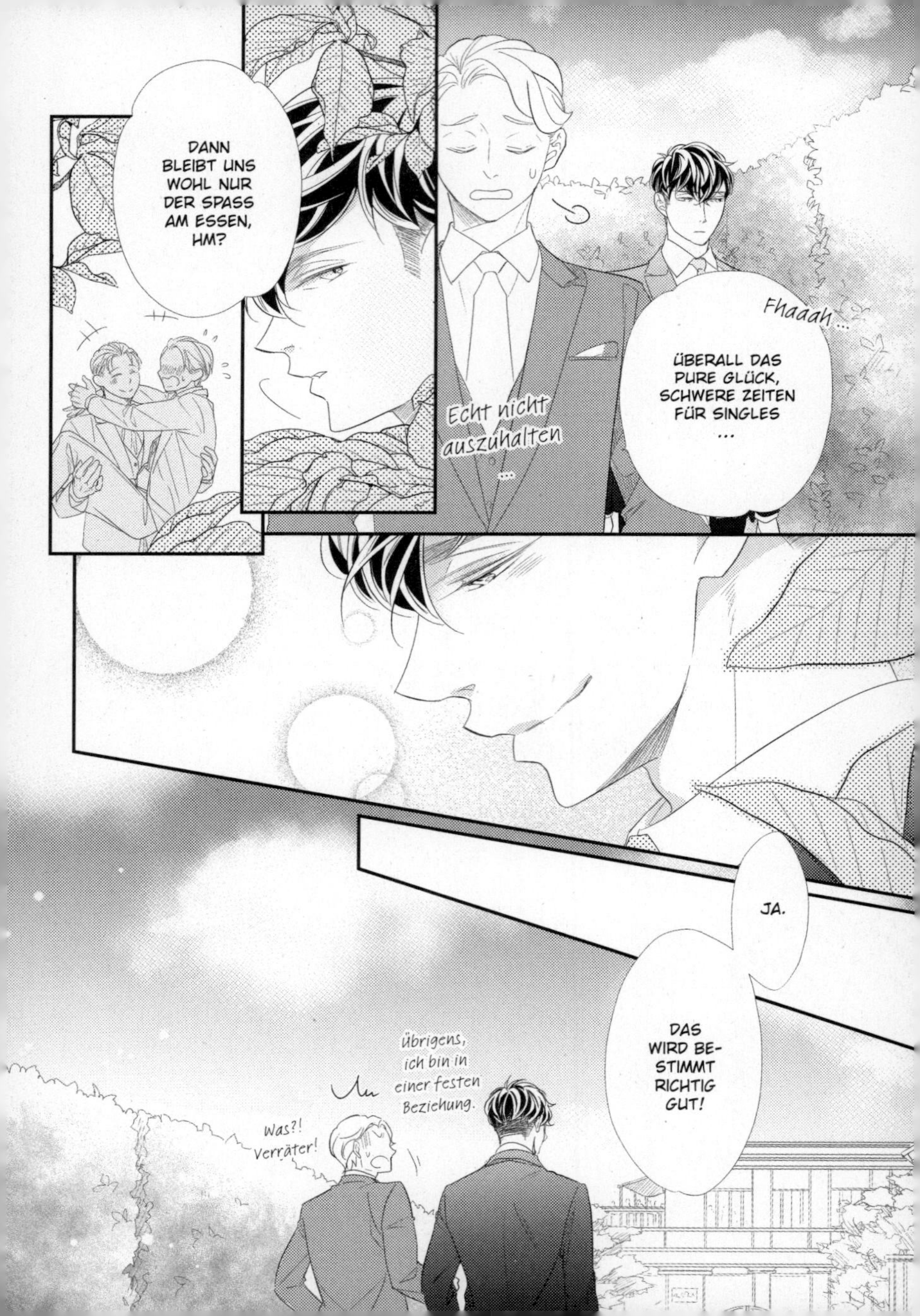
Fhaaah ...
ÜBERALL DAS PURE GLÜCK, SCHWERE ZEITEN FÜR SINGLES ...
Echt nicht auszuhalten ...
DANN BLEIBT UNS WOHL NUR DER SPASS AM ESSEN, HM?
JA.
DAS WIRD BESTIMMT RICHTIG GUT!
übrigens, ich bin in einer festen Beziehung.
Was?! Verräter!

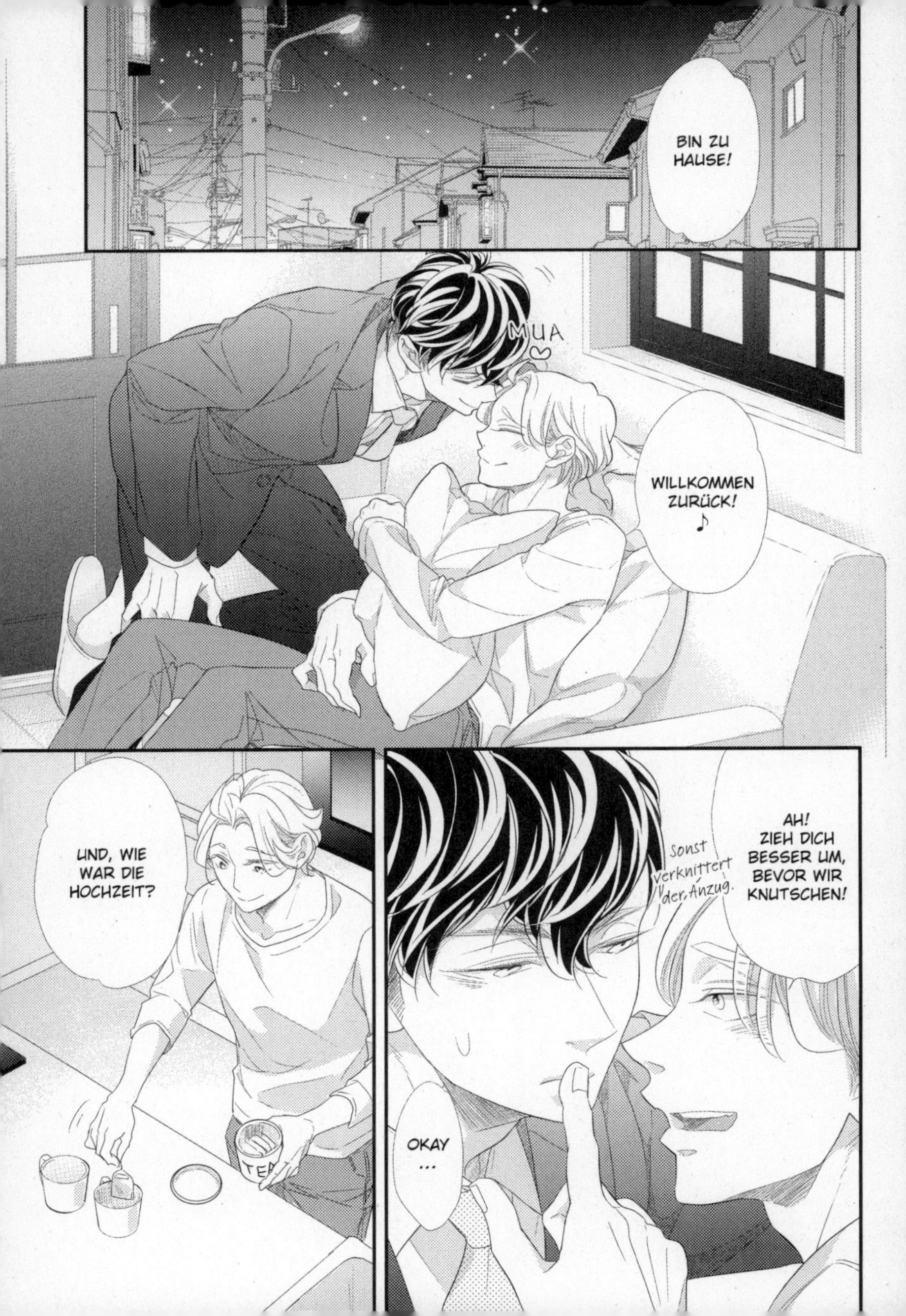
BIN ZU HAUSE!
MUA
WILLKOMMEN ZURÜCK! ♪
UND, WIE WAR DIE HOCHZEIT?
AH! ZIEH DICH BESSER UM, BEVOR WIR KNUTSCHEN!
Sonst verknittert der Anzug.
OKAY …

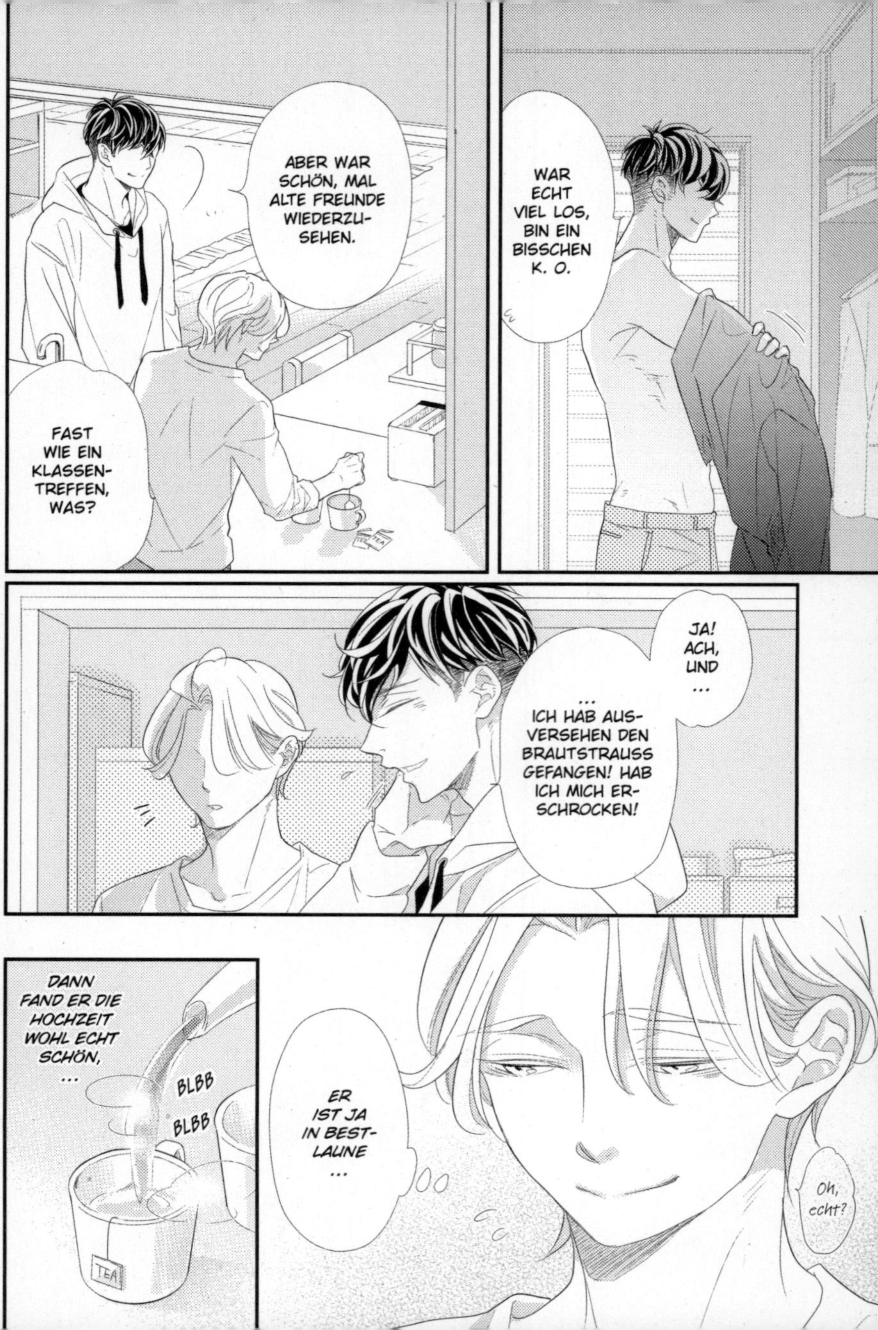
WAR ECHT VIEL LOS, BIN EIN BISSCHEN K. O.
ABER WAR SCHÖN, MAL ALTE FREUNDE WIEDERZUSEHEN.
FAST WIE EIN KLASSENTREFFEN, WAS?
JA! ACH, UND …
… ICH HAB AUSVERSEHEN DEN BRAUTSTRAUSS GEFANGEN! HAB ICH MICH ERSCHROCKEN!
Oh, echt?
ER IST JA IN BESTLAUNE …
DANN FAND ER DIE HOCHZEIT WOHL ECHT SCHÖN, …
BLBB
BLBB
TEA

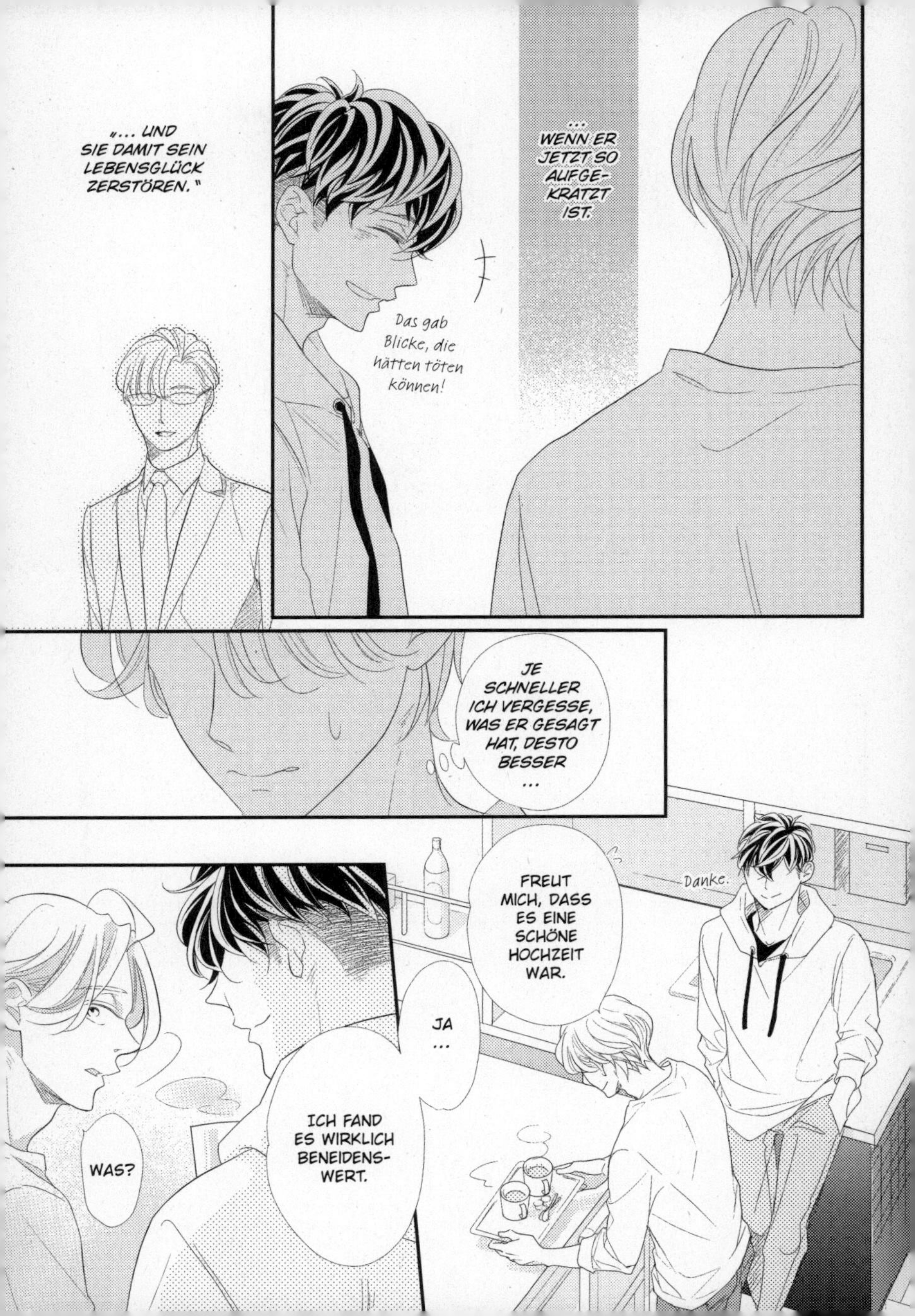
... WENN ER JETZT SO AUFGE-KRATZT IST.
Das gab Blicke, die hätten töten können!
„... UND SIE DAMIT SEIN LEBENSGLÜCK ZERSTÖREN."
JE SCHNELLER ICH VERGESSE, WAS ER GESAGT HAT, DESTO BESSER ...
FREUT MICH, DASS ES EINE SCHÖNE HOCHZEIT WAR.
Danke.
JA ...
ICH FAND ES WIRKLICH BENEIDENS-WERT.
WAS?

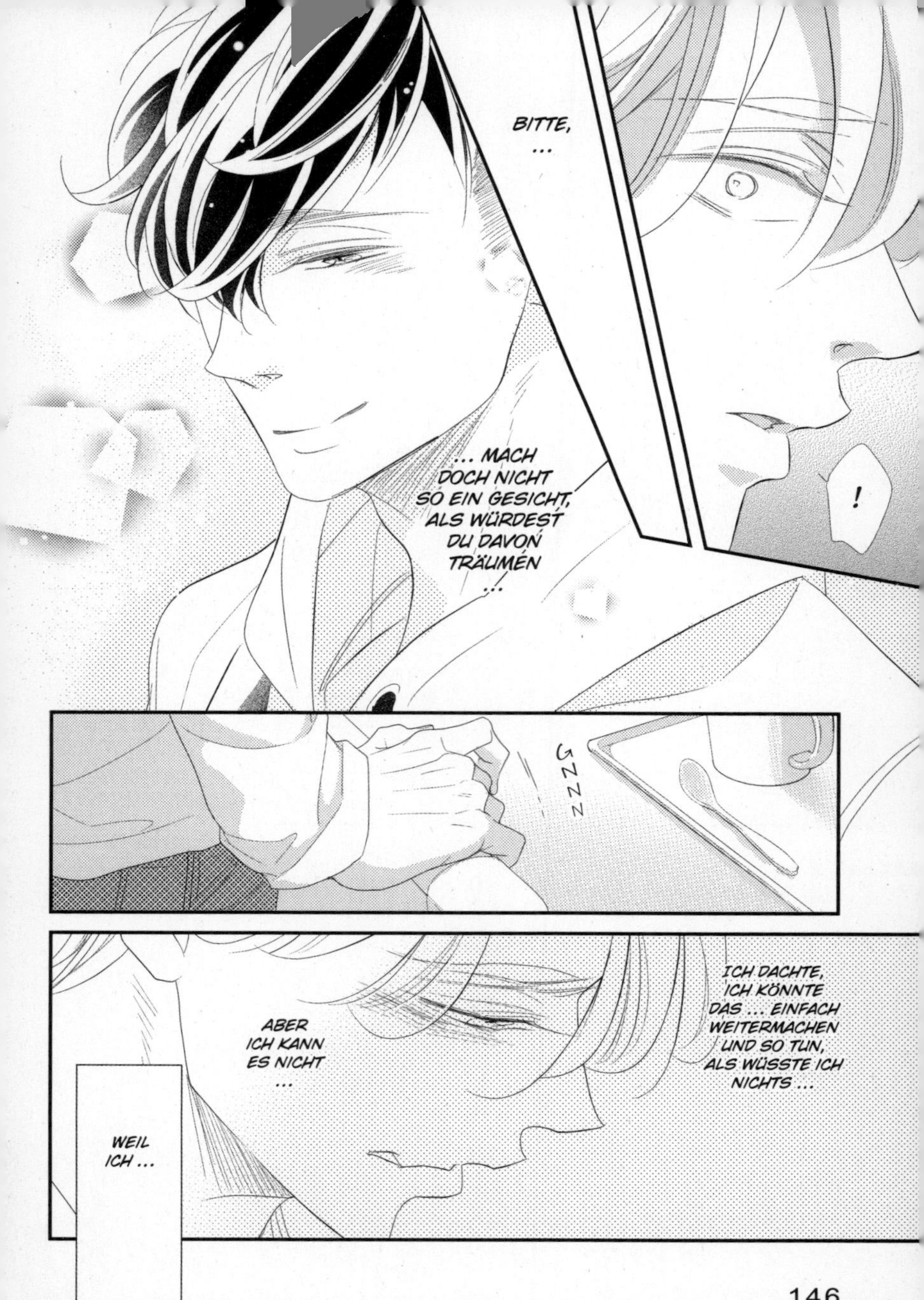
!
BITTE, …
… MACH DOCH NICHT SO EIN GESICHT, ALS WÜRDEST DU DAVON TRÄUMEN …
GNNN
ICH DACHTE, ICH KÖNNTE DAS … EINFACH WEITERMACHEN UND SO TUN, ALS WÜSSTE ICH NICHTS …
ABER ICH KANN ES NICHT …
WEIL ICH …

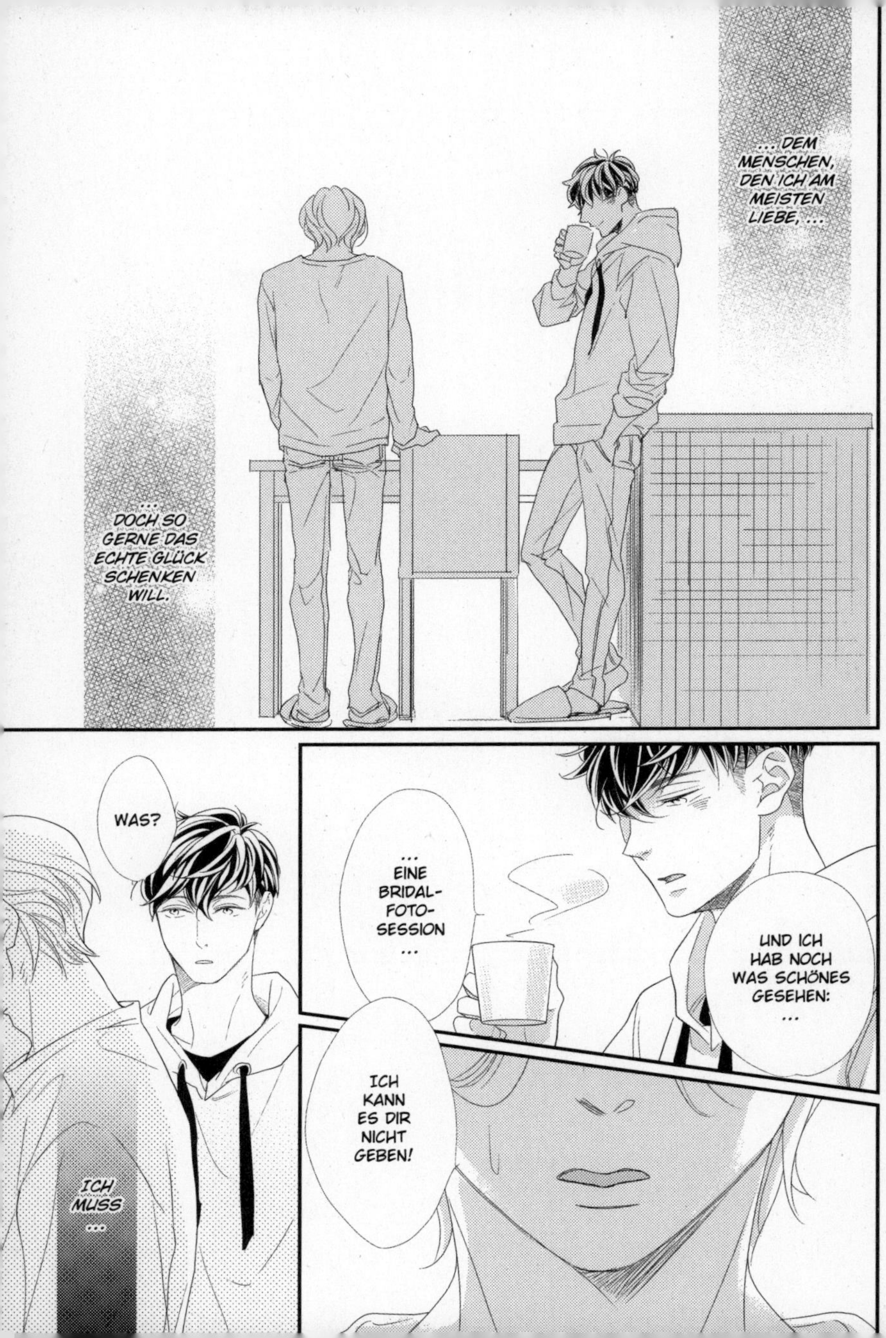
... DEM MENSCHEN, DEN ICH AM MEISTEN LIEBE, ...
... DOCH SO GERNE DAS ECHTE GLÜCK SCHENKEN WILL.
UND ICH HAB NOCH WAS SCHÖNES GESEHEN: ...
... EINE BRIDAL-FOTO-SESSION ...
ICH KANN ES DIR NICHT GEBEN!
WAS?
ICH MUSS ...

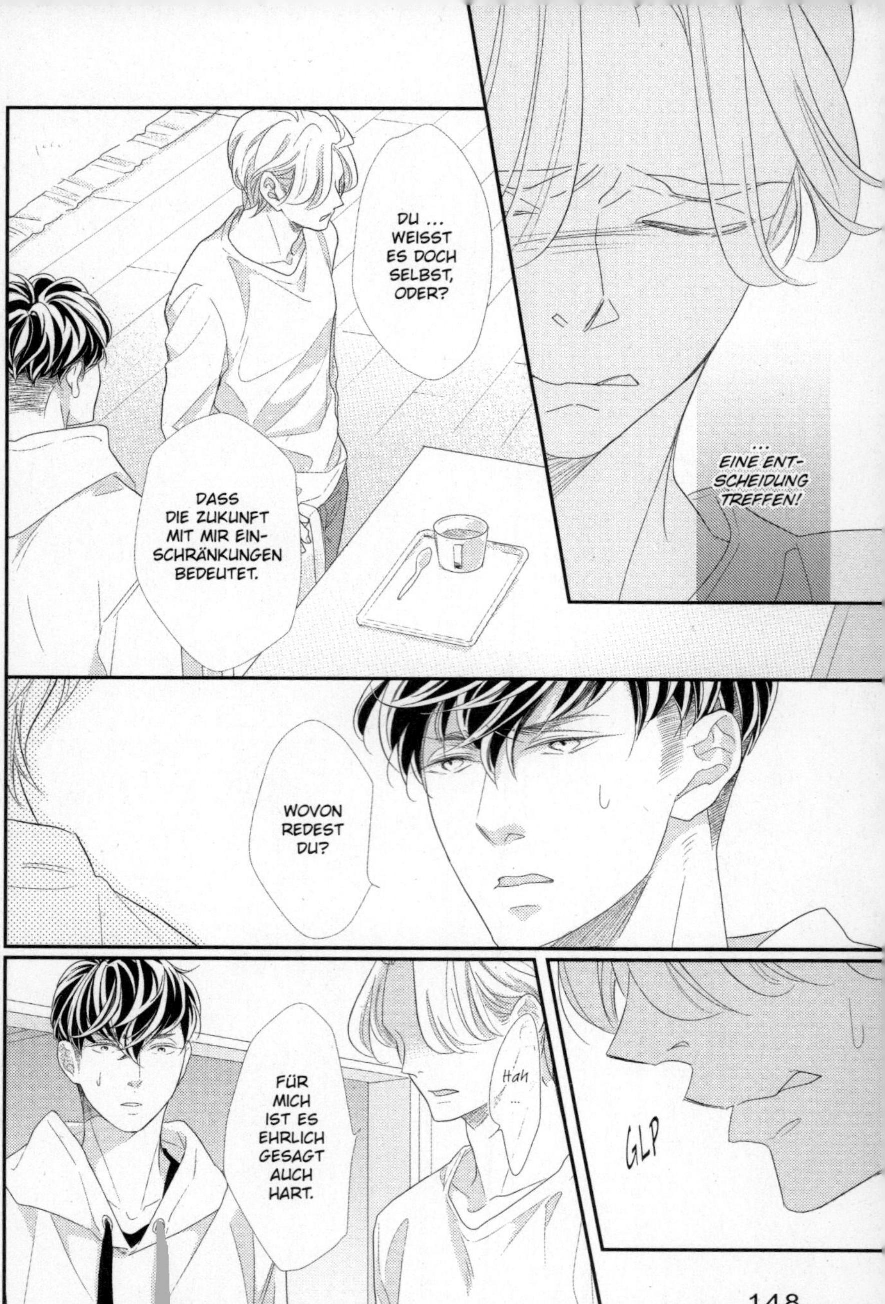
... EINE ENTSCHEIDUNG TREFFEN!
DU ... WEISST ES DOCH SELBST, ODER?
DASS DIE ZUKUNFT MIT MIR EINSCHRÄNKUNGEN BEDEUTET.
WOVON REDEST DU?
GLP
Hah ...
FÜR MICH IST ES EHRLICH GESAGT AUCH HART.

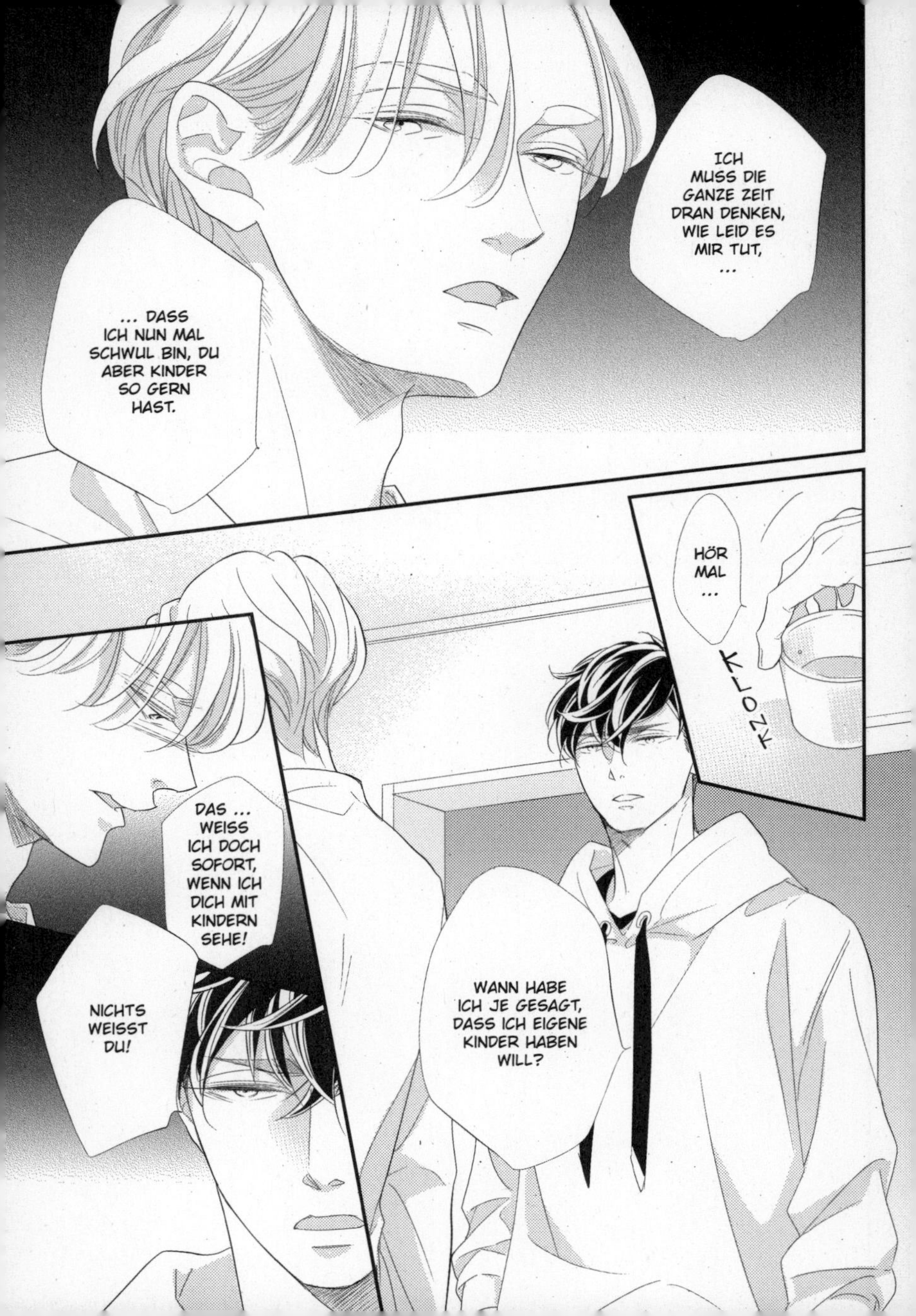
ICH MUSS DIE GANZE ZEIT DRAN DENKEN, WIE LEID ES MIR TUT, ...
... DASS ICH NUN MAL SCHWUL BIN, DU ABER KINDER SO GERN HAST.
HÖR MAL ...
KLONK
DAS ... WEISS ICH DOCH SOFORT, WENN ICH DICH MIT KINDERN SEHE!
WANN HABE ICH JE GESAGT, DASS ICH EIGENE KINDER HABEN WILL?
NICHTS WEISST DU!

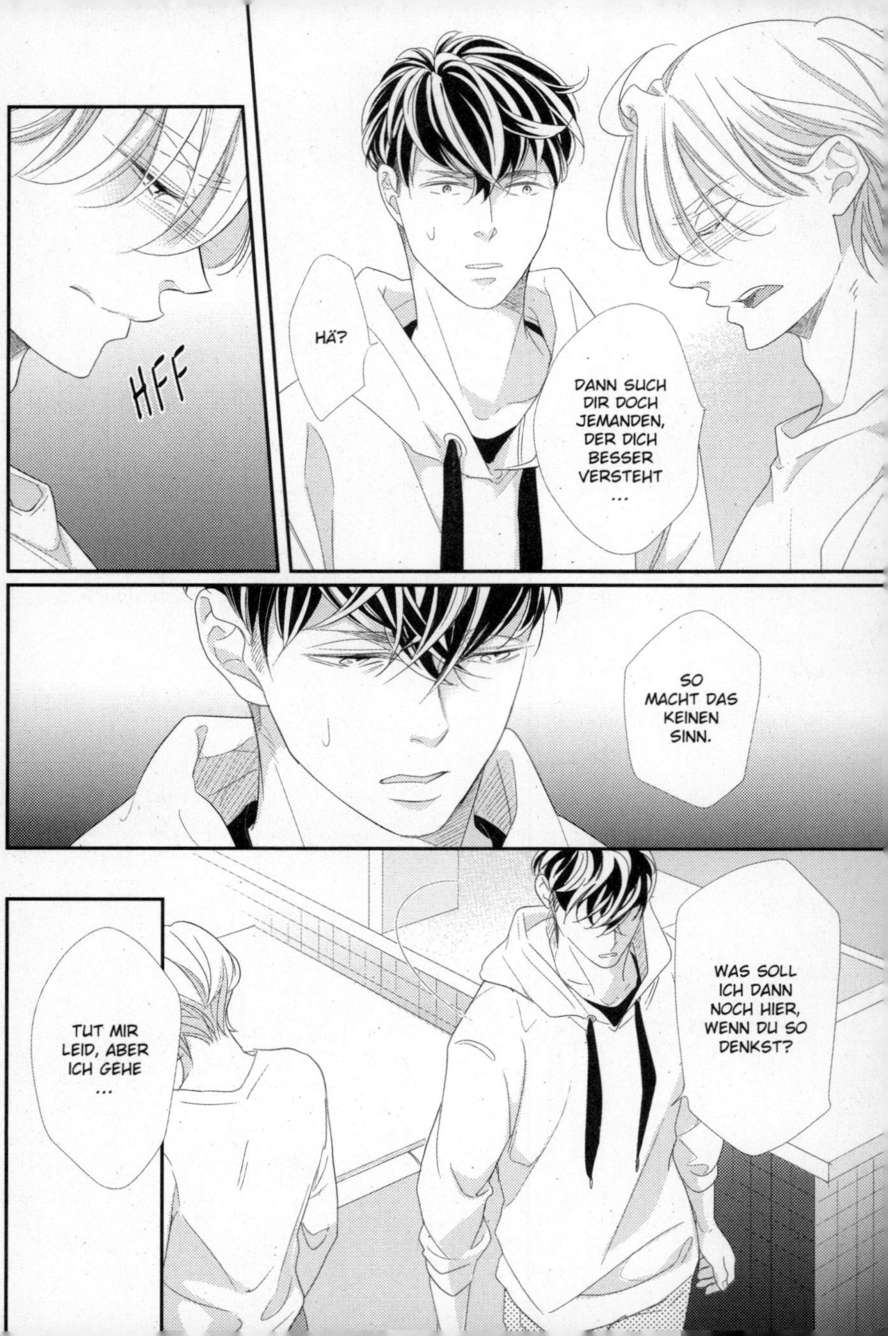
DANN SUCH DIR DOCH JEMANDEN, DER DICH BESSER VERSTEHT ...
HÄ?
HFF
SO MACHT DAS KEINEN SINN.
WAS SOLL ICH DANN NOCH HIER, WENN DU SO DENKST?
TUT MIR LEID, ABER ICH GEHE ...

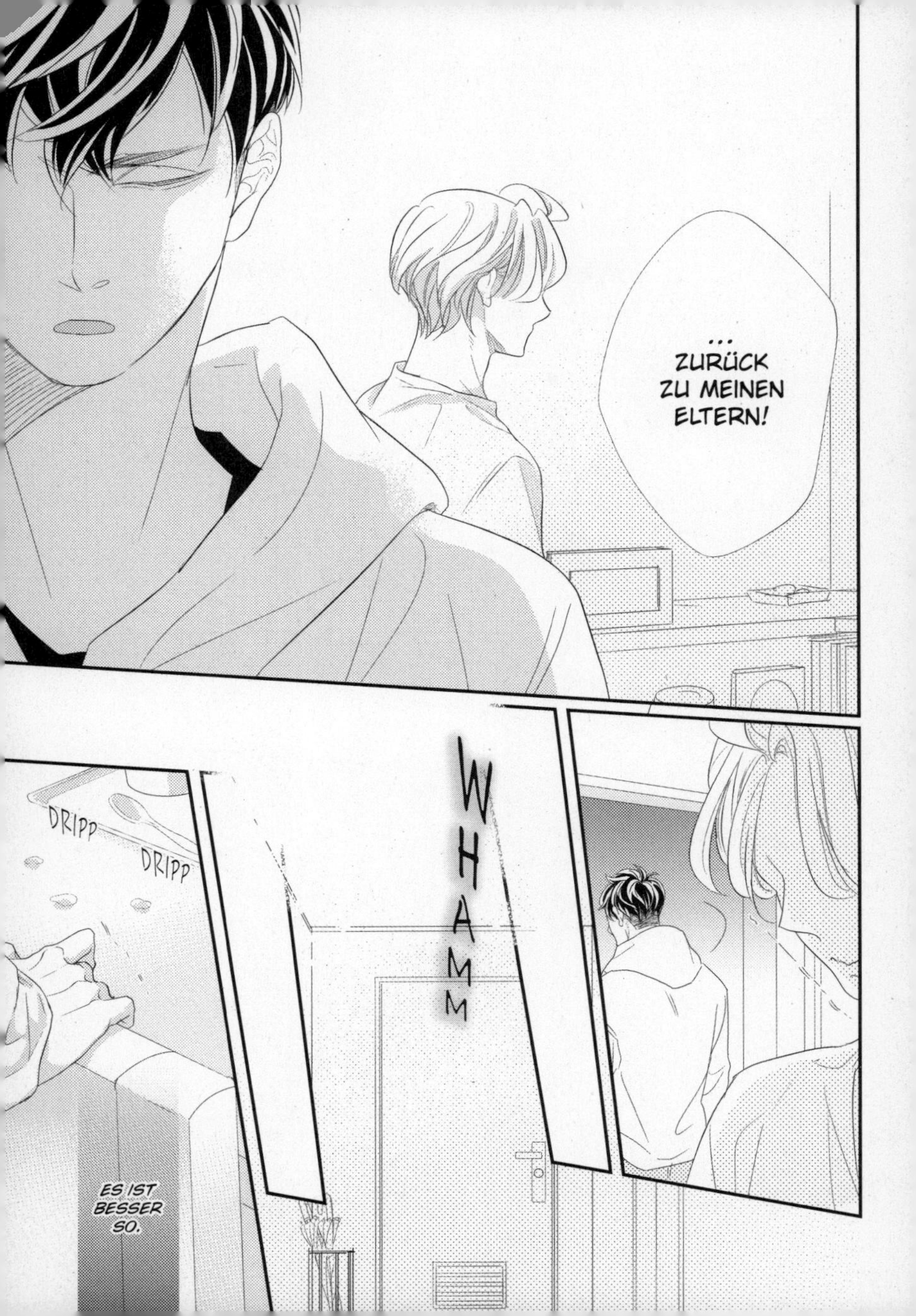
... ZURÜCK ZU MEINEN ELTERN!
WHAMM
DRIPP
DRIPP
ES IST BESSER SO.

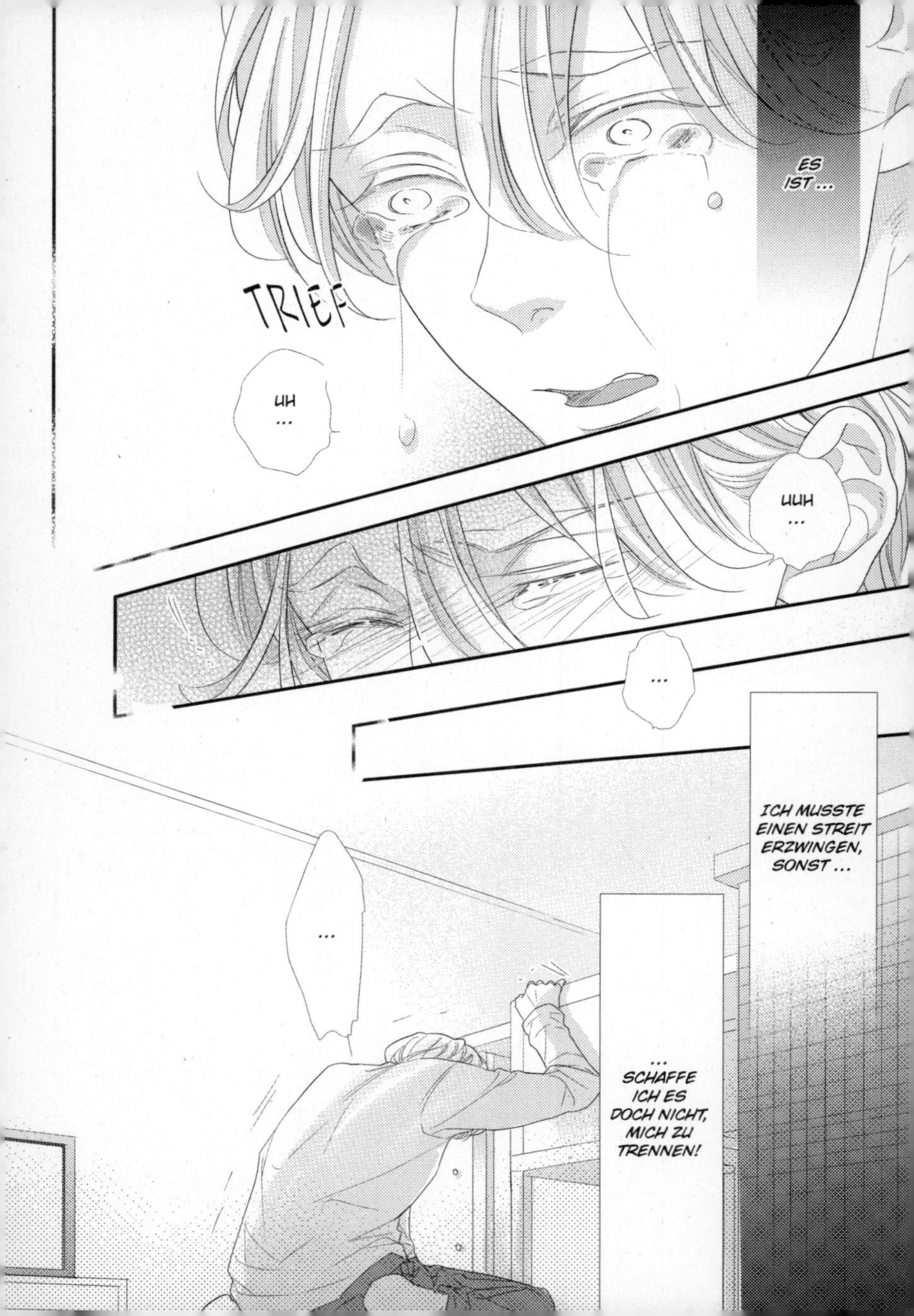
ES IST ...
TRIEF
UH ...
UUH ...
...
ICH MUSSTE EINEN STREIT ERZWINGEN, SONST ...
... SCHAFFE ICH ES DOCH NICHT, MICH ZU TRENNEN!
...

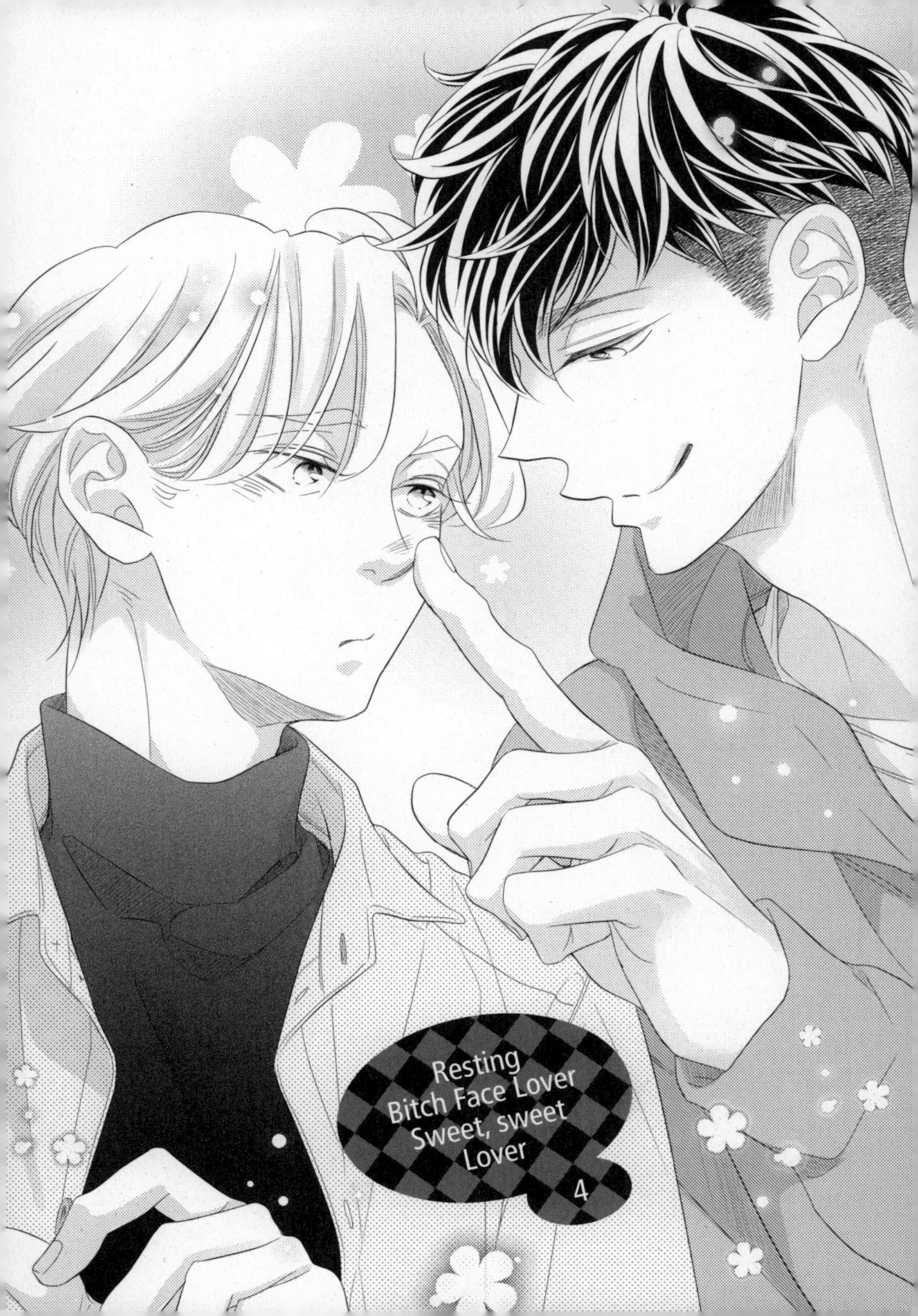
Resting
Bitch Face Lover
Sweet, sweet
Lover
4

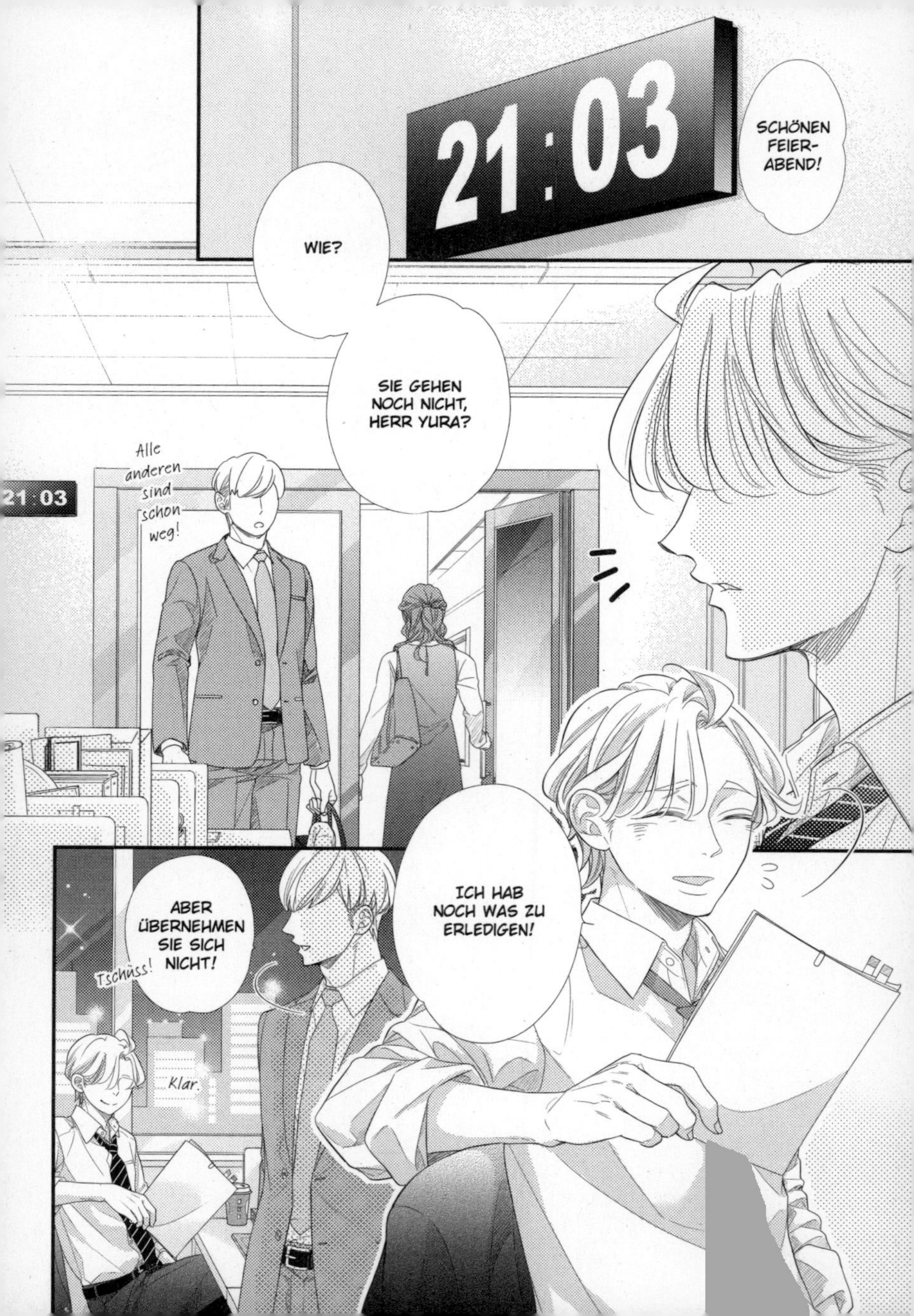
21:03
SCHÖNEN FEIER-ABEND!
WIE?
SIE GEHEN NOCH NICHT, HERR YURA?
Alle anderen sind schon weg!
21:03
ICH HAB NOCH WAS ZU ERLEDIGEN!
ABER ÜBERNEHMEN SIE SICH NICHT!
Tschüss!
Klar.

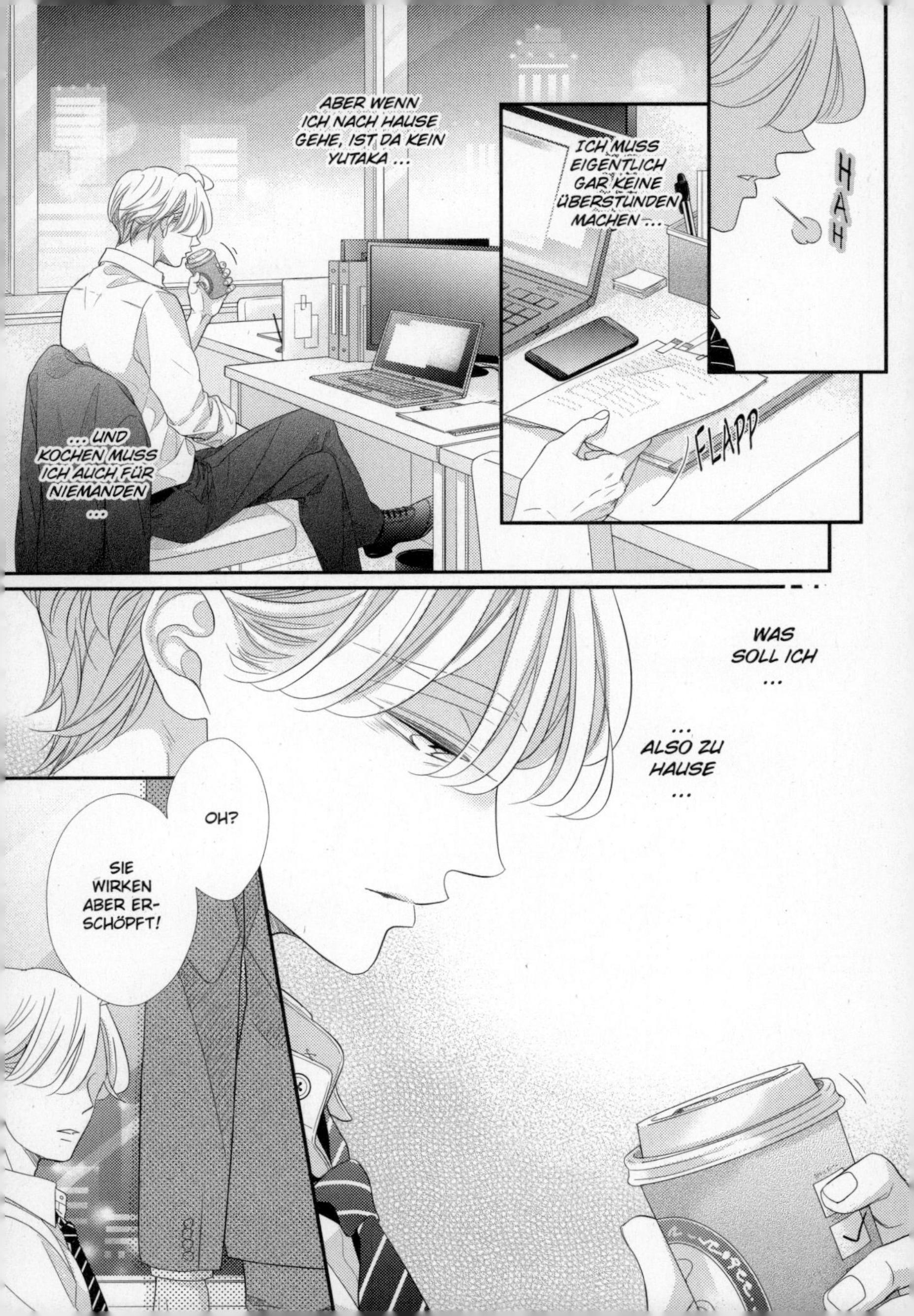
HAH
ICH MUSS EIGENTLICH GAR KEINE ÜBERSTUNDEN MACHEN …
FLAPP
ABER WENN ICH NACH HAUSE GEHE, IST DA KEIN YUTAKA …
… UND KOCHEN MUSS ICH AUCH FÜR NIEMANDEN …
WAS SOLL ICH …
… ALSO ZU HAUSE …
OH?
SIE WIRKEN ABER ER-SCHÖPFT!

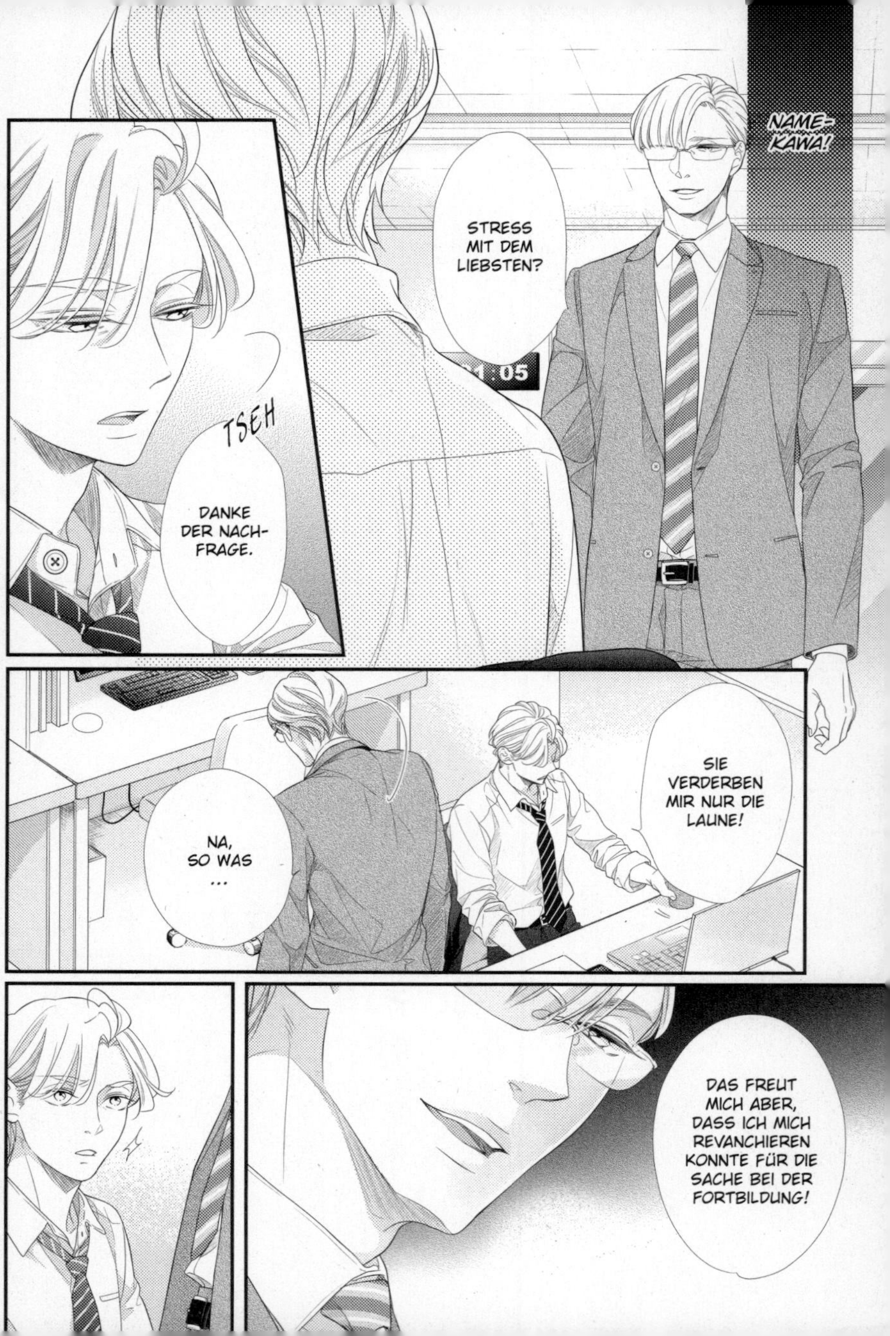
NAME-KAWA!
STRESS MIT DEM LIEBSTEN?
TSEH
DANKE DER NACH-FRAGE.
SIE VERDERBEN MIR NUR DIE LAUNE!
NA, SO WAS ...
DAS FREUT MICH ABER, DASS ICH MICH REVANCHIEREN KONNTE FÜR DIE SACHE BEI DER FORTBILDUNG!

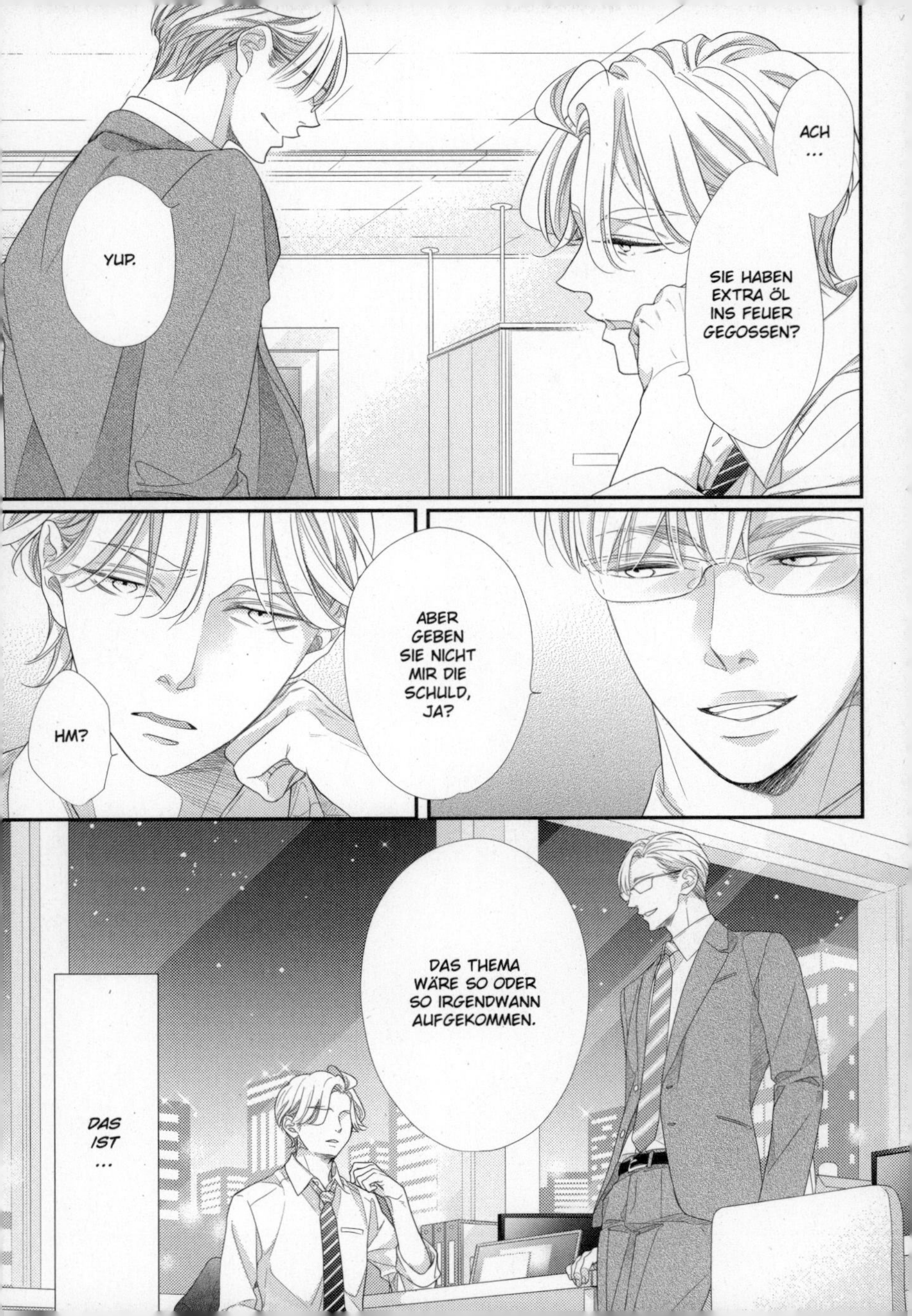
ACH ...
SIE HABEN EXTRA ÖL INS FEUER GEGOSSEN?
YUP.
ABER GEBEN SIE NICHT MIR DIE SCHULD, JA?
HM?
DAS THEMA WÄRE SO ODER SO IRGENDWANN AUFGEKOMMEN.
DAS IST ...

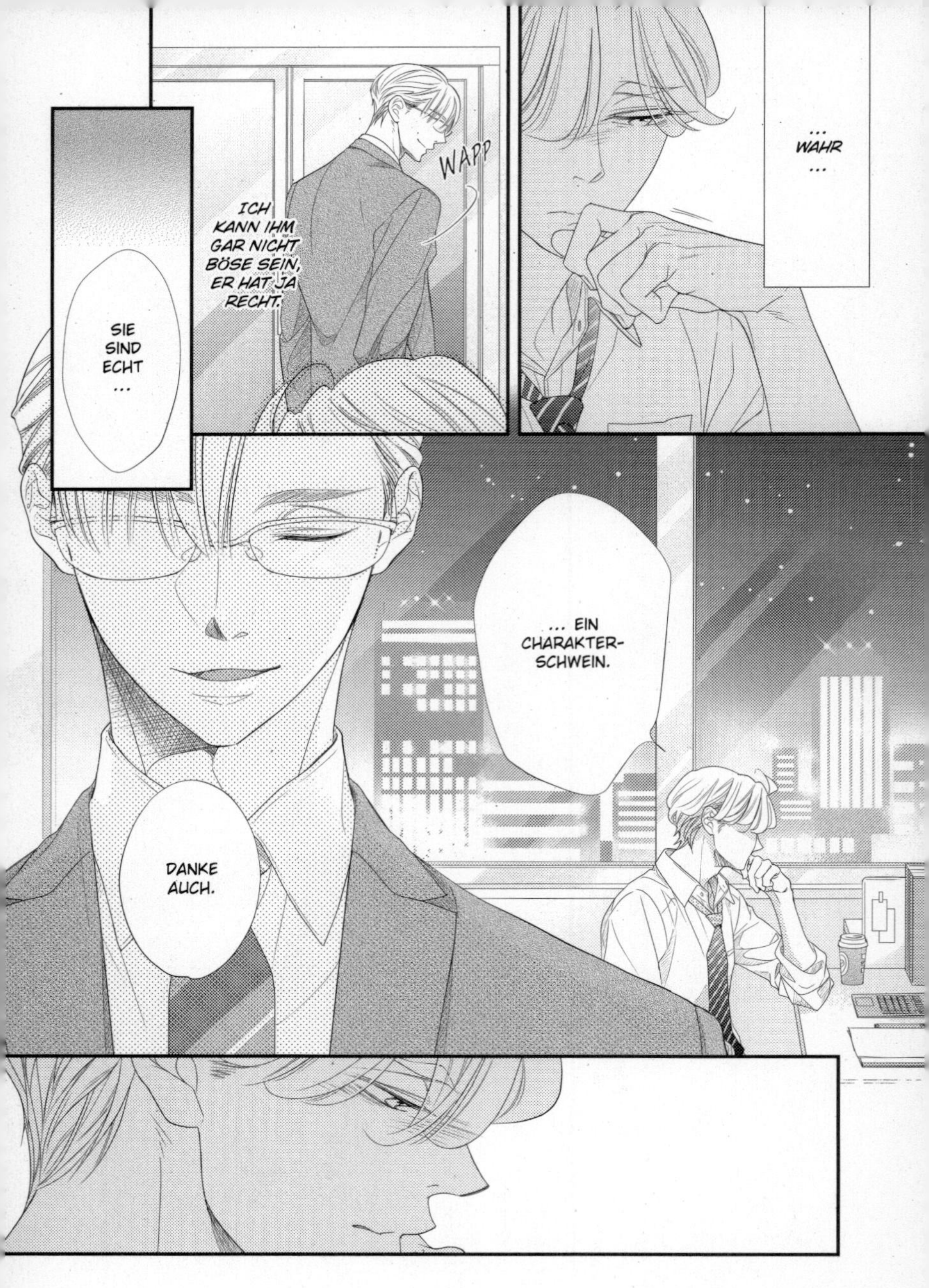

... WAHR ...
WAPP
ICH KANN IHM GAR NICHT BÖSE SEIN, ER HAT JA RECHT.
SIE SIND ECHT ...
... EIN CHARAKTER-SCHWEIN.
DANKE AUCH.

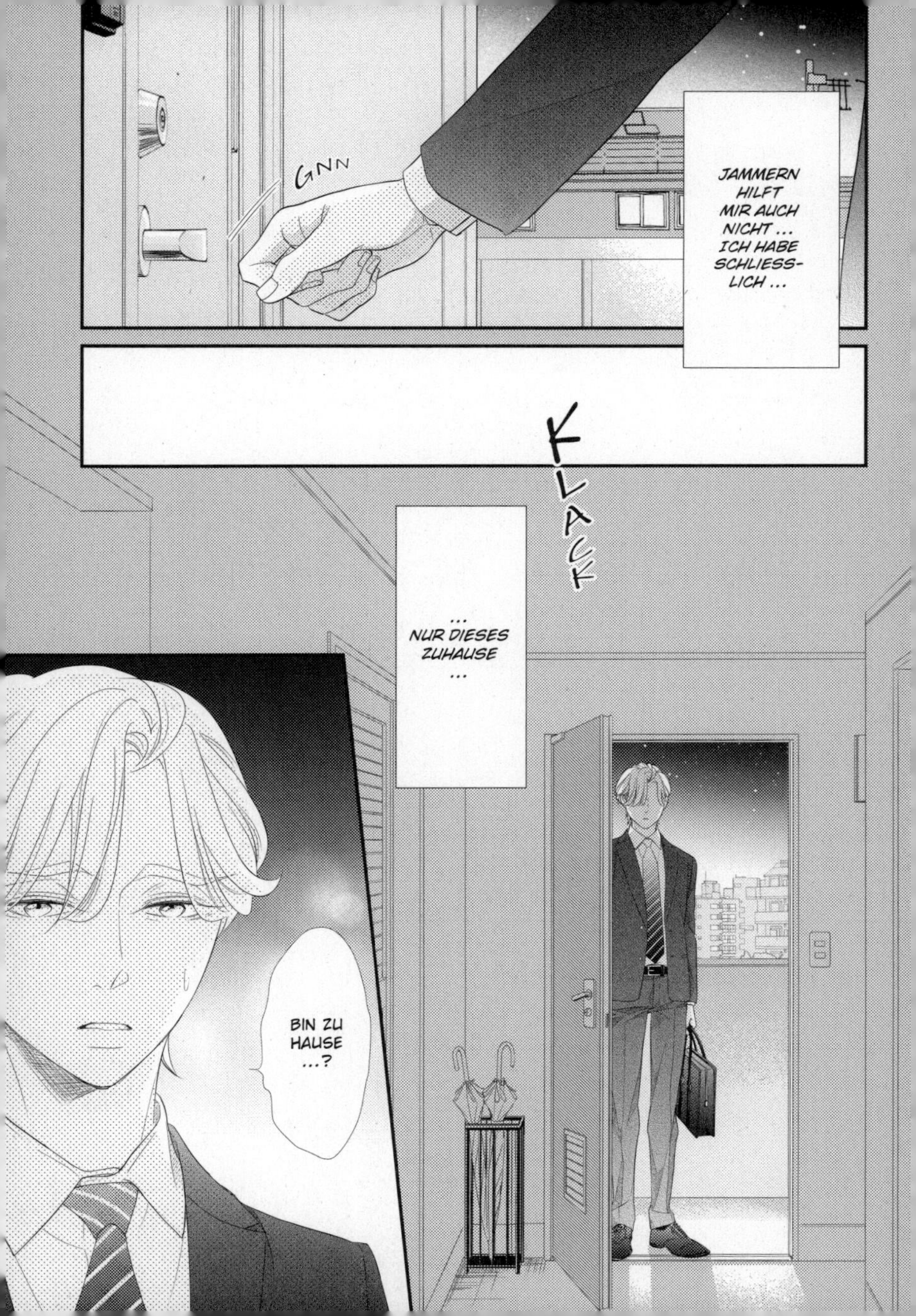
JAMMERN HILFT MIR AUCH NICHT … ICH HABE SCHLIESS-LICH …
GNN
KLACK
… NUR DIESES ZUHAUSE …
BIN ZU HAUSE …?

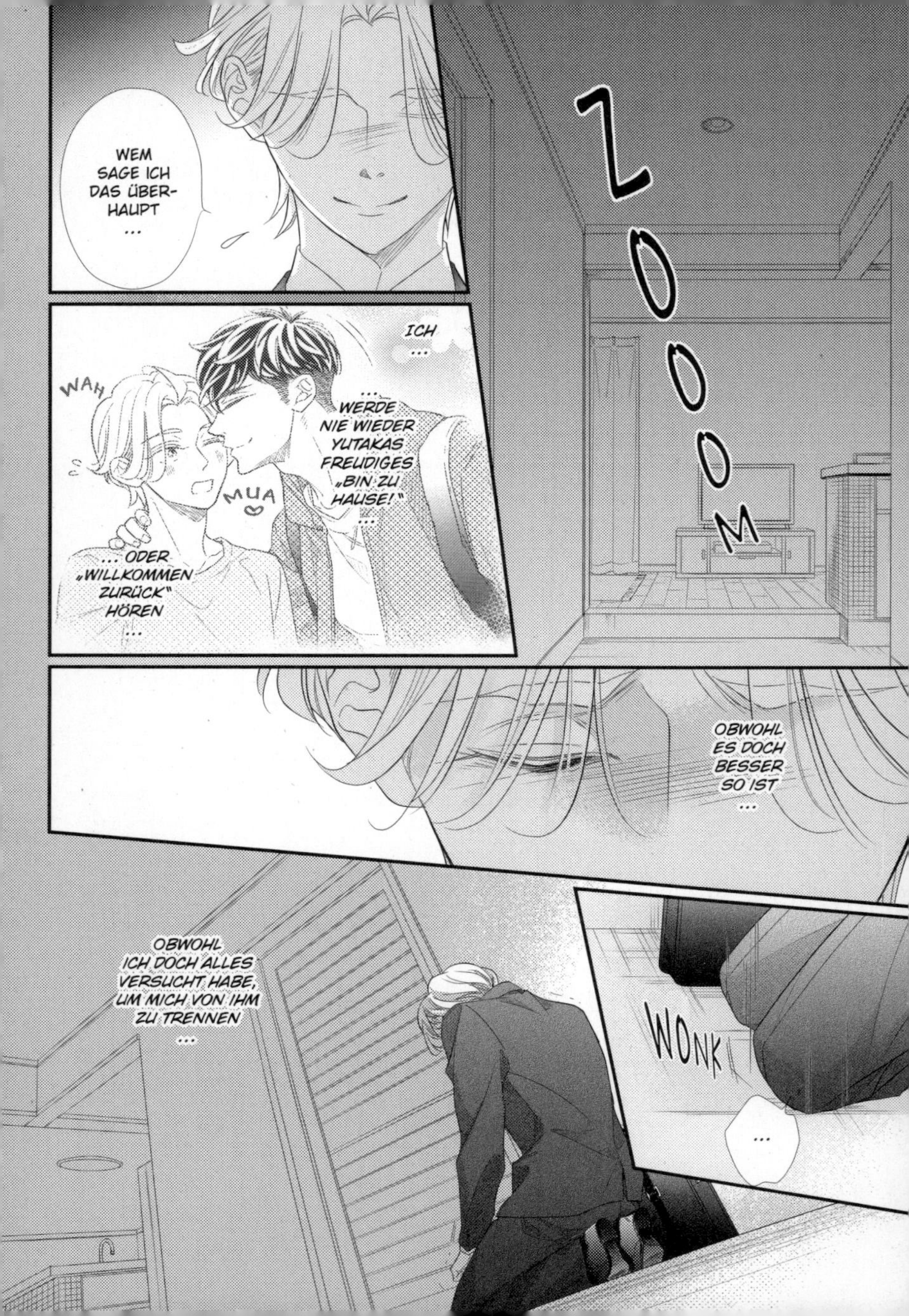

WEM SAGE ICH DAS ÜBER-HAUPT …
ZOOOOM
ICH …
… WERDE NIE WIEDER YUTAKAS FREUDIGES „BIN ZU HAUSE!“ …
WAH
MUA
… ODER „WILLKOMMEN ZURÜCK“ HÖREN …
OBWOHL ES DOCH BESSER SO IST …
OBWOHL ICH DOCH ALLES VERSUCHT HABE, UM MICH VON IHM ZU TRENNEN …
WONK
…

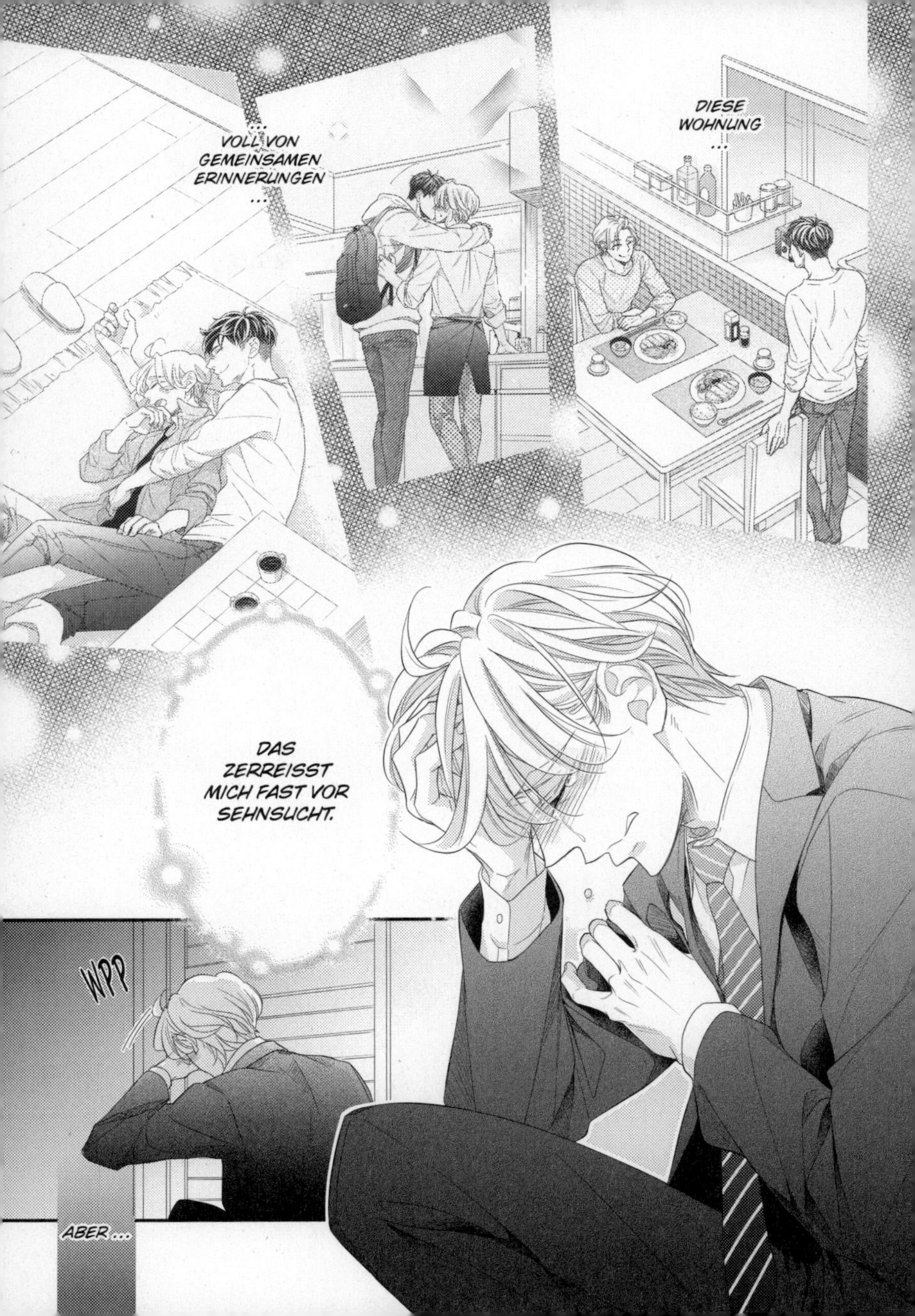
DIESE WOHNUNG …
… VOLL VON GEMEINSAMEN ERINNERUNGEN …
DAS ZERREISST MICH FAST VOR SEHNSUCHT.
WPP
ABER …

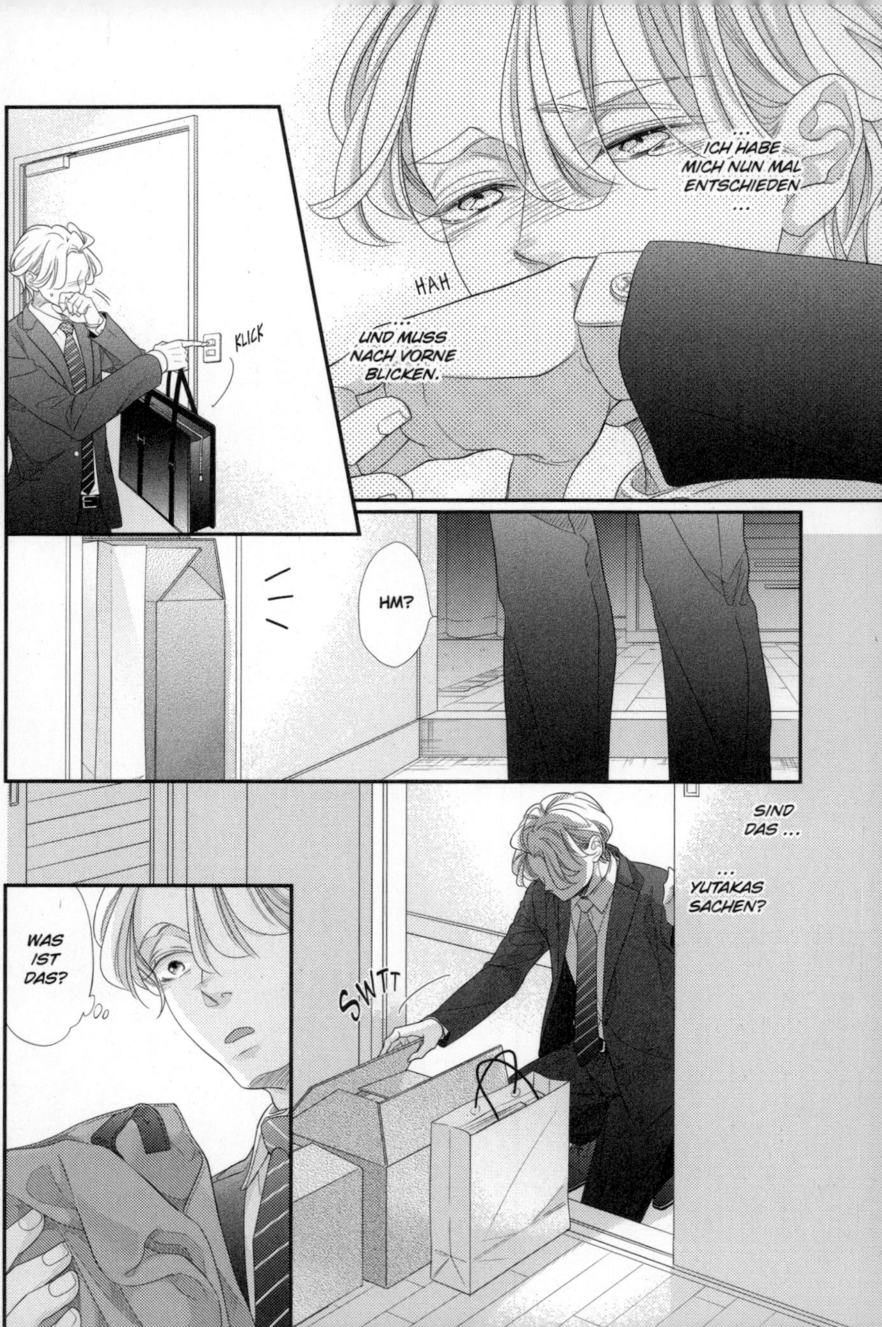
… ICH HABE MICH NUN MAL ENTSCHIEDEN …
HAH
… UND MUSS NACH VORNE BLICKEN.
KLICK
HM?
SIND DAS …
… YUTAKAS SACHEN?
SWTT
WAS IST DAS?

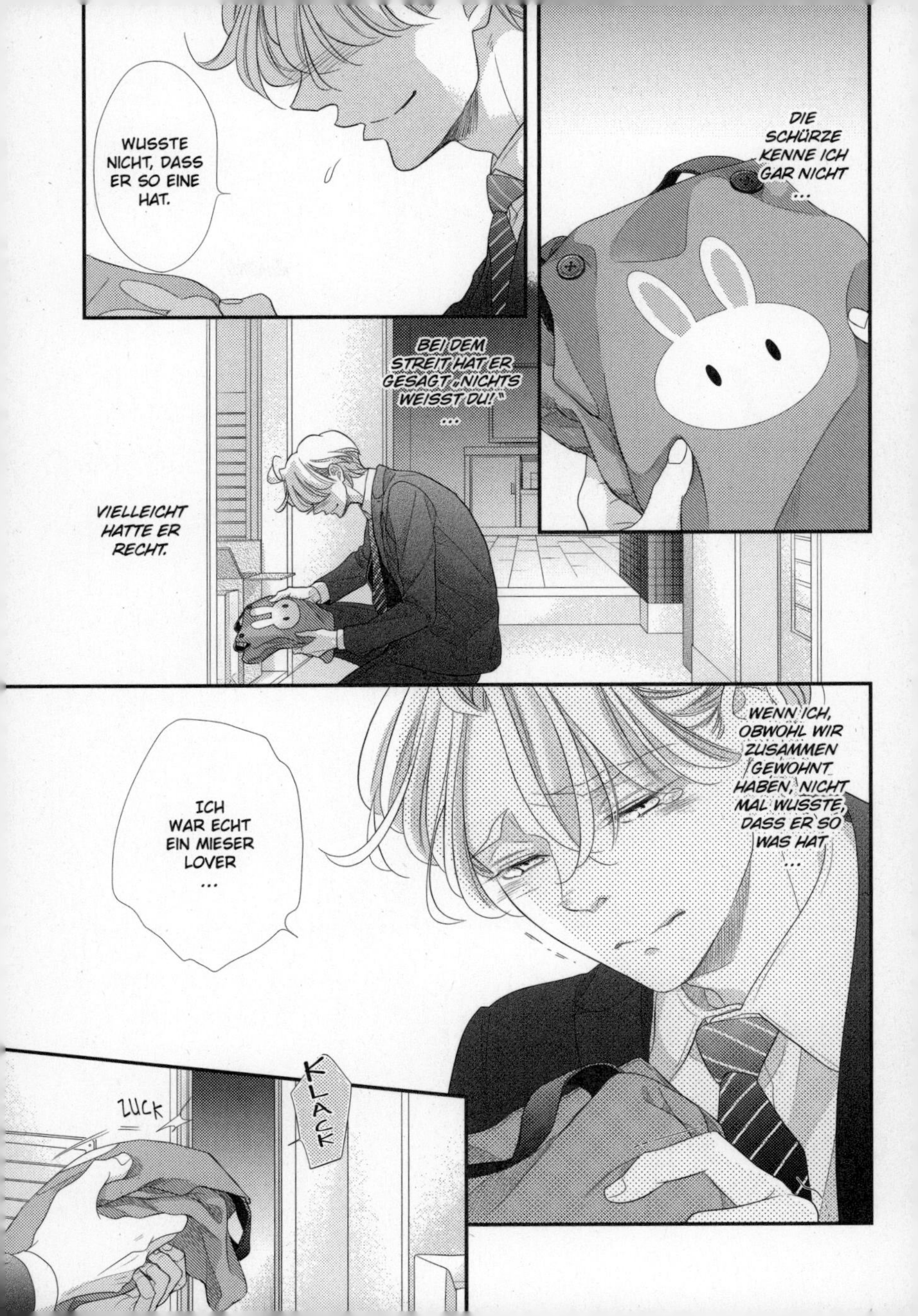
DIE SCHÜRZE KENNE ICH GAR NICHT …
WUSSTE NICHT, DASS ER SO EINE HAT.
BEI DEM STREIT HAT ER GESAGT „NICHTS WEISST DU!“ …
VIELLEICHT HATTE ER RECHT.
WENN ICH, OBWOHL WIR ZUSAMMEN GEWOHNT HABEN, NICHT MAL WUSSTE, DASS ER SO WAS HAT …
ICH WAR ECHT EIN MIESER LOVER …
KLACK
ZUCK

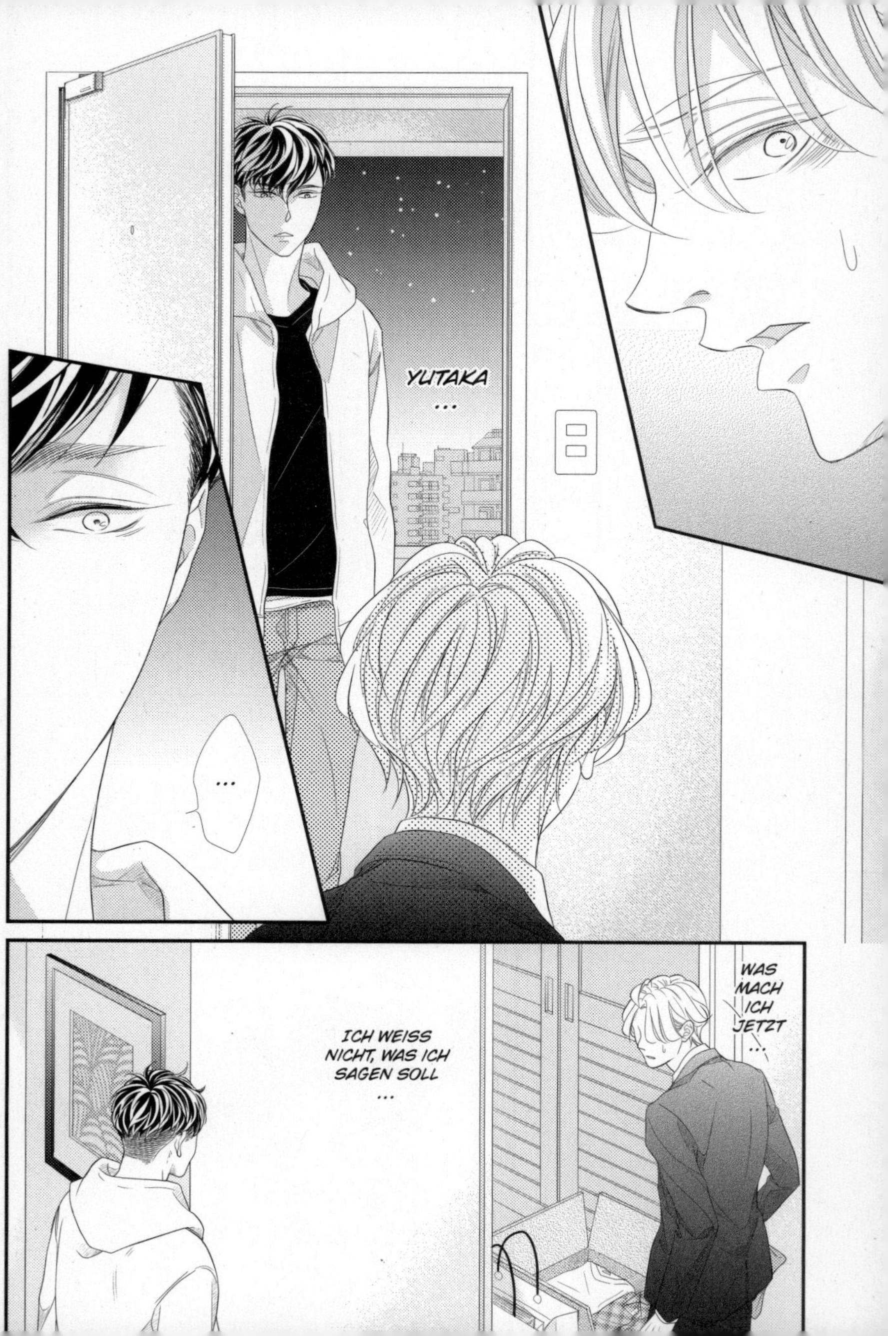
YUTAKA ...
...
WAS MACH ICH JETZT ...
ICH WEISS NICHT, WAS ICH SAGEN SOLL ...

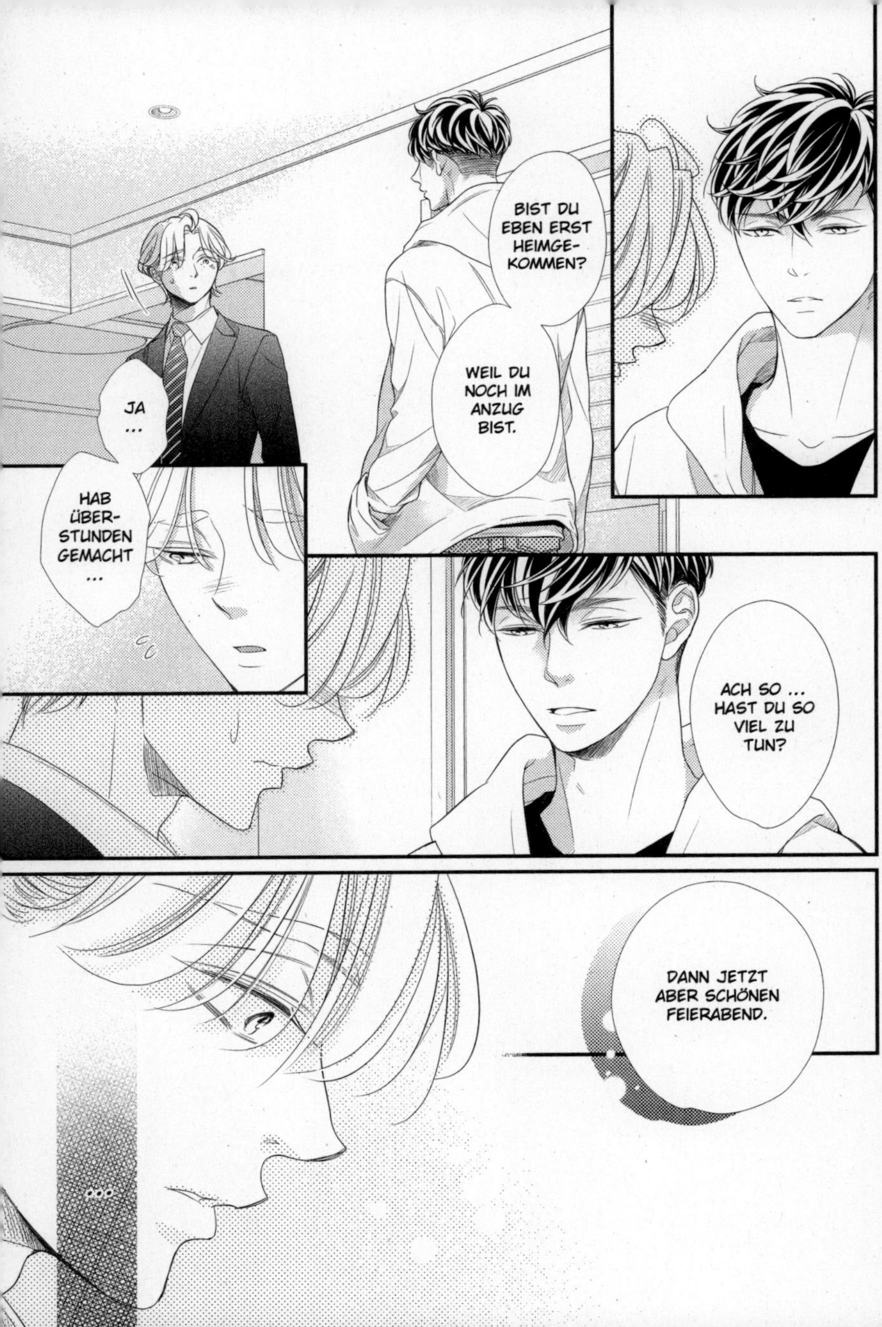
BIST DU EBEN ERST HEIMGE-KOMMEN?
WEIL DU NOCH IM ANZUG BIST.
JA …
HAB ÜBER-STUNDEN GEMACHT …
ACH SO … HAST DU SO VIEL ZU TUN?
DANN JETZT ABER SCHÖNEN FEIERABEND.
…

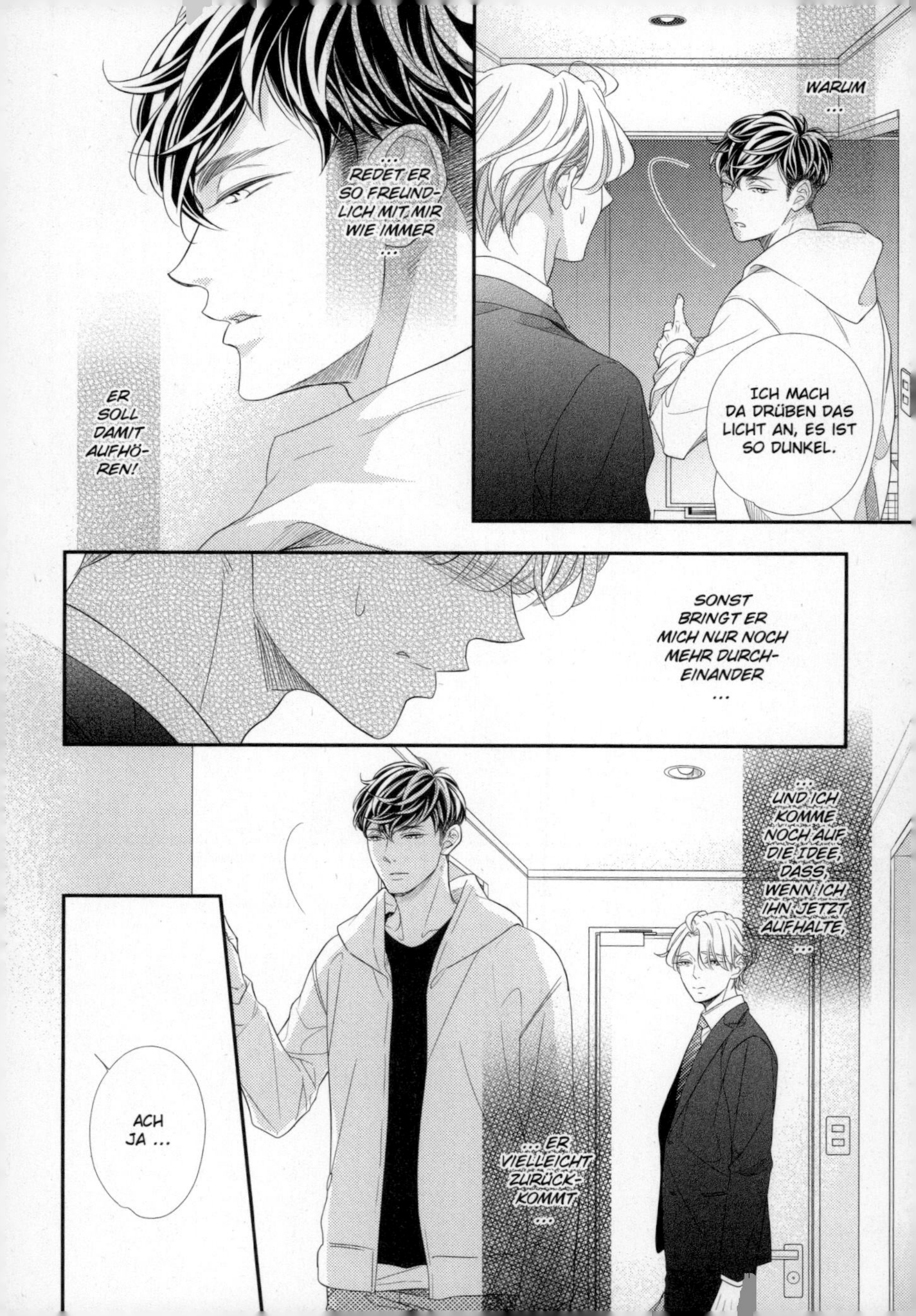
WARUM …
ICH MACH DA DRÜBEN DAS LICHT AN, ES IST SO DUNKEL.
… REDET ER SO FREUNDLICH MIT MIR WIE IMMER …
ER SOLL DAMIT AUFHÖREN!
SONST BRINGT ER MICH NUR NOCH MEHR DURCHEINANDER …
… UND ICH KOMME NOCH AUF DIE IDEE, DASS, WENN ICH IHN JETZT AUFHALTE, …
… ER VIELLEICHT ZURÜCKKOMMT …
ACH JA …

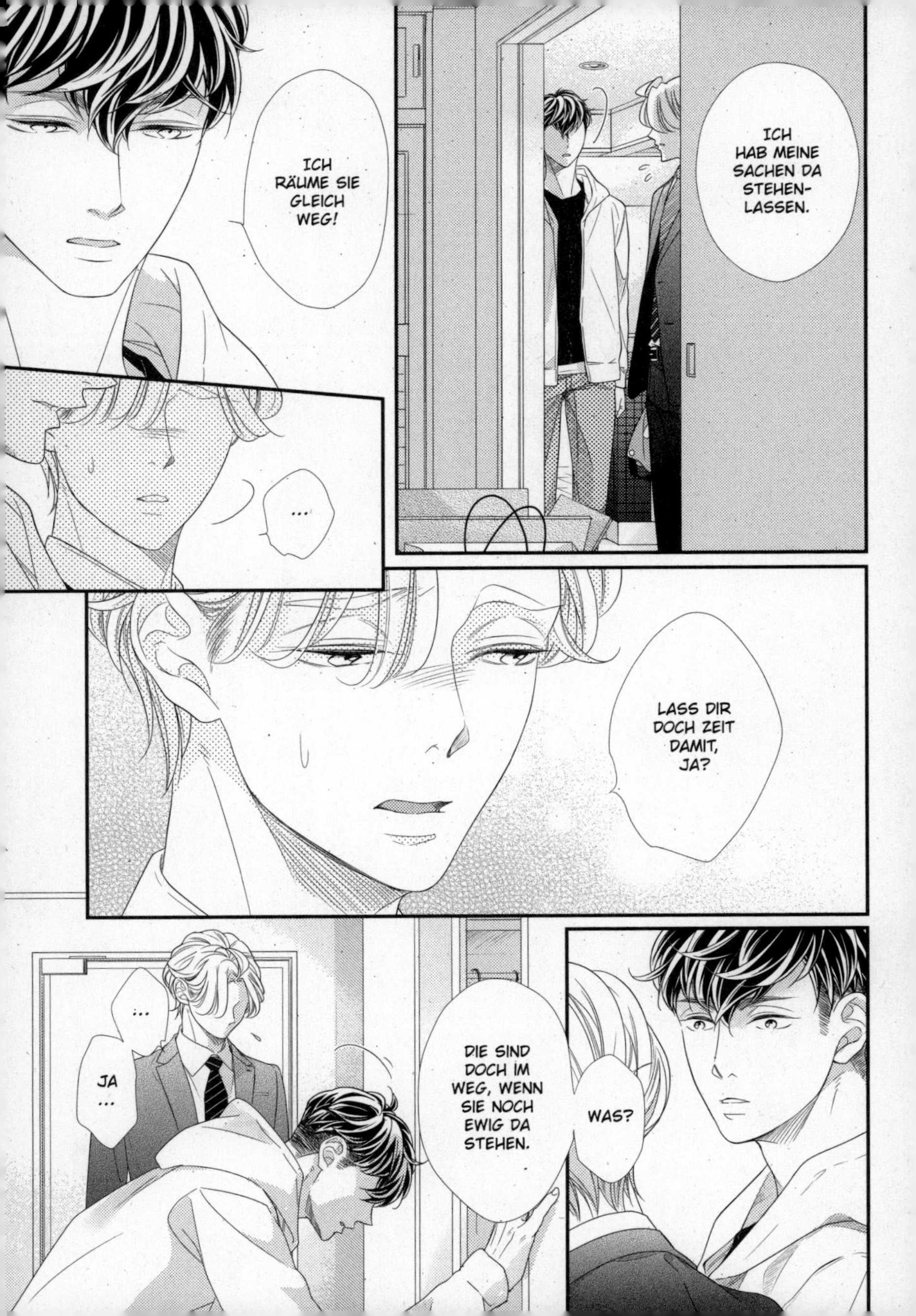
ICH HAB MEINE SACHEN DA STEHEN-LASSEN.
ICH RÄUME SIE GLEICH WEG!
...
LASS DIR DOCH ZEIT DAMIT, JA?
WAS?
DIE SIND DOCH IM WEG, WENN SIE NOCH EWIG DA STEHEN.
...
JA ...

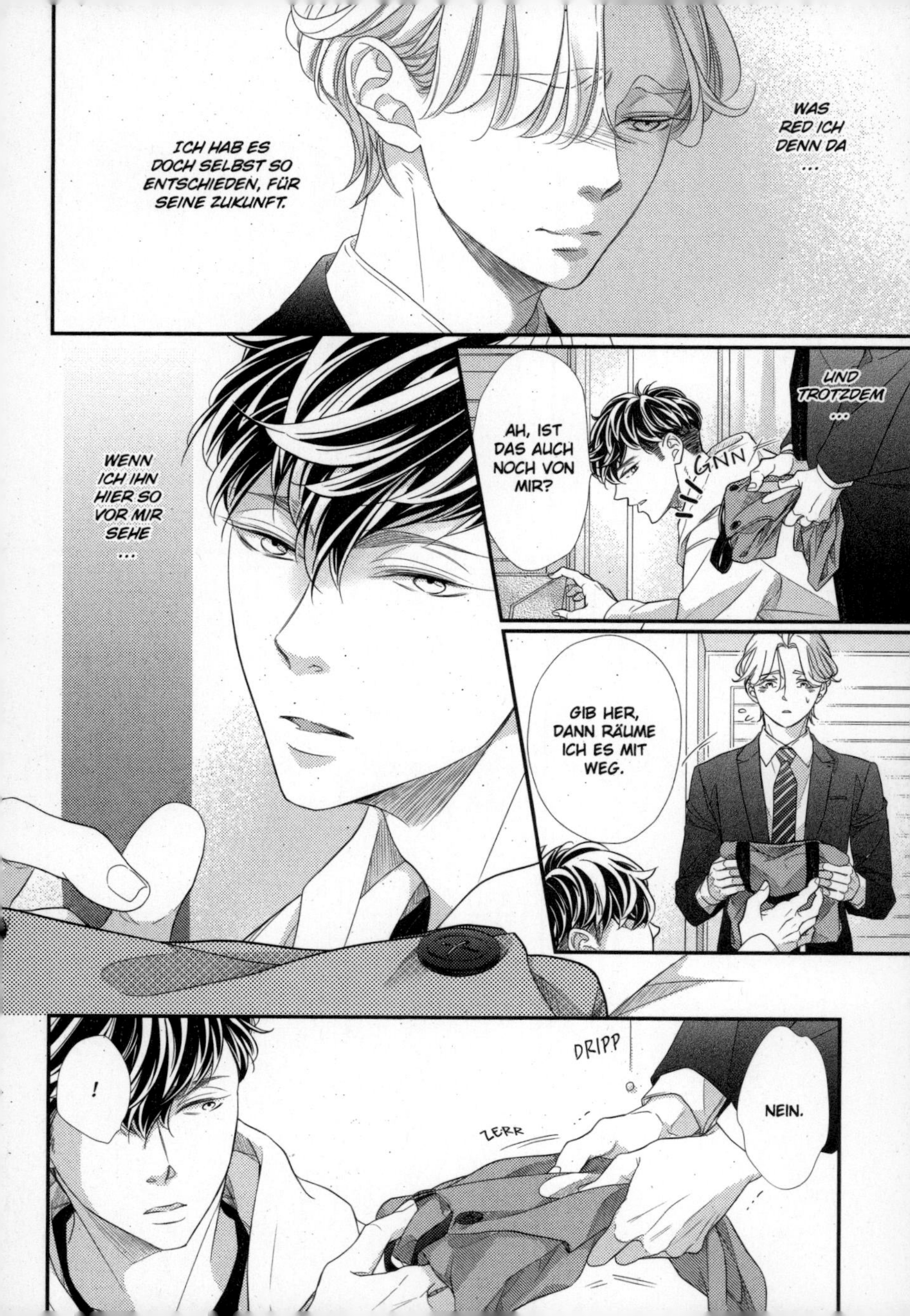
WAS RED ICH DENN DA ...
ICH HAB ES DOCH SELBST SO ENTSCHIEDEN, FÜR SEINE ZUKUNFT.
UND TROTZDEM ...
GNN
AH, IST DAS AUCH NOCH VON MIR?
GIB HER, DANN RÄUME ICH ES MIT WEG.
WENN ICH IHN HIER SO VOR MIR SEHE ...
NEIN.
DRIPP
ZERR
!

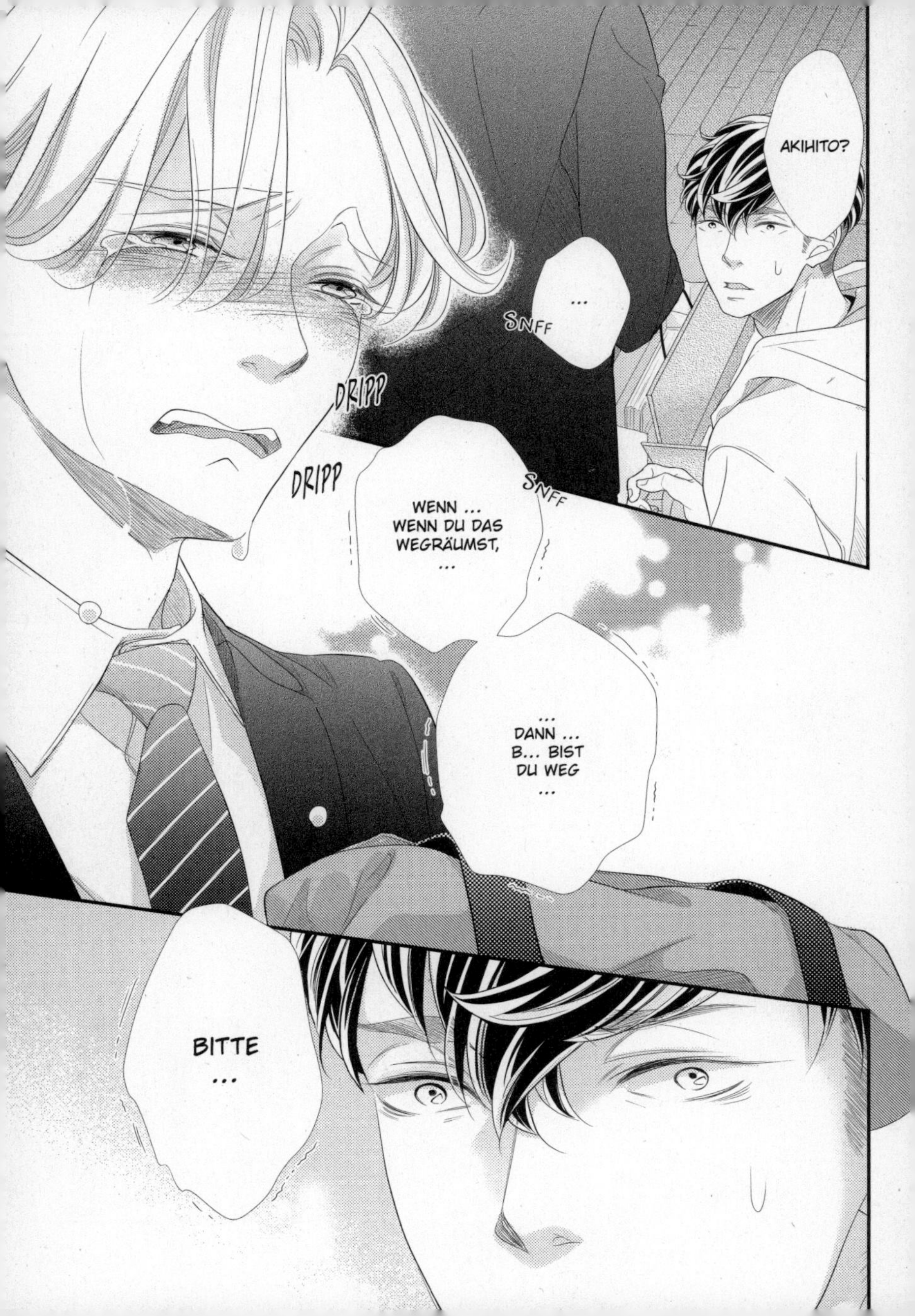
AKIHITO?
...
SNFF
DRIPP
DRIPP
SNFF
WENN ... WENN DU DAS WEGRÄUMST, ...
... DANN ... B... BIST DU WEG ...
BITTE ...

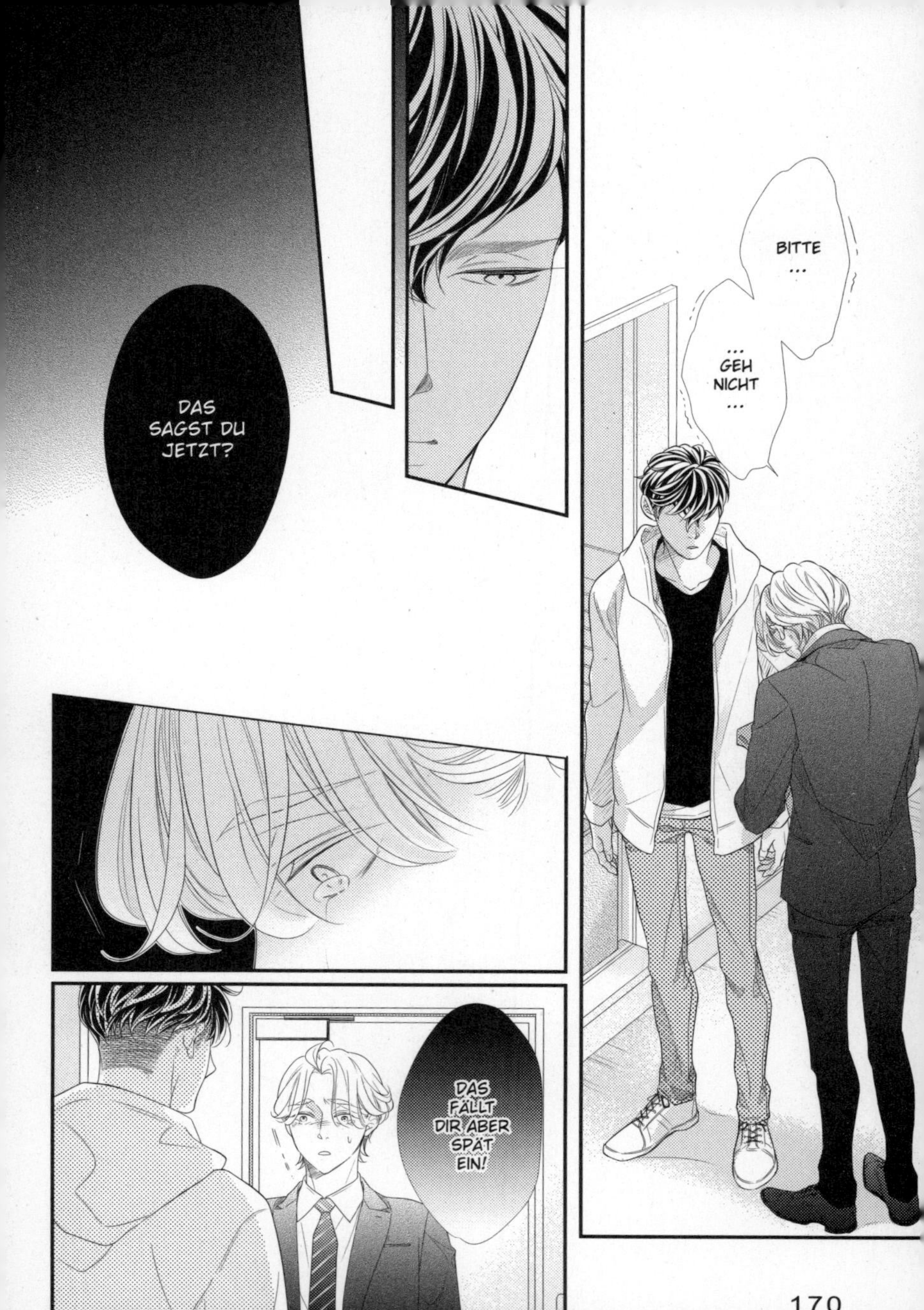
BITTE …
… GEH NICHT …
DAS SAGST DU JETZT?
DAS FÄLLT DIR ABER SPÄT EIN!

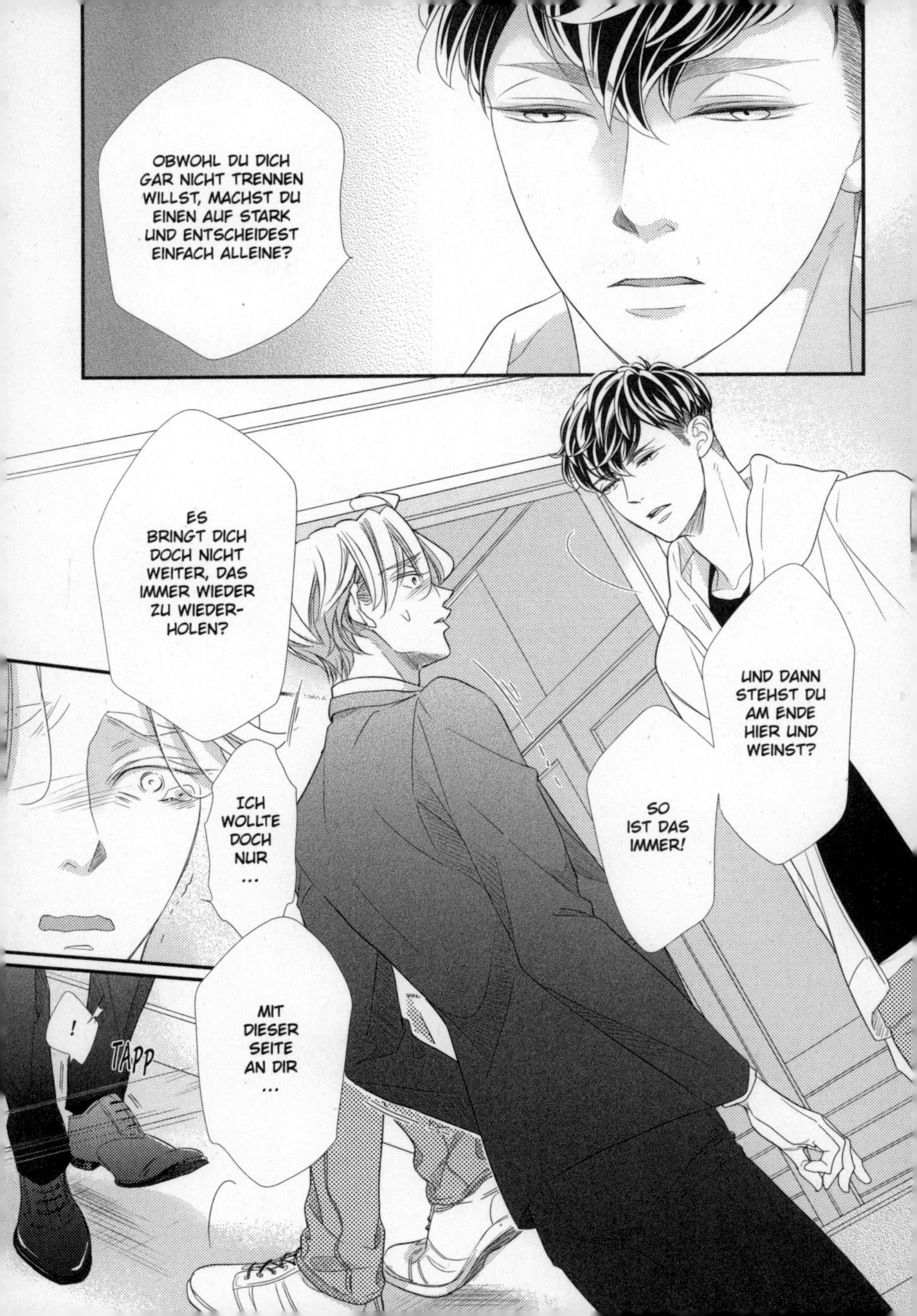
OBWOHL DU DICH GAR NICHT TRENNEN WILLST, MACHST DU EINEN AUF STARK UND ENTSCHEIDEST EINFACH ALLEINE?
UND DANN STEHST DU AM ENDE HIER UND WEINST?
SO IST DAS IMMER!
ES BRINGT DICH DOCH NICHT WEITER, DAS IMMER WIEDER ZU WIEDER-HOLEN?
ICH WOLLTE DOCH NUR ...
MIT DIESER SEITE AN DIR ...
!
TAPP

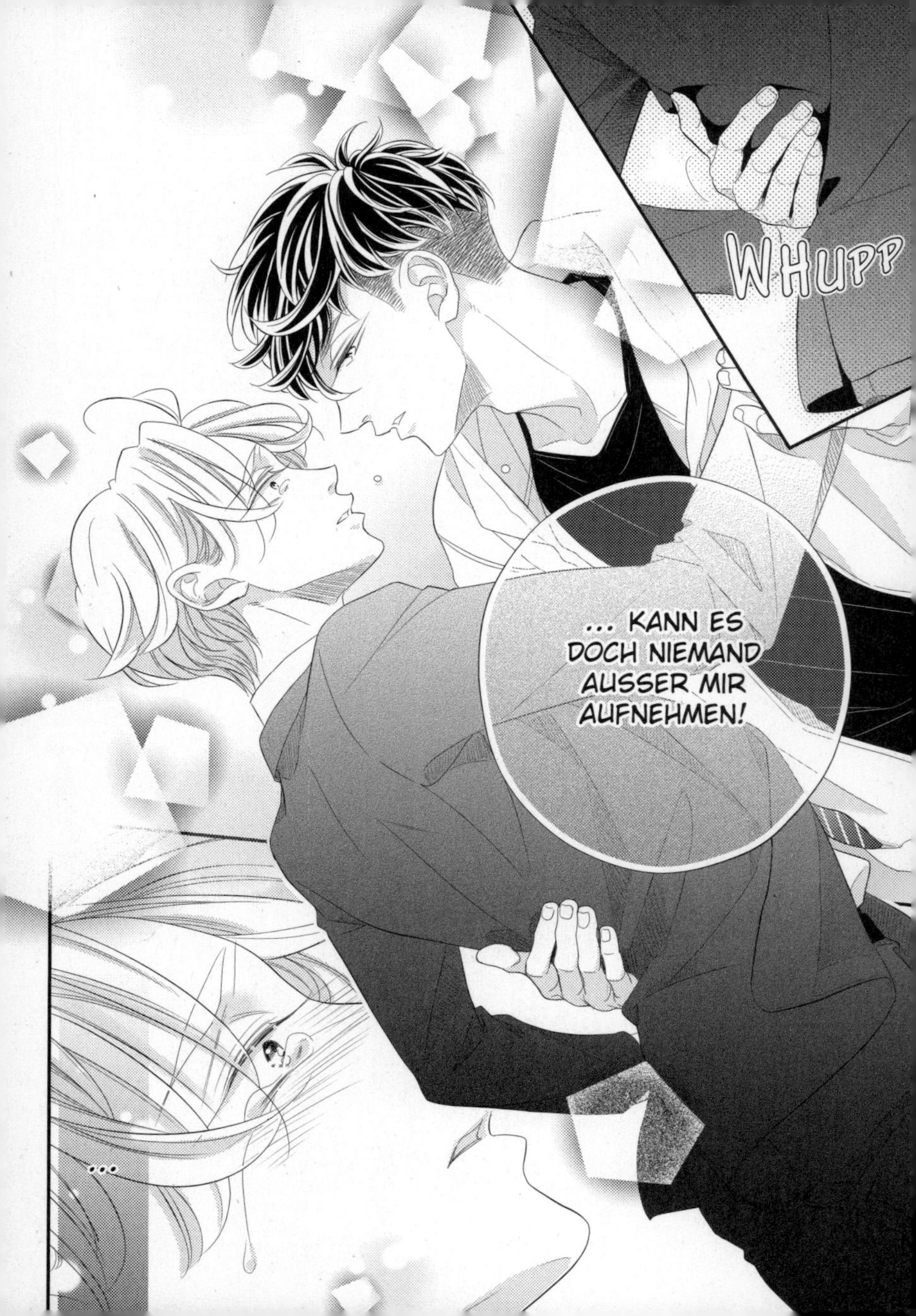
WHUPP
... KANN ES DOCH NIEMAND AUSSER MIR AUFNEHMEN!
...

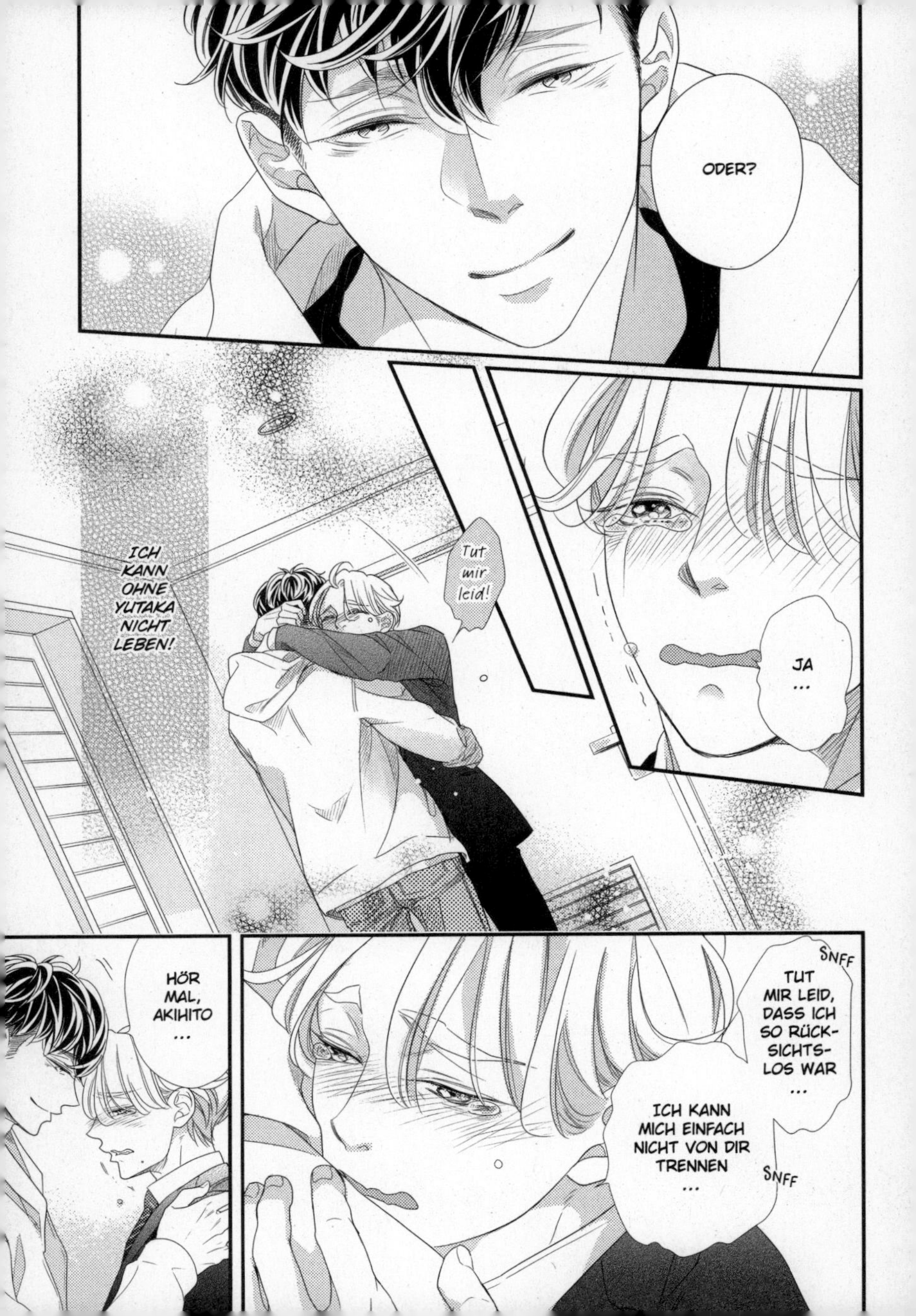

ODER?
JA ...
Tut mir leid!
ICH KANN OHNE YUTAKA NICHT LEBEN!
SNFF
TUT MIR LEID, DASS ICH SO RÜCK-SICHTS-LOS WAR ...
ICH KANN MICH EINFACH NICHT VON DIR TRENNEN ...
SNFF
HÖR MAL, AKIHITO ...

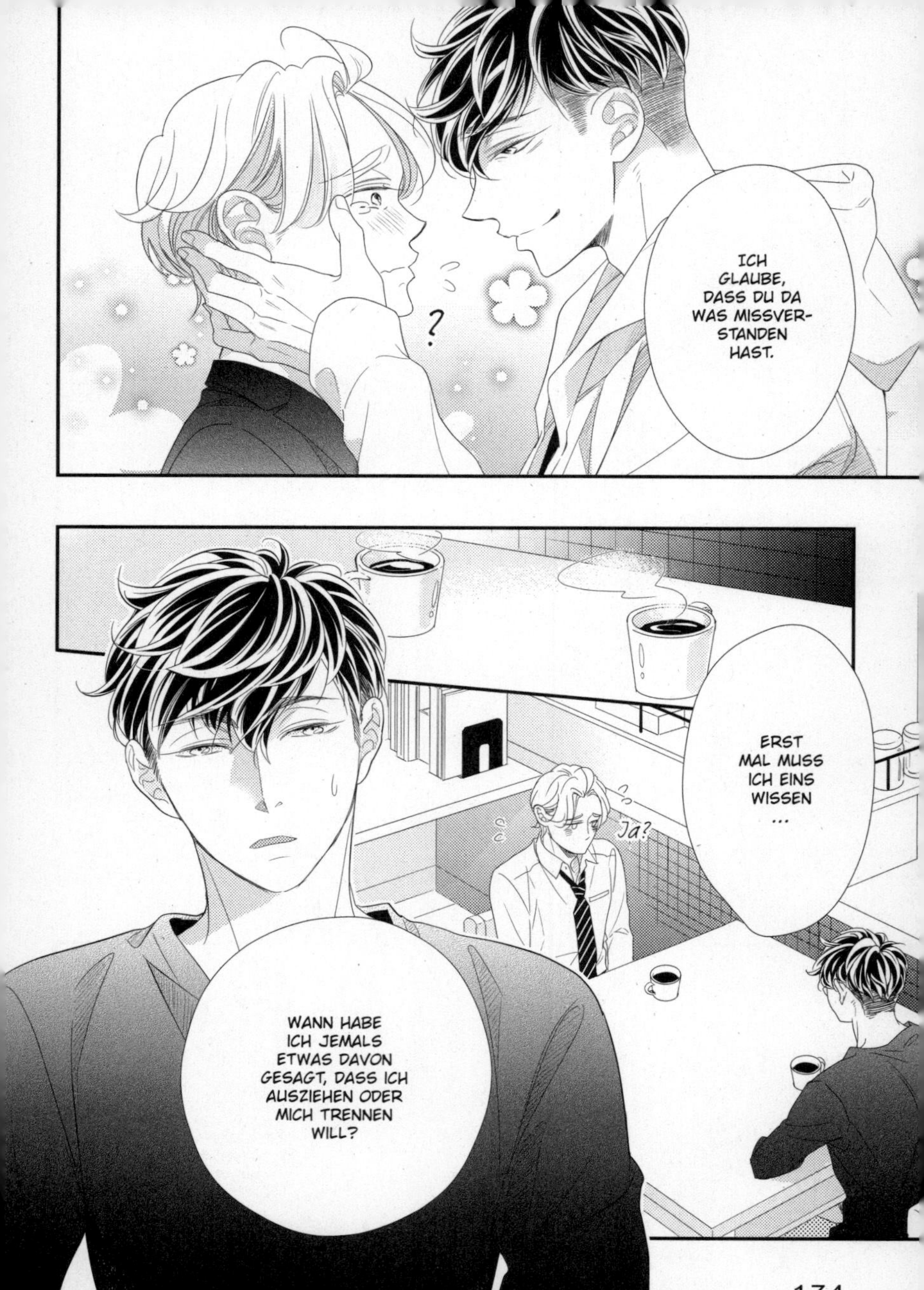
ICH GLAUBE, DASS DU DA WAS MISSVER-STANDEN HAST.
?
ERST MAL MUSS ICH EINS WISSEN ...
Ja?
WANN HABE ICH JEMALS ETWAS DAVON GESAGT, DASS ICH AUSZIEHEN ODER MICH TRENNEN WILL?

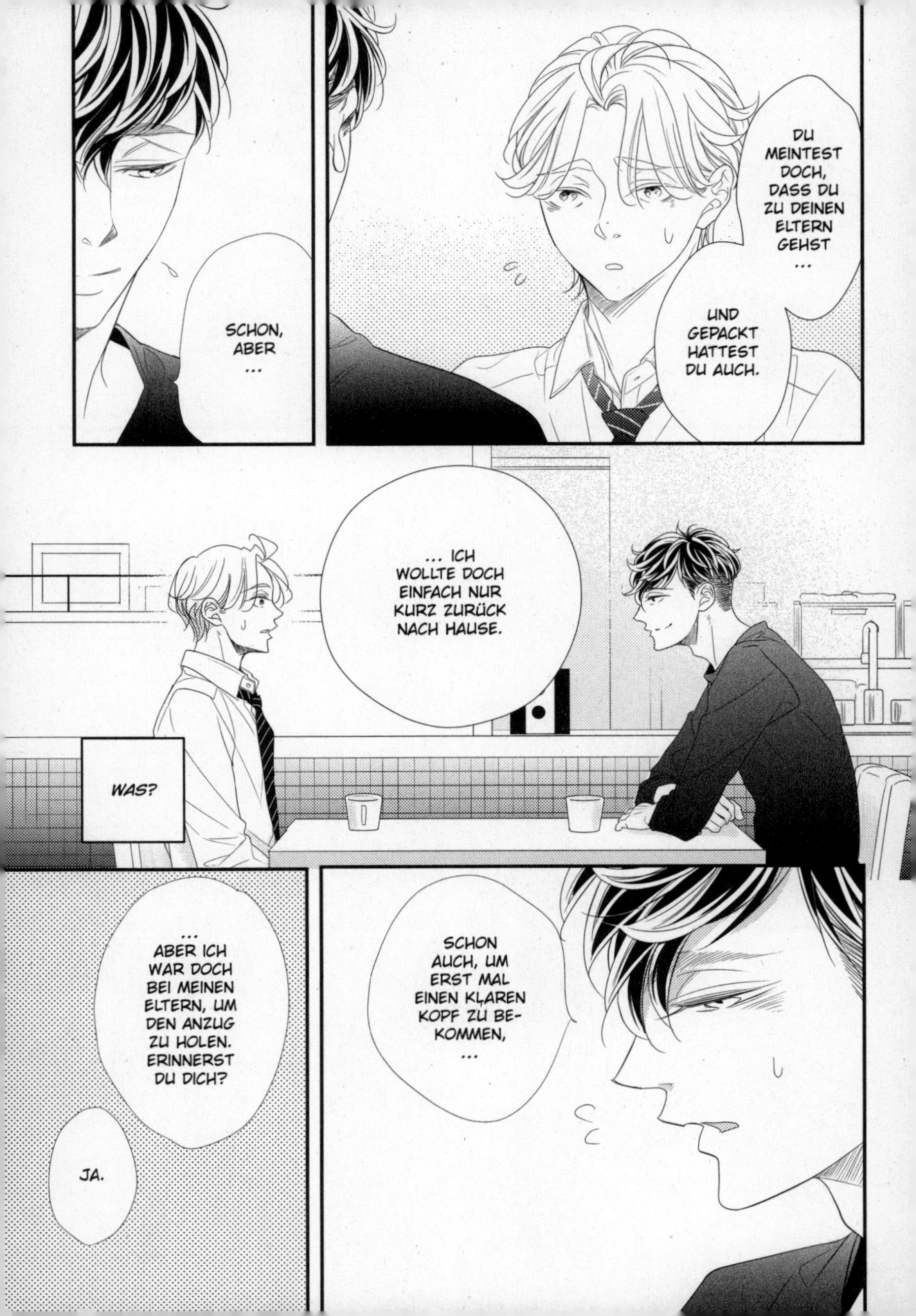
DU MEINTEST DOCH, DASS DU ZU DEINEN ELTERN GEHST …
UND GEPACKT HATTEST DU AUCH.
SCHON, ABER …
… ICH WOLLTE DOCH EINFACH NUR KURZ ZURÜCK NACH HAUSE.
WAS?
SCHON AUCH, UM ERST MAL EINEN KLAREN KOPF ZU BEKOMMEN, …
… ABER ICH WAR DOCH BEI MEINEN ELTERN, UM DEN ANZUG ZU HOLEN. ERINNERST DU DICH?
JA.

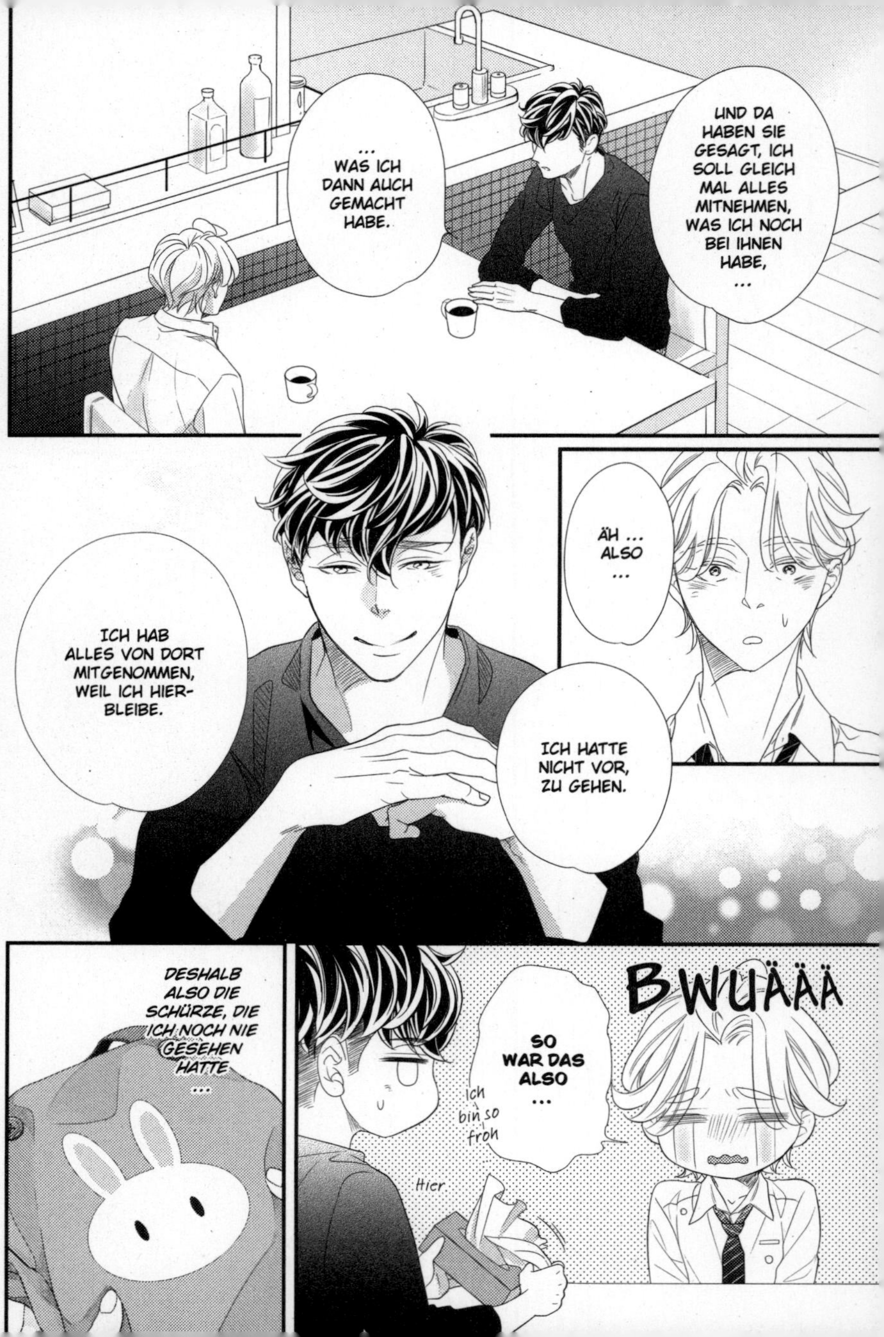
UND DA HABEN SIE GESAGT, ICH SOLL GLEICH MAL ALLES MITNEHMEN, WAS ICH NOCH BEI IHNEN HABE, ...
... WAS ICH DANN AUCH GEMACHT HABE.
ÄH ... ALSO ...
ICH HATTE NICHT VOR, ZU GEHEN.
ICH HAB ALLES VON DORT MITGENOMMEN, WEIL ICH HIER-BLEIBE.
BWUÄÄÄ
SO WAR DAS ALSO ...
Ich bin so froh
Hier
DESHALB ALSO DIE SCHÜRZE, DIE ICH NOCH NIE GESEHEN HATTE ...

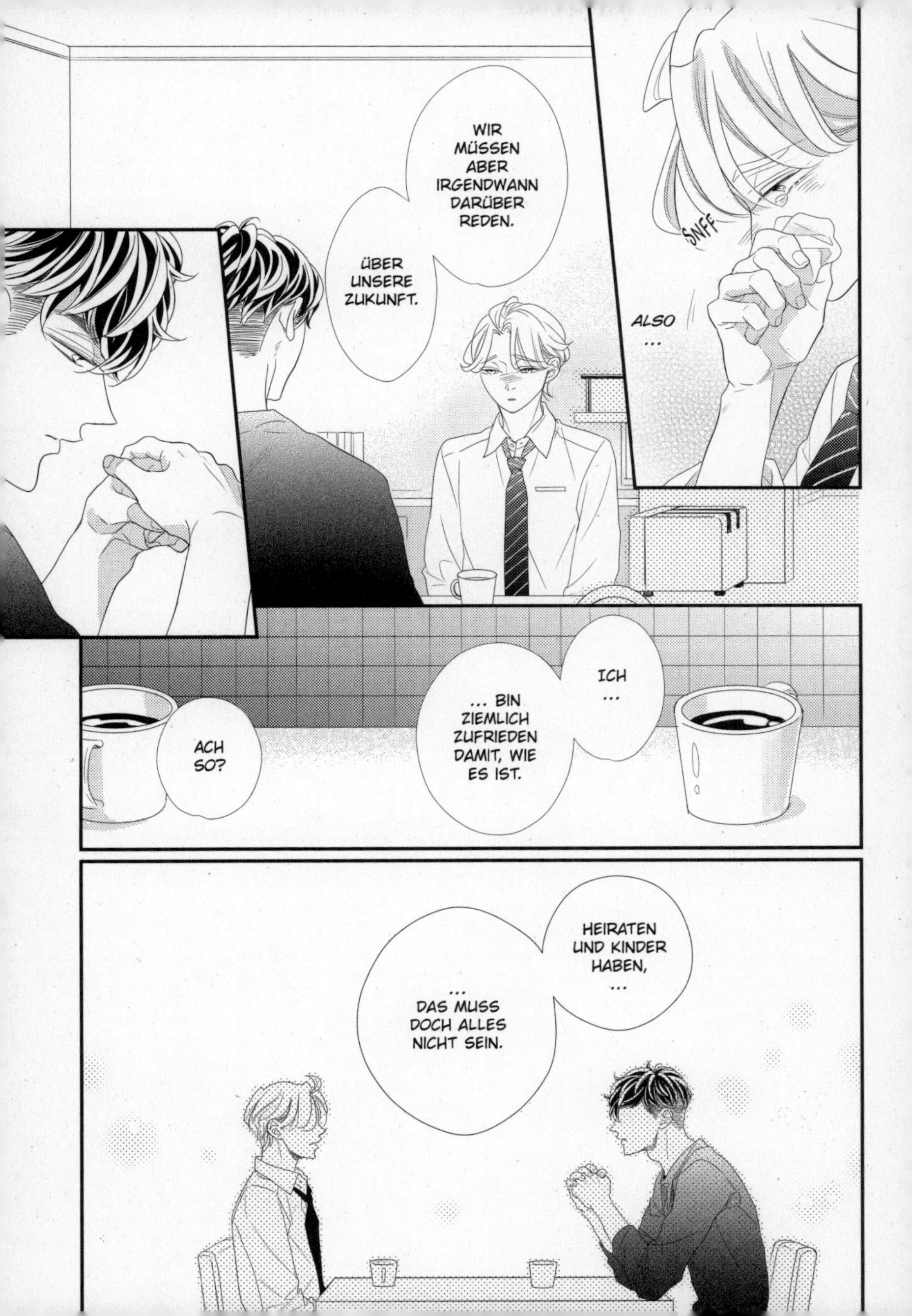
SNFF
ALSO ...
WIR MÜSSEN ABER IRGENDWANN DARÜBER REDEN.
ÜBER UNSERE ZUKUNFT.
ICH ...
... BIN ZIEMLICH ZUFRIEDEN DAMIT, WIE ES IST.
ACH SO?
HEIRATEN UND KINDER HABEN, ...
... DAS MUSS DOCH ALLES NICHT SEIN.

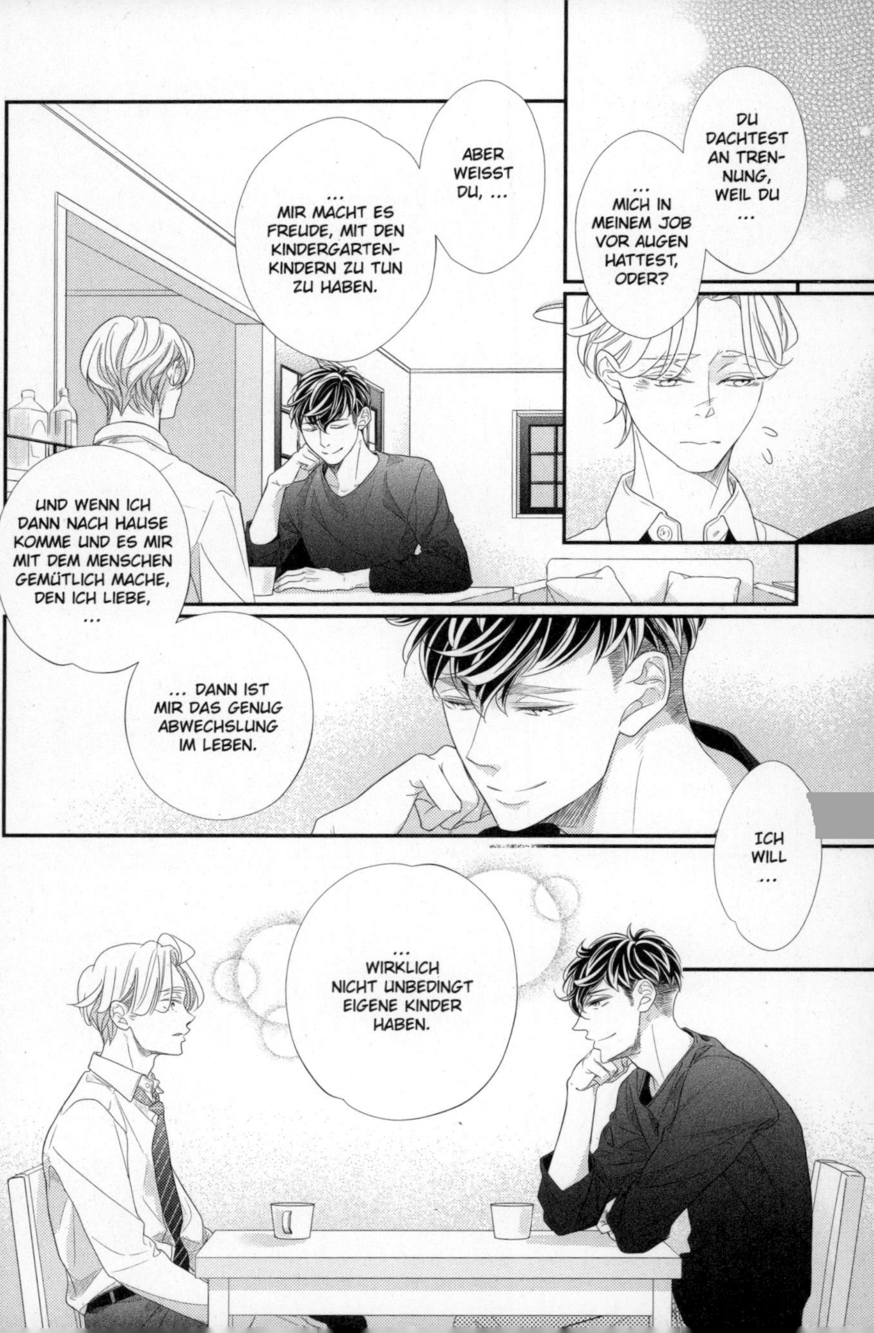
DU DACHTEST AN TRENNUNG, WEIL DU ...
... MICH IN MEINEM JOB VOR AUGEN HATTEST, ODER?
ABER WEISST DU, ...
... MIR MACHT ES FREUDE, MIT DEN KINDERGARTENKINDERN ZU TUN ZU HABEN.
UND WENN ICH DANN NACH HAUSE KOMME UND ES MIR MIT DEM MENSCHEN GEMÜTLICH MACHE, DEN ICH LIEBE, ...
... DANN IST MIR DAS GENUG ABWECHSLUNG IM LEBEN.
ICH WILL ...
... WIRKLICH NICHT UNBEDINGT EIGENE KINDER HABEN.

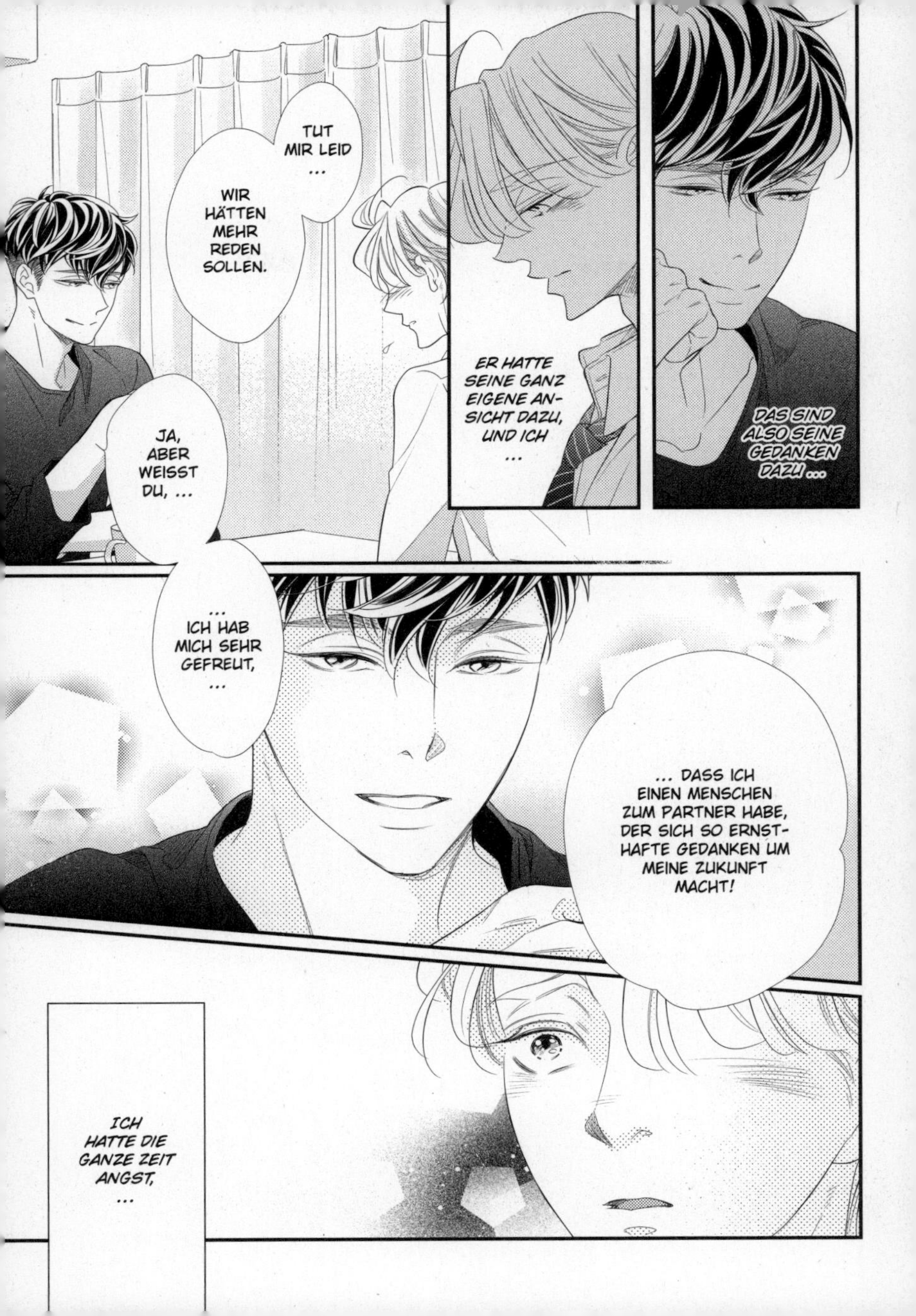
DAS SIND ALSO SEINE GEDANKEN DAZU ...
ER HATTE SEINE GANZ EIGENE ANSICHT DAZU, UND ICH ...
TUT MIR LEID ... WIR HÄTTEN MEHR REDEN SOLLEN.
JA, ABER WEISST DU, ...
... ICH HAB MICH SEHR GEFREUT, ...
... DASS ICH EINEN MENSCHEN ZUM PARTNER HABE, DER SICH SO ERNSTHAFTE GEDANKEN UM MEINE ZUKUNFT MACHT!
ICH HATTE DIE GANZE ZEIT ANGST, ...

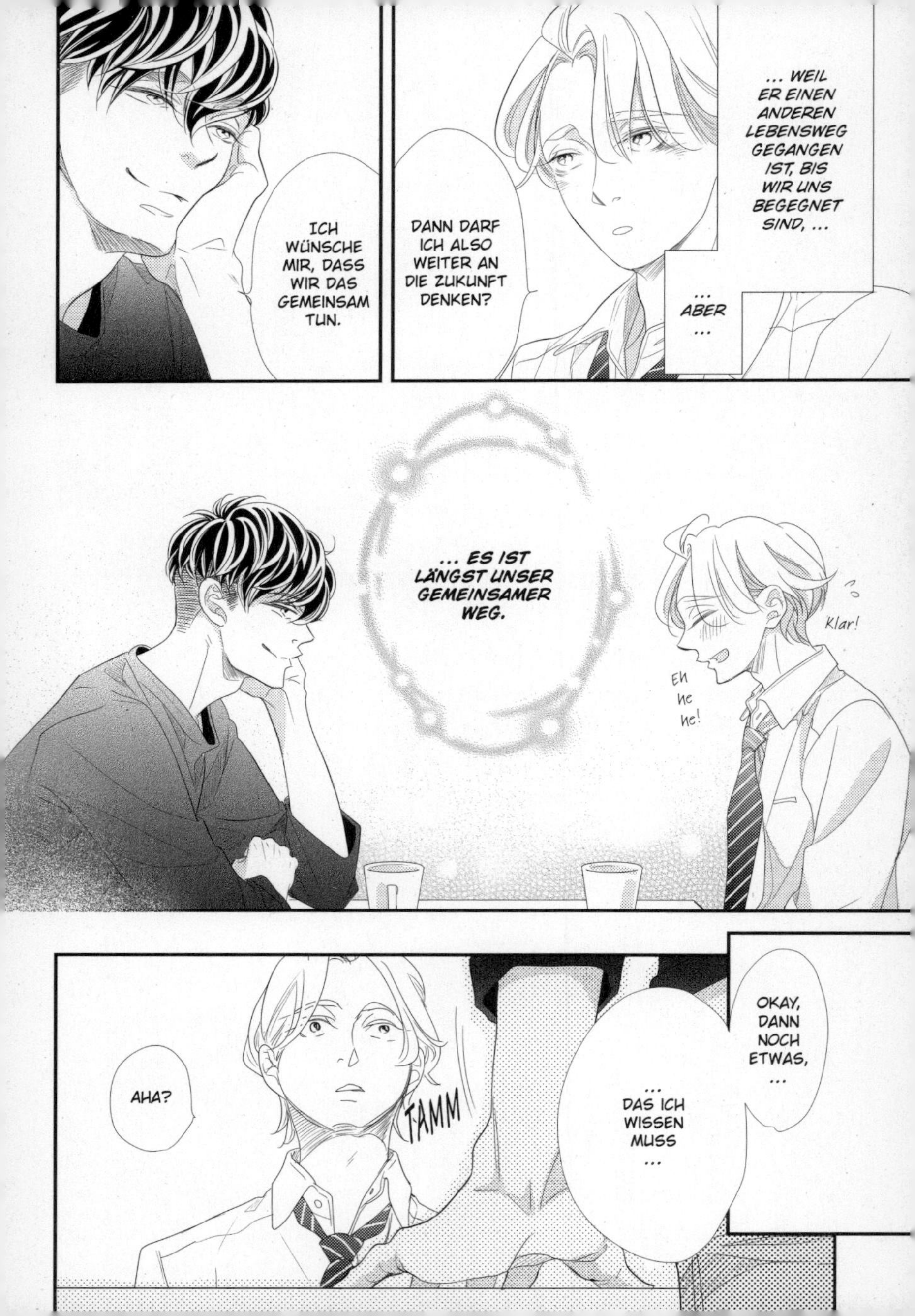
... WEIL ER EINEN ANDEREN LEBENSWEG GEGANGEN IST, BIS WIR UNS BEGEGNET SIND, ...
... ABER ...
DANN DARF ICH ALSO WEITER AN DIE ZUKUNFT DENKEN?
ICH WÜNSCHE MIR, DASS WIR DAS GEMEINSAM TUN.
... ES IST LÄNGST UNSER GEMEINSAMER WEG.
Klar!
Eh he he!
OKAY, DANN NOCH ETWAS, ...
... DAS ICH WISSEN MUSS ...
TAMM
AHA?

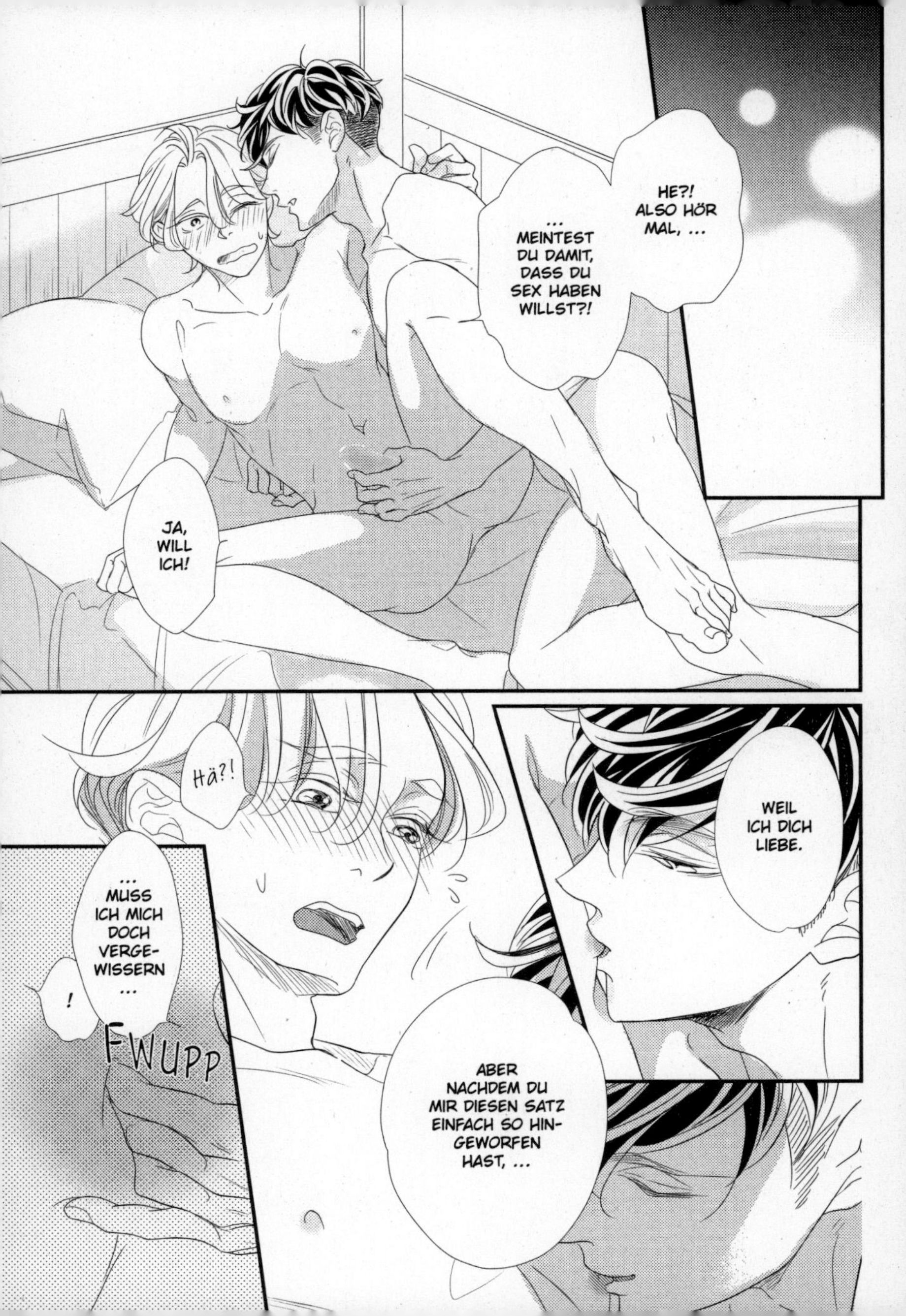
HE?! ALSO HÖR MAL, ...
... MEINTEST DU DAMIT, DASS DU SEX HABEN WILLST?!
JA, WILL ICH!
WEIL ICH DICH LIEBE.
Hä?!
ABER NACHDEM DU MIR DIESEN SATZ EINFACH SO HIN-GEWORFEN HAST, ...
... MUSS ICH MICH DOCH VERGE-WISSERN ...
!
FWUPP

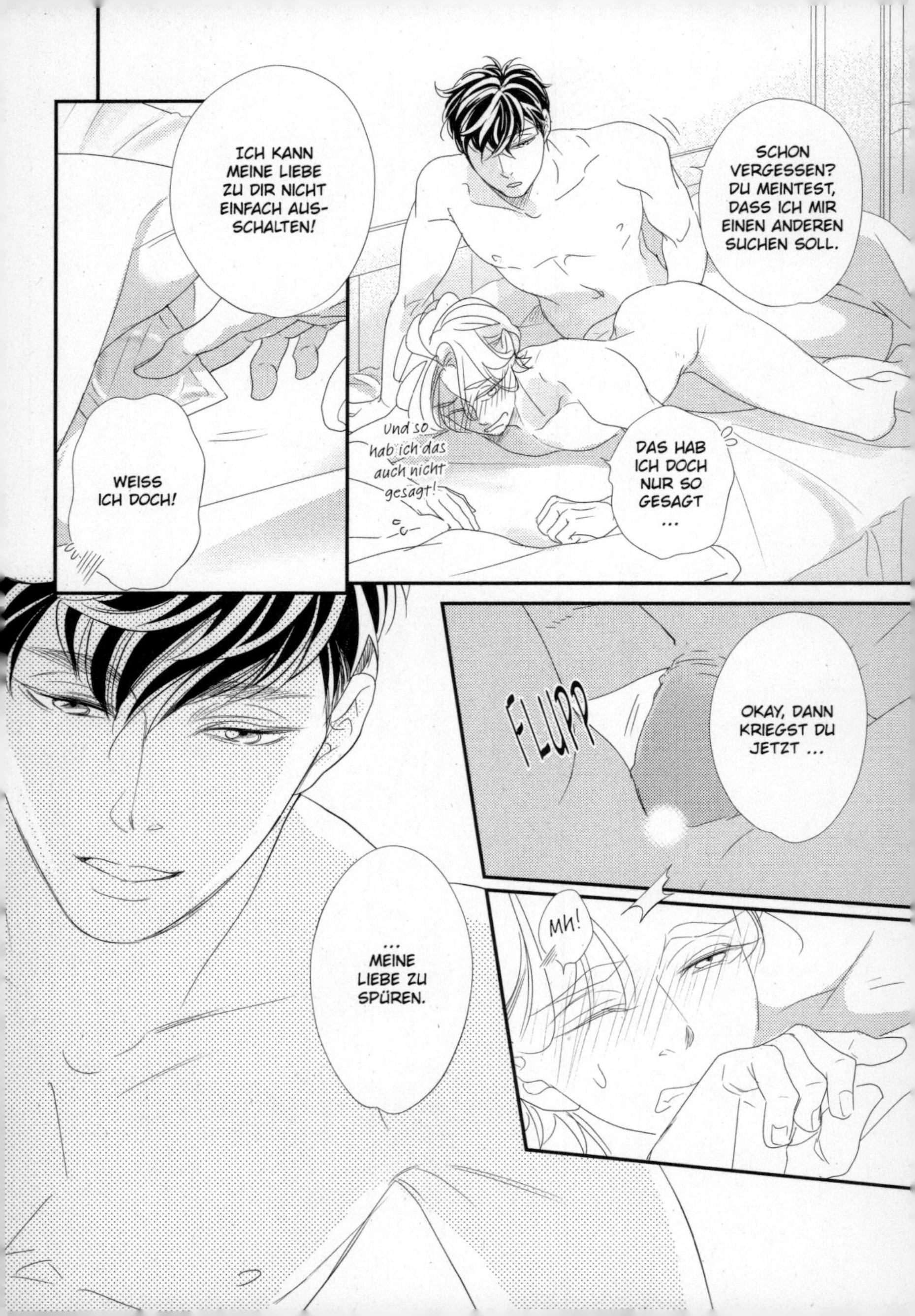
SCHON VERGESSEN? DU MEINTEST, DASS ICH MIR EINEN ANDEREN SUCHEN SOLL.
DAS HAB ICH DOCH NUR SO GESAGT …
Und so hab ich das auch nicht gesagt!
ICH KANN MEINE LIEBE ZU DIR NICHT EINFACH AUS-SCHALTEN!
WEISS ICH DOCH!
OKAY, DANN KRIEGST DU JETZT …
FLUPP
… MEINE LIEBE ZU SPÜREN.
MH!

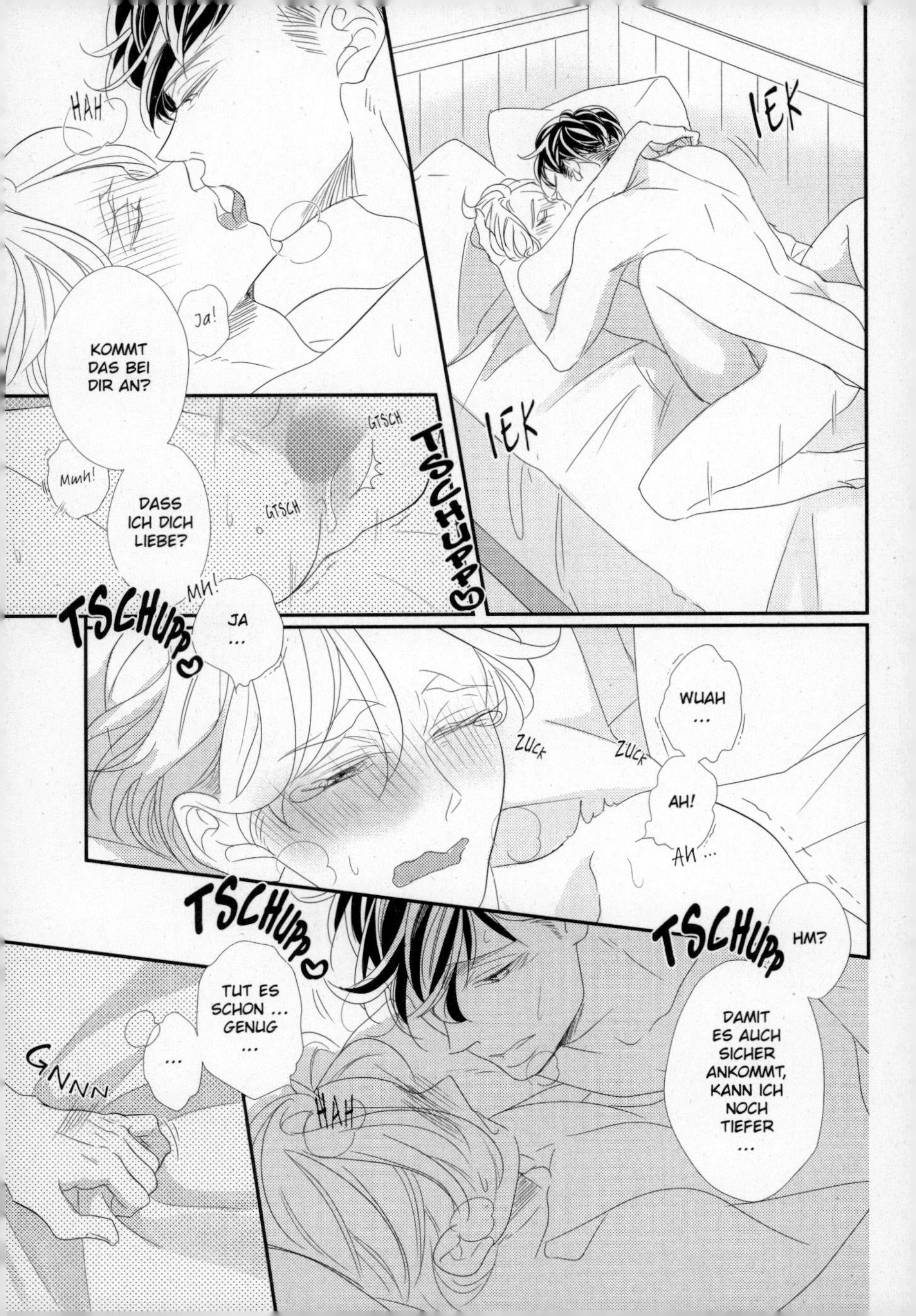
IEK
IEK
HAH
JA!
KOMMT DAS BEI DIR AN?
GTSCH
TSCHUPP
MMH!
DASS ICH DICH LIEBE?
GTSCH
MH!
JA …
TSCHUPP
WUAH …
ZUCK
ZUCK
AH!
AH …
TSCHUPP
TSCHUPP
HM?
DAMIT ES AUCH SICHER ANKOMMT, KANN ICH NOCH TIEFER …
TUT ES SCHON … GENUG …
…
GNNN
HAH

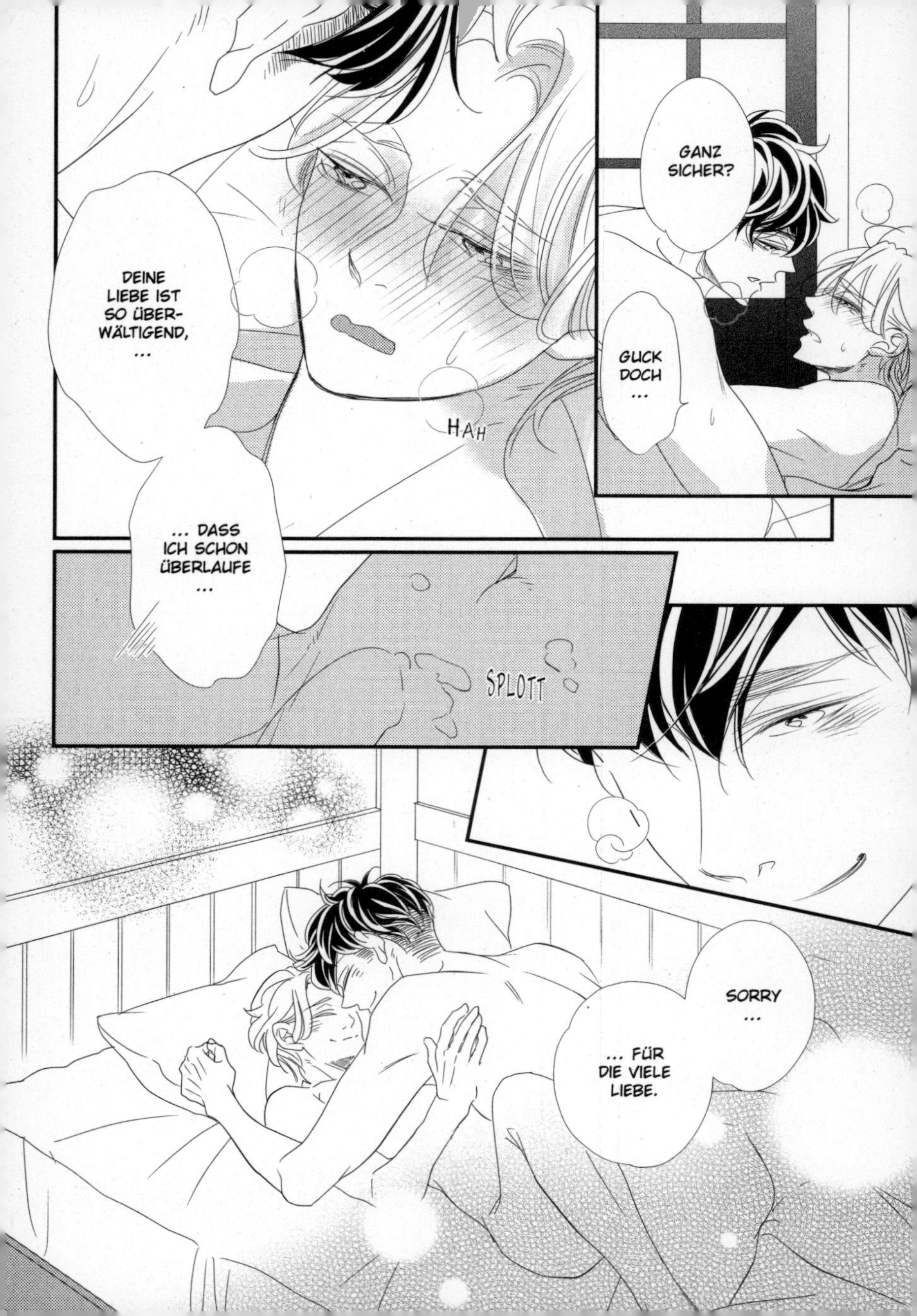
GANZ SICHER?
GUCK DOCH ...
DEINE LIEBE IST SO ÜBER-WÄLTIGEND, ...
HAH
... DASS ICH SCHON ÜBERLAUFE ...
SPLOTT
SORRY ...
... FÜR DIE VIELE LIEBE.

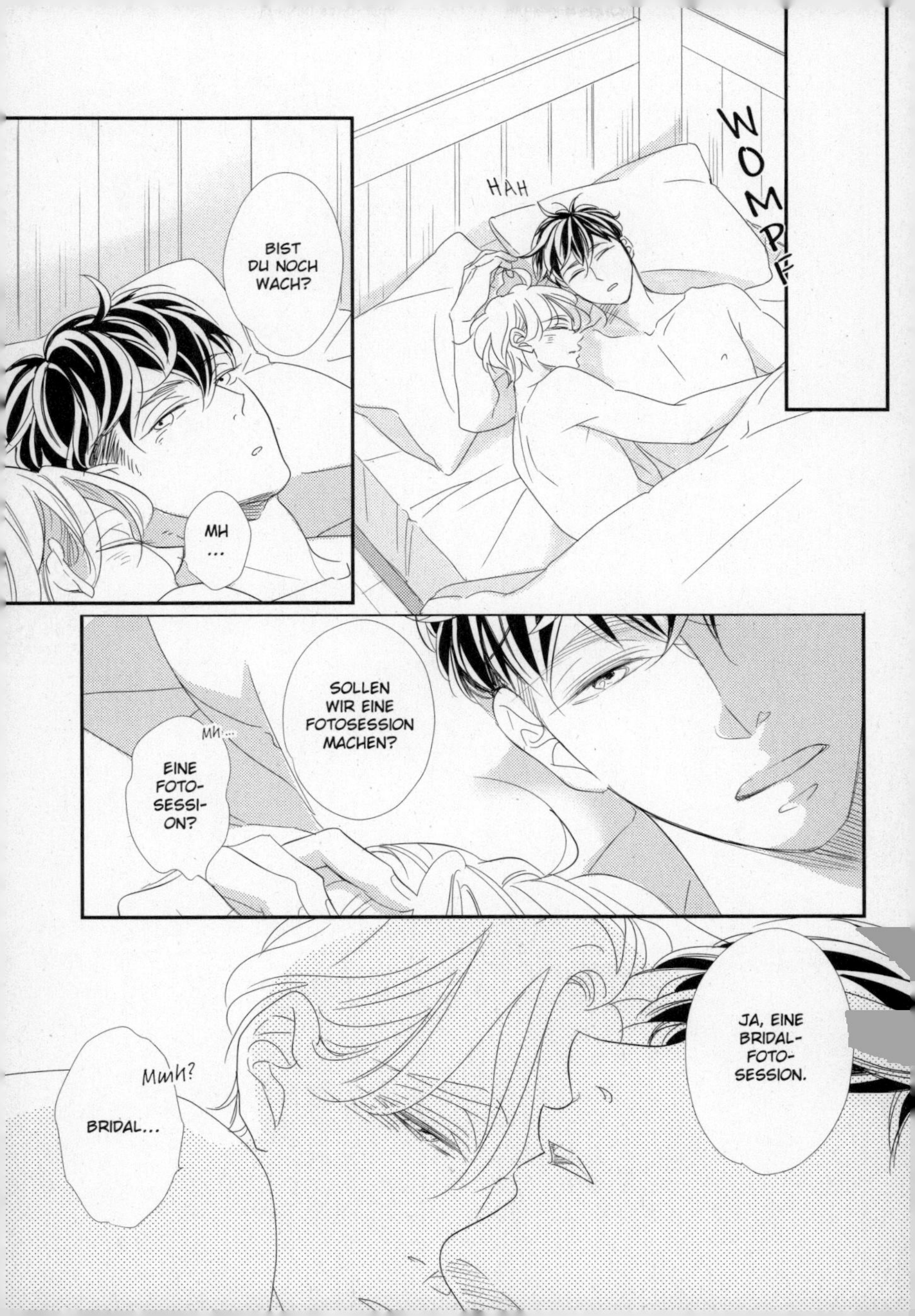
WOMPF
HAH
BIST DU NOCH WACH?
MH …
SOLLEN WIR EINE FOTOSESSION MACHEN?
MH…
EINE FOTO-SESSI-ON?
JA, EINE BRIDAL-FOTO-SESSION.
MMH?
BRIDAL…

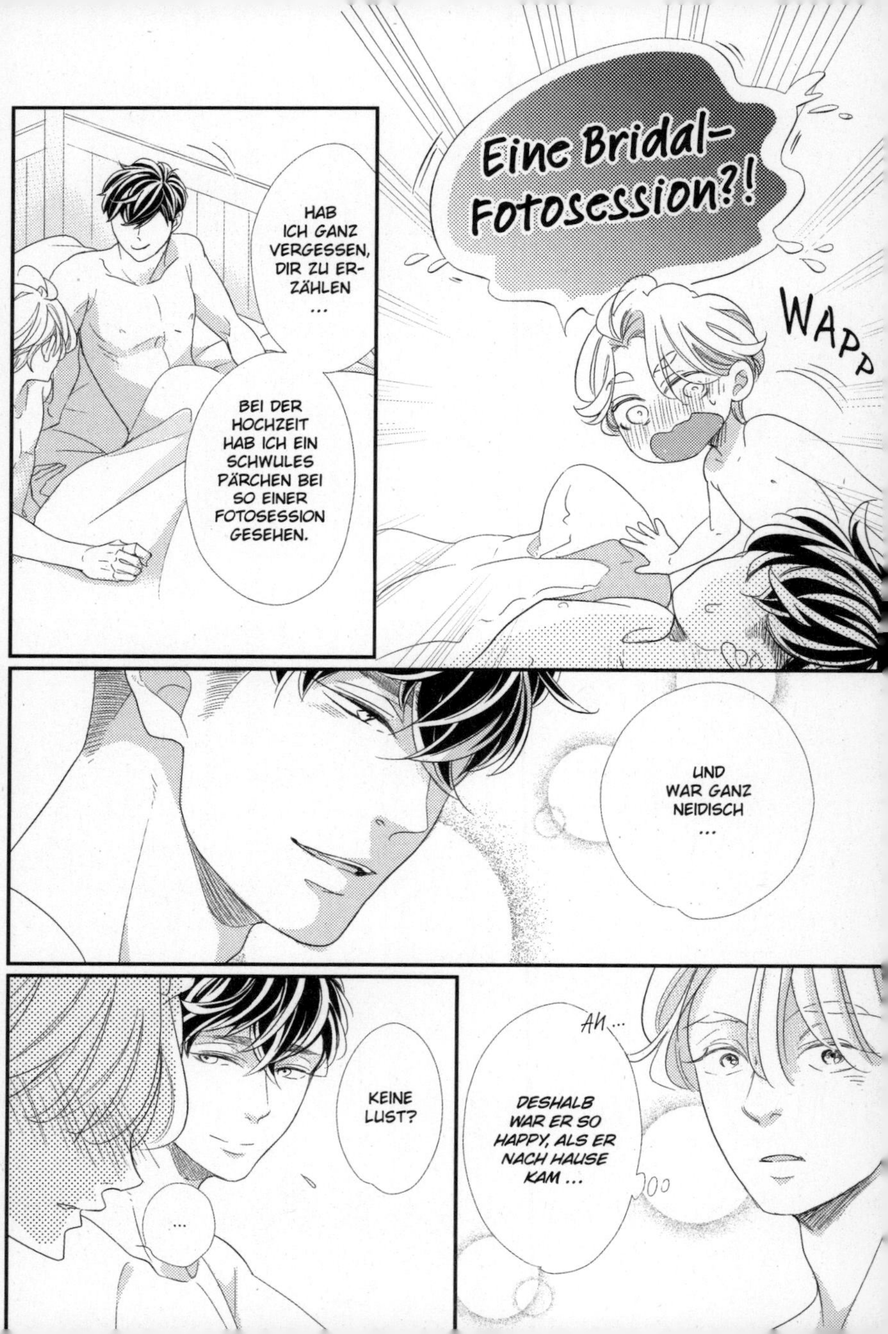
Eine Bridal-Fotosession?!
WAPP
HAB ICH GANZ VERGESSEN, DIR ZU ERZÄHLEN …
BEI DER HOCHZEIT HAB ICH EIN SCHWULES PÄRCHEN BEI SO EINER FOTOSESSION GESEHEN.
UND WAR GANZ NEIDISCH …
AH …
DESHALB WAR ER SO HAPPY, ALS ER NACH HAUSE KAM …
KEINE LUST?
…

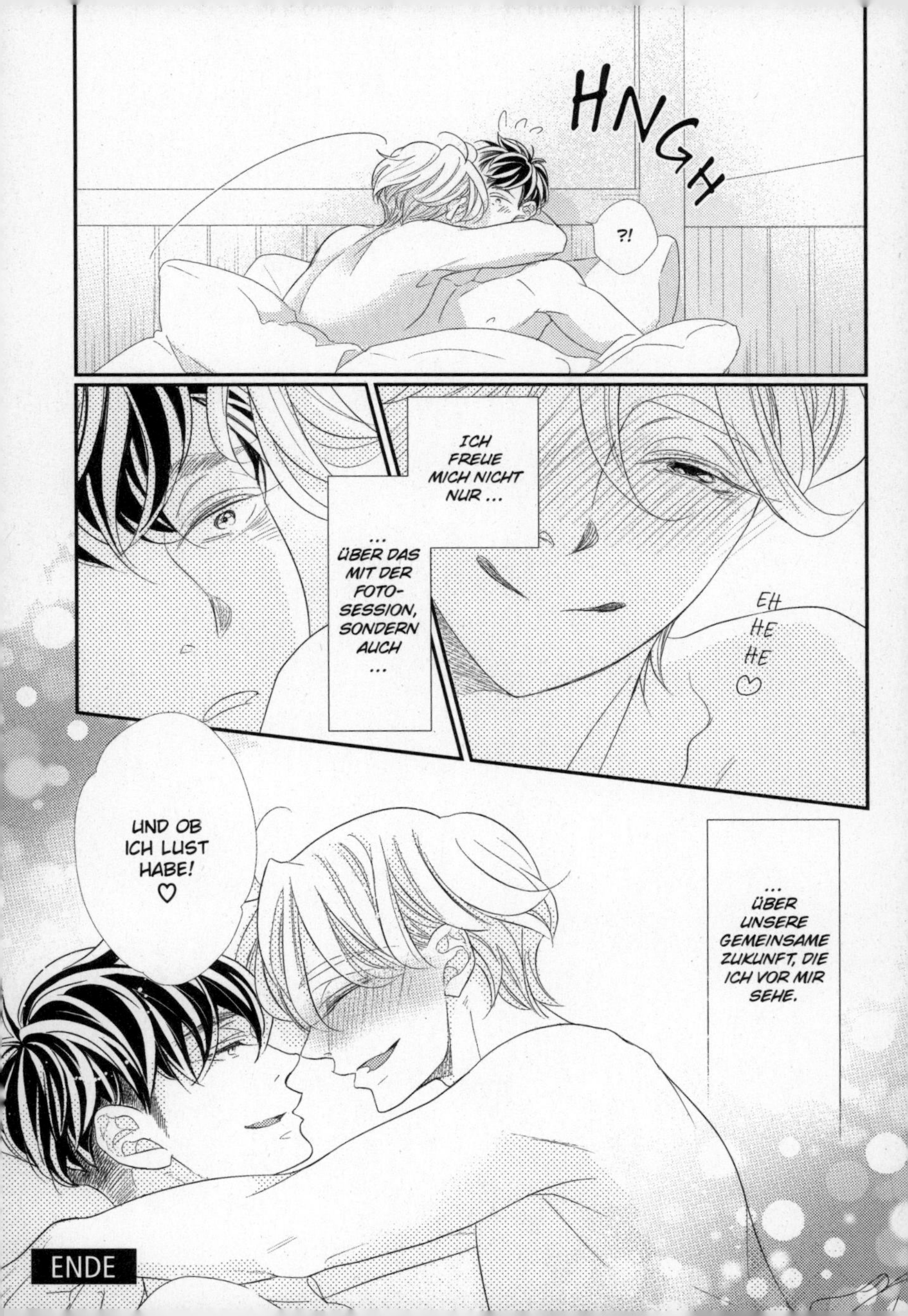
HNGH
?!
ICH FREUE MICH NICHT NUR ...
... ÜBER DAS MIT DER FOTO-SESSION, SONDERN AUCH ...
EH HE HE ♡
... ÜBER UNSERE GEMEINSAME ZUKUNFT, DIE ICH VOR MIR SEHE.
UND OB ICH LUST HABE! ♡
ENDE

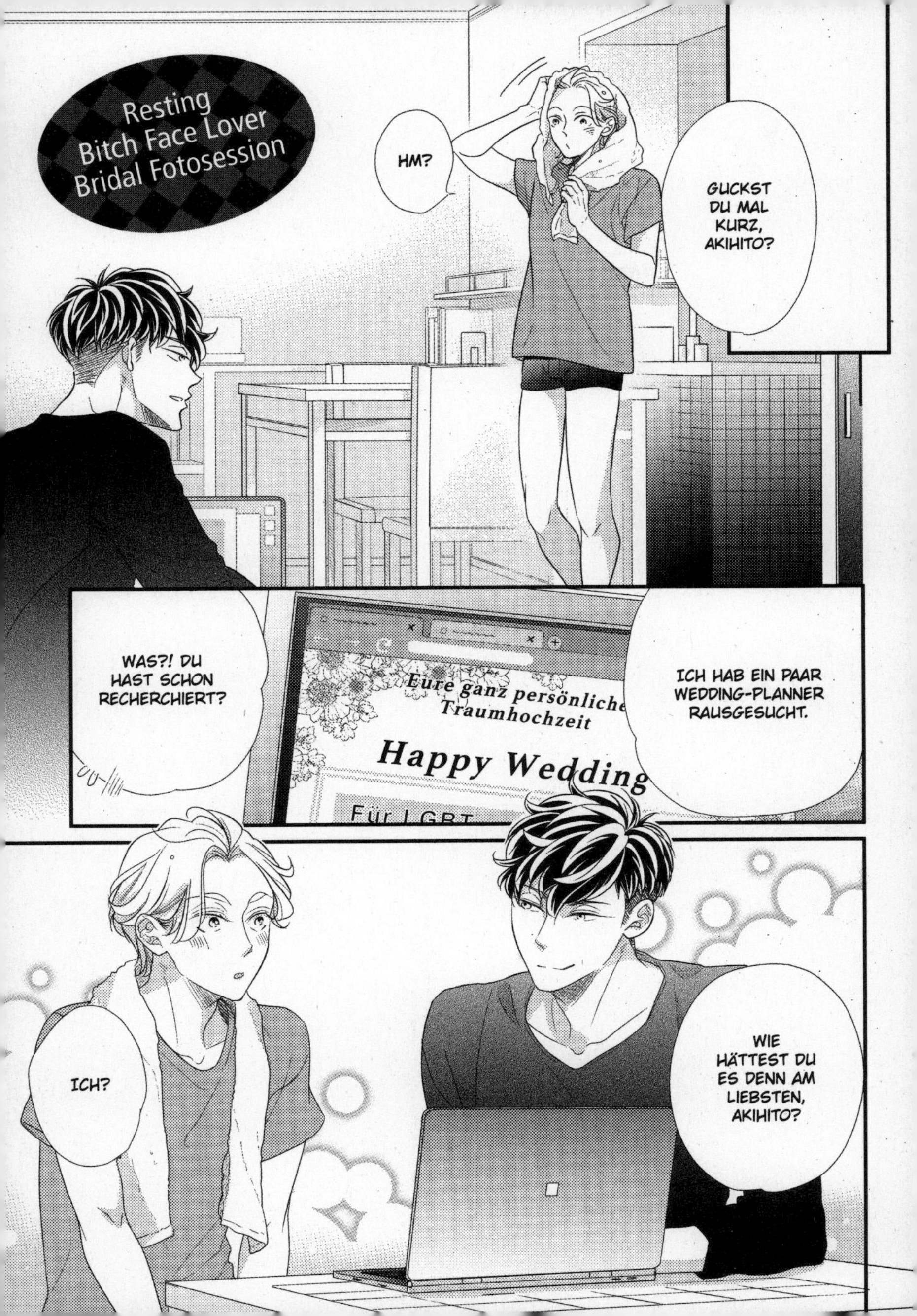
Resting Bitch Face Lover Bridal Fotosession
GUCKST DU MAL KURZ, AKIHITO?
HM?
ICH HAB EIN PAAR WEDDING-PLANNER RAUSGESUCHT.
Eure ganz persönliche Traumhochzeit
Happy Wedding
WAS?! DU HAST SCHON RECHERCHIERT?
WIE HÄTTEST DU ES DENN AM LIEBSTEN, AKIHITO?
ICH?

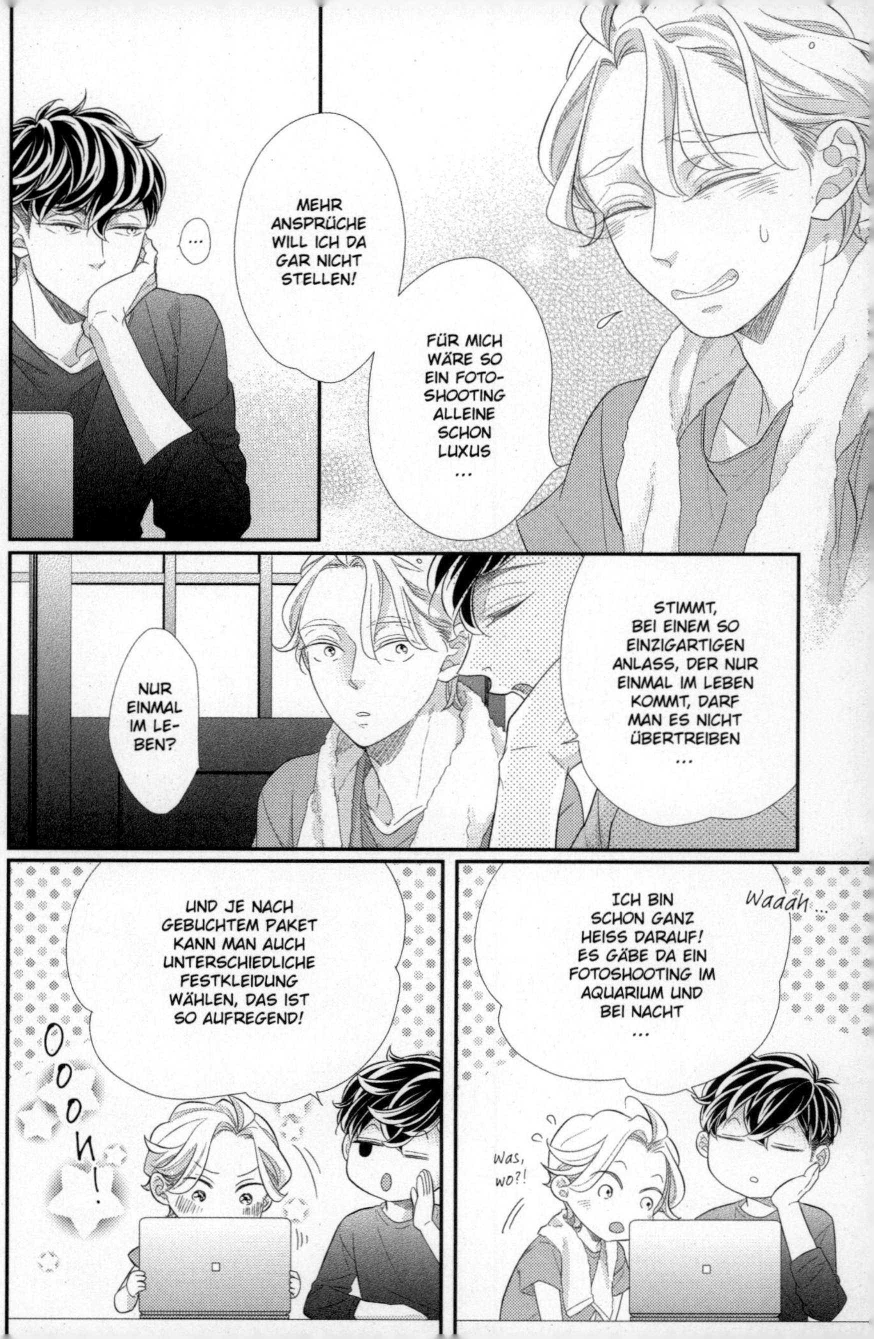
FÜR MICH WÄRE SO EIN FOTO-SHOOTING ALLEINE SCHON LUXUS …
MEHR ANSPRÜCHE WILL ICH DA GAR NICHT STELLEN!
…
STIMMT, BEI EINEM SO EINZIGARTIGEN ANLASS, DER NUR EINMAL IM LEBEN KOMMT, DARF MAN ES NICHT ÜBERTREIBEN …
NUR EINMAL IM LE-BEN?
Waaah …
ICH BIN SCHON GANZ HEISS DARAUF! ES GÄBE DA EIN FOTOSHOOTING IM AQUARIUM UND BEI NACHT …
Was, wo?!
UND JE NACH GEBUCHTEM PAKET KANN MAN AUCH UNTERSCHIEDLICHE FESTKLEIDUNG WÄHLEN, DAS IST SO AUFREGEND!
Oooh!

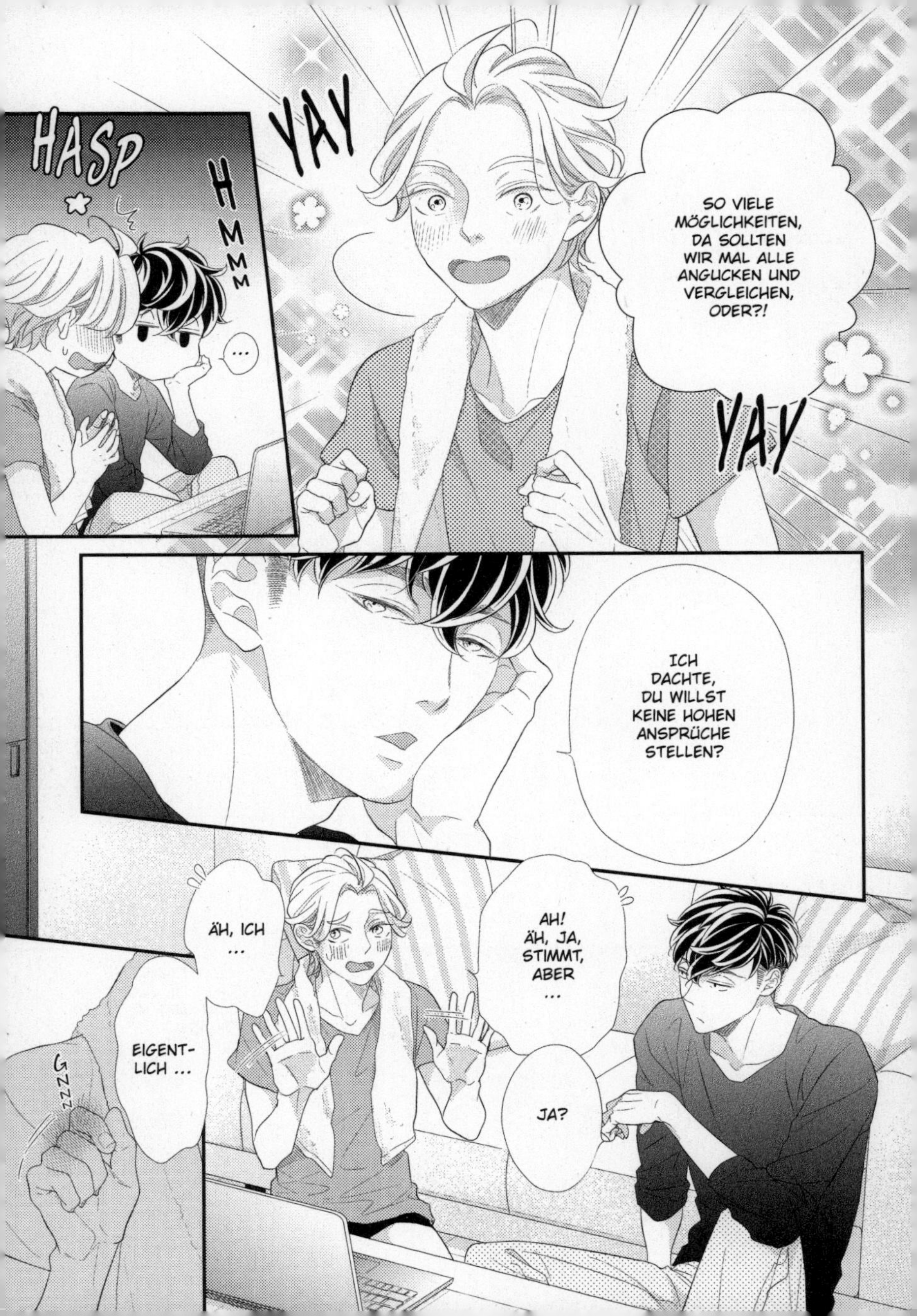
YAY
SO VIELE MÖGLICHKEITEN, DA SOLLTEN WIR MAL ALLE ANGUCKEN UND VERGLEICHEN, ODER?!
YAY
HASP
HMMM
...
ICH DACHTE, DU WILLST KEINE HOHEN ANSPRÜCHE STELLEN?
AH! ÄH, JA, STIMMT, ABER ...
JA?
ÄH, ICH ...
EIGENT-LICH ...
GNNN

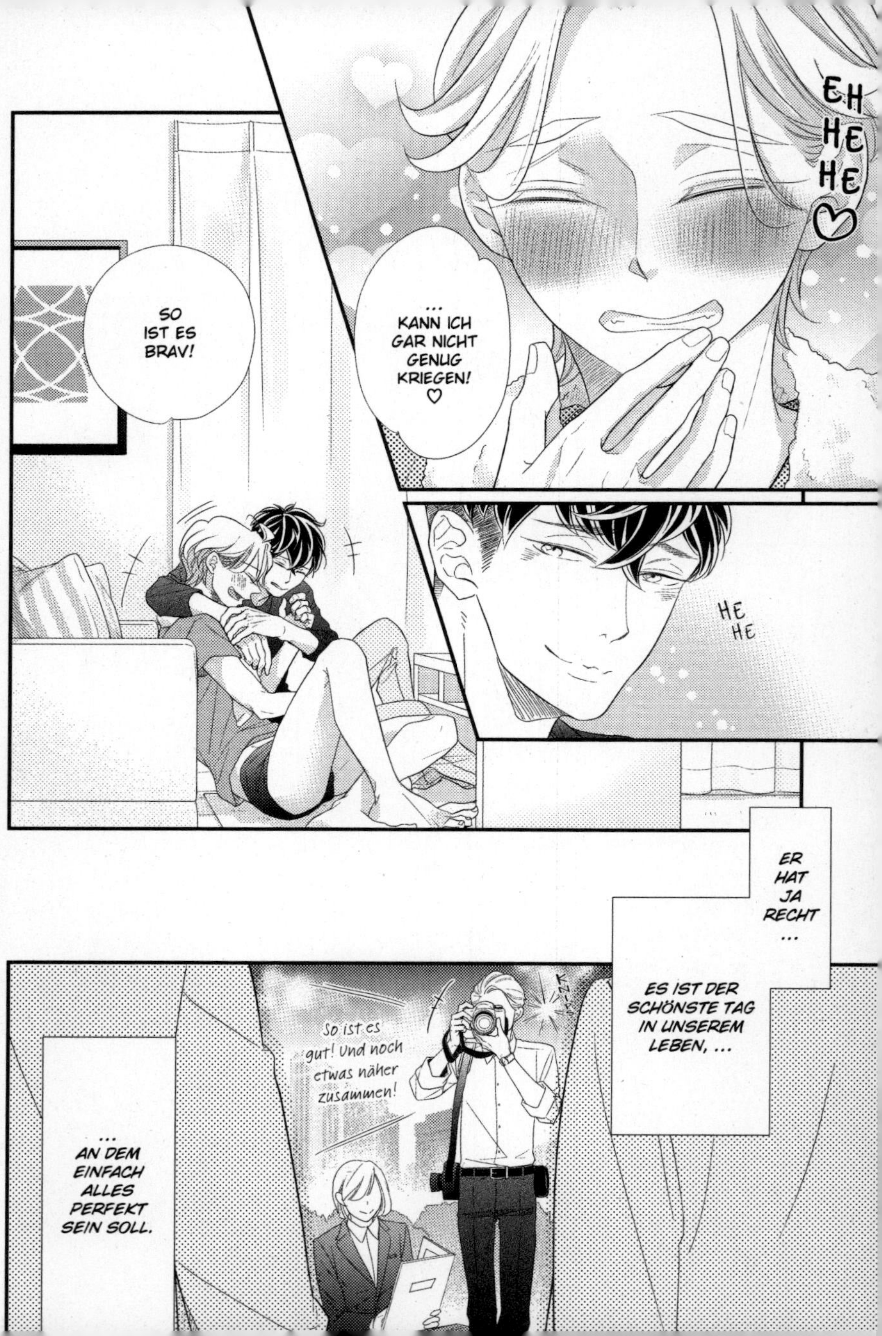
EH HE HE ♡
... KANN ICH GAR NICHT GENUG KRIEGEN! ♡
SO IST ES BRAV!
HE HE
ER HAT JA RECHT ...
ES IST DER SCHÖNSTE TAG IN UNSEREM LEBEN, ...
So ist es gut! Und noch etwas näher zusammen!
... AN DEM EINFACH ALLES PERFEKT SEIN SOLL.

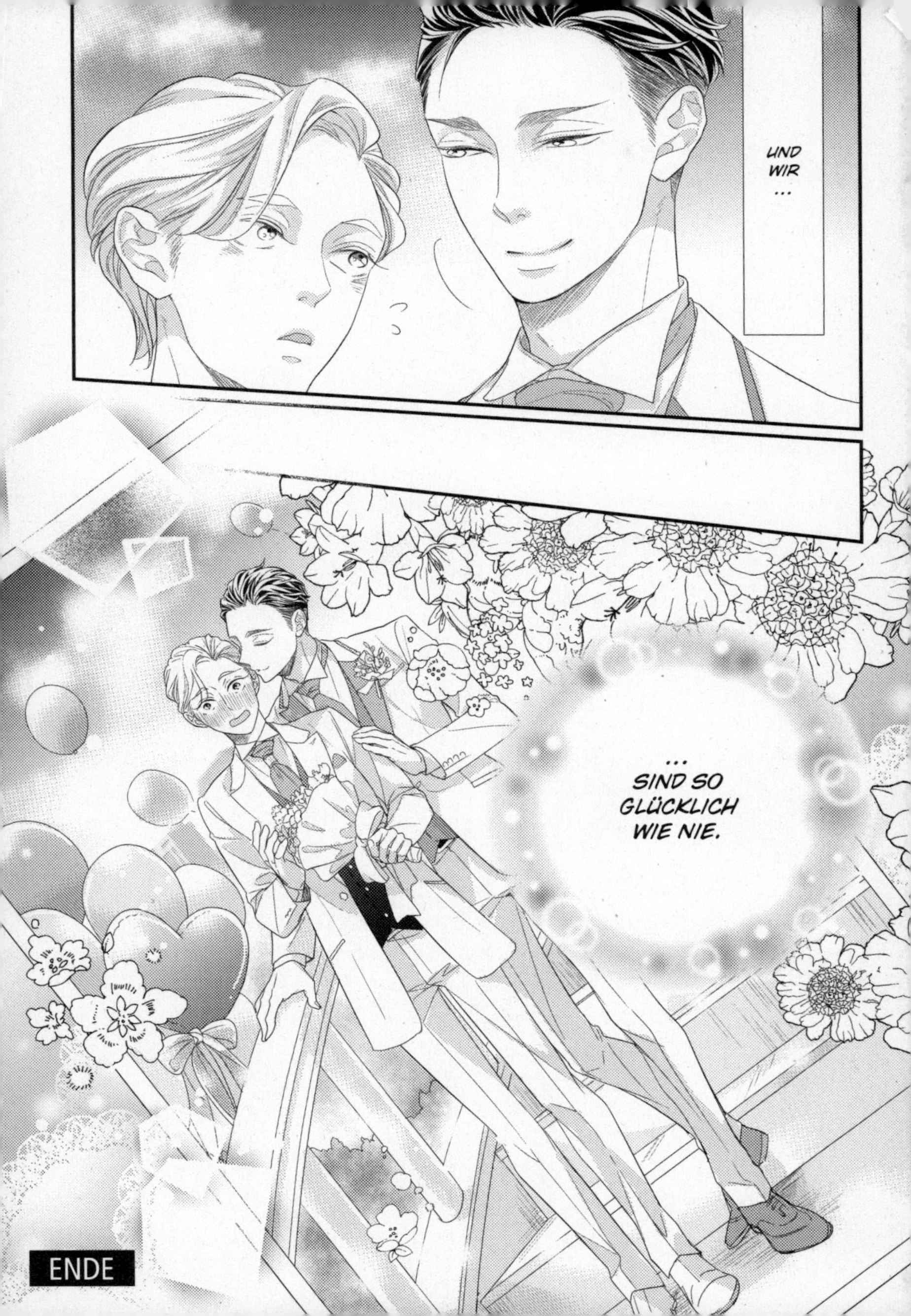
UND WIR ...
... SIND SO GLÜCKLICH WIE NIE.
ENDE

RESTING BITCH FACE Lover

First published in Japan in 2023 by HOUBUNSHA CO., LTD., Tokyo.
German translation rights arranged with HOUBUNSHA CO., LTD
through Tuttle-Mori Agency, Inc., Tokyo

Deutschsprachige Ausgabe / German Edition

CH-1007 Lausanne
1. Auflage

Aus dem Japanischen von Dorothea Überall

Programmleitung: Hideki Iyama / Lizenzkoordination: Ai Kono
Redaktion: Marvin Schmid / Herstellung: Sonja Lesch
Deutsche Logo- und Covergestaltung: Jessy Knipprath
Lettering: Paolo Gattone, Chiara Antonelli, Alessio Ravazzani
Druck und Bindung: GGP Media GmbH, Pößneck

ISBN 978-2-88921-388-7